大理大学民族学重点学科建设丛书

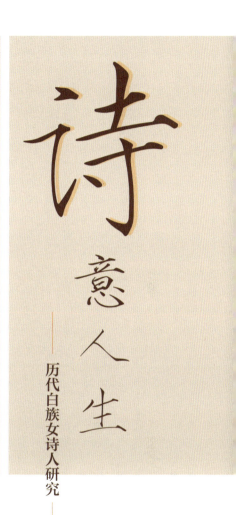

周锦国 /著

A Study on Female Poets of
the Bai Nationality in
Past Dynasties

诗

意人生

——历代白族女诗人研究——

社会科学文献出版社
SOCIAL SCIENCES ACADEMIC PRESS (CHINA)

序　言

　　《诗意人生——历代白族女诗人研究》是周锦国教授完成的第二个国家社科基金项目——"历代白族女诗人研究"的成果。我反复阅读，该专著的内容、理论及文笔令我为之一动。现将读该书的心迹写出，以之为序。

　　锦国是我22年前的学生，1997年秋入读我校"语文研究"硕士研究生课程进修班，跟随我研习艺术语言学及语言学理论。在课堂上，锦国同学认真听课、做笔记，深入思考所学内容，孜孜以求，探讨各种语言学理论，学习成绩优秀。后锦国从讲师、副教授、教授一路走来，在大理大学任教20多年，从事语言学课程的教学，潜心学术，并积极投身地方文化事业建设，在大理这一得天独厚的环境里，数十年如一日，在白族文学、语言学等研究领域辛勤耕耘，取得了丰硕成果。锦国曾受大理白族自治州白族文化研究院委托选辑出版了《历代白族作家丛书·情系大理·综合卷》，对大理白族文学进行了全面系统的梳理和研究；后又研究清代大理白族赵氏作家群，完成并出版《清代白族赵氏作家群作品评注》。锦国以此为研究基础，积极申报国家社科基金项目，先后主持了国家社科基金项目"明清时期白族家族式作家群研究"和"历代白族女诗人研究"。在古代白族文学这一研究领域深耕细作，精益求精，出版《明清时期白族家族式作家群研究》，受到学术界好评。今年，他的第二个国家社科基金项目结项，成果《诗意人生——历代白族女诗人研究》即将出版，可喜可贺。

　　细致研读全书，看到锦国全面细致的文献梳理和深入潜心研读的功夫，令人欣喜。全书将元代末年至民国时期的二十三位白族女诗人的生平经历、诗歌创作、语言风格等呈现在人们面前，这是对边疆少数民族女诗人及其作品全面深入研究的成果。全书有四点创新之处。

其一，开拓性地将女性文学研究领域扩展到少数民族——白族诗人群体。学术界对女性文学研究一直注重传统的著名女性或现代女性，较少关注少数民族女诗人，特别是白族女诗人。该书是第一部对少数民族女诗人研究的专门成果，有开创之功。

其二，全书采取以人系史的方法，充分体现出"史"的特点。全书将诗人个案分析与地域文化、民族心理探究相结合，通过纵向的史程梳理与横向的个体铺陈，深入挖掘出白族女诗人的诗歌流变史。如通过对元末高夫人、阿盖、段羌娜三位女诗人作品的细致辨析并结合"孔雀胆"历史事件的全面梳理，可看出这些女性不同的心理特征。又如通过对清代白族女诗人周馥、苏竹窗、袁漱芳等作品的全面解读和深入分析，揭示了出身于仕宦家庭的女性在不同时代的特点。书中结合女诗人家世生平、时代背景的分析有深度、力度，给人以完整、立体的印象，又有"史"的演变过程。

其三，研究内容上古今打通，研究方法上语言分析和文学赏鉴相结合，体现出系统性。全书绪论部分的全面介绍和综述，将白族女诗人研究置于整个女性文学研究的宏大背景中，体现出整体性。在第一章全面阐述大理白族地区的地域文化和从元代到民国时期大理的社会历史文化，以历史的眼光做出全面的介绍和评析；第七章则是对白族女诗人构成情况和诗歌特征的全面评价，体现出研究中的古今打通特点。在研究方法上，如对元末高夫人等人诗歌的考订充分运用语言学知识，古今结合，富有说服力。又如在对苏竹窗诗歌的评析上深入其内心世界，揭示出白族女性诗歌的特有魅力，富有新意。这一研究方法贯穿全书，全书呈现系统性和深刻性的特点。

其四，通过深入挖掘少数民族女诗人汉语书写的文学现象，丰富了中华文学中汉语诗歌宝库的内蕴。对古代女诗人的研究，人们重视中原及江南文化发达地区女诗人的文学创作，较少关注少数民族女诗人的文学创作。锦国这部著作对白族女诗人的所有汉语创作作品全面深入研究，得出许多有价值的结论，这些白族女诗人的汉语作品极大丰富了我国诗歌创作，作者通过挖掘和深入研究，填补了研究空白。

　　总之，全书对白族女诗人的构成情况、形成原因进行分析归纳，指出诗人多是从贵族阶层到科举之家、读书人家再到普通人家的现代学校的学生，反映了白族女诗人的社会身份，也反映了白族社会历史发展进步的脉络；揭示了外在的社会因素到内在的家庭文化影响及白族女性的特点，分析有条有理，逐层深入。正如锦国在全书结尾所深情总结的："白族女诗人在平凡的日常生活中，用诗的语言记录和描绘了生活中的瞬间情态、自然景况、历史事件、感悟思索、悲喜之情，是白族女诗人诗意人生的表达和呈现。"从中可看出锦国的研究是带着对家乡白族女性的感性体悟的，有拳拳之心。全书为民族文化的多元融合提供了历史经验，对少数民族文化的弘扬有借鉴意义。

　　锦国现正处于学术研究的多产期，期待锦国在今后的研究中有更多的成果面世。

　　是为序。

张小军

2019 年 9 月 16 日于昆明

目　录

绪　论

大理白族是大理地区世居少数民族，唐朝的南诏国时期，白族知识分子就用汉文写作，有著名长篇散文《南诏德化碑》等。在一千多年的历史中，白族知识分子一直用汉文写作，延续至今，许多著名白族诗人如明代李元阳、杨士云、赵炳龙，清代师范、王崧、赵藩等用汉文创作了许多优秀诗歌、散文。从元代末年到民国时期，有许多白族女诗人活跃在历史舞台上，她们创作诗歌、出版诗集，有元末明初果敢刚毅的女诗人段羌娜、明末清初第一位白族女词人赵尔秀、清代中期出版第一部白族女诗人诗集《绣余吟草》的周馥等。她们用诗歌咏唱大理的社会生活、自然山水、历史文化，抒写体验，在男性占主导的社会发出了女性的声音。

一　女诗人研究概况

对我国古代妇女文学（其中以女诗人为主）的研究，发端于20世纪初，一直延续至今。女诗人研究概况以时间划界，一是20世纪的研究，二是进入21世纪的研究，综述如下。

（一）20世纪的女诗人研究

张宏生、张雁在《古代女诗人研究》一书的"导言"部分用约4万字的篇幅对20世纪古代女诗人研究的历史进行了全面、系统的梳理，有极高的参考价值。本部分主要参考此研究成果整理压缩而成。

张宏生、张雁认为："20世纪（尤其是民国）以来，西学东渐之势渐盛，妇女问题开始受到前所未有的社会关注。……中国古代妇女作家的研究因其独特的人文气息而成为反封建、反礼教的见证，并渐渐拉开了作为一门现代学科的帷幕。"① 对古代妇女文学的研究经历了三个时期——"一、社会革命和文学发现：1900—1949""二、创作的低迷与蕴积：1950—1978""三、传统与现代的交融：1979—2000"。导言对每一时期的研究成果、特点进行了综述。

第一个时期，早期主要是对妇女作品的整理和编选，反映了"编选者的文学观念及意旨"。随着研究的深入，妇女文学史的研究有了相应成果，谢无量率先出版《中国妇女文学史》（中华书局，1916），随后又有梁乙真的《清代妇女文学史》（中华书局，1927）、谭正璧的《中国女性的文学生活》（光明书店，1930），这些"由男性撰写的妇女文学史均特别重视史料，已在总体上显示出一种妇女文学史特别是诗史构建的原胚形态。它们初步梳理了中国古代女诗人创作活动的历史线索，并对其文学创作心态及创作环境给予了一定的注意，能在肯定女性作为'人'存在的着眼点上，关注女性生存及其在文学中的表现，显示出较传统男性本位观的进步"。"女性与文学关系的探讨是此时的一个热点，比较重要的著作有辉群《女性与文学》（启智书局，1928）、陶秋英《中国妇女与文学》（北新书局，1933）、胡云翼《中国妇女与文学》、丁英《妇女与文学》（沪江书屋，1946）等。"最后总结道："20 世纪前半期的中国古代女诗人研究还存在着相当大的缺陷。首先，研究者们对古代女性生活表示关注的同时，往往忽视了其内在构成；而对女作家观察世界、体验生活的特殊性及其在文学表现上的特点也缺乏深入分析，即未能将女性创作视为一个有独特价值和特色的文学系统。其次，在研究格局上，随感式批评较多，理论性探讨不足，整个研究仍处于较为浅显的层面。"②

第二个时期，社会变革给学术界带来了极大影响，"钩沉索隐、辨伪存真的乾嘉学风在古代女诗人的研究领域内继续得到推广，堪称我国古代妇女作家研究的双璧——陈寅恪《柳如是别传》与胡文楷《历代妇女著作考》（中华书局，1957）即在此时出现。"此时的研究范围极小，古代女诗人的研究集中在以下三个问题："（1）关于《胡笳十八拍》的作者问题……

---

① 张宏生、张雁编《古代女诗人研究》，湖北教育出版社，2002，第 2 页。
② 张宏生、张雁编《古代女诗人研究》，湖北教育出版社，2002，第 2～14 页。

（2）对漱玉词的评价问题……（3）关于李清照的改嫁。"①

　　第三个时期，真正对妇女文学开展全面深入研究的是 20 世纪 80 年代中后期，"文化热席卷整个中国学术界，在西方现代学术思潮的冲击下，研究者的文化心态也发生了许多变化"。"1988 年，河南人民出版社出版了一套《妇女研究丛书》，网罗了一批有关妇女社会学研究、妇女心理学研究、妇女史研究、妇女经济学研究、两性关系研究以及古代、现代和当代妇女文学研究方面的著作，如李小江《女性审美意识探微》、杜芳琴《女性观念的衍变》、康正果《风骚与艳情——中国古典诗词的女性研究》、戴锦华《浮出历史地表——现代妇女文学研究》等，其中对女性生命状态的揭示、对女性潜意识心理的剖析以及对女性创作的体悟至今仍有一定的启发意义。以此为代表，中国古代女诗人研究的广度与深度均超越前代，呈现出生机勃勃的发展态势。""这种研究不仅抛弃了空泛肤浅的说教，而且在积极清理、分析传统事实和文本的基础上，引进和利用西方现代的某些学术思想，使得这一类研究体现出新的特色。""此时的研究成果在理论表述和系统性上都有了一定的加强。研究者们不再满足于一种平面的描述，而是力图在更为广阔的文学背景或文化背景中，通过转换视角，从而生动细致地勾勒出古代女诗人的创作图景。"如"康正果《风骚与艳情——中国古典诗词的女性研究》（河南人民出版社，1988）是成功运用女性主义文学理论解析中国古典诗词的第一部论著"，再如"张明叶《中国古代妇女文学简史》（辽宁教育出版社，1993）、乔以钢《中国女性的文学世界》（湖北教育出版社，1993）、苏者聪《闺帏的探视——唐代女诗人》（湖南文艺出版社，1991）和《宋代女性文学》（武汉大学出版社，1997）等都尝试着从不同角度对古代女诗人的创作实践进行整体上的揭示或总结"。另外，"从群体性、地域性特征入手对古代女诗人进行观照也是一个很有意思的课题，近来已有不少成果，如……高万湖《清代湖州女诗人概观》（《湖州师专学报》，1991 年第 2 期）、甘霖《清代贵州的女诗人》（《贵州文史丛刊》，1993 年第 6 期）、陶应昌《论云南古代女作家》（《云南师大学报》，1999 年第 2 期）等。但在研究中如何将时代文化、地域文化与作家的创作

---

① 张宏生、张雁编《古代女诗人研究》，湖北教育出版社，2002，第 14～19 页。

活动很好地联系在一起，还需要更为深入的思考"。同时指出"蔡琰、薛涛、鱼玄机、李清照、朱淑真、贺双卿、顾春等著名女诗人的个案研究是这 20 年来古代妇女作家研究中最为兴盛的领域"，对这些重要女诗人的研究成果做了细致的综述梳理；同时对其他一般女诗人的个体研究也做了综述，指出研究的视野进一步扩大，关注到其他女诗人。①

"导言"还对"港台地区中国古代女诗人研究"进行了综述，对其研究成果做了综述、评析。在第五部分"世纪之交的反思与展望"，认为"文献的整理是研究工作的根基""研究层面也必须进一步扩展""历时性/共时性群体研究也是一个需要关注的领域""在文献学的基础上，应该强调研究方法的多元化"等。②

从以上综述可看出，女诗人研究在 20 世纪所经历的三个时期中，是在第三时期开始全面进行的，成果丰硕，而 21 世纪的研究是在第三时期的基础上的进一步发展。

（二） 21 世纪的女诗人研究

进入 21 世纪，国内外学者对我国古代女诗人的研究都比较重视，在学术著作、论文上有较丰硕的成果。

美国、中国台湾地区已举行过多次"妇女与文学""中国女性书写"等国际学术研讨会，出版了系列专著，如美国学者高彦颐的《闺塾师——明末清初江南的才女文化》，曼素恩的《缀珍录——十八世纪及其前后的中国妇女》《张门才女》，多有创见；台湾地区学者钟慧玲的《清代女诗人研究》《清代女作家专题——吴藻及其相关文学活动研究》，王力坚的《清代才媛文学之文化考察》等，对明清时期女诗人的个案研究、整体性研究产生了较大影响。

在国内，对女诗人或女性文学的研究成果也较为丰硕，有张宏生、张雁所编的《古代女诗人研究》论文集，邓红梅的《女性词史》，薛海燕的《近代女性文学研究》，赵雪沛的《明末清初女词人研究》，康蚂的《满目梨花词：历代女诗人的诗生活》，李绍先、李殿元的《古代巴蜀妇女的文

---

① 张宏生、张雁编《古代女诗人研究》，湖北教育出版社，2002，第 19~38 页。
② 以上内容根据张宏生、张雁编《古代女诗人研究》中的"导言"部分整合而成。

学生活）；有在博士论文基础上形成的成果：鲍震培的《清代女作家弹词小说论稿》、舒红霞的《女性·审美·文化——宋代女性文学研究》、陈玉兰的《清代嘉道时期江南寒士诗群与闺阁诗侣研究》、段继红的《清代闺阁文学研究》等著作。

这些研究有宏观的整体分析，也有精细的分析研究，有的运用新史学研究方法，对古代女性、女性文学、诗歌等深入研究，成果丰硕，形成"百花齐放"的局面。但所有研究者和研究成果几乎都集中于古代重要女诗人、江南等地的女诗人，较少关注少数民族女诗人，特别是处于西南边陲的云南大理的女诗人。

在研究趋势上，学界对历代女诗人的研究，既重视资料的搜集与整理，同时也采用新的理论和方法，如新史学理论、女性理论等，出版了有一定影响力的作品。在作品编选方面，王英志主编的《清代闺秀诗话丛刊》（全三册），未收录白族女诗人的资料；杜珣先生（笔名"嶙峋"）编辑的《闺海吟》（上、下册），收录古代、近代才女 8600 多人，每人选取一篇代表性作品，有诗、词、曲、联、文、书信、日记、戏剧、弹词小说等，是一部鸿篇巨制，收录了极少量白族女诗人的作品。在研究方法上，高彦颐的《闺塾师——明末清初江南的才女文化》运用新史学理论和方法深入细致地研究江南才女的生活状况，还原了那一时期的历史生活；曼素恩的《缀珍录——十八世纪及其前后的中国妇女》《张门才女》两部著作，既运用新史学理论，又运用女性理论深入分析，形成较有价值的观点。随着研究的深入，有的学者也开始重视地域因素对女性文学创作的影响，如李绍先、李殿元的《古代巴蜀妇女的文学生活》，陶鸿飞的《越女天下秀——两浙女性文学史话》。但总体而言，研究领域局限于汉文化的中心区域，研究视野未指向古代少数民族妇女，缺少对边疆少数民族女诗人的系统研究。

女诗人研究的相关学术论文也较多，通过"中国知网"检索，发表在学术期刊上的论文、博士和硕士学位论文共 441 篇，并结合相关文献资料，发现关于女诗人的研究主要有四类：国内古代女诗人研究、现代女诗人研究、少数民族女诗人研究、外国女诗人研究。以下主要讲述国内古代女诗人研究和少数民族女诗人研究两个方面。

国内古代女诗人研究的成果较多，也较为丰富。古代女诗人研究方面的重要论文研究角度较为丰富，有如下方面：（1）探讨女诗人诗词的艺术特征的，如陈文的《中国古代妇女诗词艺术情感初探》、贺闱的《真切文字蕴情性——晚清女诗人刁素云及其创作简论》①；（2）研究女诗人地域分布的，如付琼、曾献飞的《论清代女诗人的地域分布——以〈国朝闺秀诗柳絮集〉所收诗人为例》，花宏艳的《晚清女诗人地域分布的近代化》，王攸欣、贝京的《略论湖湘诗歌史上的近现代女诗人——〈湖南女士诗钞〉导言》②；（3）研究女诗人成长环境及诗歌特征、风格形成原因的，如郭蓁的《清代女诗人的成长与家庭教育》、程君的《论清代女诗人的佛道之风及其文学影响》、付建舟的《清代江南女诗人群体及其主要特征》③；（4）对女诗人展开具体研究的，如郑珊珊的《"记取愁人闽海边"——清代女诗人许琛论》，胡倩、胡旭的《清代女诗人的"悼夫诗"现象及其成因述考——以钱守璞、方韵仙、顾春为中心》④。可以看出，以上研究内容广泛而多样，关注点扩大，已不再局限于传统的重要女诗人，这是对女诗人广泛、深入研究的结果。

对少数民族女诗人的研究，祝注先于20世纪90年代中期在《历代少数民族妇女诗词概说》中首先对古代少数民族女诗人做了总体、宏观的研究⑤，陶应昌在《论云南古代女作家》中对云南古代女作家展开宏观研究，

---

① 陈文：《中国古代妇女诗词艺术情感初探》，《中央民族大学学报》2000年第1期；贺闱：《真切文字蕴情性——晚清女诗人刁素云及其创作简论》，《常州大学学报》（社会科学版）2011年第3期。

② 付琼、曾献飞：《论清代女诗人的地域分布——以〈国朝闺秀诗柳絮集〉所收诗人为例》，《海南大学学报》（人文社会科学版）2008年第1期；花宏艳：《晚清女诗人地域分布的近代化》，《海南大学学报》（人文社会科学版）2010年第2期；王攸欣、贝京：《略论湖湘诗歌史上的近现代女诗人——〈湖南女士诗钞〉导言》，《中国文学研究》2012年第4期。

③ 郭蓁：《清代女诗人的成长与家庭教育》，《东岳论丛》2008年第5期；程君：《论清代女诗人的佛道之风及其文学影响》，《北京理工大学学报》（社会科学版）2011年第3期；付建舟：《清代江南女诗人群体及其主要特征》，《江汉论坛》2016年第8期。

④ 郑珊珊：《"记取愁人闽海边"——清代女诗人许琛论》，《南昌大学学报》（人文社会科学版）2016年第4期；胡倩、胡旭：《清代女诗人的"悼夫诗"现象及其成因述考——以钱守璞、方韵仙、顾春为中心》，《学术论坛》2016年第11期。

⑤ 祝注先：《历代少数民族妇女诗词概说》，《西南民族学院学报》（哲学社会科学版）1995年第3期。

涉及部分少数民族女诗人①。在 21 世纪，对少数民族女诗人的研究范围更
为广泛，涉及不同民族的女诗人。祝注先在 21 世纪初发表了《清代白族、
壮族、土家族的妇女诗歌》一文，对以上三个南方少数民族的五位女诗人
做了总体上的分析研究②。有对不同少数民族单一女诗人的细致研究，如
段继红的《太清诗中的女性生存本相——清代女诗人顾春诗歌论》，研究
的是清代满族著名女诗人顾春诗歌的总体特征③；贺利的《契丹族女诗人
萧观音诗词中少数民族女性的文化审美品质探源》，研究的是辽国契丹族
著名女诗人萧观音诗歌的特征及文化内涵④；高静的《布依族女诗人罗莲
诗歌中的意象》，研究布依族现代女诗人罗莲诗歌中的意象，揭示其民族
性、现代性特征⑤；赵淑琴在《清代大理白族女诗人周馥诗歌的艺术魅力》
中较为细致地分析了白族女诗人周馥诗歌的艺术魅力⑥；包晓华的《蒙古
族女诗人那逊兰保与李清照之比较》将清代蒙古族著名女诗人那逊兰保的
诗歌与李清照的诗词做比较，指出其特点⑦；王宝琴的《论土族女诗人李
宜晴的诗词艺术》研究的是现代土族女诗人李宜晴的诗词艺术⑧；唐海宏
的《回族女诗人李舜弦及其诗歌创作简论》研究的是五代十国时期回族女
诗人李舜弦的诗歌创作情况⑨；周锦国的《温婉清新的清代白族著名女诗
人苏竹窗》研究的是白族女诗人苏竹窗的诗歌特征⑩。研究的女诗人分属
白族、壮族、土家族、满族、古代契丹族、布依族、蒙古族、土族、回族
等九个少数民族，以古代女诗人为主，也有现代女诗人，研究方法、视角
较为多样。

---

① 陶应昌：《论云南古代女作家》，《云南师范大学学报》（哲学社会科学版）1999 年第 2 期。
② 祝注先：《清代白族、壮族、土家族的妇女诗歌》，《中南民族学院学报》（人文社会科学版）2001 年第 1 期。
③ 段继红：《太清诗中的女性生存本相——清代女诗人顾春诗歌论》，《民族文学研究》2004 年第 2 期。
④ 贺利：《契丹族女诗人萧观音诗词中少数民族女性的文化审美品质探源》，《民族文学研究》2007 年第 2 期。
⑤ 高静：《布依族女诗人罗莲诗歌中的意象》，《世界文学评论》2009 年第 1 期。
⑥ 赵淑琴：《清代大理白族女诗人周馥诗歌的艺术魅力》，《名作欣赏》2009 年第 17 期。
⑦ 包晓华：《蒙古族女诗人那逊兰保与李清照之比较》，《大连民族学院学报》2011 年第 2 期。
⑧ 王宝琴：《论土族女诗人李宜晴的诗词艺术》，《民族文学研究》2012 年第 3 期。
⑨ 唐海宏：《回族女诗人李舜弦及其诗歌创作简论》，《楚雄师范学院学报》2012 年第 4 期。
⑩ 周锦国：《温婉清新的清代白族著名女诗人苏竹窗》，《大理大学学报》2017 年第 5 期。

从古代到民国时期的少数民族女诗人没有较为完整的统计，现根据《中国少数民族史大辞典》、《中国少数民族文化大辞典》、《中国诗歌通史·少数民族卷》及其他文献资料，我们对我国55个少数民族从古代到民国时期的所有女诗人进行全面梳理，梳理后发现，从古代到民国时期仅有11个少数民族（其中1个为古代契丹族）产生了女诗人，其他44个少数民族没有女诗人的记录和相关诗篇。这11个少数民族共出现女诗人140余人，其中满族100余人、白族23人、蒙古族6人、彝族4人、壮族3人、土家族2人、古代辽国契丹族2人、维吾尔族1人、土族1人、苗族1人、纳西族1人、回族1人。

现将各少数民族女诗人的基本情况简要介绍如下。

满族女诗人100余人①，全部生活于清代。主要诗人有：乌云珠，字蕊仙，康熙时大学士伊桑阿妻，雍正时云南总督伊都立母，诰封一品夫人，有诗集《绚春堂吟草》。佟佳氏（1737—1810?），多尔衮四世孙郡王如松之妻，号天然主人，工诗，著有《虚窗雅课》两集、《缚帏泪草》及与二师、两诗友合刊《问诗楼合选》等。希光，钮祜禄氏，正白旗人，员外郎伊嵩阿妻，夫死女嫁后自缢，有诗集《希光诗钞》。佛芸保，完颜氏，字锦香，镶黄旗人，嘉庆时人，有诗集《清韵轩诗草》。顾春（1799—1877），原名西林春，后改姓为顾，名春，字子春，又字梅仙，道号太清，有诗集《天游阁集》（五卷）和词集《东海渔歌》（六卷）。养易斋学人，珠亮室，嵩山之母，有诗集《养易斋诗集》。兰轩主人，庄亲王孙女，嵩山室，都统能泰之母，有诗集《兰轩遗集》。思柏，永寿室，有诗集《合存诗钞》。佟佳氏，如松室，淳颖之母，有诗集《虚舟雅课》（初集、二集）、《乌私存草》和《缌惟泪草》（一卷）。端静闲人，法式善之母，有诗集《带绿草堂诗集》。莹川，铁保室，有诗集《如亭诗稿》（二卷）。刘氏，刘廷玑之女，有诗集《绣余吟》。完颜兑，穆里玛室，有诗集《花垛闲

① "《国朝闺秀正始集》，清代女诗人诗选集。清完颜恽珠选辑。1831年成书。有咸丰年间刻本传世。收录清初至道光初年900多位女诗人诗作1700余首，其中包括100余名满族女诗人的诗作。内容均为有关教化、端正闺苑、温柔敦厚之作品。另有《国朝闺秀正始续集》，收录清代590余名女诗人的诗作1200余首。民国初年亦有《清闺秀正始再续集初编》行世。"见铁木尔·达瓦买提主编《中国少数民族文化大辞典》（东北、内蒙古地区卷），民族出版社，1997，第140页。

吟》。完颜恽珠，完颜廷璐室，有诗集《红香馆诗词集》（一卷），编辑有《国朝闺秀正始集》女诗人诗选集。冰月，有诗集《冷斋吟初稿》。瑞芸，有诗集《白山诗钞》。梦月，有诗集《竹屋诗钞》。王裕芬，字芷亭，号呼奴山人，本宗室，后出家，易姓名为清虚观道士，有诗集《漱芳诗存》。[①]

白族女诗人 23 人，元代 4 人，明代 1 人，清代 11 人，民国（含清末民初）7 人，女诗人分布于元代到民国时期，各朝代皆有，详细评述见本书。

蒙古族女诗人 6 人，元代 1 人，清代 5 人。元朝末年的凝儿香，元顺帝宠妃，能歌善舞，工诗词，有《天香亭歌》《采莲曲》等，是元末的衰败之音。清代诗人 5 人，分别是：熙春，乌梁海氏，布政使佛喜之妻，与佛喜同著诗集《友莲堂合璧诗存》；博尔济吉特氏，有诗集《北归草》；成堃，有诗集《雪香吟馆诗草》（一作《雪香吟草》）；杏芬，有诗集《京师地名对》；那逊兰保（1801—1873），字莲友，博尔济吉特氏，蒙古阿拉善王之女，有诗集《芸香馆遗诗》。

彝族女诗人 4 人，有南北朝时期的阿买妮，创作有《彝语诗律论》；明代贵州毕节的奢香夫人（1358—1396），创作有诗歌；清代安履贞（1824—1880），字月仙，贵州威宁人，有诗集《圆灵阁遗草》；余祥元，贵州毕节人，有诗集《挹梅楼诗集》。

壮族女诗人 3 人，生活于清代和民国时期。清代 2 人：陆媛（1796—1824），又名陆小姑，广西宾阳县人，生活于乾隆、嘉庆年间，遭丈夫休弃，回家学习写诗六年，有诗集《紫蝴蝶花馆吟草》，今存诗 30 首；张苗泉，广西武鸣人，生活于嘉庆年间，著有《绣余小草》。民国时期 1 人：曾平澜（1896—1943），出版有《平澜诗集》。

土家族女诗人 2 人。彭春芝（1855—1888），湖南桑植县人，生活于清代末期，是桑植县第一位女塾师，作诗百余首，今存诗仅 5 首，有《咒慈禧》。黄玉英（1919—?），湖南桑植县人，生活于民国时期，有诗集《绿窗痕》（三集）——《旧痕》、《新痕》和《余痕》。

辽国契丹族女诗人 2 人。萧观音（1039—1075），朔州马邑（今山西

---

① 高文德主编《中国少数民族史大辞典》，吉林教育出版社，1995。以下女诗人的统计，主要来源于该部大辞典。不再注释。

朔州）人，辽道宗懿德皇后，幼习经籍，诵诗赋，存诗十数首。萧瑟瑟（？—1121），天祚帝文妃，"聪慧娴雅，工文墨，善歌诗"，（《辽史·契丹国史》）存诗《讽谏歌》《咏史》二首。

维吾尔族女诗人1人，生活于明代。阿曼尼莎罕（1526—1560），叶尔羌汗国第二代苏丹阿不都热西提汗萨亦德·拉失德王妃，有诗集《精美的诗篇》，训诫性美学论著《美丽的情操》，诗歌、音乐、抒发理论书《心灵的协商》。

土族女诗人1人。李宜晴（1919—1977），青海民和县人，存诗105首。今有李逢春编注《土族女诗人李宜晴诗词注释》①。

苗族女诗人1人。张仪仙，生活于清代咸丰、同治年间，贵州省道真县人，今存诗仅4首。

纳西族女诗人1人。赵银棠（1904—1993），民国时期出版有诗文集《玉龙旧话新编》。

从以上女诗人的资料看，少数民族的女诗人主要生活于官宦人家或读书人家，她们的诗歌创作得以留存与家庭的诗书氛围有关。在古代，贫民女子即使成为女诗人，其诗作也难以留存至今。

对少数民族女诗人的研究有一定成果，但针对某一少数民族女诗人群体从古至今的研究尚无系统性成果。

二 白族女诗人研究概况

白族女诗人是指出生于白族家庭的女性或嫁给白族丈夫而生活于白族家庭的其他女性，她们都有诗歌创作留存于世。本课题研究的范围主要是从元代末年至民国时期的白族女诗人。②

（一）历代白族女诗人研究综述

对白族女诗人的研究，通过"中国知网"、"读秀"及相关文献的全面

---

① 李逢春编注《土族女诗人李宜晴诗词注释》，兰州大学出版社，2005。
② 关于白族女诗人的确定，严格意义上应该是有民族识别的，但民族识别是在新中国成立后的20世纪50年代进行的。由于在古代和民国时期没有系统的民族识别，研究时只能依据女诗人的生活地、生活环境及后人的研究成果等加以确定。因此，"白族女诗人"的确定采用了比较宽泛的标准。

检索，就相关著作、论文的研究情况综括如下。

早在 20 世纪 50 年代，就有对白族女诗人的研究，出版于 1959 年的《白族文学史》（该书第一版出版于 1959 年，第二版出版于 1983 年），有"'孔雀胆'故事有关诗文"部分，评介了段功之妻高夫人、段功在昆明娶的阿盖公主、段功女儿羌娜等人的诗作；在明代作家赵炳龙后评介了其孙女赵尔秀，指出其"是明代唯一的白族女诗人"；在清代作家龚锡瑞后简要评介了女诗人苏竹窗，在赵廷玉后略微细致地评介了其妻女诗人周馥。① 其后的 80 年代，李缵绪的《白族文学史略》在"有关孔雀胆故事的诗文"方面对高夫人、阿盖公主、羌娜等展开研究；对苏竹窗的研究较为全面细致；对周馥的研究结合整个赵氏作家群展开，有所深化。② 进入 21 世纪，王元辅在《白族女人》中有一章讨论到白族女诗人，介绍了元末明初的段功之妻高夫人、段功在昆明娶的阿盖公主和段功之女羌娜的生平事迹和诗歌内容及其特点，重点评介了清代诗人苏竹窗、周馥和陆嘉年等人的部分诗作。③ 周锦国在《清代白族赵氏作家群作品评注》中选评了周馥的《绣余吟草》，通过"周馥及其《绣余吟草》"这一部分对周馥的生平及诗歌创作做了较为全面的研究。④

论文方面的成果稍多。万揆一在《清代白族诗人周馥》中，在对女诗人周馥做了相对全面的研究后，认为"周馥诗风不同于一般女诗人的纤柔，内容又多涉及地方掌故、民族风习，所以她仍是一位值得后人研究的乾嘉间独树一帜的白族女诗人"⑤。王岚在"清代女诗人王漪"一部分中认为"王漪的作品流传下来的不多……写过情真意笃，哀婉忧伤的三首绝句。……朴实真切，文笔流畅"⑥。祝注先《历代少数民族妇女诗词概说》中的"'孔雀胆'故事中的阿盖、高夫人、羌奴的诗"部分专门讨论了元

---

① 张文勋主编《白族文学史》（修订版），云南人民出版社，1983，第 347～351、384、393～394、397～398 页。

② 李缵绪：《白族文学史略》，中国民间文艺出版社，1984，第 223～230、282～284、302～303 页。

③ 王元辅：《白族女人》，云南大学出版社，2006，第 46～55 页。

④ 周锦国：《清代白族赵氏作家群作品评注》，云南大学出版社，2007，第 18～24 页。

⑤ 万揆一：《清代白族诗人周馥》，转引自赵寅松主编《白族研究百年》（第四卷），民族出版社，2008，第 396～405 页。

⑥ 杨明主编《白族著名历史人物及其哲学思想》，云南民族出版社，2008，第 53～54 页。

末明初白族女诗人的诗歌成就。① 陶应昌在《论云南古代女作家》中指出云南历代女作家特别少，"有人统计，自汉魏六朝迄近代，全国女性作家有其著作可考者四千余人，而云南从元代至清代，只约占此数的百分之一"。文中提到的白族女作家有元代的高氏等三位女作家，明代的赵尔秀，清代弥渡的袁恭人（指袁漱芳）、周馥（有评析）、苏竹窗（有评析）、弥渡的袁惟清继室王氏（有评析）等人，分析了女作家少的原因，评析了有成就的部分女作家，认为"云南历代女作家，作为女性，她们与千万封建社会的妇女经历同样的命运；作为作家，她们表现了与男性作家同样的睿智才华，显示了她们清澈的心灵，以及为一些男性所不及的崇高品格和精神境界"②，对云南及大理的白族女作家给予了较高评价。祝注先的《清代白族、壮族、土家族的妇女诗歌》对清代南方地区的白族、壮族、土家族的妇女诗歌做了介绍，评介了苏竹窗、周馥、陆小姑、张苗泉、彭春芝等五位不同民族女诗人的人生经历及其重要作品，其中，白族女诗人是苏竹窗和周馥。③ 赵淑琴在《清代大理白族女诗人周馥诗歌的艺术魅力》中，认为"清代大理白族女诗人周馥的诗歌，不仅思想深刻，艺术技巧也很高超"，从感情真挚、感受独特、富有哲理、独创形式几个方面探讨了周馥诗歌的艺术魅力。④ 周锦国在《吟咏苍洱大地的清代白族诗人之家》中对清代中期大理赵氏诗人之家的组成情况、文学成就、诗人简历进行介绍，其中评介了周馥的诗歌创作等。⑤ 周锦国的《温婉清新的清代白族著名女诗人苏竹窗》通过对女诗人苏竹窗人生经历的梳理和留存诗歌的探讨，揭示其诗歌呈现出的叙事感怀的温婉和写景抒情的清新。⑥

通过对以上文献的梳理，可以看出对白族女诗人研究较为全面的是元代围绕"孔雀胆"故事的高夫人、阿盖公主、羌娜以及清代的周馥和苏竹窗；有所研究的是清代的王漪、袁惟清继室王氏、陆嘉年等女诗人；提及

---

① 祝注先：《历代少数民族妇女诗词概说》，《西南民族学院学报》（哲学社会科学版）1995年第3期。

② 陶应昌：《论云南古代女作家》，《云南师范大学学报》（哲学社会科学版），1999年第2期。

③ 祝注先：《清代白族、壮族、土家族的妇女诗歌》，《中南民族学院学报》（人文社会科学版）2001年第1期。

④ 赵淑琴：《清代大理白族女诗人周馥诗歌的艺术魅力》，《名作欣赏》2009年第17期。

⑤ 周锦国：《吟咏苍洱大地的清代白族诗人之家》，《民族文学研究》2012年第1期。

⑥ 周锦国：《温婉清新的清代白族著名女诗人苏竹窗》，《大理大学学报》2017年第5期。

但未展开研究的是明代的赵尔秀等女诗人；未提及也未展开研究的是元末明初的妖巫女，清代的王藻湄、郭凤翔、丰姬、王玉如、杨熊氏、杨周氏、蔡吕氏以及民国时期的李培莲、赵淑筠、章青昔、李若兰、李蕙卿等女诗人。

（二）课题研究内容、目标、重点、难点、思路及方法

（1）课题研究内容。本课题将对从元代末年至民国时期的二十三位女诗人展开全面研究，对其生平经历、诗歌创作及其特色深入分析，以揭示历代白族地区女诗人的生活轨迹及其与当时社会、历史文化的关系，发现白族女诗人诗歌创作的规律性特征。

（2）课题研究目标。①通过对女诗人作品的深入细致研读，揭示女诗人诗歌的艺术特性、风格特征、审美特性、语言体式，指出女性诗歌内容的广泛性、地域性及女诗人特有的个性。②通过对诗歌内容的分析，并结合有关资料，尽量还原女诗人所处的社会生活场景，揭示其复杂的心理，进一步指出女诗人身上所折射出的白族女性特有的内涵，并分析她们所反映出的白族地区儒家文化、佛教文化、本主文化的交融情况，揭示平凡女性所蕴含的诗意人生。③针对不同女诗人所生活的时代，揭示不同对象、不同历史时期女诗人出现的原因及其诗歌特点；梳理白族女性诗歌历史演变的线索，寻找其与历史节点之间的关系，揭示白族女诗人诗歌创作的规律性特征。

（3）课题研究重点。①研究的系统性。对白族女诗人的研究大多是零散的分析，有的在文学史中做简要介绍，未形成完整体系。本课题将对一千多年间的白族女诗人展开深入、细致的探讨，形成完整体系。②诗歌内容的研究分析。研究女诗人诗歌中的内容所承载的白族文化、白族历史，以及中原的儒家文化和外来的佛教文化对白族妇女的影响等，揭示白族妇女的社会地位。③诗歌艺术特性的研究分析。对白族女诗人的作品做细致的分析、解读，逐一指出其个性，并归纳其共性，以及相互间的传承关系，进一步分析其形成原因。④将白族女诗人纳入中华文学的研究视野，确定白族女诗人在中国少数民族文学史上的价值、贡献和地位。

（4）课题研究难点。①资料的搜集、整理。因年代久远，所存诗歌分散于各种文集中，要尽量对资料做全面、完整的搜集、整理。②对古代文献的分析。因有些诗歌流传方式不同，需对作品进行辨析。③女诗人生平事迹的撰写和考订。因保存资料较少，需通过查阅各种相关古代典籍，尽量完善资料。

（5）研究思路。①对资料尽可能做到全面细致的搜集，将各地保存的历代县志、云南省图书馆保存的有关资料、各地诗词集中的有关诗作等资料搜集齐备。②对每位女诗人的所有诗作进行精细的原典阅读，从文学自身的角度细致梳理分析、研究，做出精当评价。③运用对比研究的方式归纳共性，找出差异，对白族女诗人产生的原因做出合理解释。④探讨白族女性文学的特性，揭示其与中原汉民族文化、文学之间的关系，揭示儒家文化、佛教文化在白族地区的影响。

（6）研究方法。①资料搜集法。尽可能搜集历代女诗人的生平事迹及流传作品。②原典阅读法。对历代女诗人的作品认真研读，并分析归纳，形成观点。③对比分析法。对历代女诗人的诗作进行对比，找出异同，形成结论。④地域个案研究法。通过具体诗人的个案分析，以小见大，以点带面，揭示少数民族女性文学现象的成因。

（三）研究的学术价值、应用价值和创新之处

（1）学术价值。①本课题的研究具有开拓意义。学界对女诗人的研究主要集中在古代著名女诗人和当代著名女诗人，对少数民族地区的女诗人缺乏系统研究。本课题对大理地区从古代到现代的白族女诗人进行深入、细致的分析研究，开拓了新的研究领域。②本课题既运用文本研读方式对作品细致研读，同时也运用新理论如女性主义理论、建构的新史学理论，结合白族地区的社会历史文化、地域文化、宗教文化等，对白族女诗人做全面研究，在研究方法上有所创新。③本课题对拓展中国文学的研究具有积极作用，可通过分析作品中所蕴含和折射出的少数民族女性的特点、风格，揭示白族历史上女诗人形成的原因，并进一步探究白族女性诗歌从元代到民国时期的继承、发展和变化，揭示白族女诗人风格的联系、差异。本课题研究将突出地方性、民族性、妇女性，对白族女诗人做深入细致的研究。

（2）应用价值。①本课题的研究对揭示白族妇女生活具有积极作用。历代白族女诗人大多以家庭生活为中心，她们的诗歌更多地抒写自己的平凡生活，对她们的诗歌进行研究，可揭示历史上白族女性的生活状况，了解白族女性的心理特征、她们对整个家族的贡献等，探究其诗歌所体现的女性视野中平凡而有意义的世界。②本课题的研究对弘扬少数民族文化具有现实意义。白族是有近两百万人口的少数民族，在唐、宋时期，建立了地方政权南诏国、大理国，同唐、宋两个中原王朝相始终，创造了灿烂的文化，这在历代白族女诗人的诗歌中有所表现。她们的诗歌咏叹历史、描绘山川、反映风俗和白族人民的生活，通过对这些女诗人的深入研究，能更好地了解大理的过去。③本课题的研究对文化的吸收、整合等具有借鉴意义。从元朝末年开始，封建王朝在云南各地设立官学，引导人们有意识地参加科举考试，白族女诗人生活于这样的环境中。通过对她们的研究，可间接分析出古代中原文化如何通过层层的文化推进和科举考试，逐渐渗透到女性的思想行为之中。女诗人们孜孜以求地学习汉语，并用汉语诗歌体式写作，从中可看出中原核心文化对少数民族文化的引领作用。④本课题的研究在当代具有一定的指导意义。当代社会，变化日趋复杂，而白族女诗人的诗作中蕴含的面对多元社会如何有效生存的思考对当代女性具有一定的指导意义。

（3）创新之处。①学术思想上的特色和创新体现为研究的开拓性。学界对女诗人的研究主要集中在古代著名女诗人、中原核心地区的汉族女诗人、当代著名女诗人方面，极少对少数民族地区的女诗人进行系统研究。本课题对大理地区从元代到民国时期的白族女诗人做深入、细致的研究，开拓了新的研究领域。②学术观点上的特色和创新体现为研究范围增加边疆少数民族地区女诗人运用汉文写作的文学现象，分析作品中所蕴含和折射出的少数民族女性的特点、风格，揭示白族历史上女诗人形成的原因；进一步探究白族女性诗歌从古代到现代的继承、发展和变化，揭示白族女诗人风格间的联系、差异；梳理出白族女性诗歌历史演变线索，寻找其与历史节点间的关系，揭示白族女诗人诗歌创作的规律性特征。③研究方法上的特色和创新体现为既运用文本研读方式对作品细致研读，同时也运用新理论如女性主义理论、建构的新史学理论等做指导，展开研究，结合白族地区的社会历史文化、地域文化、宗教文化等对白族女诗人做全面研究；运用资料搜集法、原典阅读法、对比分析法、地域个案研究法等多种方法从多视角揭示其特点。

（四）研究成果概述

本书共有八个部分。

绪论。综述国内外女诗人研究、白族女诗人研究概况，界定白族女诗人的范围所指和研究对象，说明研究内容、目标、重难点、思路方法、价值以及创新等。

第一章为白族女诗人的生活环境，主要说明白族女诗人生活的地域环境和社会文化环境。

第二章为元代白族女诗人，对元代末年围绕"孔雀胆"故事的三位女诗人展开深入研究，结合各种文本细致辨析流传至今的作品，确定定本，然后精细研读作品，指出其价值；对妖巫女诗歌展开研究，探讨白族地区民歌的有关情况。

第三章为明代白族女诗人。本章对赵尔秀及其家庭背景展开全面细致的研究，并介绍其祖父赵炳龙的生平及词创作。

第四章及第五章为清代白族女诗人。这两章全面细致地研究了清代中期以前的四位白族女诗人——周馥、苏竹窗、王漪、袁王氏，以及清代中期以后至民国初年的白族女诗人袁漱芳、陆嘉年、王藻湄和郭凤翔及其他白族女诗人如丰姬、王玉如、杨熊氏、杨周氏、蔡吕氏。

第六章为民国时期白族女诗人。本章分为两节，全面细致研究民国时期白族女诗人李培莲，云南大学白族学生女诗人赵淑筠、章青昔、李若兰、李蕙卿。

第七章为白族女诗人的构成、诗歌特征及其评价。本章分两节。第一节对白族女诗人的构成及形成原因展开分析。第二节对我国古代女性文学、白族文学基本情况做概览性介绍，归纳总结出白族女诗人的诗歌创作在题材内容和艺术审美上的特征，将白族女诗人的诗歌创作纳入我国古代女性文学中加以观照，确定其在古代女性文学史中的价值和地位，并结合白族文学史的情况确定白族女诗人诗歌创作的价值和地位，最后归纳出白族女诗人诗歌创作从元代到民国时期贯穿始终的主要内涵。

第一章　白族女诗人的生活环境

本章主要讲述从元代到民国时期白族女诗人生活的地域环境和社会文化环境，以更好地了解白族女诗人的生活经历、诗歌创作等。

第一节　白族女诗人生活的地域环境

白族的主要居住地是今云南省大理白族自治州。白族作为一个民族共同体，形成于公元 8 世纪中叶由"乌蛮"（今彝族的前身）建立的南诏国和公元 10 世纪"白蛮"（今白族的前身）建立的大理国，这两个地方王国与中原王朝唐、宋王朝相始终。白族人民繁衍生息的大理地区自然环境得天独厚，气候宜人，有湖泊大江、深山高谷、平畴沃野，景色壮丽，可居可游。据考古和民间习俗发现，白族先民大多近水而居，是典型的水稻农耕民族，被称作"杲米苴"（白语：湖滨生活的人）的"洱滨"族群。大理是从四川成都到印度的"蜀身毒道"的必经之地，是亚洲文化的"十字路口"。白族人所居地的自然环境和地理优势，使得白族在形成和发展过程中，以开放包容的胸襟汲取从中原地区传入的儒家文化，也广泛吸纳从西边传播而来的印度佛教文化，成为祖国西南边陲重要的民族，并在经济、文化的发展上都处在少数民族中的领先地位。

从大理国开始，白族人出于外出经商、戍边等社会原因，有部分散居在大理州以外的云南乃至全国各地，如云南省内的昆明市、玉溪市、保山市以及贵州省的毕节市、四川省的西昌市等地。元代初年，忽必烈率军征服了大理国，原大理国王段兴智的叔父段福率领白族子弟跟随忽必烈的蒙古大军北上攻打南宋王朝，战争结束后，返回大理途中，部分白族官兵留驻湖南湘西的桑植县，从此定居于此，在与周围各民族的交往中，白语逐渐消失，但文化习俗依然保留了诸多的白族特征。在明清时期通过科举考试考中进士、拔贡、举人的白族子弟，到全国各地为官，有的举家前往，形成了散居在全国不同地区的零星白族。据第六次全国人口普查统计，白族人口193万余人，居住在大理州境内的白族人有111万左右，约占总人口的58%。①

白族的绝大部分居民使用白语，通行的书面文字是汉语。元明时期曾使用"僰文"（白文），是以汉字为基础通过整改、训读等方式形成的方块白文。现在的民间说唱艺人有的还使用方块白文，但使用范围极为有限。

第二节　白族女诗人生活的社会文化环境

白族女诗人生活的社会文化环境随着社会的发展变化而变化，有一定差异，现根据时间先后按元代、明清、民国三部分做出说明。

一　元代白族地区的社会文化环境

公元1253年，元世祖忽必烈率领蒙古军队进攻大理，大理国灭亡。1276年，云南行中书省建立，为十行中书省之一，云南被纳入元朝的管理范围。在云南省，既有中央政权执行者的治理，各地方亦有地方自治，大理地区设立段氏都元帅府，由大理国王的后人段氏继续管理，但必须接受元王朝中央政府的管理，管理范围与大理国时期相比已有所缩小，云南的政治中心也从大理迁往昆明。

当时，大理地区的教育、文化得到较大发展。云南平章政事赛典赤在云南推行尊孔读经的教育制度，在大理地区率先建立学宫，至元八年（1271）"在鹤庆府治东南2里始设学庙，并有学生就读其间"②。大理府学宫建于至元二十二年（1285），邓川州学宫也随后建立。至元十一年（1274），在大理路设儒学提举司，赵子元充其职。至元二十二年，任赵傅弼为大理路儒学教官。《元史·选举志》载，元至元二十八年（1291），元世祖"令云南诸路及

---

① 施立卓：《中国少数民族人口丛书·白族卷》，中国人口出版社，2014，第2~3页。
② 鹤庆县志编纂委员会编纂《鹤庆县志》，云南人民出版社，1991，第579页。

各县学内，设立小学，送老成之士教之。或自愿招师，或自受家学于父兄者，亦从其便"①。

有关元代大理白族女性生活的一些情况，最早开始记述的是约在元朝至元二十五年（1288）前进入大理的郭松年，其在《大理行记》②中记述道："故大理之民，数百年之间五姓（按：指蒙、郑、赵、杨、段）守固。值唐末五季衰乱之世，尝与中国抗衡。宋兴，北有大敌，不暇远略，相与使传往来，通于中国。故其宫室、楼观、言语、书数，以至冠昏丧祭之礼，干戈战陈之法，虽不能尽善尽美，其规模、服色、动作、云为，略本于汉。自今观之，犹有故国之遗风焉。"③此时距忽必烈率军队平定大理国四十来年，记述的是元朝初年大理白族地区的社会状况，与中原之国通行时间较长，在建筑、语言、书法、计数乃至加冠礼、婚礼、丧礼、祭祀等各种礼仪，军队的战阵排列，以及人们的服装颜色、动作行为、言谈举止都以中原为本而略有变化，有唐宋时的故国遗风。通过这位来自中原汉文化核心地区的郭松年的记述，可看出当时大理白族地区的社会文化已与汉族地区相近。

郭松年在《大理行记》中又记述道："然而此邦之人，西去天竺为近，其俗多尚浮屠法，家无贫富皆有佛堂，人不以老壮，手不释数珠；一岁之间斋戒几半，绝不茹荤、饮酒，至斋毕乃已。……凡诸寺宇皆有得道居之。得道者，非师僧之比也。师僧有妻子，然往往读儒书，段氏而上有国家者设科选士，皆出此辈。今则不尔。其得道者，戒行精严，日中一食，所诵经律一如中国……"④此段文字记述了当时大理地区佛教盛行的景象，特别记述大理国时期师僧有妻子，师僧往往读儒家经典，成为大理国的治

---

① 转引自大理白族自治州地方志编纂委员会编纂《大理白族自治州志》卷八，云南人民出版社，2000，第118页。

② 关于郭松年到大理的时间，据王叔武先生的考订，有如下结论："方国瑜先生在《大理行记概说》中说：'松年至大理，应在至元二十五年以前，亦即在十七年至二十年之间……'……松年至大理必在至元二十三年以后。方先生谓'应在至元二十五年以前'，理或然也。"《大理行记》的成书年代："当作于至元二十三年（1286）至大德四年（1300）之间……此时上距蒙古平大理已四十年……"参见（元）郭松年、李京撰《大理行记校注 云南志略辑校》，王叔武校注，云南民族出版社，1986，"叙例"第2~3页。

③ （元）郭松年、李京撰《大理行记校注 云南志略辑校》，王叔武校注，云南民族出版社，1986，第20页。

④ （元）郭松年、李京撰《大理行记校注 云南志略辑校》，王叔武校注，云南民族出版社，1986，第22~23页。

理之臣。到元代时有所变化。这些记述说明当时的白族妇女也可能受到师僧丈夫的影响,接触到有关汉文化的典籍,并有所阅读。

元大德五年(1301)春,李京奉命出任"乌撒乌蒙道宣慰副使佩虎符兼管军万户"之职来云南,在云南的三年间,李京"措办军储",足迹几乎遍及云南,他将所见所闻写成《云南志略》(四卷),这是云南建立行省后的第一部云南省志,记录有大理白族女性生活的一些情况。在《诸夷风俗》"白人"条下记述较为详细,其中指出当时的白人是有姓的:"白人,有姓氏。"又记述道:"汉武帝开僰道,通西南夷道,今叙州属县是也。故中庆、威楚、大理、永昌皆僰人,今转为白人矣。……白人语:着衣曰衣衣,吃饭曰咽羹茹,樵采曰拆薪,帛曰幂,酒曰尊,鞍靯曰悼泥,墙曰砖垣,如此之类甚多。则白人之为僰人,明矣。"说明白人在古代称为僰人,分布区域较广,记录了当时白语的一些词,这些词有的是与现代白语相通的。其次记录了当时男女的服饰:"男女首戴次工,制如中原渔人之蒲笠,差大,编竹为之,覆以黑毡。亲旧虽久别,无拜跪,唯取次工以为礼。男子披毡,椎髻。女人不施脂粉,酥泽其发,以青纱分编绕首盘系,裹以攒顶黑巾;耳金环,象牙缠臂;衣绣方幅,以半身细毡为上服。"人们的穿着、服饰与中原有相近,女性的服饰较有特点。在婚俗上,"处子孀妇出入无禁。少年子弟号曰妙子,暮夜游行,或吹芦笙,或作歌曲,声韵之中皆寄情意,情通私耦,然后成婚"。少女和寡妇的出入是没有禁止的,可与少年子弟在暮夜时分相互游行、吹芦笙、唱歌等,表达情意,在相互了解后成婚。现在剑川白族聚居区的石宝山歌会就是这一方式的遗存。也记述当时人们学习汉文化的情况:"其俊秀者颇能书,有晋人笔意。蛮文云:'保和中,遣张志成学书于唐。'故云南尊王羲之,不知尊孔、孟。我朝收附后,分置省府,诏所在立文庙,蛮目为汉佛。"[①]书法作品学习王羲之的晋人字体,进入元朝后开始设立文庙。这些都说明了元朝时期大理白族汉文化的高度发达,与前面的分析是相一致的。

元代大理地区的科举制度已和全国一致。元朝从元仁宗皇庆二年(1313)以行科举诏颁天下。规定每三年举行一次,分为乡试、会试、殿

---

① (元)郭松年、李京撰《大理行记校注 云南志略辑校》,王叔武校注,云南民族出版社,1986,第86~88页。

试三道。《新纂云南通志·元文进士表》载有中统科赵州（今凤仪、弥渡一带）进士苏隆之名。《大理府志》说："苏隆，字子昌，宋景定年间（1260～1264）进士，所射策大为主司称赏。同榜蜀人杨庭，特过龙关访之，赠以诗。子仁寿有敏才，能通诸方语。"① 元代科举，除进行统一考试外，还规定学额。"元代云南有六人中进士"，其中昆明5人，大理1人。② 以上情况说明，元代一百多年间，大理地区的文化教育已较为发达，与中原地区基本一致。

二 明清时期白族地区的社会文化环境

进入明朝，为统一中国，洪武十四年（1381），朱元璋命傅友德为统帅，蓝玉、沐英为副帅，率军三十万征讨云南。明军攻入大理后，废除大理国后裔元朝所封的世袭大理总管段氏的土职，改设流官知府。为防止大理地区百姓有光复大理、云南之心，销毁了大理地区所留存的所有有关南诏国、大理国的古籍。随后又将江南等地的百姓迁入云南，实行屯兵制，从而改变了云南的人口结构。当地土著百姓也都纷纷改变自己的民族，自称是来自江南的汉族等。清朝著名史学家师范在《滇系》中简明扼要地做了说明："自傅、蓝、沐三将军临之以武，胥元之遗黎，而荡涤之，不以为光复旧物，而以为手破天荒。在官之典册，在野之简编，全付之一炬。既奏迁富民以实滇，于是滇之土著皆曰：我来自江南，我来自南京。"③ 明朝在今大理地区设立大理府、鹤庆军民府、蒙化府，其中大理府为主要区域，府内分四州三县——太和县、赵州、云南县、邓川州、浪穹县、宾川州、云龙州；鹤庆军民府辖剑川州、顺州，其中军户属鹤庆卫。另有军户以卫所的组织形式屯兵于各地，有三卫——大理卫（驻今大理古城南）、洱海卫（驻今祥云县）、大逻卫（驻今宾川县州城北）。

大理地区自南诏国建立至元朝的数百年间，白族先民为当地主要聚居

---

① 转引自大理白族自治州地方志编纂委员会编纂《大理白族自治州志》卷八，云南人民出版社，2000，第123页。

② 党乐群：《云南古代举士》，云南人民出版社，2008，第53页。

③ （清）师范：《滇系》第十四册《典故》六，嘉庆庚午年刻本，第33a页。（古代刻本书籍，每页有两面，第一面为a，第二面为b。凡引用刻本书籍之页码，简化为"页码a、页码b"。）

者，从外地迁入的汉族也大都融入当地民族中。鉴于明朝初年所实行的移民屯边政策，大量汉族人口迁入云南，云南的民族结构发生巨大变化，各地坝区中的少数民族由于人数较少，加之大量军屯、民屯的建立，通过数百年的交流融合，大都汉化。而大理地区白族人口数量众多，形成了与汉族村庄共生的现象。著名历史学家马曜先生做了总结性说明："自战国末年到唐宋元时期，迁来云南的汉族人民，其人口数未超过当地少数民族的人口数，因而大都融合于世居平坝地区的白族先民之中，称为'白蛮'。到明代以屯田形式开始大规模地移民屯田，先后来云南的汉族人口总数，远远超过当时云南境内任何一个人口最多的少数民族，以致住于平坝认同汉文化的白族先民，不断融合于汉族人民之中。元李京《云南志略》说："白人，有姓氏，汉武帝开僰道，通西南夷道，今叙州属县是也。故中庆（昆明）、威楚（楚雄）、大理、永昌（保山）皆僰人，今转为白人矣。'李京承认白人（白族）为僰人之后，指出当时（元代）昆明到楚雄、大理、保山一线的平坝地区皆白人。民族是历史形成的。明代大量汉族移民进入云南，致使世居昆明至保山一线的白族大多数融合于汉族之中，成为汉人，只有大理地区占人口多数的白族还保留自己的语言和风俗习惯而未被同化。居于内地山区的彝族和边疆的傣、哈尼、拉祜、景颇等族，大都聚居，接受汉文化较少，仍基本保留自己的民族特点。总结其发展规律是：明代以前汉族白族化，明代以后白族汉族化，这是云南坝区民族组成的一大变化。"[①] 现在大理州剑川县白族人口仍然占90%以上，大理市、鹤庆县、洱源县、云龙县、宾川县等白族聚居区，白族、汉族村庄形成杂居状态，白族同汉族互相通婚，但白族村落依然使用白语，有自己的传统习俗、节日，同时也吸收汉族的节日，如端午节等；当地汉族村庄既保留汉族习俗，同时也吸收白族的部分文化，融入其中，如白族传统节日火把节等。白族文化同汉族文化产生了积极的交融、共生现象。

明代以后，以儒学为中心的学校教育得到更加广泛的发展，大理地区是云南省境内教育事业发展水平较高的地区之一。在元代设立的府、州、县学管理机构的基础上，大理地区的学校教育进一步发展，在元代三所学

---

① 马曜：《大理文化论》，云南教育出版社，2001，第229页。

宫的基础上，明朝洪武及以后，又增设云南县学宫（洪武十八年）、赵州学宫（洪武十八年）、浪穹县学宫（洪武十八年）、剑川州学宫（洪武二十三年）、永平县学宫（洪武二十六年）、蒙化厅学宫（洪武年间）、太和县学宫（洪武二十七年）、宾川州学宫（弘治七年）、云龙州学宫（天启四年）。① 官学管理机构"几乎覆盖了现在的整个大理白族地区。根据明朝的制度规定，府学学额 40 人，州学 30 人，县学 20 人，以此类推，每年在府州县学宫中的生员共 300 人。各地还设立有卫学、府州县的书院，如明朝有浪穹县的龙华书院、凝华书院和桂亭书院，太和县的苍麓、桂林、玉龙、崇敬和桂香等 5 所书院，蒙化州的明志书院和文华书院，云南县的青华、五云、九峰书院，鹤庆的龙溪书院，赵州的玉泉、凤仪书院，宾川州的秀峰书院，剑川州的金华书院，邓川州的新州和桂香书院、象山书院等共二十二所书院，在云南省的六十五所书院中占了三分之一。这些书院为府学、州学、县学提供了充足的后备人才"② 大理地区除书院外，还有众多的社学。据明清地方志记载，临川叶学在明洪武二十六年（1393）曾创永平社学，自为社学师。据不完全统计，明清两代大理州境内共办社学 83 所，计大理 4 所、祥云 1 所、宾川 2 所、弥渡 7 所、南涧 3 所、巍山 29 所、永平 2 所、鹤庆 35 所。③

完备的学校教育体制，促进了白族地区教育、文化的发展，读书求学在白族地区蔚然成风。云南在明朝初年设立完备的学校，开始科举考试，有明一代，云南共有 267 名进士，大理地区进士 82 人，占云南省进士数近 1/3；云南共有举人 2783 人（含永历驻/跸云南所取 54 人）④，大理地区有举人 810 人⑤，占云南举人数也近 1/3。在明朝科举考试中，考中进士人数甚至超过省城昆明（昆明在明清两代共考中进士 178 人，而大理地区明清两代共考中进士 216 人），大理地区的教育处于整个云南前列。明万历《云南

---

① 大理白族自治州地方志编纂委员会编纂《大理白族自治州志》卷八，云南人民出版社，2000，第 119 页。

② 周锦国：《明清时期大理白族诗人汉语写作的修辞探究》，《毕节学院学报》2009 年第 9 期。

③ 大理白族自治州地方志编纂委员会编纂《大理白族自治州志》卷八，云南人民出版社，2000，第 122 页。

④ 党乐群：《云南古代举士》，云南人民出版社，2008，第 58、59 页。

⑤ 大理白族自治州地方志编纂委员会编纂《大理白族自治州志》卷八，云南人民出版社，2000，第 124 页。

通志》卷三《大理府风俗》中说："郡中汉、僰（白）人，少工商而多士类，悦其经史，隆重师友。开科之年，举子恒胜他郡。"①

明清时期的白族知识分子与南诏国、大理国时期的知识分子已经不同，大都在民间产生，通过系统的私塾、官学的汉文化学习，接受了儒家的基本道德体系，都能较好地运用汉语进行写作，这充分体现了汉文化在少数民族地区的社会发展过程中所起到的巨大作用。"白族学子通过多年学习，参加科举考试，进入了相应的统治阶层。出现了众多的进士、举人，有的在京城、外省任职，有的在本省各地任职；有明一代，云南共有223名进士，其中大理地区进士共有51名，占云南省的四分之一左右。其中著名的进士有邓川州的杨南金（弘治十二年己未科，1499年）、太和县的杨士云（正德十二年丁丑科，1517年）、太和县的李元阳（嘉靖五年丙戌科，1526年）、剑川州的杨栋朝（万历四十一年癸丑科，1613年）、何可及（万历四十七年己未科，1619年）等人。"② 在他们的身上更多体现的是儒家的道德体系和规范。有明一代，大理文学创作繁盛，出现了数十位诗人，有百部诗文集，为大理地区的文化繁荣做出了积极贡献。

明朝灭亡，清朝在云南设治沿袭明朝制度，但有所变化，省以下除保留府、州、县外，增加了厅的建制。康熙三十一年（1692）废除屯田制，撤销明代的卫所，使军户变为民户，军田并入民田。原来内地坝区的土著白族、彝族等先民与明代迁入的汉族在政治、经济生活方面有所差别，此时趋于一致，促进了民族融合，汉族人口大增。雍正四年至九年（1726～1731）实行大规模的改土归流措施，促进了地方经济的发展，云南的政治、经济、文化得到长足发展。清朝沿袭明朝的科举考试体例，依然推行"尊孔读经"、开科取士的政策。清代著名历史学家师范在嘉庆年间所撰《学校考》一文对清代初年至中期云南的学校教育情况有较为全面的说明："我国家连平乱逆，登衽席而泽以诗书，学校之典概同中州。当鄂、尹两相国治滇，陈桂林相国为藩使，培旧添新，共立书院十余处。以云南府之五华成材，大理之中溪为最著。至义学之在云南府属者九十七所，武定州

---

① 转引自大理白族自治州地方志编纂委员会编纂《大理白族自治州志》卷八，云南人民出版社，2000，第123页。
② 周锦国：《明清时期大理白族诗人汉语写作的修辞探究》，《毕节学院学报》2009年第9期。

属者十九，大理府属者四十四，丽江府属者十四，永昌府属者十五，楚雄府属者七十四，顺宁府属者十三，永北厅者五，蒙化厅者八，景东厅者十七，普洱府属者二十二，临安府属者五十二……夫以十四府三厅四直隶州之境所设义学，已至五百七十一所之多。证之他省，未之有闻，宜乎？深林密箐间，弦诵之声不绝于耳。虽上之人有以振之，而守牧令长承流宣化之功，究何可诬哉！……积三十年，则其隶于学、师者应得二万五千六百名。"[1] 指出云南省的学校教育情况已同中原内地一样，云南府（今昆明）五华书院和大理府的中溪书院是最好的书院，成才较多。同时指出各地开办的义学已达 571 所，与他省相比，已超出很多。指出云南教育的发展状况，其中大理地区的义学达 60 余所。还记述了当时读书风气兴盛的情景："深林密箐间，弦诵之声不绝于耳。"这既是在上者的提倡，也是百姓认同的结果。师范再根据历年考试情况，推算出 30 年间经过逐级考试有功名者在云南已达 25600 名，隶属于学宫、教师行业等。这说明清朝文化教育的普及程度已远远超过明朝。

清朝大理地区分属三府一厅：大理府、丽江府、永昌府、蒙化直隶厅。大理府驻今大理市古城，所辖范围与明朝完全一致：太和县、赵州、云南县、邓川州、浪穹县、宾川州、云龙州、十二关长官司；丽江府驻今丽江市古城区，其所属二州今属大理州：鹤庆州、剑川州；永昌府驻今保山市隆阳区，所属永平县今属大理州；蒙化直隶厅驻今巍山县城，辖境包括今巍山、南涧县之地，康熙六年（1667）曾撤销明朝时期的蒙化卫，迁入汉族与彝族杂居。所设立学宫同明朝一致并有所扩大，特别是各地所建书院数进一步增加，明代今大理州境内共建书院 23 所，清代共建 56 所，另有 9 所创建年代不详。[2]

清朝云南共考中进士 704 人，其中大理地区中进士 134 人，占云南省总数近 1/5；云南省共考中举人 5101 人[3]，其中大理地区举人共 1014 人[4]，占云南省 1/5。云南教育得到全面发展，大理地区依然名列前茅。

---

[1] （清）师范《滇系》第八册《人物》，嘉庆庚午年刻本，第 72a～73a 页。
[2] 大理白族自治州地方志编纂委员会编纂《大理白族自治州志》卷八，云南人民出版社，2000，第 119 页。
[3] 党乐群：《云南古代举士》，云南人民出版社，2008，第 58、59 页。
[4] 大理白族自治州地方志编纂委员会编纂《大理白族自治州志》卷八，云南人民出版社，2000，第 123 页。

清康熙四十年（1701），云南提督偏图题写"文献名邦"匾额，书赠大理府，是对大理文化繁盛的褒奖。民国初年，杨楷等编《大理县志稿》，写道："吾邑之有学校，肇自汉元和二年，至蒙氏立庙，段氏求经，下逮有明……学风日盛，人才蔚起。"① 此段简要勾勒出大理地区从汉朝到民国时学校教育的发展历程，描述出大理学风兴盛、人才兴旺的情景，并进一步说明大理教育、文化繁盛的原因："考其进化较速之原因，皆由乡先贤辈不惮艰难，广设书院、义塾，进子弟而课之。实有非庙学之用供钳制，毫无教训者比。故能诗书礼乐，户诵家弦，而积学之士出焉。"② 学校教育的广泛开展，同时有大量并非为科举考试而学习之人的存在，故人们能开阔视野，将诵读诗书、懂得礼节作为自身的生活方式，因此出现了众多的饱学之士，他们是当地大理文化的传播者、创造者。

在整个明清时期，大理白族地区普遍建立了府、州、县各级儒学，确立起儒家的"礼制"地位，儒家的各种"礼"文化渗透到人们的生活中。当代有学者从政治、经济、文化上展开讨论，认为"曲靖以西，元江以北，永昌以东，鹤庆以南实际上就是我们所指的汉文化分布的中心区域。……这些地区，从政治上说，是流官制占主导；从经济上说，是地主经济占主导；从文化上说，普遍建立府、州、县各级儒学，是确立起儒家'礼制'的地区……"③ 这一结论是合理的，大理白族地区是云南省的"汉文化区"。

关于大理白族地区的各种社会文化习俗，清代康熙年间的黄元治在纂辑的《大理府志》卷十二《风俗》中记述了当时大理府整体的情况："大理四州三县，山川各异，而风俗则大略相同。……明嘉万间，科甲繁盛，文章、理学实冠南中。……赵州、云、宾类多汉人，太和、邓、浪类多白人，云龙则诸彝居十之七八矣，近亦稍从汉俗，渐知礼教。各属婚丧，悉遵家礼。其岁时伏腊享祀馈遗之节，大略与通省同。独七月二十三日相传邓诏妻慈善以是日死节，故至今太和、邓、浪皆竞龙舟以吊之，与六月二十五日燃松炬以吊阿南同意云。然此两人宜建祠祀之，使郡之妇女瞻拜观

---

① 杨楷等编《大理县志稿》卷七《学校部》，民国五年刊印，第1a页。
② 杨楷等编《大理县志稿》卷七《学校部》，民国五年刊印，第1a页。
③ 沈海梅：《明清云南妇女生活研究》，云南教育出版社，2001，第62页。

感以作其贞节之气，斯亦励俗之一端欤？"① 黄元治指出大理白族地区四州三县的风俗大致相同，从明代嘉靖、万历年间起，大理的儒学教育、科举考试兴盛并延续至今，人口分布情况，以白族和汉族为主，大理府的白族等各少数民族的风俗习惯大多与汉族相同，并指出当地特有的两个节庆——七月二十三日龙舟竞渡纪念邓赕诏的白洁夫人和六月二十五日火把节的白族民间节日，指出利用民族节日加强妇女的贞节观是有价值的。

随后对各州县的一些风俗习惯做了具体记述，如太和县（今大理市部分地区），"独钟苍洱之秀，故人文甲于它州县，而民亦称饶。……族多白人，俗与汉人等，其自外来而长子孙者，今亦为土著，婚嫁丧祭悉遵家礼。……士林类多自爱，耻入公庭。致仕者，恂恂如里老布衣，讲学泊如也。俗尚浮屠法，家设佛堂，人手数珠，朔、望经声，比户而彻。世传大士，昔至此，教人捐佩刀，读儒书，明忠孝、五常之性。故人敬神明而重犯法，是又有裨于人心者……"（113b）这说明康熙年间大理府的中心太和县文化繁盛，白族人的习俗与汉族人相同，且外地来的其他民族之人也被白族所同化，太和县的婚嫁之礼、丧葬仪式、祭祀礼仪都遵从儒家的规范。同时也记述了白族地区对佛教的崇尚情景，其中也包含对儒家经典的重视，是儒家文化的全面传播之地。其他，如在太和县南部的赵州（今大理市部分地区、弥渡县），"士夫崇经术、鄙浮薄，妇人女子亦率以节义自矢，至于耕凿之民，犹慕诸葛武侯之德"（113b）。当时赵州士大夫崇尚儒家的经术，妇女也以儒家的节操、贞义要求自己，即使是普通的耕田之人和手艺工匠，也对诸葛亮的忠义节操十分仰慕，这些都是崇尚儒家文化的表现。太和县北部的邓川州（今属洱源县），"自明文教聿兴，科第继起，蔼乎成弦诵之风矣。至于婚姻相助，疾病相扶，教学相资，亦庶几仁厚之俗欤"（114a），从明代开始就是儒家文化教育的成功之地，有儒家的"弦诵之风""仁厚之俗"；浪穹县（今属洱源县），"浪俗之旧民多务农，士无横议，敦悫谨箸，号称仁里"（114a），普通百姓以务农为本，士人不会无端议论，敦厚诚实，举止文雅，有儒家"仁里"的称号。

---

① （清）黄元治纂辑《大理府志》（卷十二）《风俗》，载杨世钰、赵寅松主编《大理丛书·方志篇》（卷四），民族出版社，2007，第113a～113b页。本节所引出自该书者，在文中标注页码，不再加注。

当时大理白族地区的士族家庭的妇女，大多在家庭环境的熏陶下，研读儒家有关女性要求的道德经典作品，如"女四书"中的《女诫》《内训》《女论语》《女范捷录》等，严格遵从儒家道德规范，并通过诗文研读，开始自己的诗歌创作。

三　民国时期白族地区的社会文化环境

到民国时期，大理白族地区紧随民国的步伐，开始新的建设，社会发生了较大变化，各种新思潮、新思想进入大理地区，人们热心向学，文化繁荣。在清朝末年，大理的新学教育即已开展，"光绪三十一年（1905）春，大理县创办公立女子师范学堂……光绪三十四年（1908）二月，大理府改官立师范传习所为初级师范学堂……宣统二年（1910）二月……改称云南省立第二模范中学堂……"① 到民国年间，大理的新学发展更快，民国元年（1912），将第二模范中学堂改为云南省立第二中学。"至1949年12月，大理州境内，有完全中学4所（公立、私立各2所），私立高级中学1所，有初级中学20所（县立17所、镇立1所、私立2所），共计25所。……仅大理古城就有公私立中等学校5所（含中师），滇西学生多就读于此。"② 大理白族地区各县都开设初级中学或师范学校，大理地区的新式教育得到全面发展，大理成为云南省西部地区的文化中心，现代教育兴盛。

民国时期，大理白族地区重视女子的学校教育和培养，早期开办有女子师范学堂，附属有女子小学堂，后成立省立大理女子师范，后又改为省立大理女子中学。③ 当地白族女子或其他民族女子进入新学堂接受新文化教育，被培养成优秀的知识分子，她们走出大理，到外地的高等学校求学深造。

通过对以上历史时期大理白族地区社会文化的简要梳理，可以看出，大理白族地区经济文化较为发达，白族先民积极吸收中原优秀的汉文化以

① 大理白族自治州地方志编纂委员会编纂《大理白族自治州志》卷八，云南人民出版社，2000，第169页。

② 大理白族自治州地方志编纂委员会编纂《大理白族自治州志》卷八，云南人民出版社，2000，第146页。

③ 大理白族自治州地方志编纂委员会编纂《大理白族自治州志》卷八，云南人民出版社，2000，第168页。

丰富自己的白族文化，是汉文化的核心区，因此在历史上的白族教育就是
"汉文教育"。"明清两代，应试中举的白族士子人数相当可观，并且出了
一些省内外知名的人物。清末以来，到外国学习'现代西学'并有成就的
也不少。"①

　　以上总结较为客观地说明了白族地区汉文化发达的原因，这也是白族
地区女诗人从元代到民国年间不断出现的原因。

---

① 大理白族自治州地方志编纂委员会编纂《大理白族自治州志》卷八，云南人民出版社，
2000，第 209 页。

第二章　元代白族女诗人

　　元世祖忽必烈统一中国后，在云南大理设置都元帅府，由于段氏有治理大理国的数百年历史，且对元朝忠诚，后委派段氏子孙担任都元帅府总管，大理成为元朝的藩属。云南作为行省建立后，全省军政事务由平章政事管理，听从元朝中央的指挥调度。但元朝皇帝忽必烈仍派遣皇族中人担任云南王或梁王，梁王在元代诸王中是一等王，在平章政事上又有梁王，梁王管辖云南全省的各项政务，代表皇帝在云南进行统治，可干预和监督行省的一切，而行省却无权干预他们。这就使梁王和平章政事之间产生了矛盾。① 元代的大理，在政治上受元朝统治，受云南省平章政事和梁王的领导管理。

　　元朝末年，土地兼并严重，政治腐败，社会黑暗，导致社会动荡，云南也处于多事之秋。大理白族女诗人高夫人、阿盖、羌娜就生活于元朝末年至正年间（1341—1368），她们都是大理都元帅府第九代总管段功的亲人，她们所写的诗歌都围绕段功及段功被害一事。

第一节　段功嫡妻高夫人

一　高夫人生平

　　高夫人，为段功嫡妻，出生于高氏家族，后嫁给大理都元帅府继承者

---

① 王文光、尤伟琼、张媚玲编著《云南民族的历史与文化概要》（修订版），云南大学出版社，2014，第 83~84 页。

段功。

　　关于高夫人的家世，最早见于明人曹学佺①《蜀中广记》"天全六番招讨使司"，该题末尾记述有："元段平章夫人，高招讨女也，能词赋，其劝段氏效顺息兵一章，见《词话》中。国朝弘治间招讨高崧妻杨氏，杨显昭女，二十而寡，始终不易志，诏旌其门。"②此部分记述该地女性事迹，共二人——段平章夫人高氏、明朝初年招讨使高崧妻子杨氏。表明高氏在当时为招讨使的情况。此记述明确指出段功妻子是高招讨使的女儿。段功曾为云南平章政事，高氏长于辞赋写作，劝说段功效忠朝廷、平息战事等。查《蜀中广记》卷一百四，有相关记述："李好义，宕渠人，开禧中殿帅，有《谒金门》词：'花遇雨，又是一番红素。燕子归来冲绣幕，旧巢无觅处。谁在玉楼歌舞，谁在玉关辛苦。若使胡尘吹得去，东风侯万户。'元段平章夫人高氏，天全招讨女也。有《玉娇枝》词云：'风卷残云，九霄冉冉逐。龙池水云一片绿。寂寞倚屏帏，春雨纷纷促。蜀锦半闲，鸳鸯独自宿。好语我将军，只恐乐极悲生冤鬼哭。'出《南诏事略》。已上二首皆伤边务而言。"③此记述说明曹学佺在当时所记有关高氏词作的资料出自顾应祥④的《南诏事略》，曹学佺明确将段功嫡妻高氏与天全六番招讨司联系起来，认为段功嫡妻高氏出自天全高家，这是其在四川任观察使期间考察的结论。今人徐嘉瑞先生在引述以上资料后分析道："此高夫人，想即段功之妻，后段功之女宝姑者，嫁建昌土官阿黎，是段氏世与川康婚媾，以内婚制证之，则段氏与川康之氏羌为同族也。"⑤徐先生认为高夫人是天全

---

① 曹学佺（1574—1646），字能始，号雁泽，又号石仓，明代著名学者、政治家、诗人、藏书家，福建福州府侯官县人。万历二十三年（1595）进士，被授予户部主事，先后任职于南京、四川、广西、福建等地。任四川观察使期间，对当地风土人情较沉迷，著有《蜀中风土记》《蜀中广记》《蜀中诗话》等八部数百卷，记录当地各种社会历史情况；其余著作近三十种千余卷。清兵入闽，自缢殉节。

② （明）曹学佺撰《蜀中广记》卷三十五，《钦定四库全书》本，第33a页。

③ （明）曹学佺撰《蜀中广记》卷一百四，《钦定四库全书》本，第21b～22a页。

④ 顾应祥（1483—1565），早期名梦麟，字惟贤，号箬溪。官员、数学家，浙江长兴人。明弘治十八年（1505）进士，曾在江西、广东、陕西、山东等地任职，1538年为副都御史，同时巡抚云南，1549年调任南京任兵部右侍郎。有数学著作《测圆海镜分类释》（十卷）、《弧矢算术》（一卷），历史著作《人代纪要》（三十卷），其他著作《惜阴录》（二十卷）。《南诏事略》是其在云南任职期间所写的关于南诏历史的著作。

⑤ 徐嘉瑞：《大理古代文化史》，云南人民出版社，2005，第353页。

高氏之女，这是合理的；然进一步通过婚姻关系说明大理白族段氏与氐羌的同族关系，似乎不恰。

在此记述前，有关于"天全六番招讨司"的详细记述："古氐羌之地……隋初郡废，属雅州，唐为羁縻州，隶雅州都督府，《总志》云：五代王孟之间，有高囊阁藏杨夹失朵，只见二酋归附，始置碉门、黎、雅、长河西、鱼通、宁远六军民安抚司。宋隶雅州。元宪宗时复置六安宣抚司，属吐蕃等处宣慰司，后改六番招讨司，又分置天全招讨司。国初并天全六番招讨使司，隶四川都司。其地东西广百九十里，袤二百一十里……去成都五百四十里。为南诏之咽喉，辖部落凡六，曰：马村、苏村、金村、杨村、陇东村、西碉村，或谓六番之名始此，非五代碉门、黎、雅等六名也……"① 说明了招讨司的沿革历史，特别提出的是五代时期，六番招讨司的设置与当时二土酋高氏、杨氏的归附密切相关，他们归附后，"始置碉门、黎、雅、长河西、鱼通、宁远六军民安抚司"，先设置六军民安抚司，五代时期为南诏国后期。到元明时期一直保留，只是略微调整，隶属有所改变而已。因此处是战略要地，距成都仅五百多里，是南诏国时的咽喉之地，南诏必在此派兵驻守，驻守者亦当是南诏重臣。此归顺的二土酋高氏、杨氏当与南诏有密切关系。

今人尤中先生在其著作《云南地方沿革史》中，对南诏大理国的地方建制有详细记述和讨论，其中有关记述可解释两者间的关系。

善巨郡的东北部为建昌府（驻今西昌）。建昌府的建制沿袭于南诏时期。南诏后期设置的建昌府是在会川都督的管制区内。大理国时期废除会川都督，建昌便各自为府。府内"乌蛮"（彝族）各自为部。计有：虚恨部（在今峨边县境内）、邛部（在今越西县东北部）、勿邓部（在今昭觉县境内）、落兰部（在今西昌北、冕宁南之泸沽）、阿都部（在今美姑县境内）、沙麻部（在今金阳县北部之瓦岗一带）、两林部（在今布拖一带）、科部（在今宁南县境内）、风琶部（在今普格至德昌

① （明）曹学佺撰《蜀中广记》卷三十五，《钦定四库全书》本，第30b～31a页。

一带）、巴翠部（在今宁南县东南部巴松一带）、赪绖部（在今德昌县城区）、屈部（在今德昌县南部）等。这些"乌蛮"部分别由不同的氏族家支或部落组成，成为建昌府内相当于县一级的政区而隶之于建昌府。南诏后期设建昌府，徙"白蛮"贵族前来镇守。"白蛮"贵族段氏筑笼么城（今西昌北部之礼州）以据守。至大理国时期，段氏势力渐强，自为建昌府府主。但以落兰部为首的诸乌蛮部势力也不小，段氏难于控制。至大理国末期，段阿宗乃娶落兰部首领建蒂之女沙智，通过姻亲关系来取得"乌蛮"贵族势力的支持，以巩固段氏在建昌府的统治。

会川府（驻今会理县城南十华里处）在建昌府的南部，南诏时期为会川州，而会川都督亦即驻其地。大理国废会川都督，改会川州为会川府。府境内的"乌蛮"亦各自为部。计有：绛部（在今会东县境内）、黎驱部（今会理县西南部黎溪街一带）、麻笼部（在今会理县东部）等。南诏时期，为了加强对会川地区的统治，从洱海地区迁移了一部分白族来，有张、王、李、赵、杨、周、高、段、何、苏、龚、尹等十二姓，筑归依城（在今米易）以居。至大理国时期，赵氏、王氏先后为会川府府主。大理国后期，高氏专政柄，乃以高政为会川府主。直至蒙古兵攻灭大理国之时，高政子孙仍驻守会川。[①]

以上两段文字说明南诏国、大理国时期对当时国内北部"乌蛮"地区的统治情况，为加强统治，南诏国、大理国曾设立建昌府、会川府，南诏时就迁徙"白蛮"贵族十二大姓前往镇守，为镇守需要，便于治理，还与当地"乌蛮"贵族通婚，形成政治联姻。即使到元朝末年大理总管时期，段功之女羌娜还出嫁到建昌府。大理国灭亡时，这些散居在外驻守的官员仍是当地治理者，归顺元王朝。据此可推断五代时归附孟蜀的二土酋高氏、杨氏当是南诏国时的高氏、杨氏。

关于"天全六番招讨司"，在《明史》中有较详细的记录："天全，古氏羌地。五代孟蜀时，置碉门、黎、雅、长河西、鱼通、宁远六军安抚司。宋因之，隶雅州。元置六安抚司，属土番等处宣慰司，后改六番招

---

① 尤中编著《云南地方沿革史》，云南人民出版社，1990，第176~177页。

讨,又分置天全招讨司。明初并为天全六番招讨司,隶四川都司。洪武六年,天全六番招讨使高英遣子敬严等来朝,贡方物。帝赐以文绮龙衣。以英为正招讨,杨藏卜为副招讨,秩从五品,每三岁入贡,赐予甚厚。二十一年,杨藏卜来朝,言茶户向与西番贸易,岁收其课。近在官收买,额遂亏,乞从民便,许之。先是,高敬严袭招讨使,偕杨藏卜奏请简土民为兵,以守边境,诏许之。敬严等遂招选土民,教以战阵,得马步卒千余人。至是藏卜来朝,奏其事,诏更天全六番招讨司为武职,令戍守边界,控制西番。……正德十五年,招讨高文林父子称兵乱,副招讨杨世仁亦助恶。命四川抚按官讨之。初,文林等与芦山县民争田构衅,知县处置失宜,致叛乱。逾年,讨斩文林,擒其子继恩,择其宗人承袭。初,天全招讨司治碉门城,元之碉门安抚司也,在雅州境。明初,宣慰余思聪、王德贵归附,始降司为州,设雅州千户所,而设碉门百户,近天全六番之界。又置茶课司以平互市。盖其地为南诏咽喉,三十六番朝贡出入之路。三十六番者,皆西南诸部落,洪武初,先后至京,授职赐印。"①《明史》的记载主要采自前文所引《蜀中广记》的相关内容,另外增加了明初洪武年间原六番招讨使高氏、杨氏归顺明朝之事,洪武六年(1373),原招讨使高英派其子到南京朝贡归顺明朝,遂合并为天全六番招讨司,隶属四川都司,官品五品。后于洪武二十一年(1388)入朝进贡,向朝廷报告两件事。第一,"茶户向与西番贸易,岁收其课。近在官收买,额遂亏,乞从民便"。茶户先前都与西番做茶叶贸易,每年税收都由招讨司收取,而近年茶叶都由官府收买,造成亏损,请求茶叶贸易随百姓方便。其目的仍是希望茶户与西番贸易,从中可收取茶叶税。第二,"先是,高敬严袭招讨使,偕杨藏卜奏请简土民为兵,以守边境,诏许之。敬严等遂招选土民,教以战阵,得马步卒千余人。至是藏卜来朝,奏其事"。先前高敬严请示将当地百姓训练为士兵,已得到朝廷允许,目前已招选了骑兵、步卒一千余人,操练士兵,将招选、操练情况向朝廷汇报。这两件事都得到朝廷支持,第一件是"许之",同意招讨司的提议;第二件事是"诏更天全六番招讨司为武职,令戍守边界,控制西番",更为武职,命令守卫边界,控制西番,是战略要地。从有关记述

---

① 《明史·四川土司》,中华书局,1974,第8031~8033页。

看，高氏、杨氏正、副招讨使的职位是继承的，也成了当地的管理者，类似"土司"，直至清代的"改土归流"方结束其世袭情况。

张锡禄先生在其《元代大理段氏总管史》中也谈到高夫人的家世，认为"她不是一般的大家闺秀，而是白族名家大姓大理国权臣高氏后裔，有一定的政治头脑"①。这有一定道理，但高夫人是不是大理国权臣高氏后裔，未有确凿证据。我们认为高夫人当为天全六番招讨使高氏之女，天全六番招讨使为大理高氏后裔，大理高氏、杨氏在南诏国时期即从大理派驻此地，一直繁衍于此，后成一方土司。

从以上记载分析，高夫人的父亲是一方土司，身处战略要地，既要与内地政府修好，又要与西番等少数民族处理好各种关系，因此高夫人在少女时代定当接受过良好的全方位的家庭教育以及汉文化教育，为今后的成长奠定了基础。同时，段功作为大理都元帅府的接班人，元代大理段氏与天全、建昌、会川等地的高氏、段氏、杨氏等都有密切关系，其婚姻关系的建立有利于双方政治、经济、军事的合作，以加强段氏在大理及相关地方的统治。

高夫人既是贤德之人，也是能帮助夫君治理好家国的人。她与段功生有长女羌娜，后又生有段宝等两个儿子。在都元帅府必须教育好孩子，从其孩子的成长看，她对羌娜、段宝的教育是成功的，因为他们都以段氏家族、地方治理为重。丈夫在外带兵指挥作战，高夫人在都元帅府照看、教育孩子，也必然参与有关后宅等方面的管理，让夫君在外安心打仗，因此段功在与红巾农民起义军作战时取得了辉煌战绩，巩固了梁王在云南的地位，保住了云南一方的平安。当丈夫沉溺于梁王为段功设计的"美人计"生活时，高夫人从段氏都元帅府的发展着眼，不是一味指责丈夫，而是委婉劝说，让丈夫回心转意，并从未来发展趋势规劝夫君，作词送予段功，让段功返回大理都元帅府，行使总管职责。后来夫君段功被梁王谋害，她辅佐年幼的段宝于洪武元年（1368）继承其父总管的职位，梁王派遣矢剌平章率兵七次攻打大理，都未获成功，说明高夫人和段宝起到了极大作用。随后梁王向元顺帝奏升段宝为云南左丞。

---

① 张锡禄：《元代大理段氏总管史》，云南民族出版社，2006，第187页。

二 高夫人的词创作

高夫人的诗词创作，可能是比较丰富的，但保留至今的仅有一首词。该词有五种不同版本，各版本记录有差异，先行考证，再确定认为合适的词作，后分析词作特点。

（一）高夫人词作考订

该首词作记录于杨慎的《滇载记》，顾应祥的《南诏事略》（曹学佺撰《蜀中广记》之引文），倪辂辑《南诏野史会证》（简称倪本《南诏野史》），杨慎辑、胡蔚校《南诏野史》（简称胡本《南诏野史》），阮元声著、王崧编纂《南诏野史》（简称王本《南诏野史》），皆有所差异。对该首词作，后代研究者选取的版本不同，引用不尽相同，有的引用未注明出处①，人们不明词作之差异原因。今将该词的五个版本一并列出，做对比性简要说明和分析。

杨慎《滇载记》相关记录和词作：

> 红巾既退，梁王深德段功，以女阿结妻之。为之奏授云南平章，功自是威望大著于西南。梁王曲意奉之，功恋恋不肯归国。其大理夫人高氏寄乐府，促之归。其词曰："风卷残云，九霄冉冉逐。龙池无偶，水云一片绿。寂寞倚屏帏，春雨纷纷促。蜀锦半床闲，鸳鸯独自

---

① 云南省诗词学会、云南大学中文系选注《云南历代诗词选》（云南人民出版社，2002）中收录此词，题名为《自度曲》（第776页）。未说明该词引录出处。查所选词作内容，选自《滇载记》。方国瑜主编《云南史料丛刊》（第二卷）（云南大学出版社，2001）引录该词，出自胡蔚点校本《南诏野史》，后有按语：《野史》曰：段功久居梁王府，嫡妻高夫人在大理功久住梁府，夫人高氏寄词云："风卷残云，九霄冉冉逐。龙池无偶，水云一片绿。寂寞倚帏屏，春雨纷纷促。蜀锦半闲，鸳鸯独自宿。珊瑚枕冷，泪滴针穿目。好难熬，将军一去无度。身与影立，影与身独。盼将军，只恐乐极生悲冤鬼哭。"功得书归，至金鸡庙，作歌云："去时野火通天赤，凯歌回奏梁王怿。自冬抵此又阳春，时物变迁今又昔。归来十一月，草木茸茸，萌芽甲拆。试听杜鹃声，不如归去，声声彻。"作词寄功云云，《滇载记》所引稍略，《蜀中广记》卷一〇四，自《南诏事略》引此词与《滇载记》同，《蜀中广记》卷三十五，天全六番招讨使司曰："元段平章夫人，高招讨女也，能词赋，其劝段氏效顺息兵一章见词话中。"见卷一〇四引此词（第687页）。但作对比后，也存在一定差异。未说明王崧编纂的《南诏野史》的情况。

宿。好语我将军，只恐乐极生悲冤鬼哭。"功得书，乃归。①

顾应祥《南诏事略》相关记录和词作：

元段平章夫人高氏，天全招讨女也。有玉娇枝词云："风卷残云，九霄冉冉逐。龙池水云一片绿。寂寞倚屏帏，春雨纷纷促。蜀锦半闲，鸳鸯独自宿。好语我将军，只恐乐极悲生冤鬼哭。"出《南诏事略》。已上二首（按：前还引录他人的一首诗作）皆伤边务而言。②

倪本《南诏野史》相关记录和词作：

功久住梁府，夫人高氏寄词云："风卷残云，九霄冉冉逐。龙池无偶，水云一片绿。寂寞倚帏屏，春雨纷纷促。蜀锦床闲，鸳鸯独自宿。珊瑚枕冷，泪湿戎针目。好难熬。将军一去无度，身与影立，影与身独，盼将军只恐乐极生悲冤鬼哭。"功得书归，至金鸡庙，作歌云："去时野火通天赤，凯歌回奏梁王怿。自冬抵此又阳春，时物变迁今又昔。归来十一月，草木茸茸，萌芽甲拆，试听杜鹃声，不如归去，声声彻。"③

胡本《南诏野史》相关记录和词作：

功久居梁王府，嫡妻高夫人在大理，作词寄功云："风卷残云，九霄冉冉逐。龙池无偶，水云一片绿。寂寞倚屏帏，春雨纷纷促。蜀锦半闲，鸳鸯独自宿。珊瑚枕冷，泪滴针穿目。好难禁，将军一去无度。身与影立，影与身独。盼将军，只恐乐极生悲冤鬼哭。"至正二

---

① （明）杨慎：《滇载记》，载陆楫编《古今说海》卷十六，《钦定四库全书》影印本，第16a～16b页；《丛书集成初编：大理行记 滇南新语 南中杂说 滇游记 维西见闻纪 滇载记》（全一册），中华书局，1985，第10页。

② （明）曹学佺撰《蜀中广记》卷一百四，《钦定四库全书》本，第21b～22a页。

③ （明）倪辂辑，（清）王崧校理《南诏野史会证》，云南人民出版社，1990，第361～362页。

十四年春，功还大理。至洱海金鸡庙，夫人遣人适来报生子。功喜作歌曰："去时野火通山赤，凯歌回奏梁王怿。自冬抵此又阳春，时物变迁今又昔。归来草色绿无数，桃花正秾柳苞絮。杜鹃啼处日如年，声声只促人归去！"①

王本《南诏野史》相关记录和词作：

> 平章久住梁府，夫人高氏在大理作词来劝，云："风卷残云，九霄冉冉逐。龙池无偶，水云片片绿。寂寞倚帏屏，春雨纷纷促。蜀锦半床闲，鸳鸯独自宿。珊瑚枕冷，泪湿戎针目。好难熬，将军一去无度。身与影立，影与身独。盼将军，只恐乐极生悲冤鬼哭。"功得书，归至金鸡庙，闻生子，喜作歌云："去时野火遍山赤，凯歌旋奏梁王怿。自冬抵此又阳春，时物变迁今又昔。归来草色绿茸茸，萌芽甲拆何生意。杜鹃声里日如年，好归去！"②

对比以上五个版本记录，可归纳为所记述历史事件、高夫人作品体裁问题及高夫人作品内容三方面的异同。

第一，所记述历史事件基本相同，都是段功久住梁王府，不肯回大理，于是嫡妻高氏在大理作词寄给段功，段功收到词作后返回大理。但所记事件详略等有差异：《滇载记》仅记段功返回之事，未记段功返回途中在金鸡庙听到高氏生有儿子并欣然作诗之事；而三部《南诏野史》皆有详细记录，但段功所写之诗有字词差异。《南诏事略》因未见全本，记录情况不明。后来成书的《南诏野史》记述事件更详细，可能又搜集到新资料，并有所补充。"称《胡本》为杨慎编辑是恰当的。在诸本《南诏野史》中，以《胡本》内容最为丰富。这不仅是由于该书荟萃倪辂《野史》、《记古滇说集》以及《白古通记》中的一些内容，甚至还包括了一

---

① 《南诏野史》（下）（影印本），巴蜀书社，1998，第11a～11b页。
② （明）阮元声：《南诏野史》，载《云南备征志》卷八，第39a～39b页，转引自《丛书集成续编》第56册，上海书店出版社，1994，第788页。

些杨慎到云南后搜访地方故实所得的资料。"①

　　第二，高夫人所写作品的体裁问题，是《玉娇枝》词或《玉娇枝》曲，这需重点讨论。《南诏事略》直接标明"玉娇枝词"，而其他四个版本都未标出。从作品内容看，"玉娇枝"不是标题，是词牌名或曲牌名。那是不是词牌名？词牌中有"玉交枝"，又写作"玉娇枝"，常用名是"相思引"，有三个体式，其一为双调四十九字，押仄声韵，前段五句四仄韵，每句字数为三、三、六、七、六；后段四句四仄韵，每句字数为七、六、七、五，每句皆押韵。而所记该作品为单调四十九字，九句五仄韵；每句字数为四、五、七、五、五、四、五、五、九，隔句押韵。词作在字数、押仄声韵上符合此词牌格式，然每句字数、平仄、句句押韵不符"玉娇枝"格式，前人确定为"玉娇枝词"，可能仅从字数推定，不甚合理，故不是"玉娇枝词"。《滇载记》的记述是"寄乐府，促之归"，是首乐府词，在当时可演唱。《滇载记》中的作品是不是"玉娇枝"曲呢？"玉娇枝"也是曲牌名，"玉交枝（原调）又名玉娇枝。定格为八句，正字五十二字。每句字数是四、七、七、六、七、七、七、七。押四仄韵，四平韵，句句用韵"。②《南诏事略》中记录的是四十九字，不符合五十二字的体式。杨慎也创作有元曲《玉交枝》："鹧鸪啼起，一声声桃榔林里。梦时提起故乡思，南云目断徘徊。海边孤舟似去时，衡阳回雁无留意。问归来犹未有期，放开怀且拚沉醉。"③ 说明杨慎对此曲牌极为熟悉。《滇载记》所录作品共十句五十二字，每句字数是四、五、四、五、五、五、五、五、五、九，押五仄韵，隔句押韵。此作品同"玉娇枝"曲仅字数相同，句数、每句字数和押韵等都不一致，故不是"玉娇枝"曲。杨慎在诗、词、曲的创作上成就极高，对各种诗、词、曲的格律运用娴熟，如《三国演义》开篇所引《临江仙》"滚滚长江东逝水"即杨慎创作。如该作品符合某类词、曲体式，杨慎当会直接标出具体词牌名或曲牌名。倪本、胡本《南诏野史》同有七十五字，差异处有"帏屏"和"屏帏"、"好难熬"和"好难禁"、"泪湿戎针目"和"泪滴针穿目"等，差异较小。王本《南诏

---

①　侯冲：《白族心史：〈白古通记〉研究》，云南民族出版社，2002，第341页。
②　瘦丁编著《南曲小令格律》，教育科学出版社，2008，第47～48页。
③　瘦丁编著《南曲小令格律》，教育科学出版社，2008，第49页。

野史》有七十六字，倪本作"蜀锦床闲"，胡本作"蜀锦半闲"，王本为"蜀锦半床闲"，胡本少一"床"字，《滇载记》有"床"字，《南诏事略》无"床"字，从词义分析当有"床"字合理。两个版本都确定为七十六字。查阅相关词谱和曲谱，均无与之对应的词牌和曲牌。因此可确定此词是首唱词，《滇载记》中用"乐府"说明是准确的，倪本、胡本、王本《南诏野史》用"作词"为笼统标记，在词牌无法确定的情况下，笼统标记也可。今人编选的《云南历代诗词》，此词未确定词牌，用"自度曲"标记，较合理。故《南诏事略》标记为"玉娇枝词"不合理，《云南史料丛刊》参考《南诏事略》标记为"玉娇枝"也不妥当。

第三，高夫人所作词在四个版本中所写的主体内容基本一致，都是前半部分写高氏在大理及府中的自然环境，后半部分抒写孤寂生活及对段功的劝谏和期盼，但有差异。前半部分，四部书的内容基本一致，仅有少量字词的差异，可能是传抄中的讹误造成。后半部分的差异稍大，早期的《滇载记》和《南诏事略》稍微简短，两者内部差异极小；倪本、胡本、王本《南诏野史》都增加了六句，《滇载记》中的"好语我将军"在《南诏野史》中为"盼将军"。这六句的增加是否合理？哪种版本更妥当？先简要分析《滇载记》的词作："风卷残云，九霄冉冉逐。龙池无偶，水云一片绿。寂寞倚屏帏，春雨纷纷促。蜀锦半床闲，鸳鸯独自宿。好语我将军，只恐乐极生悲冤鬼哭。"词中的"无偶""寂寞""半床闲"等的描写，已生动呈现了高夫人孤独寂寞的生活情状，本是"鸳鸯"被，却"独自宿"，对高夫人在大理都元帅府中的孤寂生活描写得极为准确，词中未具体写夫君在梁王府中的快乐生活，而是直接用"好语我将军"这一呼告式话语，直接对着夫君说话，似夫妻间在说知心话，感情真挚，对夫君无任何怨恨，而只提出恳切忠告：若你继续在梁王府沉溺于温柔乡中，可能会带来严重后果。这样描写，更符合作为都元帅府最高女性身份：所抒发的情感是有节制的，而不是一味地责怪和怨恨。当沉浸于温柔乡中的夫君段功读到这样的词句，若再不返回将愧对妻子的苦心，因此段功接到此词后，及时返归大理。倪本、胡本《南诏野史》增加的六句："珊瑚枕冷，泪湿戎针目/泪滴针穿目。好难熬/好难禁，将军一去无度。身与影立，影与身独。"前两句紧承前面的"锦蜀床闲/锦蜀半闲，鸳鸯独自宿"的语句，描写夜晚难以入睡，眼泪打湿了枕头，眼睛还如针刺般钻心疼痛，极言痛苦之状；后面几句是抒情话语，先是对将军段功的抱怨之词，你一去不复返，让人难受，后用身与影之间的关系，凸显女诗人茕茕孑立、形影相吊的孤独寂寞情状。在反复抒情中达到孤独顶点，很好地表现出孤独寂寞而有无限愁怨的妻子形象。"盼将军"什么呢？是盼望将军归来，还是盼望将军出现"只恐"后面的悲惨结局？从词意来看当是盼望将军早日归来，回到大理这平安之地，这儿有爱你的妻子、你的骨肉儿女、你管理的土地和人民以及大理的美好河山。但"盼将军"后没有直接叙述内容，段功须借助相关背景展开联想，否则会理解为夫人对自己的诅咒，若不回来，你未来的结局将会是"乐极生悲"而"冤鬼哭"的不堪情况。因此，从整首词的表达看，早期《滇载记》的记载更合乎情理，更能体现出受过良好教育，可为大理地区表率的都元帅府夫人形象，在委婉中表达出对夫君的赞颂、关爱和期盼。而《南诏野史》中增加的六句，所抒发的是如普通妇女对夫君未归的情感，多有怨恨之语，与词作者的身份不相一致，也与劝谏夫君回归大理的主旨相悖逆。故我们认为《滇载记》和《南诏事略》中对该词记录较为到位，而《南诏野史》所记内容虽在感情上更为浓烈，更能抒发出女诗人的独特情感，但与都元帅府夫人身份不相一致。故从《滇载记》记录。王本《南诏野史》与倪本、胡本《南诏野史》不同的仅有增加部分的两处：（1）胡本为"泪滴针穿目"，倪本、王本为"泪湿戎针目"；（2）胡本为"好难禁"，倪本、王本为"好难熬"。胡本"泪滴针穿目"可解为眼泪不断滴落，好像针刺眼睛般疼痛而引起，表现出女诗人痛苦的心情。倪本、王本中"泪湿戎针目"可解释为眼泪打湿了枕头，那是因细密的针刺痛了眼睛，以表现女诗人痛苦的情景，但不甚好解释，略显牵强。故胡本"泪滴穿针目"较好，倪本、王本不甚妥帖。胡本"好难禁"在词作中常用，读来自然顺口；倪本、王本"好难熬"在词作中不常用，且"好"属"皓"部，"熬"属"豪"部，仅声调不同，韵母相同，读来拗口不畅。是故，胡本《南诏野史》中该词的记录好于倪本、王本。

（二）高夫人词作评析

高夫人的词作为"自度曲"，可能是根据当时大理地区的民歌演唱方式而写成的作品。该词作的句式结构不复杂，以五字句为主，结构相对简单，前四句分两组，每句字数为四、五，四、五；后六句分三组，以五字句为主，每句字数为五、五、五、五、五、九，便于演唱。白族是能歌善舞的民族，即使到现在，白族传统节日"绕山灵""三月街"，剑川石宝山歌会，人们仍用白语白曲自发演唱，唱曲"对歌"。"白曲在白族地区最为常见，田边地角、山野林间、家庭场院、红白场所、佛堂神殿都有它的踪迹，各地盛大的歌舞集会都用它竞技诗才歌艺。在生活中，它几乎渗透到社会及文化生活的方方面面，不论是平民百姓，或是文人学士，都用它抒发感情，交流思想，传授经验，承传历史，启迪智慧，陶冶情操，教化人心，悼祭亡灵，消除灾难，娱人娱神，祝福人生。"① 明代杨黼（约 1370—1450）用汉字白文写有《山花碑》，共二十首，如第一首白文为："苍洱境锵玩不饱，造化工迹在阿物。南北金锁把天关，镇青龙白虎。"翻译为汉文："苍洱景致观不足，造化工迹万千处。南北金锁据天险，镇青龙白虎。"第五首白文为："夏云佉玉局山腰，春柳垂锦江道途。四季色花阿园园，风与阿触触。"翻译为汉文："夏云绕腰玉局秀，锦江春柳垂道途。四季山花满园放，风雨中处处。"② 其格式为：七、七、七、五。偶句押韵。从以上记录可看出，大理地区从古至今，民间、官府、文人都有民族歌曲演唱的多样方式，因此高夫人《自度曲》的写作是有社会基础的。

《滇载记》中高夫人的词作，全词如下：

> 风卷残云，九霄冉冉逐。龙池无偶，水云一片绿。寂寞倚屏帏，春雨纷纷促。蜀锦半床闲，鸳鸯独自宿。好语我将军，只恐乐极生悲冤鬼哭。

理解此词时需明确高夫人创作此词的主旨是劝谏夫君段功返回大理，段功读了此词后，必会受到积极影响，此词不是单一纯粹的抒情作品。高夫人创作时必深切考虑这一目的，该词非常成功地做到了这一点。先从结

---

① 段伶：《白族曲词格律通论》，云南民族出版社，1998，第 3 页。
② 周锦国、张建雄选注《历代白族作家丛书·综合卷》，民族出版社，2006，第 51~52 页。

构分析，整首词作以先扬后抑再呼告的方式，唤起段功对大理、对妻子、对未来的情感认同。起首两句极富气势，看似写春景，九霄之上春风与乌云相互追逐，春风已将乌云卷走，连残云也渐渐消失，美好的春天到了，若再结合当时的背景，其实并不仅仅是写春景，而是隐喻段功将明玉珍的红巾军赶出云南这一辉煌事件，段功就是那春风，像天上飞龙，而明玉珍及其所率军队攻入云南，就像云南天空中突然布满乌云，云南大地一片焦土，民不聊生。明玉珍军队已占领了云南省会中庆（今昆明市），梁王只能西逃至威楚（今楚雄），只有段功凭借智慧和强大的军队，将明玉珍赶出中庆，使其撤回四川。当时段功声誉卓著，梁王"为之奏授云南平章，功自是威望大著于西南"，连梁王都要"曲意奉之"，并将女儿阿盖下嫁给段功做二房妻子，这是段功人生的顶峰。开头二句起笔不凡，既写春景，又蕴含深刻寓意，是对段功的极高颂扬，段功看到这两句，必然清楚高夫人的赞颂之情，作为劝谏之词极为妥当。后六句则转向高夫人在大理的场景和生活状况，因"龙池无偶"，而"水云一片绿"，宫中景色凄清无声，因龙池中的另一条龙已飞驰天外，家中只有无所寄托、无所依凭的雌龙在龙池中无声游弋，写景、抒情融为一体。后再从寂寞中倚靠屏帏、孤独中打发春天最美好的春雨潇潇时光，春雨经一冬孕育也纷纷飘洒而下，有催促之意，那在外的夫君是否也如春雨一样滋润大地？一个"促"字，既写出春雨飘洒之情景，也暗含催促夫君回归大理之情，但写得极为隐晦。"蜀锦半床闲，鸳鸯独自宿"描写的是夜晚高夫人独自在寝宫时的凄清孤寂之境，本是夫妻情深，相依相偎，可夫君不在，那"蜀锦"铺就的华丽之床，有"半床"是闲的，只能"独自宿"。这六句描写线索清晰，画面感极强。庭院中的龙池水天一色，寝宫内独自倚屏帏，看春雨潇潇，有催促之感，再到夜晚独自入睡，三个不同的画面，由白天庭院的自然之景到深夜独自入睡时的孤独、清冷，通过一天生活场景的自然描述，呈现出高夫人的生活情态：寂寞、孤独、凄清，似还有无助之感。这样的描写非常贴切，无任何哭诉，也无对夫君的抱怨，而只在客观叙述描写的一个个具体意象和动作中表现其情感。结尾两句用"呼告"方式，起首用"只恐"表示高夫人的猜测，是"只担心"你未来的不测，完全从段功的角度考虑，担心其受到梁王的暗害，未来的结局可能极为悲惨。这一结尾水到渠成，仿佛夫妻二人在床榻上讲的悄悄话，表现出妻子对丈夫的深挚之情和关切之心。

从以上解读可看出高夫人此词确为水平极高的劝谏之作，让正沉溺在温柔乡里，且战功辉煌、得到梁王热情款留的夫君回心转意，收拾行囊从中庆及时赶回大理，来见这位有大智慧的嫡妻高夫人。从此词中也可看出高夫人的智慧，她深知段功和梁王并不是真正的朋友关系、翁婿关系，而是相互利用的关系，因前些年段氏都元帅府与梁王曾有过交战，梁王不允许在云南有谁的威信超过自己，而段功的军事实力、地方势力都较强大，明玉珍进攻云南时，云南的军队和各地方自治军队都必须配合梁王积极攻打明玉珍的军队，将其赶出云南。可云南各土司的武装却在此时反戈一击，纷纷反叛梁王，而只有段功带领军队与明玉珍军决一死战，力挽狂澜，最后取得大胜，将明玉珍赶出了中庆，云南又恢复安定。高氏对此有非常清醒的认知，所以才有此词的成功。高氏确有政治智慧。

高夫人的词作在艺术上有如下几个特点。

第一，高夫人用"自度曲"的方式，将劝谏夫君返回大理的目的通过唱词隐含于词作中，具有较高的表达技巧，体现出高夫人高超的政治智慧。

第二，此词词句平和，起首两句气势宏大，寓意深刻，富有想象力，为打动段功返回大理起到重要作用。

第三，在平静叙述和描写中显得自然淡定，没有一般闺怨诗词淤积于胸的怨气，在客观冷静中自然流出其情感和诉求。这是劝谏的最高境界，在云南词作中极有代表性。有人认为："本篇系元代大理总管段功之妻高氏寄给丈夫抒发思念之情和警告其灾祸即将临头的词。无奈段功不听忠告，终遭梁王毒手。全词，以风卷残云为中心意象，情真意切，情境浑然。短促、压抑的入声韵，与悲切之情相谐。"① 我们认为这个分析有可商榷之处，原因如下：第一，此词并不仅是"抒发思念之情和警告其灾祸即将临头的词"，而是催促之词、劝谏之词。《滇载记》记述"其大理夫人高氏寄乐府，促之归"，是催促段功回大理，这催促需有技巧，而不能是如此话语："我十分想你，你马上回来，否则你就不得好死。"这是不可能成功的。当然其中需抒发思念之情，是催促其返回的最好理由。故词中主体

---

① 云南省诗词学会、云南大学中文系选注《云南历代诗词选》，云南人民出版社，2002，第776 页。

部分六句借写景叙事而抒发思念之情，以情打动段功及时返回大理。第二，"全词，以风卷残云为中心意象"也不恰当。从前面的分析看，"风卷残云"既是写景，也蕴含了对段功的颂扬，将段功暗喻为"风"。而论者的观点是段功已陷入凶险之地，将灾祸临头，似将"残云"喻指段功，于是整首词作都笼罩着悲切气氛，故有悲切之情，因此"段功不听忠告，终遭梁王毒手"。这是用后人眼光将已知后发之事前置推测出的结果。段功被害是回到大理又再返回中庆后，段功回到大理看到出生不久的儿子，非常高兴，但又忘不了阿盖公主，于是提出再次返回中庆，"其臣杨智、张希乔留之，不听"，因此不是高夫人这首词写后段功未返回大理，而是段功收到此词后，即离开梁王府返回大理，高夫人的词作起到了重要作用。所以不可能是悲切之情，而是高夫人寂寞、孤独、强烈的思念之情，以此情打动段功。因此"风卷残云"不是中心意象，中心意象当是"寂寞倚屏帏"，是高夫人的孤独寂寞打动了段功，让其返回大理。

总之，高夫人在那一时代，能以一首词作打动战功显赫的丈夫，其词作成就是极高的，也有政治智慧，因丈夫的回归不仅是为了自身利益，还必须考虑大理地区的治理和社会的安定，在个人情感中渗透进家国情怀。作为一首自度曲，词调哀婉，韵律和谐，情感真挚，结构严谨，层层推进，在看似平静的叙写中自然流露出深切、哀婉的情感，打动夫君，使夫君回到自己身边。

第二节　阿盖

一　阿盖生平

通过《滇载记》《南诏野史》中的相关记录，阿盖生平①勾勒如下：

---

① 阿盖的生平主要根据《滇载记》中的内容改写而成，有的做适当分析说明。（明）杨慎：《滇载记》，载陆楫编《古今说海》卷十六，《钦定四库全书》影印本，第16a～18b 页；《丛书集成初编：大理行记 滇南新语 南中杂说 滇游记 维西见闻纪 滇载记》（全一册），中华书局，1985，第10～11 页。有的事件，《滇载记》中未记述或记述不完整，胡本《南诏野史》中有记录的，补充出，在文中做标记。《南诏野史》（下）（影印本），巴蜀书社，1998，第11a～12b 页。

阿盖（？—1366），蒙古族，元朝末年云南省梁王孛儿只斤·把匝剌瓦尔密（？—1382）之女，其父是元世祖忽必烈第五子云南王忽哥赤后裔；后在父亲之命下嫁给大理总管、云南省平章政事段功，为段功的二房妻子。

阿盖公主出身蒙古贵族，从其诗作看，年幼时曾在蒙古人聚居区——雁门关一带生活，其父被封为梁王（元朝一等王，级别最高，镇守云南，平章政事属其部下）后，随父亲到云南，在梁王府中生活。阿盖公主生活在贵族之家，梁王须同大量汉族官员用汉语交流，学习汉语文化典籍，也对女儿教授汉语，阿盖熟读汉语典籍，汉文化造诣较高；阿盖公主又是美丽善良之人，能歌善舞。

阿盖是体贴父母、为国分忧之人。元顺帝至正二十三年（1363）农民起义军首领明玉珍亲率军队三万人攻打云南，军队进攻至中庆（今昆明）东部金马山，梁王奔逃到威楚（今楚雄）府，阿盖随父奔逃各地，云南处于战乱中。当时云南各地少数民族自治地方乘机叛乱，梁王派将军到大理向段氏都元帅府求援，段氏得到子宗、子禾军队的支持，于是率军抗击明玉珍农民军，在关滩打败红巾军。红巾军再次进击，段功大将铁万户、杨胜坚战死。当夜，红巾军屯兵于古田寺，段功命士兵焚烧寺庙，火攻红巾军，红巾军大乱，死者大半，段功率军追击到回蹬关，大败明玉珍军队。红巾军将领谢得攻打安宁，段功率军追击，杀敌千人，谢得奔逃至中庆。段功军队中有个士兵捡到封书信，是明玉珍母亲寄给明玉珍的，信上写道："自尔去后，半年平安，云南务要得之。兵粮不足，随后发来，不可轻回。"段功看后，将信改为："自尔去后，老身不安，臣下乱法。又闻中国兵马入界，止非一处。尔须急回，迟则难保。大夏天统元年，明太后平安书。"（按：大夏天统元年，即元顺帝至正二十三年，癸卯年。明玉珍据成都称帝，国号夏，称天统元年）段功派人将信送至明玉珍处，明玉珍得信后，深信不疑，下令连夜撤出中庆返回成都，段功率军追击明玉珍军队至七星关，大破明玉珍军，将其赶出云南。此战胜利后，段功在西南一带声名卓著。元至正二十四年（1364），梁王返回省城中庆，向元顺帝奏报云南战事盛况，奏升段功为云南省平章政事。梁王为拉拢段功为己所用，将年轻貌美的女儿阿盖公主许配给他，阿盖公主在随父奔逃的颠沛流离的生活中看到战争带给云南的灾难，为其父将自己许配给战功显赫的段功而高兴，答应了父亲，在婚宴上即兴唱出《金指环》歌，翩翩起舞。

阿盖公主与段功结婚后，住在中庆梁王府，段功深深爱着年轻的阿盖公主，他们感情深厚。后段功收到在大理的嫡妻高夫人劝段功返回大理的词作，阿盖公主理解高氏的心情，虽与段功新婚不久，如胶似漆，但也让段功返回大理都元帅府。段功返回大理途中，在金鸡庙收到嫡妻高氏刚生了儿子的喜讯，即兴赋诗一首："去时野火通山赤，凯歌回奏梁王怿。自冬抵此又阳春，时物变迁今又昔。归来草色绿无数，桃花正秾柳苞絮。杜鹃啼处日如年，声声只促人归去！"[1] 有喜悦之情。至正二十五年（1365），段功在大理都元帅府住了半年多时间，因思念年轻妻子阿盖公主，打算返回中庆梁王府。当时段功家臣杨智进献一诗给段功，希望段功留在大理，诗写道："功深切莫逞英雄，使尽英雄智力穷。窃恐梁王生逆计，龙泉血染惨西风。"[2] 张希跷也写诗进献给段功，劝他留下。段功非常愤怒，说道："宝剑岂埋荒土物耶？"[3] 段功认为自己能胜任云南省平章政事，如留在大理只治理本府所管辖范围，不能实现理想，要到省会中庆，担任实际职务，治理整个云南，施展才华，还把张希跷流放到顺宁州，于是大臣们都三缄其口。后段功告别嫡妻高夫人、儿子段宝、女儿羌娜和周岁的儿子，日夜兼程赶往省会中庆。

此时的阿盖，看到夫君从大理日夜兼程赶到昆明，高兴异常，终于见到日思夜想的夫君，再次在梁王府团聚。但段功归来，对梁王及周围群臣构成威胁，他们都知道段功在击败明玉珍军队时的战斗力。明玉珍攻打云南，势如破竹，很快攻下省会中庆，梁王只能向西奔逃，是段功率军打败了明玉珍，云南才又回到梁王手中。段功威望如日中天，在整个西南超过梁王，段功认为自己既是平章政事，就要返回中庆，在梁王的领导下管理云南政务，履行云南平章政事职责，治理好云南。而段功恰恰忽略了，自己进入中庆，治理整个云南，打破了云南的政治平衡，其是以军队强大的

---

① 《南诏野史》（下）（影印本），巴蜀书社，1988，第11a～11b页。

② （明）阮元声：《南诏野史》，载《云南备征志》卷八，第39b页，转引自《丛书集成续编》第56册，上海书店出版社，1994，第788页。

③ （明）阮元声：《南诏野史》，载《云南备征志》卷八，第39b页，转引自《丛书集成续编》第56册，上海书店出版社，1994，第788页。

战斗力而著称的。于是梁王亲信私下告诉梁王:"段平章复来,有吞金马咽碧鸡之心矣。盍早图之。"① 认为段功此次再来,不是为了阿盖公主,而是有灭梁王吞中庆的野心,希望梁王及早图谋。梁王也开始怀疑段功的野心,于是秘密召见阿盖公主,命令阿盖:"亲莫若父母,宝莫若社稷。功今志不灭我不已。脱无彼,犹有他平章,不失富贵也。今付汝以孔雀胆一具,乘便可毒殪之。"② 梁王从父母亲情、国家社稷之重,晓之以理,指出段功的志向是要灭掉自己,不灭自己誓不罢休。自己须及早对段功下手,让其不复存在,并为阿盖公主考虑,如果段功没了,还有别的平章,阿盖可再嫁给别的平章,也可享富贵。然后梁王把一具孔雀胆交给阿盖,命她乘方便之机将段功毒死。阿盖公主泪流不断,不敢接受,但梁王决心已定,拂袖而去。梁王将阿盖嫁给段功,本身就是以阿盖作为政治婚姻的筹码拴住段功,让段功忠心耿耿地为自己服务,可当看到段功显赫的功绩,又担心段功对自己构成威胁。对待阿盖公主,梁王完全未考虑阿盖的感情,只把阿盖当作贪图享乐,无任何道义、忠贞、爱情可言,可为父母或自己的私利而谋害丈夫的普通女子。梁王对阿盖的了解是片面的,这也是梁王的悲剧。阿盖面对父亲梁王的未来和恩爱夫君,又如何处理此棘手之事?

夜深人静之时,阿盖悄悄告诉段功:"我父忌阿奴,愿与阿奴西归。"③ 阿盖知道父亲对段功的忌恨,希望与段功一同离开中庆,回到大理,避免段功与其父的正面冲突。阿盖采取回避策略,既不想伤害父亲,也不想让段功受到毁灭性打击,表现出阿盖的智慧,既能保护亲爱的丈夫,也不完全违背父亲的愿望;并将其父所交孔雀胆毒具向段功出示,让段功赶快离开中庆。可段功却说:"我有功尔家,我趾自蹶伤,尔父尚尝为我裹之,尔何造言至此?"④ 段功认为自己有政治资本,对梁王有功,将明玉珍赶出云南,段功脚趾受伤时,梁王还亲自包裹,自认是梁王的得力助手、忠实大臣,阿盖所说

① (明)杨慎:《滇载记》,载陆楫编《古今说海》卷十六,《钦定四库全书》影印本,第16b 页。
② (明)杨慎:《滇载记》,载陆楫编《古今说海》卷十六,《钦定四库全书》影印本,第16b 页。
③ (明)杨慎:《滇载记》,载陆楫编《古今说海》卷十六,《钦定四库全书》影印本,第17a 页。
④ (明)杨慎:《滇载记》,载陆楫编《古今说海》卷十六,《钦定四库全书》影印本,第17a 页。

之言是造谣之语。当夜阿盖反复劝说，可段功终究未听。从段功的回答可知段功在政治上不成熟，未从全局考虑；再就是过度自信，相信自己的实力；相信梁王，因有功于梁王，梁王爱女是自己的妻子，可恰恰不相信阿盖公主。一场悲剧注定即将发生。从此段对话可知阿盖公主对段功的忠贞深挚之爱。

　　第二天，阿盖在梁王府送段功到东寺听法会，段功一行行至通济桥，不料马突然狂奔不止，早有预谋的梁王乘机命蒙古将军将段功杀害。阿盖公主听到段功遇害的消息后，失声痛哭道："昨暝烛下，才讲与阿奴，云南施宗、施秀烟花殒身，今日果然。阿奴虽死，奴不负信黄泉也。"[1] 说出了对段功遇害的悲痛心情。梁王担心阿盖公主自杀，多方防备，阿盖自杀未遂。阿盖愁愤万分，写下此诗："吾家住在雁门深，一片闲云到滇海。心悬明月照青天，青天不语今三载。欲随明月到苍山，误我一生路里彩（锦被名也）。吐嚕吐噜段阿奴（吐噜：可惜也），施宗施秀同奴歹（歹：不好也）。云片波鄰不见人，押不芦花颜色改（押不芦：乃北方起死回生草名）。肉屏独坐细思量（肉屏：骆驼背也），西山铁立霜潇洒（铁立：松林也）。"[2] 于是阿盖"命侍女锦被包之，以王礼殓送归大理……功丧既行，阿盖遂不食死。以殉焉"[3]。阿盖命侍女将段功的尸体包裹好，用王侯礼仪入殓归送大理，段功遗体从昆明运往大理后，阿盖在梁王府绝食而死，以身殉段功之情。段功随行官员杨智（字渊海）也题诗于粉壁上，饮下毒药而死。其题壁诗为："半纸功名百战身，不堪今日总红尘。死生自古皆由命，祸福于今岂怨人。蝴蝶梦残滇海月，杜鹃啼破点苍春。哀怜永诀云南土，锦酒休教洒泪频。"[4] 梁王看到此题壁诗后，被杨渊海对段功的忠诚、以身殉职的情义深深打动，厚恤杨渊海，并命令其棺木随同段功归葬大理。

　　二十多岁的年轻女子阿盖，因父亲的残忍、自己对爱情的忠贞，在对

---

① （明）杨慎：《滇载记》，载陆楫编《古今说海》卷十六，《钦定四库全书》影印本，第17a 页。

② （明）杨慎：《滇载记》，载陆楫编《古今说海》卷十六，《钦定四库全书》影印本，第17a～17b 页。

③ 《南诏野史》（下）（影印本），巴蜀书社，1998，第12b～13a 页。

④ （明）杨慎：《滇载记》，载陆楫编《古今说海》卷十六，《钦定四库全书》影印本，第17b 页。

丈夫的深挚情感中走完了绚烂而悲惨的一生。

二　阿盖的诗歌创作及其特点

阿盖公主的诗歌保留下来的有两首。其一为段功击退明玉珍军队，在省会中庆梁王府，其父梁王为段功、阿盖举行婚礼，宴会上阿盖公主演唱的《金指环》歌。此诗《滇载记》未收，倪本、胡本、王本《南诏野史》均收录，记录上有差异。其二为段功被梁王谋杀后，阿盖公主所作《愁愤》诗，《滇载记》、胡本《南诏野史》收录，倪本《南诏野史》、王本《南诏野史》记录阿盖写有诗篇，但未收录，倪本为"盖作诗挽之曰云云"①，王本为"公主作诗挽之。诗中多夷语，不录"②。王本认为阿盖用了民族语言，故不收此诗，可看出王崧在编纂时受正统史学观影响较深。现逐一讨论这两首诗。

（一）《金指环》诗

首先对三个版本中记录的该诗内容进行比对分析，最后确定定本。

倪本《南诏野史》记录：

> 梁王归鄯阐，以段功退之功，以女阿盖妻之，盖歌《金指环》云："将星挺金枝，宝阙金枝接玉叶，灵辉彻东西南北，中天惟有月。玉文金印大如斗，唐贵妃配结。父王永寿偕金碧，愿作擎天杰。"③

胡本《南诏野史》记录：

> 梁王回中庆，奏升功为云南行省平章，以主阿盖妻之。日王与盖宴酣，盖歌《金指环》云："将星挺生扶宝阙，宝阙金枝接玉叶。灵辉彻南北东西，皓皓中天光映月。玉文金印大如斗，犹唐贵主结配

---

① （明）倪辂辑《南诏野史会证》，（清）王崧校理，云南人民出版社，1990，第363页。

② （明）阮元声：《南诏野史》，载《云南备征志》卷八，第40a页，转引自《丛书集成续编》第56册，上海书店出版社，1994，第789页。

③ （明）倪辂辑《南诏野史会证》，（清）王崧校理，云南人民出版社，1990，第361页。

偶。父王永寿同碧鸡，豪杰长作擎天手。"①

王本《南诏野史》记录：

> 梁王回鄯阐，感功退兵之功，以女阿盖妻之。梁王与公主宴酣，歌《金指环》云："将星挺金房宝阙，金枝结玉叶。灵辉彻东西南北，中天惟有月。玉文金印大如斗，唐贵妃配结。父王永寿偕碧鸡，愿作擎天杰。"②

对比以上版本记录，记述事件上小有差异，诗歌内容和形式差异稍大。

第一，记述事件上，倪本是将阿盖许配给段功为"妾"，而胡本、王本是"妻"。就实际情况看，"妾"的记述相对合理，当时段功在大理已有高夫人，且已生有女儿、儿子，高夫人是嫡妻。对所唱《金指环》歌，倪本未说明在何种场合下演唱，而胡本、王本做了说明，是在宴席上，但未说明是何宴席。根据诗歌内容和宴会特征，虽记录的是"日王与盖宴酣/梁王与公主宴酣"，但宴会中不可能仅有梁王与其女儿，而是梁王和阿盖公主酒兴正好，整个宴会气氛最为浓烈的高潮之时。这个宴会可能是段功和阿盖举行婚礼的宴会，此时阿盖公主作为新嫁娘，在这极为美好的时刻，即兴赋诗并演唱，也可看出阿盖作为公主的才情、任性的特点。其中诗句"宝阙金枝接玉叶""玉文金印大如斗，犹唐贵主结配偶"都表明是在婚礼之时。

第二，就诗歌内容和形式而言，三个版本的诗篇所表达的内容基本相同，赞颂段功、祝福梁王、表达阿盖的喜悦之情。在字词和形式上，倪本、王本几乎完全相同，首句中倪本为"金枝"，王本为"金房"，倪本的"金枝"似更恰当，喻指阿盖公主；而"金房"指华贵之屋，喻指阿盖所住之屋而代指阿盖，似显隐晦。倪本诗作句式为每句字数五、七、七、五、七、五、七、五，王本诗作句式为每句字数七、五、七、五、七、

---

① 《南诏野史》（下）（影印本），巴蜀书社，1998，第10b~11a页。
② （明）阮元声：《南诏野史》，载《云南备征志》卷八，第39a页，转引自《丛书集成续编》第56册，上海书店出版社，1994，第788页。

五、七、五，第一、二、四、六、八句句末押入声韵"屑"韵。在字词和形式上，胡本与倪本、王本差异较大，内容上也有差异。胡本诗作结构为七言古体诗，每句皆七字，押韵时换韵，前四句中第一、二、四句末押入声韵"屑"韵，后四句中第五、六、八句末换韵为上声韵"有"韵。从歌词演唱看，如整首歌都为入声韵，会显得短促，不能延长抒情，后四句换押上声韵，演唱时显得较为舒缓，由于增加了字数，胡本中的歌显得更为具体、直白，符合当时宴会的欢悦气氛。因此胡本较为合理。

以下分析主要遵从胡本所记诗。《金指环》全诗如下：

> 将星挺生扶宝阙，宝阙金枝接玉叶。灵辉彻南北东西，皓皓中天光映月。玉文金印大如斗，犹唐贵主结配偶。父王永寿同碧鸡，豪杰长作擎天手。

此诗开头"将星"喻指段功，又照应夜晚时的欢悦场景，"宝阙"指梁府、梁王，"扶宝阙"说明段功击退明玉珍军队扶持了梁王，是对段功的热切赞颂，此句可为"诗眼"，表现的是阿盖对段功的赞扬。"宝阙金枝接玉叶"是在梁府举行段功与阿盖的婚礼，"金枝""玉叶"都是帝王子孙的尊贵称呼，阿盖是元世祖忽必烈后裔，段功是大理国段氏皇族后裔，二人的结合不同寻常。第三、四句既是写景，当晚月光下明亮的四方，与中天月亮相映衬，写出夜色的美好；其实又暗含对段功的赞颂，"灵辉"也指灵秀之气、精英之气，照应开头的"将星"，是由段功这颗将星发出，照彻四方，并与天空中的月亮相映照。与欢快气氛相协调。第五句"玉文金印"是指玉简上的文字、帝王的印章，为何"大如斗"呢？其实是阿盖嫁予段功的婚约，盖有梁王的印章，因此才如此重要。第六句化用唐朝文成公主嫁予吐蕃王松赞干布的历史故事，喻指自己作为皇族公主嫁给大理国国王后裔段功，表达梁王与大理段氏总管之间的友好关系。结尾两句自然表达对父亲梁王的祝福和对段功的期盼，因梁王有这样得力的助手和女婿，不再为云南的治理而操心。"碧鸡"即"凤凰"，中庆西有"碧鸡山"，代指中庆，也喻含长寿之意。用"豪杰"直呼段功，是对段功的颂扬和期盼，希望他能做永远的"擎天手"，保卫云南，保护梁王，护佑阿盖，照应"将星挺生扶宝阙"，结尾收束自然。

（二）《愁愤》诗

是阿盖在段功遇害后所写的诗，仅杨慎《滇载记》和胡本《南诏野史》有记录，其他版本皆未记录，现将两书有关记录摘引如下，做比对分析。

杨慎《滇载记》记录：

> 主愁愤，作诗曰："吾家住在雁门深，一片闲云到滇海。心悬明月照青天，青天不语今三载。欲随明月到苍山，误我一生路里彩（锦被名也）。吐噜吐噜段阿奴（吐噜：可惜也），施宗施秀同奴歹（歹：不好也）。云片波粼不见人，押不芦花颜色改（押不芦：乃北方起死回生草名）。肉屏独坐细思量（肉屏：骆驼背也），西山铁立霜潇洒（铁立：松林也）。"①

胡本《南诏野史》的记录：

> 作诗挽之云："吾家住在雁门深，一片闲云到滇海。心悬明月照青天，青天不语今三载。黄蒿历乱苍山秋，误我一生踏里彩（华言锦被也）。吐噜吐噜段阿奴，施宗施秀同奴歹。云片波粼不见人，押不芦花（华言起死灵草也）颜色改。肉屏（华言骆驼也）独坐细思量，西山铁立（华言松林也）风潇洒。"功丧既行，阿盖遂不食死。以殉焉。②

对比两书及倪本、王本《南诏野史》记录，有如下几方面差异。

第一，在作诗上是相同的，但作诗后阿盖公主结局有差异，仅胡本《南诏野史》记录阿盖公主绝食而死，为段功殉情；杨慎《滇载记》、倪本

---

① （明）杨慎：《滇载记》，载陆楫编《古今说海》卷十六，《钦定四库全书》影印本，第17a～17b页；《丛书集成初编：大理行记 滇南新语 南中杂说 滇游记 维西见闻纪 滇载记》（全一册），中华书局，1985，第11页。
② 《南诏野史》（下）（影印本），巴蜀书社，1998，第12b～13a页。

和王本《南诏野史》皆未记录阿盖公主的结局。

第二，诗歌内容上有差异。（1）第五句：《滇载记》为"欲随明月到苍山"，胡本《南诏野史》为"黄蒿历乱苍山秋"。从诗意看，《滇载记》记述表达阿盖想送段功灵柩回归大理，与后一句相衔接，但现实却是不可能的，因梁王不会同意让女儿独自到大理，那很危险。胡本《南诏野史》记录苍山秋景的凄凉，表达对段功的哀悼之情，是阿盖的想象之景；与下句衔接不甚自然。因此我们认为此句《滇载记》记述较符合阿盖此诗意义。（2）第六句：《滇载记》为"路里彩"，胡本《南诏野史》为"踏里彩"，当为"路里彩"，胡本可能是传抄时的笔误。（3）末句：《滇载记》为"霜潇洒"，胡本《南诏野史》为"风潇洒"，"霜""风"皆可，"潇洒"是"凄清、寂寞"的样子，用"霜"更能体现凄清之景及阿盖的凄楚之情。

第三，关于诗中的注释，也有差异。《滇载记》有六条注释，胡本《南诏野史》调整为四条，"吐噜""歹"未注，且胡本在四条注释前皆加"华言"，《滇载记》未加。对"路（踏）里彩"的注释有差异：《滇载记》为"锦被名也"，胡本《南诏野史》为"华言锦被也"。以下对六个注释做细致分析。

关于诗中"路（踏）里彩、吐噜、歹、押不芦、肉屏、铁立"这六个词语，《滇载记》注释仅解释该词词义，未说明是汉语词义还是民族语词义。该书注释时遵守如下体例：接该词后的不写该词，如"路里彩"；未接该词后的写该词，如"吐噜、歹、押不芦、肉屏、铁立"；"歹"虽在该词后，担心与"奴歹"混淆，故写出"歹"。后人将"奴歹"理解为"不幸、不好"义是不恰当的。胡本《南诏野史》加了"华言"，言外之意即这几个词不是汉语词，是少数民族语言（古代称"夷语"）的词，后人据此诗为阿盖所作，便推测为蒙古语。例如：此诗"合用汉、蒙、白语，呈现出独特的景观……踏里彩：蒙古语，意为'锦被'……"[1]"此诗是一首汉语、蒙古语、僰（今白族）语相混合的古体诗。踏里彩：锦被名；吐噜吐噜：可惜可怜意；奴歹：不幸意；押不芦花：一种起死回生的灵草；

---

① 云南省诗词学会、云南大学中文系选注《云南历代诗词选》，云南人民出版社，2002，第25页。

肉屏：骆驼背；铁立：松林。"① 今人蒙古族学者元史专家方龄贵先生专为此撰文，根据《华夷译语》（明朝洪武十五年火源洁等奉敕编写）、《元朝秘史》、《蒙古语大辞典》中该词语汉语义的蒙古语读音、汉字对音等逐一考证，认为："传世所谓阿盖公主诗中的几个'夷语'，可说无一是蒙古语。"② 其中指出："把'押不芦'训为'起死回生草'是可以的，但这不是蒙古语，而是阿拉伯、波斯语，其对音为 abruh，yabruh 或 jabruh，此名最早见于南宋周密所撰的《癸辛杂识》一书，明代李时珍《本草纲目》卷一七曾引之，实即曼陀罗果。……元人白珽《湛渊遗稿》卷中《续演雅十诗》中有一首云：'草食押不芦，虽死元不死，未见涤肠人，先闻弃簀子。'注云：'漠北有名押不芦，食其汁立死，然以他药解之即苏，华佗洗胃攻疾，疑先服此。'所指即此。"③ 方龄贵先生考证严密，观点是合理的。

现试对其余五个词进行探讨并对"押不芦"做补充说明。（1）"踏里彩"，解释为"锦被名"，意思是一种锦被的名称，是专名，而不是通名"锦被"；胡本《南诏野史》注释为"华言锦被"，成了通名，表示"踏里彩"不是汉语词，可用汉语词"锦被"对译。胡本将专名改为通名，不准确。（2）"吐噜"：暂缺。待考。一种观点为"吐噜：白语，可惜的意思"。（3）"歹"，在汉语中就是"不好""坏"的意思，"歹"是象形字，《说文解字》解释为："列骨之残也。"像有裂缝的骨头，引申为不好，如成语"为非作歹""歹人"等。不必解释。故胡本《南诏野史》未解释"歹"。（4）"押不芦"，是起死回生草，就是曼陀罗果，来自阿拉伯语，元代云南第一代平章政事就是回族人瞻思丁·赛典赤，对云南行省的确立、各项制度的建立起到极大作用，在中庆有大量回族人，"押不芦"此词会常用，当借自阿拉伯语。（5）"肉屏"，生活于宋末元初的白珽在《湛渊遗稿》卷中的《续演雅十诗》写道："两驼侍雪立，终日饥不起。一觉沙日黄，肉屏那足拟。"诗人自注："沙漠雪盛，命两驼趺其旁，终夜不动，用断梗架片毡其上，而寝处于下，暖胜肉屏，且不起心兵也。"④ 此处

① 云峰：《民族文化交融与元代诗歌研究》，内蒙古大学出版社，2013，第125页。
② 方龄贵：《阿盖公主诗中夷语非蒙古语说》，《思想战线》1980年第4期。
③ 方龄贵：《阿盖公主诗中夷语非蒙古语说》，《思想战线》1980年第4期。
④ 许建平主编《杭州文献集成》第15册，杭州出版社，2014，第544页。

将骆驼与"肉屏"联系起来，描写塞外景象，"肉屏"指"骆驼背"，极为契合，故不是蒙古语，当是汉语的比喻义。（6）"铁立"，可用汉语义理解，像铸铁昂然直立，比喻岿然不动。从该句"西山铁立霜潇洒"诗意看，如以"铁立"作汉语词义理解，是对"西山"的描写，西山像铸铁一样岿然不动，寒霜凄清逼人。如将"铁立"以"松林"解，整句意义产生变化，西山上的松林，寒霜凄清逼人。"西山"指中庆西部的碧鸡山，在市区可远眺西山。上一句"肉屏独坐细思量"是描写阿盖独自坐在像骆驼背样的垫子上仔细思量着未来，下句写阿盖思量中抬头西望，看向夫君段功的故乡大理方向，看到的只能是西山全景，而不会细致到松林情态，此处写西山雄壮巍峨，表达阿盖为段功殉情的决心。当今影视作品中的英雄壮烈牺牲后，常用巍峨的青山、奔涌的大海象征他们的离去，以突出英雄的高大、光辉，阿盖此处所见西山，既是真实的，也是其内心情感的呈现，因此，我们认为"铁立"用汉语词义解释似更妥当，而不必拘泥于五百多年前杨慎的注解。清代著名诗人魏源《重游百泉》（之四），"惜哉苏门山，铁立欠林樾"①，就用"铁立"描写巍峨的苏门山。

通过以上对比分析，选择《滇载记》记录的阿盖诗歌做具体评价分析：

> 吾家住在雁门深，一片闲云到滇海。心悬明月照青天，青天不语今三载。欲随明月到苍山，误我一生路里彩。吐噜吐噜段阿奴，施宗施秀同奴歹。云片波粼不见人，押不芦花颜色改。肉屏独坐细思量，西山铁立霜潇洒。

此诗属七言古诗，开篇两句写阿盖欢快的早年生活，住在山西北部雁门关蒙古族聚居区，后随父任职到云南，横跨数千里，用"闲云"一词表现轻快自由的情景，也是对云南的热爱。以下十句转入对阿盖与段功关系的细致描写，"明月"喻指段功，阿盖心中牵挂着段功，阿盖的赤诚之心映照青天，可青天却没有给这份赤诚以任何言语和昭示，虽与段功结婚三

---

① （清）魏源：《魏源全集》第14册，岳麓书社，2011，第44页。

载（1364—1366），但段功却悲惨离世，是对命运不公的抗诉。想追随段功到苍山，阿盖此前曾劝说夫君愿意跟随他返回大理，避免杀身之祸，可段功不听。现在段功却裹在锦被里，留下自己孤独一人，今后的人生将如何呢？此二句生与死构成鲜明对比，因爱之深切而生出的无限愁怨，表达出阿盖极度悲伤的心情。之后两句是抒情话语：可惜呀可惜呀我的段阿奴，施宗、施秀像你一样结局悲惨。施宗、施秀皆是段功部下，因梁王设"美人计"而被害，据《滇载记》载："阿结主闻变，失声哭曰：'昨暝烛下，才讲与阿奴，云南施宗、施秀烟花殒身，今日果然。阿奴虽死，奴不负信黄泉也。'""奴不负信黄泉"表达了阿盖将为段功殉情的决心。由阿盖与段功的对话可知"阿奴"是夫妻间阿盖对段功的昵称，阿盖、段功极为相爱。"同奴歹"中的"奴"是"你"之意，大理白语"你"读音为［no］①，与"奴"音相近，故记为"奴"。白族在称呼人表亲切时，常在人名、亲属称谓前加［a］（"阿"）音，故"阿奴"当是阿盖模仿段功白语称呼"你"时带有的白语口音，极为亲昵，是对段功的昵称、爱称。随后用滇池上空云片和滇池水波的明净突出段功的消失，空有美景，而对方已赴黄泉，阴阳相隔，可想象段功生前与阿盖乘船在滇池中畅游，看滇池四周景色，并设想到大理后也乘船畅游洱海，远眺苍山的情景，那都是幸福的记忆和浪漫的设想，可现在已是"不见人"，突出其悲怆气氛。希望那起死回生的灵草能救你，可颜色已改，药效已无，回天乏术。最后，阿盖独自坐在骆驼旁细细思量，可能思量的是新婚时的欢快、婚后的甜蜜生活、曾经美好的设想、如段功听取阿盖建议后的现在……但抬眼而望段功的棺椁即将回归大理之路，那是如铁铸般屹立的西山，将两人阻绝，只有凄清的秋霜笼罩西山，已是阴阳之隔。阿盖如何再能与段功相见？那只有打破阴阳之隔，走向阴之彼岸，离开这个世界。此诗开头两句欢快，中间主体部分悲怆凄凉，结尾部分决绝慷慨，在写景中赋予强烈的抒情气息；结构上表达自然，富有强烈的感染力。此诗虽为古体诗，但遵从押韵要求，音韵和谐，全诗押上声韵，韵脚字"海、载、彩、歹、改"属上声十部"贿"韵，"洒"属上声九部"蟹"韵，

---

① 云南省地方志编纂委员会总纂《云南省志》卷五十九《少数民族语言文字志》，云南人民出版社，1998，第1284页。

两部字通押,归为同一韵部。

(三)阿盖诗歌的创作特点

通过对阿盖公主两首诗内容和创作背景的分析,现概括阿盖公主诗歌的创作特点。

第一,情感真挚动人。两首诗都以情感真挚丰富而感动后人。有人可能认为《金指环》诗是应景、颂扬之作,在婚礼上的唱词,成就不高,但在上文分析中可看出其有对新婚丈夫段功的颂扬、期盼,有对父亲的祝愿,都发自阿盖公主内心,不是应景之作,而是出自真心的颂扬之诗。在《愁愤》诗中对段功不幸遇害的悲惨结局所抒发的情感更为浓烈感人,"欲随明月到苍山"的忠贞之情,"吐噜吐噜段阿奴"的亲昵而无限叹惋之悲,"押不芦花颜色改"的无奈、无力之感,"西山铁立霜潇洒"的苍茫决绝之意,无不呈现出段功在阿盖心中的"男神"形象,因此阿盖公主的最终结局将是告别这个生无可恋之阳世,回归到另一彼岸世界与段功重逢。

第二,结构完整,诗意畅达。《金指环》歌"将星"总领之后的铺叙与结尾的"豪杰"呼应,对段功的赞颂达到顶点。《愁愤》诗中从千里之外的北方"雁门"之"闲云"飘游至"滇海",到对夫君段功的生之牵挂与死之断肠,再到结尾西望"西山"的决绝刚毅而走向毁灭,表现出生之恩爱、死之永恒的壮烈。

第三,语言丰富多样,以此形成融合的文化特征。《金指环》中"宝阙、金枝、玉叶、灵辉、玉文、金印、碧鸡、豪杰"等的华丽张扬,充分体现出公主的飞扬之态、青春气息的浪漫情怀。《愁愤》诗中的"吐噜、阿奴"等白语词的运用,"押不芦"等阿拉伯语的借用,北方"雁门"与云南"滇海、苍山、西山"等地名的有机组合,将之融于典范的古体诗语言结构体式中,和谐中有突出的地域文化特征,在多样化的文化背景中呈现出交融景象,也可看出阿盖公主日常生活中的多样化情态。《金指环》诗语言略显雕琢,而《愁愤》诗则语言自然,带有口语化色彩,更显亲切,与阿盖公主当时的极端情态密切相关,是首极为动人的诗篇。此诗是阿盖公主宽阔胸襟和包容心态的表现,也可看出当时云南作为多元文化融合之地的特点。

第四，韵律和谐优美。阿盖虽出生在蒙古贵族之家，但深谙汉语诗歌韵律，其诗韵律感极强。在《金指环》中换韵自然，前四句入声韵"屑"韵，音节急促铿锵而显示段功的赫赫战功、对梁王的支持；后四句上声韵"有"韵便于抒发演唱时的舒缓、颂扬、祝愿的美好情感。《愁愤》诗全诗一韵到底，押上声韵"贿"韵，与凄婉、悲凉的气氛相和谐。诗句内音节节奏读来自然，富有诗意。

第三节　段羌娜

一　段羌娜生平

依《滇载记》、胡本《南诏野史》的记录，段羌娜生平[①]勾勒如下：

段羌娜，约生于元至正十三年（1353），小名僧奴，又名宝姑，是大理总管、云南平章政事段功和高夫人所生长女，大理第十代总管段宝的姐姐。段羌娜出生于大理段氏都元帅府，幼年时得到父亲段功和母亲高氏的疼爱，接受相关文化教育，红巾军进入云南后，其父段功在外征战，段羌娜在大理接受母亲的教育和抚养。元至正二十六年（1366）其父段功为梁王所害，段羌娜十多岁，尚在少年时期。段羌娜在大理都元帅府，在母亲高氏的教导下，边学习知识文化边做女红，其母高氏始终不忘告诉女儿其父被梁王所害的经过，要女儿替父报仇，段羌娜牢牢记住替父报仇一事，十五岁束发那年（1368），羌娜听了母亲的嘱托，私下悄悄绣了一面旗子，上面绣有文字，发誓替父报仇。

段羌娜弟弟段宝随后继承其父大理总管职位，为第十代总管。梁王再次听信谗言，想彻底铲除大理段氏，吞并段氏，派人刺杀段宝，没有成功；后梁王与大理段氏之间多次发生征战，梁王命令云南平章政事矢剌攻打大理，

---

① 段羌娜的生平主要根据《滇载记》中的内容改写而成，有的做适当分析说明。（明）杨慎：《滇载记》，载陆楫辑编《古今说海》卷十六，《钦定四库全书》影印本，第16a～18b页；《丛书集成初编：大理行记 滇南新语 南中杂说 滇游记 维西见闻纪 滇载记》（全一册），中华书局，1985，第10～11页。有的事件，《滇载记》中未记述或记述不完整，胡本《南诏野史》中有记录的，补充出，在文中做标记。《南诏野史》（下）（影印本），巴蜀书社，1998，第11a～12b页。

连续攻打七次都未攻下大理。后在鹤庆府知事杨升的调和下，梁王与段氏以金鸡庙为分界线，金鸡庙南属梁王管辖，以北属段氏管辖，双方停息战事，百姓渐渐得以生活安宁。梁王与段氏达成停战协定后，梁王奏升段宝为云南左丞。不久，明玉珍率军队再次进攻省会中庆，梁王派遣叔铁木的罕向大理都元帅府借兵，此时段宝已长大成人，写信回答梁王："杀虎子而还喂其虎母，分狙栗而自诈其狙公。假途灭虢，献璧吞虞。金印玉书，乃为钓鱼之香饵；绣闺淑女，自设掩雉之网罗。况平章既亡，弟兄馨绝，今止遗一獒一奴。奴再赘华黎氏，獒又可配阿结妃，如此事诺，我必借大兵。如其不可，待金马山换作点苍山，昆明池改作西洱河时来矣。"① 在此信后还附上一首诗："烽火狼烟信不符，骊山举戏是支吾。平章枉丧红罗帐，员外虚题粉壁图。凤别岐山祥兆隐，麟游郊薮瑞光无。自从界限鸿沟后，成败兴衰不属吾。"② 梁王见了此信和诗，对段宝恨之入骨。

元至正二十七年（1367），朱元璋率军夺取了燕京，元顺帝向北逃遁，明洪武元年（1368），梁王再次希望与段宝和好，言辞极为谦卑和逊，段宝答应与梁王和好。当时有蛮夷部落舍兴，从元江进攻中庆，梁王恐惧，想要出逃奔赴外地，段宝考虑到梁王如果被歼灭，也会影响到大理都元帅府的安全，于是率军拯救梁王，击跑了舍兴所率军队。梁王对段宝非常赞赏，向元朝廷升奏段宝为武定公，并下敕书道："段氏归附而来，忠勤懋著，父子秉忠。征讨克捷乃于戎马倥偬之中，干戈纷扰之际，不第远朝，且兼平乱。宜示至优之数，以彰匡济之勋。兹特升宝为武定公，仍总管大理军民府。尔其不负初心，永保世爵，以光大尔赤城于无穷……"③ 当时为北元宣光元年（1371），敕书对段氏都元帅府在元朝时期，特别是段宝对梁王的支持给予极高评价，特授予其武定公爵位。

洪武五年（1372），段羌娜将要嫁给建昌府（今四川省西昌市）彝族土官阿黎。看到段宝与梁王的和好状况，临出嫁时，段羌娜取出五年前绣好的旗子，交给段宝说："我从束发那天开始，听到母亲说父亲的死是冤

---

① （明）杨慎：《滇载记》，载陆楫编《古今说海》卷十六，《钦定四库全书》影印本，第18a~18b页。

② （明）杨慎：《滇载记》，载陆楫编《古今说海》卷十六，《钦定四库全书》影印本，第18b页。

③ 《南诏野史》（下）（影印本），巴蜀书社，1998，第14b~15a页。

枉的，是被梁王所害，遗憾的我不是男子，不能替父亲报仇。这面旗子就是我发誓要报仇的凭证。现在我将要出嫁到夫家，我到那儿以后，将会集东部四川的兵马，飞信传递给你，你立即从大理发兵，我们姐弟相会在善阐（注：即昆明）城。替父报仇。你不要违背此事。"她要段宝不忘梁王是杀害父亲的不二仇人，报仇的决心始终未动摇。随后又写了两首诗，告别弟弟段宝，告别大理，前往遥远的建昌府，嫁给阿黎。

后来整个西南地区发生了急剧变化，洪武十四年（1381）初，段宝突发疾病身亡，段宝之子段明继承段氏总管职位，为第十一代总管，任职不满一年去世，段宝的弟弟段世继承总管，为第十二代总管。

洪武十四年（1381）九月，明朝开国皇帝朱元璋任命颍川侯傅友德为征南将军、永昌侯蓝玉为左副将军、西平侯沐英为右副将军，率军三十万南征云南。当年十二月十六日，明军在曲靖东北白石江大败梁王所属精锐部队十余万，随后进发昆明，梁王听到消息后，十二月二十二日逃往晋宁州，自缢身亡。次年（1382）闰二月攻克大理，段世及段明的两子被俘，被带到南京，朱元璋赐段明长子名归仁，授永昌卫镇抚，次子名归义，授雁门镇抚。历经一百多年的段氏都元帅府结束了其对大理地区的统治。段羌娜要与弟弟段宝东西夹击进攻中庆剿灭梁王替父报仇的愿望未能实现。

二 段羌娜的诗歌创作及其特点

段羌娜的诗歌创作可能是比较丰富的，但保留下来的仅两首诗，且是年轻时的作品，皆是出嫁时与弟弟段宝告别时所写。[①] 此二诗杨慎《滇载

---

① 有关段羌娜的诗歌，21世纪初，《大理文化》（2000年第3期）曾刊出所谓李菊家保存的段羌娜诗歌。经考证，皆为其伪托，今不取。侯冲：《明初大理名僧无极》，载赵寅松主编《白族文化研究（2001）》，民族出版社，2002，第449～459页；《明朝云南按察副使林俊毁佛事辨正（外二题）》，载李惠铨《滇史求索录》，云南人民出版社，2011，第164～178页。《明初大理名僧无极》中写道："近年来署明人著的《叶榆稗史》、《三迤随笔》、《淮城夜语》和《南中幽芳录》等书……不过是好事者胡编而已。兹依无极行实为之证伪。"（第449页）《明朝云南按察副使林俊毁佛事辨正（外二题）》最后写道："转录手抄本保存者李菊先生手抄转录过程太具传奇色彩；而且，转录手抄本的内容现已发现一些明显疑窦。如一些语词、语意的现代风格特点，抄本原稿错别字之众多，一些事件、人物的历史真实性难以考订，现存文献资料的佐证极少等。同时，还有一些地方存在明显破绽。"（第177～178页）

记），倪本、胡本、王本《南诏野史》皆收录，但在记录上有差异。现将其有关记录摘引如下，做比对分析，然后确定较为合适的版本进行分析评价。

（一）段羌娜诗歌考订

杨慎《滇载记》的记录和诗作：

> 平章女僧奴，志恒不忘复仇，将适建昌阿黎氏。出手刺绣文旗，以与宝曰："我自束发，闻母称父冤，恨非男子，不能报。此旗所以识也。今归夫家，收合东兵，飞檄西洱，汝急应兵，会善阐。"又作诗二章曰："珊瑚勾我出香闺，满目凄然泪湿衣。冰鉴银台前长大，金枝玉叶下芳菲。乌飞兔走频来往，桂馥梅馨不暂移。惆怅同胞未忍别，应知含恨点苍低。""何彼秾秾花自红，归车独别洱江东。鸿台燕苑难经目，风刺霜刀易塞胸。云旧山高连水远，月新春叠与秋重。泪珠恰似通宵雨，千里关河几处逢？"后宝闻高皇帝开基金陵，遣其叔段真自会川入京，奉表归款，朝廷亦以书报之（见《御制文集》）。时有妖巫女歌曰："莫道君为山海主，山海笑谐谐。园中花谢千万朵，别有明主来。"宝数日疾卒。子明嗣。[1]

倪本《南诏野史》的记录和诗作：

> 段平章女宝姐，小名僧奴，适建昌土官阿荣。临嫁，出一绣旗，付弟曰："母言父被梁王所杀，我欲报仇，待汝长大，此旗已绣五年矣！幸勿忘之。"诗别弟云："珊瑚钩起别香闺，满目凄然泪湿衣。冰鉴银台前长大，金枝玉叶下芳菲。乌飞兔走频来往，桂秀梅香不暂移。惆怅同胞未忍别，应知恨重点苍低。"又云："何彼秾兮花正红，归车独别洱河东。鸿悲燕死难经目，风刺霜刀易割胸。云白天高连水

---

① （明）杨慎：《滇载记》，载陆楫编《古今说海》卷十六，《钦定四库全书》影印本，第18b～19b页；《丛书集成初编：大理行记 滇南新语 南中杂说 滇游记 维西见闻纪 滇载记》（全一册），中华书局，1985，第10页。

远，月新春叠与秋重。泪珠却似通宵雨，千里关山几处逢。"①　（叙述
另一事件："廉访使支渭兴乞休，梁王不允。"……"洪武十三年，大
理段宝降表云：'……'"记述有段宝呈送给朱元璋的降表等。无妖巫
女所唱之歌。）

胡本《南诏野史》的记录和诗作：

> 洪武五年，宝女兄名羌娜，小名僧奴，又名宝姑者，适建昌土官
> 阿黎。先是，羌娜绣一旗，至是将嫁，以旗付宝，嘱曰："母常语我
> 云：尔父为梁王所害，必当报仇，惟望尔辈长大。我闻母言，故绣此
> 旗已五年矣。今我嫁至夫家，收拾建昌、东川军马，飞报若到，女急
> 来应。慎勿违焉！"临行，又以二诗别宝云："珊瑚钩起出深闺，满目
> 潸然泪湿衣。冰鉴银台前长大，金枝玉叶下芳菲。乌飞兔走频来往，
> 桂秀梅香不暂移。惆怅同胞未忍别，应知恨重点苍低。""何彼秾兮花
> 正红，香车独去洱河东。鸿飞雪岫难经目，风刺霜林易割胸。云白天
> 高连水远，月新春叠与秋重。（一作'闺里绣旗冤父魄，天边提剑属
> 儿曹'）泪珠恰似通宵雨，千里关山几处逢？（一作'须知恨重苍山
> 小，回首寒云千万重'）"洪武辛酉十四年四月，国中有巫女歌曰：
> "莫道君为山海主，山海笑谐谐。园中花谢千万朵，别有明主来。"数
> 日，宝卒。子明袭。宝任职十四年。②

王本《南诏野史》的记录和诗作：

> 至正丙午，段平章女宝姐，小名僧奴，未嫁时绣一旗。适建昌土
> 官阿荣，临嫁，将旗付弟曰："母言父被梁王杀死，我欲报仇。待汝
> 长成，此旗已绣五年矣。我嫁至建昌，收拾夫家，并东川军马，飞报
> 若到，汝急来应。慎勿违焉！"行时，以诗别弟云："珊瑚钩起出香

① （明）倪辂辑《南诏野史会证》，（清）王崧校理，云南人民出版社，1990，第366～
　　367页。
② 《南诏野史》（下）（影印本），巴蜀书社，1998，第15b～16b页。

闺，满目潸然泪湿衣。冰鉴银台前长大，金枝玉叶下芬菲。乌飞兔走频来往，桂秀兰香不暂移。惆怅同胞未忍别，应知恨重点苍低。"又云："何彼秾秾花正红，归车独别洱河东。鸿悲燕死难经目，风刺霜刀易割胸。云白天高连水远，月新春梦与秋重。泪珠恰似通宵雨，千里关山几处逢？"①（按：其后分段叙述其他与段宝、梁王的有关事件，大体与倪本同，无妖巫女所唱之歌。）

对比以上版本记录，归纳为所记述历史事件、段羌娜名字、段羌娜作品几方面的异同。

第一，所记述历史事件基本一致：段羌娜绣旗、出嫁前出示旗子、对弟弟段宝的话语、所写的两首诗，此事以后与段宝、梁王相关的一些历史事件。如段羌娜对弟弟段宝所说的话语，主体内容为：羌娜原已绣有复仇旗子、为父矢志报仇、联合夫家势力与段宝合力攻打梁王、为父复仇、要段宝牢记不忘复仇。胡本、王本《南诏野史》相对较为细致，而杨慎《滇载记》和倪本《南诏野史》相对简单一些，但主要内容皆已包含。

第二，所记述历史事件有所差异的。四个版本在记述事件上有细微差异，主要有如下几点：（1）事件发生年代，《滇载记》和倪本未记录；胡本有明确记录，为洪武五年（1372），王本也有记述，为至正丙午年（1366）。但从记述体例上看，王本是按照时间顺序记录的，至正丙午年是段功被梁王谋害的那一年，王本据此确定段羌娜在此年开始绣复仇旗子，是按时间先后顺序写的。而胡本是根据段羌娜出嫁到建昌阿黎那年写的，故当以洪武五年（1372）为准，当时段羌娜约二十岁。（2）《滇载记》中未说明复仇旗子是五年前所绣，而其他三个版本皆为五年前所绣。（3）土官名，《滇载记》、胡本为"阿黎"，倪本、王本为"阿荣"。《滇载记》时间较早，当为"阿黎"，且有民族特点。（4）关于段羌娜的名字，有三种记录。有一个名字的：《滇载记》为"平章女僧奴"，此书只记录有她的小名——"僧奴"，没有其他名字；有两个名字的：倪本、王本均为"段平章女宝姐，小名僧奴"，"僧奴""宝姐"皆是名字；有三个名字的：胡本

---

① （明）阮元声：《南诏野史》，载《云南备征志》卷八，第42a~42b页，转引自《丛书集成续编》第56册，上海书店出版社，1994，第790页。

为"宝女兄名羌娜，小名僧奴，又名宝姑者"，小名为"僧奴"，长大后的
名字为"羌娜"，又名"宝姑"。从名字上来看，"僧奴"为小名，是合理
的，小时候的名字，符合大理地区崇信佛教的传统。长大成人后一般再取
个名字，胡本有"宝姑"，是成人名，但从字面上讲，其实就是"段宝的
姐姐"，作为名字似不甚合理。而胡本所记"羌娜"中"羌"有民族特
征，"娜"有女性特点，因此，"羌娜"为"僧奴"成人后的名字似更合
理。(5) 关于妖巫女所唱歌曲，《滇载记》和胡本有，倪本、王本无。可
看出《滇载记》和胡本是一个系列，倪本和王本是一个系列。从有关记述
看，妖巫女所唱歌曲，有不祥之兆，预示着某人将去世，后段宝生病去
世。而倪本、王本可能认为这是迷信，故删除。(6) "廉访使支渭兴乞休，
梁王不允"事，倪本、王本有，《滇载记》和胡本无。可能是所用资料的
来源不同。今不做分析。

　　第三，关于诗歌内容的记述，都是两首诗，在内容上基本一致，但记
录也有少量差异。现就差异进行对比分析，然后确定较为合适的诗作。

　　第一首诗中记录有差异的是第一、五、六、八共四句。现逐句比对说
明。第一句，《滇载记》为"珊瑚勾我出香闺"，倪本为"珊瑚钩起别香
闺"，胡本为"珊瑚钩起出深闺"，王本为"珊瑚钩起出香闺"，差异主要
在《滇载记》有"我"，其他版本无"我"。从首句看，"珊瑚"是古代家
中极为重要的装饰品，只有在达官显贵之家才有，从诗意看，当是阿黎氏
来迎娶羌娜的聘礼，要将羌娜迎娶到建昌阿黎家中。在此语境中，将
"我"体现出来，表意上要更为准确，羌娜"我"将从香闺走出，到新的
家庭中。其余三个版本中为"钩起别（出）"，三个动词连用，较为急促，
显得不甚妥当。故取"珊瑚勾我出香闺"。第五句，《滇载记》和王本为
"乌飞兔走频来往"，倪本、胡本抄为"鸟"，不当，当为"乌"，"乌飞兔
走"中的"乌"指金乌，太阳；"兔"指玉兔，代指月亮，表示时间飞快
而去。第六句，《滇载记》为"桂馥梅馨不暂移"，倪本、胡本为"桂秀
梅香不暂移"，王本为"桂秀兰香不暂移"，意义大都相近，"馥""馨"
都表示香气浓郁，为避免与首句"香闺"之"香"重复，用"馥""馨"
似更妥当，照应开头"香闺"。第八句，《滇载记》作"应知含恨点苍
低"，其余三个版本皆为"应知恨重点苍低"。从诗意上看，"恨重"比

"含恨"程度更高，但显得直露，用"含恨"更切题，表明羌娜对梁王的仇恨将永远铭刻于心。现结合以上分析，以《滇载记》所记诗歌为准进行评析。全诗如下：

> 珊瑚勾我出香闺，满目潸然泪湿衣。冰鉴银台前长大，金枝玉叶下芳菲。乌飞兔走频来往，桂馥梅馨不暂移。惆怅同胞未忍别，应知含恨点苍低。

第二首的记录中每句都有差异，主要是个别语词的不同。现逐句对比分析说明。第一句，《滇载记》为"何彼秾秾花自红"，倪本、胡本为"何彼秾兮花正红"，王本为"何彼秾秾花正红"。倪本、胡本用了语气词"兮"，在近体诗中，语气词"兮"一般不用在句中，朗读时不协调。其余版本用了叠词"秾秾"，表示花朵开得娇艳。"自红"与"正红"都是花开时的景况，语义皆可。第二句，《滇载记》为"归车独别洱江东"，倪本、王本为"归车独别洱河东"，胡本为"香车独去洱河东"。"归车"除胡本外三个版本皆用，表示出嫁之车，"归"的本义就是女子出嫁，较为合适。"洱河"除《滇载记》外都用，"洱河"今还有"西洱河"名，无"洱江"一说，《滇载记》可能是传抄而误。"别"除胡本外都用，"别"和"去"意思相近，都是离开，但用"别"有告别义，较为妥当。第三句差异较大，《滇载记》为"鸿台燕苑难经目"，"鸿台"本为战国时韩国宫殿名，《战国策·韩策一》载："大王不事秦，秦下甲据宜阳，断绝韩之上地，东取成皋、宜阳，则鸿台之宫，桑林之菀，非王之有已。"诗人据此仿出"燕苑"，分别指大理段氏都元帅府的宫殿、苑囿，意思为大理这儿的宫殿、苑囿今后再难看到。倪本、王本作"鸿悲燕死难经目"，如作互文理解为：鸿雁、燕子因悲伤而死去，难以看到了。语义似不通顺，且与出嫁时的喜悦气氛不相协调。胡本作"鸿飞雪岫难经目"，其意为：鸿雁飞过雪山难以看到。故依《滇载记》的诗句。第四句差异略小，《滇载记》作"风刺霜刀易塞胸"，倪本、王本作"风刺霜刀易割胸"，胡本作"风刺霜林易割胸"。"风刺""霜刀"是"风的刺""霜的刀"，在语义、结构上较为和谐、妥当，胡本将"霜刀"记作"霜林"，从语义上看，不妥。

《滇载记》为"易塞胸",表示"易于塞满胸襟",其余三个版本为"易割胸",将"塞"改为"割",增加动作性,表示"易于切割胸襟",坐实后反无美感,用"风刺霜刀易塞胸"更有韵味。同时将三、四句对照看,这是组对偶句,《滇载记》的"鸿台燕苑难经目"与"风刺霜刀易塞胸"对仗工整,而倪本、王本的"鸿悲燕死难经目"与"风刺霜刀易割胸"对仗不工整,胡本的"鸿飞雪岫难经目"与"风刺霜林易割胸"也不甚工整。故依《滇载记》。第五句也有差异,《滇载记》作"云旧山高连水远",其余三个版本皆为"云白天高连水远",从诗意及同下句"月新春叠(梦)与秋重"的对仗看,"云旧山高连水远"较为贴切自然,"云旧"表示此处白云依旧,可羌娜远嫁建昌,要经重重高山,有所阻隔,但有长江水将两地相连。故《滇载记》记录较好。第六句,《滇载记》、倪本、胡本皆为"月新春叠与秋重",王本为"月新春梦与秋重",差异在前三者皆为"春叠",王本为"春梦"。从与上句的"山高/天高"对偶看,"春"后为动词或形容词妥当,"叠"是动词,而"梦"是名词,词性不相同。从平仄上看,"叠"是入声,"梦"是去声,都属仄声,平仄相对,均可。故依《滇载记》。第七句,《滇载记》作"泪珠恰似通宵雨",胡本、王本也为"泪珠恰似通宵雨",倪本为"泪珠却似通宵雨","却"是转折连词,但在诗意上与前文无转折关系,而是承接关系,故用"恰"更妥当。第八句,《滇载记》作"千里关河几处逢",其余三个版本作"千里关山几处逢",一为"关河",一为"关山",语义相近,《滇载记》为避"云旧山高"重复,故用"关河",其余三个版本第五句用"云白天高",故用"关山"。今以《滇载记》所记为主,全诗依《滇载记》所记为准:

何彼秾秾花自红,归车独别洱江东。鸿台燕苑难经目,风刺霜刀易塞胸。云旧山高连水远,月新春叠与秋重。泪珠恰似通宵雨,千里关河几处逢?

(二)段羌娜诗歌分析评价

以上对段羌娜诗歌做了全面考订,现根据考订后的诗歌做分析评价。

第一首告别诗:

珊瑚勾我出香闺，满目潸然泪湿衣。冰鉴银台前长大，金枝玉叶下芳菲。乌飞兔走频来往，桂馥梅馨不暂移。惆怅同胞未忍别，应知含恨点苍低。

此诗为七言律诗，首联描写羌娜走出闺房时的情景：泪湿衣襟。颔联回顾姐弟俩的成长历程：在尊贵的都元帅府中长大，用"冰鉴、银台、金枝、玉叶"等贵族家庭所用物品呈现其特有的气息。在时光飞逝中，姐弟皆已长大成人，但两人来往频繁，以"桂馥梅馨"比喻姐弟间的密切关系。以同胞姐弟即将离别时的怅惘心情而对梁王之"恨"的不变而收束，以此告诫段宝勿忘替父报仇。

第二首告别诗：

何彼秾秾花自红，归车独别洱江东。鸿台燕苑难经目，风刺霜刀易塞胸。云旧山高连水远，月新春叠与秋重。泪珠恰似通宵雨，千里关河几处逢？

此诗也是七言律诗，是上一首诗诗意的延续。首句化用《诗经·国风》记述平王孙女出嫁时车辆华美、花朵娇艳的典故，与此诗主题、情景相和谐，自然贴切。以疑问开始，为何那浓艳的花朵开得那样红？与羌娜出嫁的悲伤形成强烈反差，故有此疑惑。自己坐上出嫁的婚车，将独自告别大理，前往遥远的东方建昌。颔联写羌娜告别时的悲痛之情，大理府中曾住过的宫殿、游玩嬉戏过的苑囿都再难见到，风如刺、霜如刀是那样容易就塞满胸口，心如刀绞般痛苦，写出羌娜的痛苦之情。颈联通过想象在建昌夫家所见景致，表示时光流逝，云依然是先前的云，虽山高水远，依然还能将我们连接，月亮不断变化，看似都是新的，与春秋的变更相重叠。想到今后的生活，又将告别家乡，与亲人告别，那流下的泪水恰如通宵不停的雨水，在千里的关河之外能有几处相逢？又能相逢吗？以疑问开始，以疑问收束。结构完整，抒情自然，有无限的凄怆之感。

第一首诗侧重于写在家中即将离别而想到以前一起成长的经历，第二首侧重描写与弟弟离别时及以后的情景。两首诗形成既各自独立又相对衔接的整体，抒发了羌娜对弟弟、对家乡、对都元帅府的深厚感情。

段羌娜的诗歌虽仅留下两首，但有其自身特点，总括评析如下。

第一，两首诗抒发的感情细腻，通过对自身生活及具体离别情景的描写抒发情感。如第一首通过对都元帅府优越成长环境的描写，与即将离别时的凄惨作对比抒发情感；第二首通过沿途即将经过的地方风物与大理地区的自然山水作对比，以抒发对家乡及亲人的思念。表达较为自然，在写景叙事中抒发情感。

第二，两首诗在语言运用上切合女诗人的身份，突出其作为大理都元帅府女儿、都元帅府宝姐的特点。所用词语尊贵、华丽，如"冰鉴银台""金枝玉叶""乌飞兔走""桂馥梅馨""鸿台燕苑""月新春叠"等。有的词语运用自然贴切，如"泪湿衣""泪珠恰似通宵雨"等，符合当时离别的凄楚感受，也是姐弟间真切感情的自然流露。

第三，诗歌结构完整，有较好的起承转合。第一首由眼前离别之景，自然回顾成长经历，由此生发出时光流逝之叹，尾联与弟弟告别时的难舍之情，以"含恨点苍低"收束，又告诫弟弟段氏与梁王的深重仇恨，要弟弟报仇，切合羌娜的刚强性格。第二首想象离别后的经过，由此而踏上漫漫离家路途，既写离开后的悲痛心情，又遥想今后到夫家的生活情景，抒发出浓烈的离别愁绪。此诗虽未表现其对梁王的仇恨，但在远嫁建昌后，对自己孤寂生活有充分准备，表现出女诗人的坚强情怀。

第四，两首诗构成了丰润而变化的意境。第一首着力于都元帅府的壮阔、富丽之气，以此表现出浓烈的情感气氛，为表现段羌娜对梁王之深重仇恨奠定基调，有刚强果敢之意境。第二首以"独别"为引，通过"归车""鸿台燕苑""风刺霜刀""云旧山高""月新春叠""泪珠""关河"等意象组合，构筑出凄清、孤寂之意境。第一首是第二首的基础，第二首在第一首的时间、情感上推移、发展，虽是两首诗，但形成相连的整体，抒发出女诗人的特有情怀。

第五，两诗在平仄、对仗、押韵等方面基本符合律诗的格式要求，第一首是平起仄收首句不入韵的七律，第二首是仄起平收首句入韵的七律，是律诗中的常见格式，句内平仄交替，一联之内平仄相对。每首诗的额联、颈联都对仗；在押韵方面，第一首韵脚字是"闺、衣、菲、移、低"，分别是齐韵、微韵、微韵、支韵、齐韵，属邻韵通押。第二首韵脚字是"红、东、胸、重、逢"，分别是东韵、东韵、冬韵、冬韵、冬韵，属邻韵通押。两首诗都有邻韵通押现象，在严格的律诗写作要求中，一般不允许邻韵相押，须是同一韵部平声韵字；如宽泛要求，可邻韵相押。由于押韵要求较高，在少数民族的白族地区，女诗人诗韵的运用能做到这样，已属不易。

通过对以上三位女诗人诗歌的分析，可看出她们有较高的诗歌成就。这与女诗人的生活环境密切相关。当时及以前大理都元帅府中的总管，大都能进行汉文诗歌创作，有浓郁的诗歌创作环境。

大理总管或总管家人中都有丰富的汉文诗歌创作，如元朝初年大理国末代国主段兴智的叔父段福，在大理国被灭后于1253年随元大将兀良合台征战云南，后进攻南宋，在随军途中写了不少诗，编为诗集《征行集》（后散逸），流传至今的有两首诗，如《春日白崖道中》："烟雨濛濛野外昏，茫茫四合动阴云。青归岸柳添春色，碧入荒山破烧痕。百里人烟诚杳杳，十年戎马尚纷纷。诗成更怕东风起，添得吾曹老一分。"[1] 此诗是诗人征战十年后回到大理白崖时所写，由眼前之景到征战时的景色，再到因战争而造成人烟稀少的结局，写出十年戎马生涯经历，尾联抒发情怀，希望战争不再出现，成就较高。

大理第八代总管段功之兄段光，在打败作乱的番兵后，写有《凯旋诗》："雨锁金门百里城，神州花木管弦声。齐天苍岳参云峻，界地榆河射月明。梵宇三千朝呗朗，招提八百夜香清。恒沙善果心无异，何患愚夷治不平。"[2] 诗篇写出征战后之情景，突出表现了大理地区佛教盛行之状，并以此来感化蛮夷之人，这并不是为了征战，而是为治国而战。诗中既有写景叙事，也有治国之策，抒发出作为总管的胸襟，是首好诗。

大理府第九代总管段功也能写诗，在接到高夫人的促归词从昆明返回大理途中，当听到孩子出生的消息，作歌曰："去时野火通山赤，凯歌回

---

[1] 见明代景泰年间编纂《云南图经志书》、正德《云南通志》、万历《云南通志》等书。

[2] 《南诏野史》（下）（影印本），巴蜀书社，1998，第7b页。其他版本的诗与此有文字差异，下面所引诗皆依此版《南诏野史》，仅在文中标注页码。

奏梁王怿。自冬抵此又阳春，时物变迁今又昔。归来草色绿无数，桃花正秾柳苞絮。杜鹃啼处日如年，声声只促人归去。"（11b）这首七言古诗以写景为主，但在写景中融入政事和思乡之情，既抒发回家前的喜悦，又有关于政事的情感，自然恰切。

段功的儿子段宝在段功去世后承袭其总管之职，为第十代总管，也写有较好的古体诗。段宝接到梁王请求出兵攻打再次侵入云南的红巾军时，拒绝梁王并随信附诗一首表达自己的决心，此诗写道："烽火狼烟信不符，骊山一举任枝梧。平章枉挂红罗帐，员外空题粉壁图。凤去岐山祥兆隐，麟戕大野瑞光无。自从界限鸿沟后，成败兴亡不属吾。"（14a～14b）首联化用西周末年周幽王烽火戏诸侯的典故隐喻梁王不可轻信；颔联讲其父段功被害、杨智题诗殉职以谴责梁王的残暴；颈联表明云南各地遭受红巾军侵害不属自己所辖之事；尾联直接表达情感——你梁王的成败兴亡与段氏无关，表现出决绝之情。这首七言律诗，诗意完整，格式符合规范。

在段氏的大臣中，也有多位将军、大臣写有汉文诗篇。如元顺帝至元元年（1335），梁王从昆明发兵侵犯大理，段光与梁王在昆弥山（今定西岭、九鼎山一带）激战，段光打败梁王平安凯旋，段光的侍翰杨天甫写《长寿仙曲》诗，敬献给段光，全诗如下："蒙氏钟王气，驾驭万乘唐。南龙关对北金锁，东洱水朝西点苍，四面固金汤。江绿春杨柳，岸清古雪霜。屏障龙吟梅破王，竹林鹤立菊舒黄，四季景如妆。此生诚庆幸，有眼睹明王。"（8a）此诗是首颂诗，开头即以南诏国"蒙氏"作比，赞颂段光此战功业，其后是对大理洱海地区环境的描写，结构严整，写出大理特有的自然环境："四面固金汤""四季景如妆"，概括生动。这首古体诗五言、七言交错使用，结构完整，是有较高技巧的颂诗。段光读后，"大喜，设宴谢之"（8a）。可知大理段氏汉文化教育程度极高，诗歌成为酬唱之作。

又如梁王曾派人暗中招抚段光的将军高蓬，高蓬未答应，于是写一诗寄给梁王："寄语下番梁王翁，檄书何苦招高蓬？身为五岳嵩山主，智过六丁缩地公。铁甲铁盔持铁槊，花鞍花索驭花骢。但挥眼前黄石阵，孤云击破几千重。"（8b）这首七律，首联描写梁王寄书暗中招抚高蓬；颔联用对比手法描写梁王，将梁王虽有高若五岳嵩山的地位，可智慧却仅高于

"六丁"道教中地位低下的阴神"缩地公";颈联和尾联描写自己身为将军身先士卒、驰骋纵横的情景,一气呵成,豪气干云,表现出对段光的忠诚。梁王收到此诗后,心中怀恨,后来派人将高蓬刺杀。

段功家臣杨智(字渊海)在段功被害后,为段功殉职,临死写有题壁诗:"半战功名百战身,不堪今日总红尘。死生自古皆由命,祸福于今岂怨人。蝴蝶梦残滇海月,杜鹃啼破点苍春。哀怜永诀云南土,絮酒还教洒泪频。"(13a)此诗也是七律,既写自己追随段功多次征战的经历,又表明将追随段功走向另一世界的决绝之怀。颈联"蝴蝶梦残滇海月,杜鹃啼破点苍春"将大理蝴蝶之美与昆明滇池之月交融,将汉文化中杜鹃泣血之典故与大理点苍山组合,以"梦残""啼破"将段功和阿盖公主的美好生活因梁王的残暴无法实现的悲惨结局展现出来,美丽中充满无限哀愁,极为经典,是为名句。结尾以决绝心态走向毁灭,充分表现出杨智的诗歌才华。

通过以上诗篇的简要评析,可知当时大理白族地区有极浓郁的汉文化学习氛围,人们的汉文诗歌创作成就极高,这为高夫人、羌娜等女诗人的诗歌创作营造了良好的氛围。

第四节　历代咏叹高夫人、 阿盖、 段羌娜的诗歌

后人对"孔雀胆"故事中的三位女诗人,都写有咏叹诗歌。现根据所搜集资料,分明代、清代、近代三个时期简要介绍。

一　明代的咏叹诗

明代诗歌查阅到的仅有一首诗,简要介绍如下。

明代末年云南楚雄遗老刘联声[①]写有《阿盖妃》,全诗如下:

> 嘹嘹孤雁绕宫闱,梁国奇传阿盖妃。雀胆阳收全父命,兰缸暗别劝夫归。西山松老秋风冷,东寺钟残夜雨微。云片波郪成往事,苍山

[①] 刘联声:字毅庵,楚雄人。南明永历丁酉年(1657)举人,博通经史,文辞典雅,尤工于诗。明亡,隐居不仕。著有《脉望斋诗草》《滇都纪事》等。

遥望泪沾衣。①

此诗首联写孤雁绕宫闱而有凄凉之景，颔联、颈联咏叹阿盖公主事，尾联化用阿盖公主诗句意象，抒发诗人情感，表现出对阿盖公主忠于爱情而殉情的同情。

二　清代的咏叹诗

清代的咏叹诗有一定数量，现选录几首简要评介如下。

（1）清代初期滇中诗人杨栋，写有长诗《吐噜曲》，全诗如下：

梁家有女字阿姶，生长边荒服毳衲。雁门家世衍天潢，十载依依未出阁。窈窕明艳号无双，云鬟初学汉宫妆。万里藩封随玉辇，一去紫台到夜郎。盈盈韶华当十五，东风披拂浑无主。金屋拟将国色藏，凤台未遇吹箫侣。段家阿奴南中杰，六诏英雄谁与敌。吞鲸偏教妾为饵，远向苍洱定姻戚。梁园花事镇相待，一片闲云会滇海。朝朝暮暮五华头，蕙帐春深踏里彩。从此罗敷自有夫，玳瑁双栖比燕雏。银河昨夜风声恶，忍借鸩媒欲图奴。事关骨肉处非易，低徊无计回亲意。国事自重妾身轻，阴收雀胆示夫婿。含情凝睇对悲哽，可怜夫婿深不省！绿窗未醒巫山梦，暗箭已折仙鸳颈。啼眉拥髻下深院，玉容憔悴血糊面，押不芦花难返魂，九原誓死期相见。金销帐幕冷残秋，萧瑟凉飙助离愁。花枝啼湿屡廊雨，碧海青天夜夜幽。霜宵嘈杂羌管促，驼背谱成吐噜曲。妾身虽在妾心死，铁立西山松柏绿。②

这是首七言古体叙事诗，用诗的语言讲述了阿盖公主的人生历程，强烈批判以女儿为诱饵而使用阴谋的梁王，高度赞扬忠于爱情、关爱夫君的阿盖公主，抒发了对阿盖公主的深深同情。诗篇化用阿盖公主《愁愤诗》中的有关词语，切合诗歌意境。

---

① 原载（明）刘联声：《脉望斋诗草》，转引自云南省诗词学会、云南大学中文系选注《云南历代诗词选》，云南人民出版社，2002，第312页。

② （清）《云南通志稿》卷一百九十八，道光年间影印本，第12a～12b页。

（2）清代乾隆年间叶观国①写有《大理咏史诗》（六首），其中第四首咏叹阿盖公主，第五首咏叹段功之嫡妻高夫人和女儿羌娜。两诗如下：

> 阿盖无心坐肉屏，平章春梦几时醒。也应学取韩凭冢，并对西山铁立青。
>
> 掩雉张罗事可悲，冤情填海竟无期。伤心弱女银台畔，红泪多年泪湿旗。②

此二首七绝，第一首极简练地写出阿盖面对段功春梦的无奈之情，并化用战国时宋国大夫韩凭与妻子何贞夫两人双双殉情之事，寄托诗人对阿盖、段功在另一世界的深厚感情。第二首前两句咏叹高夫人，后两句咏叹羌娜，都结合史事精练提出，表达对母女两人在段功被害后的深深同情。两首诗表现了对三位女子的赞颂和同情。

（3）著名诗人昆明人钱沣③到阿姑祠凭吊阿盖公主，写有《阿姑祠》：

> 梁王山色晚烟生，鸦不啼时月更明。一夜风吹西寺塔，霜空不断响铃声。④

此诗纯为写景，写梁王山傍晚时之景象——晚烟、乌鸦、明月、夜风、空霜、铃声，营造出凄清景色。将梁王山的历史空间锁定在阿盖公主一事上，以衬托诗人凭吊时的凄婉之情，赞颂阿盖公主忠贞不渝的情感，是首景中寓情的好诗。

---

① 叶观国（1720—1792），字家光，号毅庵。世居福清，顺治间迁福州，乾隆辛未年（1751）进士，选翰林院庶吉士，历任典湖北、湖南、四川、云南乡试，督学湖南、广西、安徽等职，历右春坊，擢翰林院侍读学士，迁詹事府少詹事。著有《老学斋随笔》《绿筠书屋诗钞》。

② （清）叶观国：《绿筠书屋诗钞》，转引自李孝友《滇海联吟诗笺》，生活·读书·新知三联书店，2014，第 78～80 页。

③ 钱沣（1740—1795），字东注，一字约甫，号南园。昆明市人。清代著名诗人、书画家。乾隆三十六年（1771）进士，授翰林院检讨，历任国史馆纂修官、江南道御史、通政司副使、湘南学政、湖广道察御史、值军机等职，时和珅用事，钱沣曾当面指责，有"清官"之称。有《南园先生遗集》。

④ 何宣主编《钱南园研究文集》，云南民族出版社，2007，第 203 页。

（4）大理白族女诗人周馥写有《梁阿盖郡主》和《段羌娜闺秀》诗，是咏叹阿盖公主和羌娜的。两诗分别如下：

　　骑逸珠市桥，番使伏弓刀。哀怜昆明土，渊海祖冤遭。雁门难归去，何如点苍路？死同将军有穹碑，金马碧鸡不知处！

　　紫城工刺绣，旗是针神授。宝弟嗟冲龄，洱东于归骤。爨部三十六，展旗会甲胄。思量仇头函不来，西平军驰梁王覆。

以女性眼光来写，别有情味。有关评析见周馥一节。

（5）周馥丈夫赵廷玉①读友人诗作后写下《题常州刘阮山作〈羌娜绣旗记填词〉》两首七绝：

　　泪痕旗上闪朱红，慑伏甲兵针线中。难得毗陵才子笔，滇人传唱迤西东。

　　恩怨兴亡总幻尘，何从报复激缘因。深闺七载游星感，云叶飞扬一缕真。②

赵廷玉友人常州人刘阮山填词后，赵廷玉为此题词。第一首首联叙述史事，尾联赞扬刘阮山填词较好，在云南各地传唱。第二首则是反弹琵琶，人们皆赞扬段羌娜为父报仇的决绝之心，诗人却认为一切皆幻尘，何必报复？段羌娜深闺七年绣旗子，如游荡之星无所寄托，只有自然中的云、叶飞扬才是真实的。第二首有诗人的独特体悟，是写段羌娜的诗作中别有意味之作，是诗人年近八十的抒怀之作。

（6）张履程③在《彩云百咏》中有两首诗分别咏叹阿盖公主和羌娜，分别是《愁愤诗》与《示绣旗》。

---

① 赵廷玉（1749年清明日—1830年七月二十四日），字梁贡，又字紫笈，号晴虹，太和县（今大理）大井塝村人，恩贡生。乾隆、嘉庆年间大理著名诗人。有诗文集《求斋文集》、《晴虹诗存》和《紫笈老人诗草》等。

② （清）赵廷玉：《紫笈诗集》，道光乙巳秋镌。

③ 张履程：字伯轩，建水人，乾隆壬子年（1792）举人，官陕西省华阴县，去任归里后，注重地方文化建设，著有《彩云百咏》等诗集。

《愁愤诗》:

　　吞金马，咽碧鸡，翁生忌，女含啼。妇也能无夫，翁也已无婿，一付孔雀胆，持将阿奴示。翩翩燕双飞，妾愿与西归；烟花前鉴在，君心挽不回。误君身，厥功在，误妾身，踏里彩，不负黄泉君姑待。把酒试读愁愤诗，铁立高节高千载。

《示绣旗》:

　　洱海百浪高千重，点苍低碧拳石同，风刺霜刀塞满胸，绵绵此恨无终穷。梁王猜忌殊梦梦，通济桥边仇报功；秦休复仇亦女童，父仇不复羞我躬。思将仇头执手中，聂政卒胜姊英雄；绣旗七年鹃血红，今归阿黎怅难逢。相期善阐兴兵戎，吞咽金碧九泥封，新诗题就惨哀鸿，疑有浩气成白虹。[①]

　　在《愁愤诗》诗前有小序，记述当时的历史事件。两诗各有特点，《愁愤诗》以杂言形式，灵活自如，化用历史故事、阿盖诗词，三言诗句的出现使语言有变化，描写出不同事件和情感变化，富有新意。《示绣旗》诗叙述段功被害过程，表现羌娜复仇之心，化用多个古代典故，赞颂其英雄之举，结尾"浩气成白虹"是对其复仇之心的肯定。

　　以上六位清代诗人所写诗篇，以咏叹阿盖公主的为多，这从一个侧面表现出人们对其殉情、为爱情而死的赞颂，是古代对妇女道德的规范和肯定。其次是咏叹羌娜的，对其复仇精神的颂扬，这也是传统文化中的应有之义。

三　清末及民国时期的咏叹诗

　　清末及民国年间也有多位诗人咏叹过这一诗人群体，现择其中较有代表性的简要评析。

---

① （清）张履程撰《彩云百咏卷下》，转引自方国瑜主编《云南史料丛刊》第八卷，云南大学出版社，2001，第34～35页。

（1）大理白族著名诗人赵藩①有三首诗写到这一诗人群体。
《李方伯见示杂感绝句，次韵和之》（选一）

　　怨歌云片与波粼，铁立西山惨不春。只有青天好明月，当年照过未亡人。（自注：滇会各乡多有梁王女阿盖祠，俗呼三姑娘祠。旌节之举，认为淫祠，可慨也。）②

这首七绝化用阿盖公主诗篇意象，表达对阿盖公主的深深同情。在自注中可了解到云南各地所建阿盖公主庙，是人们对阿盖公主的景仰，也是社会道德力量的体现，有其存在价值。

赵藩还写有《仿元遗山论诗绝句论滇诗六十首》，其中两首是评价这一诗人群体在云南诗坛的地位，两首诗分别是：

　　两地悲吟一片云，龙池恨与雁门分。妇言可用何妨用，大息平章蒇不闻。（元平章总管段功妻高氏、阿盖郡主）
　　解赋范经何彼秾，填膺悲愤泪珠红。绣旗飞檄叮咛语，淑女居然烈士风。（平章女羌奴）③

第一首咏叹高夫人和阿盖公主，首联写高夫人、阿盖对段功的一往情深，尾联希望段功能采用两位妻子的建议，就不会有悲剧发生，可惜段功未听取，留下了永远的悲剧。化用两人诗句，自然贴切，并有诗人的评价。

第二首咏叹段功之女羌娜，将羌娜的故事和诗句融入其中，结尾"淑女居然烈士风"高度赞颂段羌娜，言羌娜有大丈夫气概、豪壮之情，评价到位。

①　赵藩（1851—1927），字樾村，一字介庵，晚号石禅老人，白族，剑川人。光绪乙亥年（1875）举人，曾任易门县儒学训导，四川酉阳知州，四川盐茶道使、臬台等职。民国后任首届国民大会议员，后任广州军政府交通部部长。1920年回云南，任省图书馆馆长。
②　王明达选注《历代白族作家丛书·赵藩卷》，民族出版社，2006，第268页。
③　云南省文史研究馆整理《云南丛书·向湖村舍诗二集》，中华书局，2009，第25235页。

（2）晋宁人宋嘉俊①写有《阿盖曲》，全诗如下：

> 红巾战罢入甥馆，洞房心醉合欢盖。虎将情痴恋蛾眉，苍洱才归
> 旆复返。妾父爱才兼忌才，惊心又报平章来。鄯阐从此杀机伏，劝君
> 西归归不速。通济桥头马逸走，鲁桓竟死彭生手。夫生妾生亡妾亡，
> 忍饥不食妾断肠。玉碎西山珠沉海，贞心烈魂照千载。君不见：避暑
> 宫殿埋烟萝，异代独传《铁立歌》。②

此诗以诗的语言叙述阿盖和段功的历史故事，生动精练；结尾以昔日
宫殿湮没而诗篇永流传作对比，赞颂阿盖的坚贞品德对后世的影响。

（3）大理白族诗人李燮羲③的《星回节吊阿南阿盖夫人》也写了阿盖
公主：

> 蒙段遗徽溯玉颜，追思常在点苍山。贞操懔懔垂千古，烈炬年年
> 照两关。万树珊瑚生海上，一天星斗下人间。儿童贪看红光乐，洒尽
> 松脂尚不还。④

此诗未直接叙写两人的历史，而是选取节日活动来纪念两位在白族地
区有深远影响的女性，通过记述火把节习俗的来源和火把节的生动场景，
赞颂两位杰出女性对爱情的忠贞不渝。选取了较为新颖的角度。

4. 昆明呈贡人秦光铭⑤在阿姑庙撰写有一副对联，富有新意。对联
如下：

---

① 宋嘉俊（1864—1944），字镜澄，昆明晋宁人，光绪戊戌年（1898）进士，历任刑部主
　事、四川纳溪、江津县知县。晚年回乡，著有《落落轩诗钞》三卷。
② （清）宋嘉俊：《落落轩诗抄》，转引自李孝友《滇海联吟诗笺》，生活·读书·新知三联
　书店，2014，第30～31页。
③ 李燮羲（1875—1926），字开一，号月卿，大理人，就读于大理书院。曾留学日本，研习
　西方音乐并编创词曲，参加同盟会，为岳飞《满江红》一词谱曲，传唱至今。回国后在
　昆明办教育，是云南新音乐的先驱者。有著作《剑虹诗稿》。
④ 李建国、李泰来选注《历代白族作家丛书·李燮羲卷》，民族出版社，2006，第120页。
⑤ 秦光铭（1865—1920），字箴伯，秦光玉之兄，精于文史，呈贡师范学校历任校长。三十
　年如一日，深受社会敬仰。教书育人，桃李满天下。

祸变起伦常，夫也何辜？父也何仇？泣尽千行血泪；

奇冤含肺腑，羌兮休怨！宝兮休怒！怜此一片贞心。①

楹联表达人们对这场不幸灾难的慨叹之情，让后人从这一灾难中感受到世事无情，赞颂阿盖的忠贞之情，可化解羌娜、段宝的怨怒之气。这是后人对阿盖公主的另一评价，富有开阔胸襟。

这一时期的咏叹诗等在内容和视角有变化，用新的眼光和开阔的视野看待这一历史事件，与明清时期不同，体现出时代的进步性。

从这十多首不同朝代的诗歌可看出这一诗人群体的诗作、故事给后人留下大量的想象空间，她们的身上闪现着中华民族忠贞、刚烈、不屈的精神，成为不同时期人们咏叹的对象。

对这一诗人群体的咏唱和传播最为广泛的当属两部剧作：郭沫若在20世纪40年代创作的剧本《孔雀胆》，在当时创下辉煌的演出纪录，剧作也成为经典；20世纪90年代大理州白剧团编写并演出的白剧《阿盖公主》，获文化部"文华奖"。限于体例和篇幅，此处不再讨论。

第五节　妖巫女的歌

一　妖巫女歌的记载及流行时间考辨

关于妖巫女所唱之歌，杨慎《滇载记》和胡本《南诏野史》两部史书中有记述，王本《南诏野史》无记述。两书都在羌娜出嫁到建昌所写告别诗后记述该事件，但略有差异。现将两个版本的内容一并列出。

杨慎《滇载记》：

后宝闻高皇帝开基金陵，遣其叔段真自会川入京，奉表归款，朝廷亦以书报之（见《御制文集》）。时有妖巫女歌曰："莫道君为山海主，山海笑谐谐。园中花谢千万朵，别有明主来。"宝数日疾卒。子

---

① 李孝友：《滇海联吟诗笺》，生活·读书·新知三联书店，2014，第35页。

明嗣。十一代总管信苴段明，洪武十四年授以宣慰。①

胡本《南诏野史》载：

> 洪武辛酉十四年四月，国中有巫女歌曰："莫道君为山海主，山海笑谐谐。园中花谢千万朵，别有明主来。"数日，宝卒。子明袭。宝任职十四年。段明，宝之子。段明，明太祖辛酉洪武十四年四月袭，梁王授明为宣慰使。②

《滇载记》记述较详细，共三件事。第一件事为段宝派叔父段真奉表出使金陵，表示归顺明朝。大理都元帅府总管段宝听到朱元璋在金陵建立明朝登基的大事，于是派遣叔父段真从会川（南诏时曾设置会川都督府，大理国时改为府，元代改为路，从管辖范围看，当时是大理都元帅府辖区。今四川省会理、会东两县）到达金陵，奉上大理段氏都元帅府奏表，表达对明王朝的归顺。明朝廷也回复给大理都元帅府书信，表示接受。第二件事为妖巫女唱歌及段宝因病而卒。妖巫女唱了首有不祥之兆的民歌，歌后不几天段宝因疾病去世，段宝之子段明承袭总管之职。第三件事为段明在洪武十四年（1381）被授予宣慰一职，未说明由梁王授予还是明王朝授予。

胡本《南诏野史》未记录第一件事。在第二件事中对妖巫女唱歌时间记述具体，随后段宝去世，其子段明承袭职位，段宝去世时间在洪武十四年（1381）四月，最后说明段宝任总管十四年。第三件事记述段明在当年即承袭总管职位，是梁王授予段明宣慰一职。

《滇载记》记述第一件事，较为简略，易引起误读，认为第二件事段宝去世紧接第一件事。但从历史发展来看，并非如此。《南诏野史》记述段宝去世时间和段明被授予宣慰一职时间，具体明确，是合理的，弥补了

---

① （明）杨慎：《滇载记》，载陆楫编《古今说海》卷十六，《钦定四库全书》影印本，第19a～19b页；《丛书集成初编：大理行记 滇南新语 南中杂说 滇游记 维西见闻纪 滇载记》（全一册），中华书局，1985，第11页。

② 《南诏野史》（下）（影印本），巴蜀书社，1998年，第16a～16b页。

《滇载记》的不足。今结合两书记述，可确定妖巫女唱出那首带有不祥之兆的民歌的时间在洪武十四年（1381）四月，歌后不几天段宝去世，暗合"园中花谢千万朵"寓意，段宝之子段明继承都元帅府之职也暗合"别有明主来"。

此民歌杨慎后编入其所辑录之歌谣集《古今风谣》，并加上标题《元至正中大理童谣》，第二句"山海笑谐谐"改为"山海笑咳咳"①，其他无变化。今人徐华的《赤裸的性灵——中国古代民歌民谣》和程杰等编著的《宋辽金元歌谣谚语集》也据杨慎《古今风谣》收录此歌。②

《古今风谣》标题中的时间与《滇载记》和《南诏野史》记录有出入。以上两书记录时间是明洪武十四年（1381），而元至正年间是1341～1368年，比两书的记载提早十来年。洪武十四年（1381），段宝去世，洪武十五年（1382），明军进入云南，元朝在云南的最后统治者梁王覆灭，大理都元帅府的统治也宣告结束，据此歌内容并结合历史事件看，《滇载记》和《南诏野史》记录时间更为合理。如按元朝纪年记录，当为北元天元年间（1379～1388），但明开国皇帝朱元璋已于1368年在南京建立明朝，当时属明朝洪武年间，而此歌又是在元统治下的云南大理地区流行，用明朝年号记述不妥；如用元朝天元年号标记，又可造成对明朝作为正统国家的否定。此时的杨慎是以戴罪之身流放云南，如是对明朝的否定，后果更为严酷。据此推测，杨慎可能将时间提前到至正年间。

史书中最早用"妖巫女歌曰"记述，编入《古今风谣》改为"童谣"，差异在于一为巫女所唱，一为儿童歌谣。从记述先后看，《滇载记》的记述要合理些。因大理白族有本主崇拜的原始宗教，各村落有主持本主祭祀仪式之人，主祭者有男有女，在祭祀时带领村人诵唱祭祀之歌，在当地人看来，这些主祭者高于普通人，有神异之处，所做吉凶预言都能应验。故当为"巫女"所唱，而所唱歌曲内容又有不祥兆头——可能有重要人物去世，且这些不祥之兆皆应验，故可能在前冠以"妖"。《滇载记》、

①　（明）杨慎编《风雅逸篇·古今风谣·古今谚》，古典文学出版社，1958，第140页。

②　徐华：《赤裸的性灵——中国古代民歌民谣》，天地出版社，2006，第243～244页；程杰、范晓婧、张石川编著《宋辽金元歌谣谚语集》，南京师范大学出版社，2014，第197页。

胡本《南诏野史》的记述恰好证明此歌的预言功能。后杨慎改为"童谣"可能是为符合其《古今风谣》的编辑体例，不可能将如此细琐的历史事件加入该风谣集中，且该书所收风谣大多有"童谣"之名。如在此童谣前有《元末真定童谣》，"塔儿白。北人是主南人客。塔儿红。南人来做主人公"，后有《元至正中燕京童谣》（三首），"牵郎郎。拽弟弟。打破碗儿便作地"（其一），还有《元景州童谣》《元末湖湘中童谣》等。①

至于将"谐"记为"咳"，当时两字读音相同。"谐"，《广韵》为户皆切，"咳"《广韵》为户来切，两字读音相同。"咳"《说文》解释为"小儿笑也"。两字在古代为同音字，可通用，表示"小孩笑"。

二　妖巫女歌评析

妖巫女歌仅四句，其词如下：

莫道君为山海主，山海笑谐谐。园中花谢千万朵，别有明主来。

这是首看似简单但又有丰富内涵的歌，是元朝末年大理地区保留较早且反映当时社会情状的民歌。内容上是对元代末年大理白族地区社会即将发生大变化的诗意形象表达，"君"寓指大理乃至云南地区的统治者段氏、梁王。在此章其他节的分析中可知元朝末年云南处于战火动荡之秋，有梁王与农民起义军的两次战争、梁王与大理段氏都元帅府在段功去世后发生的多次征战。这些征战都要征调军队、粮草，当时百姓生活艰辛，希望有太平盛世。因此第一句就是对大理、云南统治者的忠告：不要再认为你们是大理、云南山海大地的主人，你们的末日即将到来。紧接的"山海笑谐谐"，生动描写出大理、云南的山水都会发出像孩子一样发自内心的笑声。第三句看似写园中之景，那千万朵的花儿都凋谢了，一片肃杀景象，其实用花儿凋谢喻指段宝之死。大理总管去世后，当地百姓得为去世的统治者戴上表示人去世的白孝，不能有娱乐活动，气氛悲哀。但老总管去世，必有新总管接任，这新总管应当是个开明的、让百姓过上幸福生活的治理

---

① （明）杨慎编《风雅逸篇·古今风谣·古今谚》，古典文学出版社，1958，第140～141页。

者。喻含新总管的接任，表达出大理地区百姓的希望。有的研究者结合当时整个历史背景，认为："自唐末到南宋末，大理国独立存在了三百余年，段氏家族世代号称国主。元世祖平定云南后，以蒙古亲王出任云南王，段氏家族虽然衰落，也因功被奉为大理总管，历十一任，与元政权相始终。到明王朝建立，明太祖定蜀，第十任大理总管段宝派遣其叔段真，奉表归明，此时无论是段氏家族还是蒙古亲王，在云南的统治势力都像霜雪见日一样无可挽回地逝去了。……歌谣以极其简单而又形象生动的比喻，表达了云南老百姓不满旧势力的压迫、欢迎新政权到来的喜悦心情。"① 这样的理解有合理之处，但抽离了该首歌所处的具体环境，略有过度阐释之嫌。

这首歌从表现形式上看，有民歌特点，整首歌质朴自然，开头以呼告的形式表现百姓对统治者的直接警告，结尾照应开头句，表现百姓心声——希望有明主到来。句中用山海的拟人化写法，赋予其人格化特点，其实表现的是大理、云南的百姓，再用园中花谢作比，生动呈现大理、云南大地的肃杀、凄凉气氛。另外，拟声词"谐谐"（读为"咳咳"）的运用，使歌词表现出欢悦之情，对统治者即将去世所表现出的这种情感，是对统治者的否定。此歌以直抒胸臆的方式，在质朴的话语中有着爱憎、期盼之情，是首有丰富内涵的民歌，表现出女诗人较高的语言技巧。

---

① 　徐华：《赤裸的性灵——中国古代民歌民谣》，天地出版社，2006，第244页。

第三章 明代白族女诗人

明代大理白族地区，社会经济发展较好，各地兴办有官学、社学等，教育兴盛，出现了众多文化名家，人文荟萃，文化繁盛。太和县（今大理市）有用白文创作《咏苍洱境》山花体诗歌的著名诗人杨黼、培养出明代著名宰相张居正的文化名家李元阳、首位填词的白族诗人杨士云，浪穹县和邓川州（今均为洱源县）有著名诗人杨南金及白族何氏作家群中的何思明、何邦渐、何鸣凤、何星文、何蔚文、何素珩等六位诗人，在剑川州（今大理剑川县）有以明末著名诗人、词人赵炳龙为核心的白族赵氏作家群：其父赵完璧、伯祖父赵必登、孙女赵尔秀、赵炳龙同族晚辈赵鼀等。

但明代的女诗人仅有赵炳龙孙女赵尔秀一人。

本章结合赵氏之家对首位白族女词人赵尔秀做分析评价。

第一节 文脉源远的赵氏之家

剑川白族赵氏之家在剑川县城金华镇南约三里的向湖村，这是个礼仪传家、文化传承不断的家族。从元朝初年到明代，再到民国都是文化昌盛之家，这一家族经数百年发展，在明代孕育了著名诗人赵炳龙，第一位女词人赵尔秀，在清朝末年、民国年间产生了著名学者、诗人、书法家赵藩。

剑川赵氏家族历史久远，与中原有密切关系。赵炳龙后裔、著名学者、诗人赵藩根据多方考证写成《剑川赵氏宗支草图》，据该草图记载：剑川赵氏第一世祖为赵由坦（字顺甫），"讳由坦，字顺甫，以字行。考鹤山古墓碑，载宋裔江左籍凤阳府人。元时仕滇，为副使及同知府事，历任丽、兰，子姓因居于剑川南北水寨。元大理、金齿等处宣慰使司都元帅府副使"①。据以上考证，结合相关资料，对剑川赵氏始祖及家族情况简要说明如下：

剑川赵氏祖先赵由坦是宋朝燕懿王后裔，原居住于凤阳府，后到北方的元朝，在元丞相伯颜军前讲解，被元军扣留。后被元朝云南都元帅爱鲁辟征召入滇，曾在丽江、兰坪等地任副使、同知府等，子孙后代定居于剑川县城南的北水寨（今向湖村），也曾任元朝大理、金齿（今版纳）等宣慰司副职。赵炳龙的伯祖父赵必登、祖父赵民望为第十三世，赵炳龙父亲赵完璧为第十四世，赵炳龙为第十五世。赵藩的父亲赵联元（字上选，号春圃，又号拙庵）为第二十一世，"附监生同知，职衔诰封奉政大夫"。赵藩为第二十二世。

赵由坦曾写有词作《满江红·至云南，于役东西，感成此阕》，现引录如下：

> 凭眺江山，勉抛谢、劳生行李。问往事，西番东爨，蠹残野史。望祭碧鸡人已去，来宾白马吾宁比。且经营、草昧彩云乡，存宗祠。
>
> 汉丞相，崇祠峙。唐节度，丰碑屺。剩奥区幽宅，拓开田里。铜鼓渊渊良夜月，金沙浩浩朝宗水。看深潭、黝黑蛰龙蟠，乘雷起。②

此词开头展现词人在云南辗转多年，定居后凭眺江山的情景，后引出对云南历史的回顾：魏晋南北朝时云南东部是爨姓统治，西部为"白蛮"治理，但只留下断简残编，成为野史。记述了汉朝谏议大夫王褒持节到达

---

① 赵藩：《剑川赵氏宗支草图》（写本），藏云南省图书馆。

② 赵藩辑《滇词丛录》上卷，云南丛书处刻，第1页。此词为第二首，前有说明："此词及赵副使一词钞自鹤庆王廉家旧杂录中。赵顺，名由坦，字顺甫，以字行。宋燕懿王之后，随行人翰林学士□□赴元丞相伯颜军前讲解，被留。宋亡后，为云南副都元帅爱鲁辟入滇，任师府副使。遂定居剑川。著《白古通纪浅述》。"载《丛节集成续编》第162册，上海书店出版社，1994，第289页。"据方国瑜和杨延福二先生考证，所谓元人赵顺撰《白古通浅述》的说法，乃是过去士大夫自夸门第世系而杜撰的子虚乌有。此书最早的缀辑时间，不会在清康熙以前。"载侯冲《白族心史：〈白古通记〉研究》，云南民族出版社，2002，第354页，遵从以上说法。

昆明，去世前曾写《金马碧鸡颂》祭祀，与下句"来宾白马吾宁比"成对偶关系，化用曹植《白马篇》意涵，表现词人从北方中原燕赵之地到边疆云南，平定边关，有"捐躯赴国难，视死忽如归"的为国情怀。"吾宁比"当为"吾比宁"，因叶韵而倒，王褒到云南未完成将云南纳入中央王朝、使云南进入太平时代的目标，可赵由坦等元朝将士将云南纳入元朝版图，进入太平时代。"且经营、草昧彩云乡，存宗祠"是具体描写，写词人定居云南，建立宗祠，祭祀先祖。下阕前四句写历史上云南同中原文化的关系：三国时诸葛亮七擒孟获的祠堂巍然耸立，唐朝征讨南诏的"丰碑"却是"龙尾关"（今下关）的"万人冢"。在对照中强调前者以"仁爱"获得云南各族民众的拥戴，而后者用武力征伐只落得悲惨结局。后写进入云南的元朝将士开拓田地，与各族群众和谐相处，"铜鼓渊渊良夜月，金沙浩浩朝宗水"，形成统一的国家。赵顺甫在元朝初年的云南，写出极有远见和想象力的词作，体现出元军与大理各族人民和谐共处的情景。这首词既咏叹云南历史，又有机地将词人所生活的社会、现实、生活状况相关联，写出民族团结的和谐气氛，既概括又形象，既宏大又具体，是首有极高价值的词作。这是赵氏家族的第一首词作。

剑川是以白族为主体的地方，赵由坦一家移居剑川后，与当地白族融合，后成为白族，说白语，按白族的生活习俗生活，同时也将中原文化带入剑川。到该村做调查，这是白族村庄，赵由坦、赵炳龙后人都使用白语，为赵姓人。剑川县白族人口占90％，即使是县城金华镇也几乎都是白族人，说白语。

赵炳龙的伯祖父赵必登、父亲赵完璧没有诗文集，各留存诗歌三首，赵炳龙创作有《居易轩诗文集》八卷（诗、文各四卷）、随笔集《楸园杂识》、词集《宝岩居词》，赵鼇创作有诗集《一衲云游草》。孙女赵尔秀没有诗集，留存词作二首。

第二节　白族女词人赵尔秀

赵尔秀，女，剑川人，赵炳龙的孙女，诸生赵符的女儿，许嫁李报甲，尚未出嫁，丈夫已去世，未改嫁，抚养后人，后来受到朝廷表彰。是第一位白族女词人，也是云南历史上的第一位女词人。

赵尔秀是在其祖父赵炳龙的教导下成长起来的白族女词人，其祖父赵炳龙又是著名诗人、词人，生活在明朝末年，经历过极为动荡的年代，曾追随南明永历皇帝朱由榔，任户部员外郎，写有多首词作。现将赵炳龙生平及词创作简要评介如下，以了解赵尔秀的家学渊源。

一　赵尔秀祖父赵炳龙生平及其词创作

赵炳龙，字文成，一字云升，晚年自号楸园老人。生于明万历四十五年（1617）三月初十，卒于清康熙三十六年（1697），享年 81 岁，为崇祯壬午科（1642）举人（"亚元"，第二名）。赴京参加癸未年（1643）会试，未考中。回云南后曾担任永昌兵备道杨畏知幕僚，任南明永历朝吏部文选司主事，后迁户部员外郎，中年辞官回家隐居。著有诗文集《居易轩诗文集》八卷（诗、文各四卷）、随笔集《楸园杂识》[①]、词集《宝岩居词》，今仅存《居易轩遗稿》一部，原诗文集中的作品留存十分之一。

赵炳龙的词创作，从词集《宝岩居词》看应比较丰富，遗憾的是该词集在清末咸丰年间的战乱中毁弃，保存至今的词作仅为收录在《滇词丛录》中的十三首。这些词有的写于赵炳龙在外地忙于政务之时，大多写于辞官后隐居剑川向湖村之时。据词作内容和创作时间分为两类：抒写家国情怀的词作、抒发个人情怀的词作。

（一）抒写家国情怀的词作

赵炳龙留下的词作，大部分写于其从南明王朝退出后隐居于剑川向湖村时，此时赵炳龙四十多岁，有丰富的人生阅历，对南明王朝、永历皇帝的家国之思贯穿词中。这样的词作有八首，今选择其中几首做评介。

如《虞美人·丙申秋雨夜怀旧》："不关羁旅悲长夜，别有凄凉者。银屏一曲枕前山，还向旧经行处细寻看。分明记得端溪路，总把芳期误。为

---

① 《楸园杂识》："炳龙隐于向湖村之楸园时所作，多记明季事，足备考当日掌故，惜毁于咸丰兵火矣。"《新纂云南通志（四）》卷七十三，李春龙、江燕点校，云南人民出版社，2007，第 306 页。

谁回首最沉吟？已被雨声滴破隔年心。"① 作于丙申年（1656），是赵炳龙当年愤然辞官返回家乡剑川之秋之作，上阕写词人在秋天雨声淅沥的漫漫长夜无法入眠，看到屋内陈设，回忆曾跋涉过的山川，仔细搜寻记忆深处的痕迹。下阕过片照应上阕：赵炳龙于1649年追随杨畏知晋见永历帝，到达广东端溪路（今广东高要区东南）境况，又委婉传达出南明王朝未抓住时机而贻误成今日窘境。后一句由回忆转到现实，以问句"为谁回首最沉吟"让人沉思，是词人为反清复明而沉吟，结尾的声声雨滴似把词人之心滴碎，照应标题。词作对怀旧内容未详细展开，通过对雨夜景致的描写加以衬托，表现出孤寂凄凉之心境。

又如《玉连环·戊戌雪夜次韵》："墨池今夜冰初结，朔风凛冽。推窗却看小庭中，雪片疏疏密密。不住声、传檐铁，孤灯明灭。商量一夜不成眠，恐怕梅花压折。"此词作于戊戌年（1658）冬，从词作内容看，似为写景之作，写冬天雪花飘飞的凄美，生动具体。下阕过片照应上阕内容，由"孤灯明灭"转入对屋内情境的描写，夫妻无法入睡，"商量"一词描写出夫妻对大雪压梅花的关注、担忧。词作标题"戊戌"暗含寓意：词人所抒不是雪夜情怀，而是为南明永历皇帝仓皇西行逃亡缅甸担忧。整首词蕴含的是吴三桂进入云南后，南明王朝的灭亡以及百姓的苦难。此词写雪景氛围浓郁，将词人对家国灭亡的愁绪通过标题的时间暗示和词作意境委婉传达出来，含蓄而有情致。

再如《浣溪沙·壬寅春尽感作》："正是春光欲老时，生憎莺嘴咒花枝，断肠谁与续游丝？划地东风欺梦短，连天芳草费相思，此情只好落红知！"此词作于壬寅年（南明永历十六年，1662年）春末。是年初，吴三桂率大军进攻缅甸，逼缅王交出永历帝；二月，缅王以欺骗手段在咒水上杀害了永历帝周围所有卫士、大臣（史称"咒水之祸"），活捉永历帝献给清军将领吴三桂，吴三桂随后将永历帝和其母、妻子押解到昆明。吴三桂于当年四月十四日将永历帝朱由榔及其眷属25人押到昆明篦子坡执行绞刑。词人听到这一事件后，正是暮春时节，借景抒情，写下这首哀怨、悲戚的送春词，实是悼念永历帝及南明王朝的词作。词作开头写春景，黄莺

---

① 赵藩辑《滇词丛录》上卷，云南丛书处刻，第6b页，载《丛书集成续编》第162册，上海书店出版社，1994，第291页。以下所引词作皆出自此书，见第6b～9a页。

的鸣叫声本是可爱、动听的，而词人用"生憎"一词表现对莺啼的憎恶，因那叫声中饱含的是声声"咒语"，词人此时"断肠谁与续游丝"，这"断肠"般的痛苦与何人诉说？有何人能解？何人敢解？写得痛彻心扉。下阕表现词人对南明王朝、永历帝的所有思念都化作无尽愁绪，无人诉说、无人知晓，"此情只好落红知"。

由于写作背景特殊，结合标题时间所对应的历史事件，可从那动荡年代了解词作蕴含的特殊意义。这些有关家国情怀的词作可能只是赵炳龙词作中的一部分，但能深切体会到赵炳龙在词作上继承了南宋爱国词人辛弃疾、陈亮等借咏春、咏秋、咏物以表达爱国情怀的创作手法，表现出赵炳龙对南明王朝灭亡的哀怨、凄怆之情，有亡国之恨的深沉情感。

（二）抒发个人情怀的词作

赵炳龙的词作有的体现出另一境界：清新可爱。这些词作有的或许是年轻时所写，有的或许是离家外出时所写，大都明丽幽婉，为抒发个人情怀的词作，共五首。一首为写冬天蜡梅开放之作，其余四首皆以秋天为背景，但都写得生动有致，无悲伤之感、凄怆之愁。词以写景为主，但都抒发出高洁之志、恬淡心境、相思之情，生动而有个性，成就较高。现重点评介三首。

如《传言玉女·蜡梅次钱开少韵》："松竹多情，重订岁寒良友。凌霜傲雪，满树黄如豆。湘帘半卷，花气随风微逗。美人清暇，倚阑消受。孤立亭亭，冰玉姿、偏秾茂。县遍金铃，似蜡轻熔就。紫晕檀心，天与幽贞清瘦。谢他山谷，嘉名初授。"赵炳龙的友人钱开少写了首咏叹蜡梅的词，词人遂依韵和词，写下生动明快的清新之作。词作写蜡梅寒冬开放时的形、色"黄如豆、冰玉姿、金铃、清瘦"和香气，特别是"县遍金铃，似蜡轻熔就"写得精彩：那满树的蜡梅花如悬挂着的无数小金铃，它们好像是蜡融化而成，蜡梅花的质感如在眼前。再写出蜡梅花"紫晕檀心""幽贞"等孤高美丽之态，有高洁品行。如此优美环境中有清高闲暇的"美人"静静欣赏，人与花交相辉映。"美人"实是词人与友人的自况。词作意境优美，寓意自然，表现出词人对高洁志向的追求。从词作中词语的运用、意境的描摹看，生动、鲜丽，可能写于词人生活的早期。

又如《望江南·秋夜》："秋宵永，银烛憺生光。宝篆静回香缕细，花瓷清泛雪涛凉，幽韵沁诗肠。"这首词虽写秋夜，却给人另一意境：秋夜虽漫长，"银烛、宝篆（熏香的美称，因熏香焚烧时烟如篆文而来）、花瓷"所发出的安定之光、袅袅升腾的淡雅香烟、如雪涛般银白的茶水，形成清凉、幽雅的氛围，词人置身其中，遂以"幽韵沁诗肠"作结，画龙点睛，展现了词人恬淡、平和之心境。

又如《点绛唇·秋夜》："蕉露桐风，今宵都是秋声了。云疏月小，依旧和愁照。迢递凄音，何处堪初捣？关山杳，梦魂难到，人向天涯老。"此词写的依然是秋夜，可表现了另一情怀：词人对家人的思念。上阕"蕉露桐风"用高度浓缩的词句写出秋夜的特点：芭蕉叶上的露水、梧桐树叶，都因这秋风的吹拂而落纷纷。此乃秋声之成因。天上稀疏的云朵和变小的月亮，与词人的愁绪一并照临着词人和远方的伊人。从下阕中的"何处堪初捣"可看出词人虽远在异乡，但依然怀念家人在秋夜时分洗衣（"捣"即"捣衣"）的景况，词人与家人远隔万里，音信阻隔，梦魂难到，但期盼着今后"人向天涯老"，关爱永远。此词或写于词人远离家乡赴京应试途中，或写于在肇庆或安隆追随南明王朝时，但都表现出赵炳龙的爱情、亲情观，表现出其对家人葆有忠贞之心。

（三）赵炳龙词的艺术特点

赵炳龙流传至今的词作虽仅十多首，但他在明代整个云南词坛成就最高，历代词选都必选赵炳龙词作。

其艺术特点如下。

第一，赵炳龙词作最明显的艺术特征是婉约、细腻，写景生动，富有优美意境。这在其所有词作中都有具体表现，是赵炳龙词作的总体风格。

第二，赵炳龙词作寄寓了家国身世，别有意蕴。赵炳龙借"香草美人"表现词人的高尚节操，继承了南宋爱国词人的优秀传统，这也是我国的"风骚"传统。这些词作没有金戈铁马，没有嘶声呐喊，但写得哀怨、凄恻，寄寓深切。

第三，赵炳龙词作使用的词牌多样，这十三首"词"用了十三个词牌，说明赵炳龙词作的丰富多样，保留至今的皆是赵炳龙词的精华，这表明白族文人对"词"这一文学样式的掌握已达较高境界。

第四，赵炳龙在词作中运用传统意象，并加入词人特有意象，使赵炳龙词作形成别样的意境氛围。如在《虞美人·丙申秋雨夜怀旧》中的"端溪路",将人们拉回到南明王朝,使词不再单是羁旅情怀的词作;在《如梦令·离思》中的"骠国""瘴烟",让人联想到远离中国的缅甸之境,含义丰富;在《满江红·庚子立秋前三日》中连续运用"美人""南国""断魂""铜驼""伊家""蛮烟"等意象,表现出南国的荒凉之景,不同于普通的离别感伤之作。

总之,赵炳龙在明末清初的云南文坛词作成就极高,抒发了那一时代人们对故国、旧君的忠诚之情。

二 赵尔秀的词创作

赵尔秀生活在有如此浓郁诗词创作氛围的赵家。此时的祖父,已从遥远而动荡的外地回到相对安定的家乡,但始终不能忘记南明王朝,但在清朝初年的云南,到处都是吴三桂的军人,所思所想,无法交流。可以想象,这位有才华的词人,面对自己的孙女,将会把这份情思的创作方式,教给可爱的孙女。赵尔秀受到祖父赵炳龙的悉心教导,其词创作有了进步。遗憾的是仅流传两首词作至今。现对这两首词作展开分析。

这两首词分别是《潇湘神·即景》《点绛唇》,收录于《滇词丛录》。①

先看第一首词《潇湘神·即景》:

> 湖水流,蓼花苹叶总成秋。隔岸珠帘闲不卷,细风吹雨入窗楼。

依词牌规定,此词共应27字,第一句"湖水流"须重复使用,为"湖水流,湖水流",有舒缓并强化语义的作用。此词是女词人即景而写的词作,将眼前所见自然之景逐一写入。古代剑川向湖村面对剑湖(今水位下降,周围已是良田,没有湖水),临湖而居,湖水萦绕,词作开头写词人的视野由流淌的湖水逐渐移到湖中盛开的蓼花和茂盛的苹草叶,用"总成秋"点明秋季,是让人伤感的季节。后两句写闺房内珠帘不卷,纤细秋

---

① 赵藩辑《滇词丛录》下卷,云南丛书处刻,第33a~33b页。小传为:"赵尔秀,剑川人,明户部员外郎炳龙孙女,诸生符女,许字李报甲。未嫁夫殁,守贞抚子。获旌。"下文两首词作均选自《滇词丛录》。

风吹拂小雨，从窗中飘入楼内。该词纯为写景，没有女词人的身影，从词所构成之意境看，其实又将女词人的娴静身影熔铸在对景物的观察、描写中。词作意境淡雅、清新，写出剑川秋天的特有景色。这是首婉约词，与其祖父赵炳龙充满家国愁绪的词作不同。可能创作于女词人青春时期。

另一首词作是《点绛唇》：

> 划地西风，乱吹落叶连阶拥，连阶拥①。天寒云冻，残菊秋如梦。曲曲回廊，倚遍雕阑空。箫谁弄，几声哀送，台无归凤。

这首词写的也是秋景，是暮秋景色，与上一首意境不同。上阕写景，"划地西风"用拟人手法，似在质问西风，你这无端的西风，到处乱吹，把落叶吹得满地皆是，连台阶上也堆积成堆。写出秋风之猛烈，表现女词人在西风吹来时的独特感受。后两句写暮秋寒冷时留下凋残的菊花，有秋之凄冷。下阕写女词人在曲曲回廊中行走，听到不知何人吹奏的箫声，那箫声中似有失落孤凤的哀怨愁绪。此词表现萧瑟、荒凉的秋景，词人的生活是凄清、孤寂的，可能写于女词人生活的后期，丈夫李报甲已去世，词人过着孤独的生活。下阕"台无归凤"，依词律，当为五字，此处似脱一字。

赵尔秀的词作虽仅存两首，但词作在景物描写、意境构筑、风格表达上都有特点，表现出女词人的独有心境。其词创作受祖父赵炳龙影响极大，赵炳龙词作长于写景，在景物描写中抒发情感，且大多有家国之慨。赵尔秀的词作在写景上很有功力，能抓住景物的瞬间特征并充分细腻地展开描写，生动有致，同样是写秋景，但能写出不同的秋景之美，抒发出女诗人或娴静或凄清的情怀，有情景交融之美。

---

① 据词牌，"连阶拥"三字为衍文。

第四章　清代白族女诗人（上）

清代是大理文化的繁盛时期。明末清初有社会的动荡，清代初年有吴三桂在云南的割据，但随着康熙皇帝平定"三藩之乱"，云南恢复了安定，科举考试在云南继续施行，大理地区迎来了文化繁荣的又一时期。此时，大理地区出现了多个白族文学世家，有大理府太和县（今大理）以杨履宽为核心的杨氏文学世家和以赵廷玉为核心的赵氏文学世家，赵州（今弥渡县）以龚渤为核心的龚氏文学世家、以谷际岐为核心的谷氏文学世家和以师范为核心的师氏文学世家。这些文学世家创作了大量的文学作品，以诗集、散文集为主，有的还创作有历史著作。此时也是白族女诗人最多、创作成就最高的时期，她们是创作有第一部白族女诗人诗集《绣余吟草》的周馥、有"大家"风范的女诗人苏竹窗、为夫君守墓的坚贞女诗人王漪、为夫君殉情的女诗人袁王氏、创作有《漱芳亭诗草》的袁漱芳、为夫君在家孝养公婆的女诗人王藻湄、嫁至喜洲张家并创作有《藻绣轩诗集》的女诗人陆嘉年，以及其他仅留存极少作品的女诗人。

清代白族女诗人较多，为便于讨论，分上、下两部分：上部分为清代中前期，女诗人主要生活在清乾隆至嘉庆年间，讨论女诗人周馥、苏竹窗、王漪和袁王氏；下部分为清代中后期至民国初年，女诗人主要生活在嘉庆以后至民国初年，讨论女诗人袁漱芳、陆嘉年、王藻湄和郭凤翔及其他女诗人。

第一节 周馥

一 周馥生平

周馥（1750年—1816年闰六月二十日），字雁沙，太和人。恩贡生赵廷玉的妻子，赵懿、杨载彤的母亲。有诗集《绣余吟草》一卷，诗集为白族女诗人第一部诗集。

周馥出身书香世家，是太和县（今大理）县学教师周孔潜长女。少女时，在良好的家庭环境中，读"四书五经"等传统书籍，师从当时大理地区著名儒者杜仰之先生，通晓诗词、绘画、占卜、医药等，绣花、织布等女红更为精通。"诗词绘画，占卜医药无不通，尤精于女红。"① 十多岁时，其父看上赵家长子赵廷玉，请人说媒，将周馥许嫁给赵廷玉。因周馥是长女，需照看两个弟弟，结婚后，赵廷玉先到周家做几年上门女婿。

待两个弟弟长大后，赵廷玉同其弟赵廷枢到昆明读书求学，周馥向父亲提出到赵家孝养公婆。得到允诺后到赵家，在赵家开始四十多年的生活。周馥在赵家操持家务，生养孩子，教育子女，赡养老人，育有四子二女。丈夫赵廷玉和二弟赵廷枢为科举功名，到昆明五华书院读书四年，后又多次到省城参加乡试，常年在外奔波。赵廷玉的三弟依园也外出经商，家中所有家务由周馥操持。周馥在家中承担着抚养、教育孩子的重任，同时教女儿、侄女做女红等，把做生意的方法教给那些在家帮忙的仆人。周馥在赵家亲自缝制衣服、舂米、打扫卫生等。赵家人丁兴旺，公婆晚年时，周馥精心照顾。

周馥四十多岁时，小叔子赵廷枢夫妇相继去世，周馥的两个儿子也因病不幸去世，公婆也去世了，因丈夫赵廷玉经常在外地不同地方做幕府，兼管银厂，从事医药、教学等工作，无法赶回家中料理这些家中大事，周馥逐一办理。赵家是大家庭，孩子们要读书学习，参加科举考试，开支浩大，虽有赵廷玉外出谋生寄回的资金，但家境不容乐观，周馥为节省家中用度，二十多年几乎从不参加亲族宴会。周馥又是个性情宽厚和蔼且能克

---

① 沙琛：《赵母周孺人传》，周馥《绣余吟草·附传》，道光三年木刻本，第1b页。

制自己、见识广、能说理的人，亲族中的亲人遇到疑难问题来向周馥请教、裁决，周馥用几句话就能将其解决；亲戚家生活告急向她求救，周馥即使再困难也及时给予帮助。

周馥在家中专心教育孩子，根据孩子的个性发展有针对地进行，对三个孩子重视文化教育，小儿子因生性差异，强调其一般教育。既教授他们"四书五经"的传统知识，让他们为参加科举考试做准备，也教导他们有关治病救人的医术等。长子赵懿学成后，年轻时就到望江县师范处从事文字等工作，边工作边向师范学习，后又到山西武乡县、晋阳书院王崧处担任教职，回到云南后从事过教学工作，后到洱源开药店治病救人。周馥的二子虽过继给赵廷枢，但也由周馥教育，在科举考试上有所成功，曾到京城做事，不幸早逝。三子杨载彤接受了良好教育，成为副贡生，独立自强。周馥教育出的儿女们、孙儿们都彬彬有礼，各有其个性、特点。

周馥的两个女儿出嫁后，周馥经常探望孩子，其二女儿嫁至洱源。周馥在丙子年（1816）夏天到二百多里外的洱源探望长子赵懿（在洱源开设药室），洱源当时发生严重的传染性疾病"天花"，很多人因患上"天花"而死去，于是周馥用所掌握的医术及时救治当地病人，救活了很多人，受到当地人的尊敬。① 闰六月，周馥偶然感到不舒服，对赵懿说："我去世的时间不远了，你快叫你弟弟回来。"当时杨载彤正在去昆明参加乡试途中，于是从三百里外的地方急速返回，孩子们悲痛万分，周馥却笑着说："如果没有死，一定就没有出生的人。我二十那天申时走，你们不要为此悲伤。为何要悲伤呢？"周馥说得从容淡定，体现出白族知识女性对待生命自然变化的豁达态度。后果如周馥所言，其丙子年（1816）闰六月二十日端坐离开这个世界。②

周馥、赵廷玉夫妻二人感情和睦，夫妻二人在大理时，一同游览大理名胜，写诗唱和；赵廷玉外出参加考试、做幕府时，两人写诗抒发相思之

---

① 沙琛：《赵母周孺人传》："见其地以痘症殇者日滋甚。孺人出其术拯之，多所痊活。"周馥《绣余吟草·附传》，道光三年木刻本，第 3a 页。

② 沙琛：《赵母周孺人传》："至闰六月十六日，偶觉不豫，谓长君懿曰：'吾去有日矣，急呼尔弟来。'其时载彤已赴乡试，由三百里外驰回，戚甚。孺人笑曰：'若无死，须是无生。吾二十日申时方去，尔无怛化，何谓耶？'果如其所言之时日，端坐而逝。"周馥《绣余吟草·附传》，道光三年木刻本，第 3a 页。

情。也与孩子们写诗唱酬应和，教育孩子。周馥闲暇之余，阅读史书、妇女修养手册如《女诫》等，并写作诗歌，诗歌写好后随手放置，赵懿、杨载彤有时及时将其搜集，有的来不及搜集而散佚。

周馥丙子年（1816）去世后，赵廷玉、赵懿、杨载彤等人整理出一百来首，编辑题名《雁沙集》，为抄本。① 周馥去世多年后，其长子赵懿、三子杨载彤加以校对，请王厚庆（字幼海）筛选，收录诗歌四十三首，编为《绣余吟草》一卷，于道光三年（1823）刊刻印行，为古代大理白族女诗人第一部诗集。②

二　周馥的诗歌创作及其特点

周馥《绣余吟草》的四十三首诗所写内容多为女诗人生活历程的记录，周馥的生活环境主要是家庭，有时同亲人到大理各风景名胜之地游览，有时去探望孩子。从诗篇内容看，有少女时的作品，有中年时的作品，也有老年时的作品。总之，其是女诗人生活的记录。现据诗歌内容分六类：教育诗、抒情诗、咏史诗、唱和诗、日常生活诗、写景诗。先做细致分析，以对周馥这位白族女诗人的诗歌成就有较全面的把握，最后对其艺术特色做出归纳总结。

（一）教育诗

周馥是位母亲、长嫂，后又成为老祖母的女诗人，她的生活范围是家庭，且以家庭为中心，可她又是知识女性，与一般的家庭妇女有所不同，因此教育子女、给小辈树立生活典范就是其生活的重要方面。其所写诗篇

①　沙琛于丙子年（1816）立秋日前写有《题周孺人雁沙集》诗。沙琛：《点苍山人诗钞》卷六，云南丛书处刻印，第27b~28a页。

②　原书封面有：道光癸未夏镌，滇太和周夫人雁沙著，绣余吟草，山左王幼海评刊。正文依次为刘大绅的《〈绣余吟草〉序》、王厚庆的《〈绣余吟草〉序》、赵廷玉的《〈绣余吟草〉原序》、沙琛（字献如）的《赵母周孺人传》。在诗歌正文前有：太和赵室周馥雁沙著，男赵懿渊善，归宗杨载彤校字。周馥的生平主要依据沙琛所撰《赵母周孺人传》，并参考其他资料写成。沙琛《赵母周孺人传》结尾有一段带神异色彩的文字："外史氏曰：梁贡父为余言，孺人年十五时，母洪太孺人遭疾弥年，医罔效，孺人割左臂和药以进，疾果瘳，人弗知也。逾年，洪太孺人诘其痂迹，始知之，涕泣祈勿复言。夫割股之孝，古人往往论难之。然此非其至性过人，精诚固结，有如此者，其克艰厥夫家力，保任于辛苦万难中，而卒振兴之有如是哉！"（第3a~3b页）此为补充性文字，写周馥少时割臂疗亲的事迹，仅作参考。

不仅是个人心性的抒发，还带有较为明显的教化功能。其诗歌所表现出的教化内容是多方面的，可分两类：教育劝勉儿孙的，包括《课子》《示懿儿》《勖三子载彤》《闻邑侯上杭蓝公雪夜至萧寺，为三儿载彤讲授文艺，感而有作》《闻紫笈夫子言沙雪湖明府罢官后，得旨免成归养事，作诗以勖诸子》《寄示三儿载彤，时主讲石羊书院》《训孙仁麟》7 首；教育女性的，包括《课二女迎寿、双岫》《雨铜观音殿示同游诸娣侄》《女诫第七》《报恩经余义》4 首。这类诗共 11 首，是诗集中最多的。周馥把教育孩子、亲人作为生活的重要部分，这也是其诗歌创作的主要方面。

1. 教育劝勉儿孙

教育儿孙的诗篇更多地强调孩子们所应承担的社会责任和义务。《课子》诗写道：

> 君子求诸己，才成远辱耻。青年等闲过，天壤一敝屣。[①]

此诗督促孩子们认真学习，自我严格要求，有了才能后方可远离耻辱，是当今"教育改变命运"的古代诠释。末句用"敝屣"（破旧的鞋子）设喻，教导孩子们青年时不能荒废时光。诗篇简单而富有道理，便于孩子理解。

在另一首《示懿儿》中，周馥写道：

> 有暇方读书，夸父日不及。有余方尽养，季路风不息。开卷期益广，仰天见景昃。胡然我念之，惕若警惰魄。况君子远行，承荷居室责。昔人重分阴，自维爱驹隙。

此诗较为简明，长子赵懿将离开家乡外出求学，临别前，母亲谆谆教导孩子要珍惜时光，抓紧时间读书，不要懒惰。用夸父追日之故事、开卷有益之哲理教育孩子，体现离别时母亲对儿子的深厚感情和殷切希望。

另一首诗，与杨载彤有关，《闻邑侯上杭蓝公雪夜至萧寺，为三儿载

---

① 周馥：《绣余吟草》，道光三年木刻本，第 2b 页。下引周馥诗歌出自此书者，皆不再注明。

97

彤讲授文艺，感而有作》：

> 雪月夜交光，瓣香南斗旁。程门尚未立，飞贮小云堂。

这首五言绝句是写听到县令为孩子杨载彤在雪夜讲解文艺后的感想。前两句写景，白色晶莹的积雪在夜月的映照下，交相辉映，那兰花花瓣上发出清幽的淡淡香味，营造出温馨洁净的氛围，富有特点。后两句化用典故"程门立雪"，既切合当夜情景，也写出杨载彤如同古代杨时拜见著名理学大师程颐一样在门外静候，那飘飞的雪花已把院子堆满。诗人用优美的文字记录下孩子求学的过程，景物是大理地区司空见惯的白雪和月光，母亲对孩子的爱意灌注诗中，精彩生动。

孩子们长大后，周馥更多地从做人、为官方面加以教导，希望孩子们成为对社会有益之人。当女诗人听到丈夫说起沙琛免官之事，即写诗教导赵懿、杨载彤等人。写有《闻紫笈夫子言沙雪湖明府罢官后，得旨免戍归养事，作诗以勖诸子》：

> 惠政不及民，何以动天子。诗人既罢官，塞北瞻岵屺。仁孝推黄扉，循良纪青史。父母真显扬，儿曹切仰止。

此诗写于己巳年（1809）。赵廷玉的老友大理人沙琛（号雪湖）在安徽怀宁等地任县令，后因工作失误而被免官并查办，因沙琛任县令时实施了多项有益百姓的政事，当地百姓主动募集资金交给朝廷所需的银两，为沙琛赎罪，朝廷遂免除对沙琛的流放戍边之罪，责其免职回家颐养天年。周馥在诗篇中勉励孩子赵懿、杨载彤等人应如沙琛一样做个爱护百姓而受百姓爱戴之人。颔联"塞北瞻岵屺"化用《诗经·魏风·陟岵》"陟彼岵兮，瞻望父兮……陟彼屺兮，瞻望母兮"诗句，写出北方百姓对沙琛的爱戴，妥帖、自然。

杨载彤是赵家在科举上较有希望之人，也是周馥寄寓殷切希望的人，有多首诗都写到这一方面。周馥在《勖三子载彤》中写道：

郡县院场名首振（诗人自注：三试皆第一），应加惕厉荷陶甄。公车副上荣开榜，朱卷房争莫怨人。膏沃方成光赫奕，根深乃见干轮囷。气机将发征含蓄，尺蠖泥蟠屈始伸。

杨载彤考中副贡后，继续参加乡试，可阴差阳错，杨载彤试卷被遗漏，又没考中举人，杨载彤带着沮丧心情回到家中，此诗是母亲为安慰儿子而写的诗。首联回顾杨载彤参加科考的辉煌经历，乡试前的三次重大考试皆名列榜首，要求儿子谦虚并继续努力。颔联写杨载彤的乡试经历，成为副贡后又一年考试中阴差阳错被遗漏未成举人，这是叙事性的诗句。后两联是鼓励性话语，为家族繁盛要如同树木、曲蟠一样扎根于泥土中，时机到来时即可成功，定会有美好未来。生动自然地写出母亲对孩子的关爱与希望。

杨载彤边参加科举考试边到外地任教，周馥也写诗鼓励孩子，有《寄示三儿载彤，时主讲石羊书院》：

远朋诚亦乐，念想切丁宁。设教方知困，由蓝每出青。修摩金殿赋，研讲石渠经。好与英才辈，鹏飞化比溟。

这首五律是杨载彤在盐丰县石羊书院（今大姚县石羊镇）任主讲，母亲写给儿子的，诗篇既表现母亲对儿子的思念，又有母亲对儿子的殷殷教导。颔联化用儒家经典《学记》《劝学》中的典故，要杨载彤学习兢兢业业，提升自己，教育出优秀学生，让学生同你展翅高飞，在科举考试中获得成功。结尾自然，有母亲的谆谆教导之情。

即使是孙辈，周馥也有诗篇教育他们，写有《训孙仁麟》：

长孙逾十岁，寝食不相离。怜尔生三月，长驱父苦饥。尔父敦孝弟，抚尔忍弗慈。床上书连屋，是先世所遗。咿喔诲汝读，寸阴勿荒嬉。成名待他日，我或知不知。咬得苦菜根，慎择友与师。孔颜道可乐，尧舜人皆为。志行贞以恒，鬼神护且持。异时姓字芳，方显谁氏儿。从今就外传，铭刻心版思。

　　这首叙事性五言古诗为训诫长孙赵仁麟而写，此时长孙已十多岁。前六句交代老祖母同孙儿的亲切关系及孙儿未见过父亲的原因——为家庭生计并能更好地抚养你而到外地"打工"，言明你父亲是孝顺长辈、关爱弟弟的好人，以打消孙儿对父亲的误解。后面部分写赵氏家族是书籍众多的书香门第，老祖母在孩子咿呀学语时就教育你，不要荒废光阴，一定要在科举考试中成功，你成名时"我或知不知"。同时希望孙儿学习时要有"咬得苦菜根"的毅力，要快乐学习，学习圣人之道，古代尧、舜能做的事你也能做到，要有"志行贞以恒"的精神。只有这样，将来获得成功后才能光耀门楣，要将这些铭刻在心。从此诗可看出周馥在教育孙儿时从孩子的父亲、书香门第等具体情况入手，结合小孩的经历循循善诱，教育孩子要爱惜光阴、持之以恒、有孝悌之心、有责任心等。诗篇写得具体细致、言辞恳切，富有爱心、有教育意识的老祖母形象跃然纸上。人们可能会说，这是一首诗吗？纯粹是教育孩子如何去获取功名的一些经世致用的老话。其实我们从另一角度看，人们求学读书的最终目标不是读书，而是具体的、功利的目标，但在追求目标的过程中有了诗意，那才是真正意义的诗意。对于一位老人来说，教育孩子有良好的品行并能获取功名，那才是最为重要的。此诗为五言古诗，诗篇较长，内容丰富，表现出老祖母对孙儿的殷切希望以及女诗人的开阔视野。

　　2. 教育女性

　　周馥对女性的教育，与男子不同，从古代对女性道德规范的角度进行。其在《课二女迎寿、双岫》中写道：

　　　女终伏于人，坐绣平心性。一月四十五，日轮牵得定。

　　此诗开头句"女终伏于人"，以当时社会对女性的道德规范入手要求两位爱女，表现女性从属地位。但第二句又表现出诗人有不甘于此的心态，通过绣花来摆脱心中不甘屈服于男子的杂念。后教育女儿要辛勤劳动，一月能做一月半的活，夙兴夜寐，将太阳留在天空，支配生活中的时间。诗中表现出白族妇女对女孩的严格教育：女孩须品德顺从、吃苦耐劳。此诗既是在教育女孩，其实也是女诗人生活的写照，女诗人有德有才有能，虽心有不甘，但仍在赵家辛勤操劳，无怨无悔。

对女子而言，古代有专门的修养之书，如《女诫》等。周馥认真阅读后，写下《女诫第七》：

> 得意夫主由舅姑，舅姑爱已由叔妹。旨哉曹大家之言，娘行愚蠢少误会。同心兰臭利断金，徽美显彰有所谓。六诫精义阐厥微，此诫关荣辱进退。

这是女诗人阅读东汉班昭所写《女诫》后写下的诗。《女诫》共七章，分别是"卑弱、夫妇、敬慎、妇行、专心、曲从和叔妹"，是教导"班家"女性做人道理的私书，因班昭行止庄正，文采飞扬，此文后被争相传抄而风行，流传后世。周馥可能对每一章都写有诗篇，今保留的仅有对第七章所写之诗。此诗首联对原文内容概括总结，指出家庭和睦、公婆对儿媳的喜爱都因与叔子、姑子的关系而产生，说到媳妇进入婆家的核心之事。尾联是对《女诫》的全书总结，同时强调此诫是整个《女诫》的核心，"此诫关荣辱进退"，很有道理。这是以议论为主的诗，但能恰到好处地表现女诗人对《女诫》一书的理解：教育家中女子，追求自己的幸福生活时，须为大家庭利益着想，而不应仅追求自己的幸福。富有真知灼见，可看出周馥的大局意识。

另外两首是与佛教有关的诗，也与女性有关。其中《雨铜观音殿示同游诸娣侄》写道：

> 观音原大士，慈现女人身。都是空三法，最难灭一嗔。裙钗习漏尽，散坠天花频。自在心经妙，离参色相因。

这是女诗人同兄弟媳妇、侄儿男女游览大理崇圣寺的雨铜观音殿，有感而发所写。诗化用大理地区流传的大士化观音的神话传说，教导兄弟媳妇、侄儿男女要能观得佛经中的心经，使自己跳出苦海。从"都是空三法，最难灭一嗔"和"自在心经妙，离参色相因"的诗句，可看到女诗人既对佛教有所参悟，又用诗的语言将其概括，实为高妙，表现出白族妇女对佛教较深的理解程度，以及佛教在白族地区的普及和影响程度。

《报恩经余义》则直接书写这一感悟：

> 执着覆真心，水镜昏灵圆。爱水不能出，结业因缚缠。善女侨昙弥，三请佛秘传。阿难幸保度，维系五百年。

此诗是诗人对佛教中《报恩经》所隐含寓意的理解，要人们不要执着于某事，否则会覆盖人的"真心""本心"，后引用经中典故加以阐发，如沉溺于镜中花、水中月，就被缠缚而不能跳出，无法寻找真心。有阿难的护航就能渡过人生苦海，"维系五百年"。诗篇写的是女诗人对佛经的理解，其实也是在教导人们，要能放下"我"的执念，就能寻求到"真心"所在，富有教育意义。

周馥的教育诗体现在两个主要方面：对男儿的教育，从立身处世、科举功名加以强化；对女儿、女子的教育，要有吃苦的精神、开阔的胸襟，而不能执着于小我，只有这样，才能形成一个和谐的大家庭。这样的教育思想，都从周馥的自身经历得来，因周馥就生活于赵家四代同堂，家中只有老人、妯娌、孩子，而丈夫、男儿都外出做官、经商、求学的大家庭中，如何让一个家庭和睦、孩子健康成长是最为重要之事。沙琛在《赵母周孺人传》中写道，"周孺人之贤且才，且非常才也"，"以经书课幼稚，以女工课娣侄，以奇赢贩负课童仆。纫绩刺绣井臼箕帚，无不躬亲"，"孺人性宽和，喜怒不形，以内典自娱，敝衣粝食以为常"。这些记录、评价与前面的教育类诗篇相印证，周馥的诗歌就是自己生活的体现。这类诗篇较好地表现出诗人的教育主张，富有价值。

（二）抒情诗

周馥的抒情诗较丰富，为便于分析，将夫妻唱和诗单独列出。此处仅列三类：抒发少女情怀的，如《关雎》（二首）、《弹琴得小字》；抒写女性品德的，如《偶兴》《为邑宰女贞烈边氏作》；抒发对孩子的深厚感情的，如《得懿儿晋阳手书并近作诗文》《哭次子慧出继夫弟所园》《悼四子珥彤，命载彤寄书武乡，唤懿儿归》。

1. 抒发少女情怀

女诗人在少女时代读《诗经》，写有《关雎》（二首）：

停针仔细味葩经，艳绝关雎字字馨。学士许多搞藻笔，缘何压卷属娉婷？

于嗟麟趾衍西周，小鸟和声即凤俦。荇菜亦非闲草比，闺门风化有根由。

这两首七绝所写是诗人读《诗经》首篇《关雎》后的感受。第一首写女诗人在忙完绣花等女红后仔细品读《诗经》，《关雎》中的每一词、句都是那样温馨、艳丽，仿佛说到女孩心里。女诗人认为此诗是女性所写，是《诗经》成就最高的，故列为开篇，抒写出诗人以身为女性而自豪的情怀。第二首针对《诗经》"十五国风"的"周南"来写，赞美诗中女性以道德感化、影响社会。诗歌虽未跳出当时的时代氛围，但诗人以女性特有的视角，关注《诗经》中的女性诗歌，有其特定价值。"于嗟麟趾"化用《周南·麟之趾》典故，赞美周文王子孙繁衍而多贤德，但都离不开女性的功劳；"荇菜"化用《关雎》中的"参差荇菜，左右流之"句，认为荇菜体现清纯德行，诗句均承前人之说。化用典故自然，感受真切。

诗人在为自己取字时，书写出浓浓情意。《弹琴得小字》写道：

天际随阳到水涯，双飞双宿伴芦花。琴中绎得关心调，小字从今篆雁沙。

这首七绝是首别有情味的小诗，写得精美、感人。阳光明媚，秋高气爽，一位女孩弹着古琴，琴声悠扬。在那古琴的旋律中，呈现出这样的画面：天空明净，水天相映，一尘不染，两只大雁比翼齐飞，飞到天际水涯，栖息在白茫茫的芦苇花丛中，那儿有细软的沙滩，两只大雁在上面轻轻行走，低语呢喃，相互关心，情意绵绵，在那平整的沙滩上，留下一行行动人的足迹。诗人在琴声中看到这美丽动人的情景，为自己取下新颖的字——雁沙。诗人在诗中把听觉感受幻化成视觉形象，富有想象力，描绘出新的境界。此时的周馥还是少女，描写出少女"怀春"的美好瞬间。郭沫若年轻时曾写有两句短诗："谁个少年不善钟情，哪个少女不善怀春。"周馥这位女诗人与一般少女不同的是，她把少女人人皆有的美好"怀春"之情用形象的诗句生动地描绘出来。艺术上特点突出，将女诗人少女时的可爱、多情表现得生动具体，是首好诗。

2. 抒写女性品德

在古代，女孩不能只有娇艳的外貌、温柔的性情，其实还承担着无尽责任，以今人的眼光来看，这些可能是束缚当时女性的枷锁。而在当时，却恰恰是那个时代维系社会存在的价值体系、人伦规范。有关"列女"，今人多有否定性看法，但那也是当时女性所追求的一种价值，一种维系当时社会存在所必需的伦理原则。周馥有两首诗就表达自己对列女的看法，这些看法也是传统的。

第一首是《偶兴》：

> 尝读《列女传》，往贤皆可师。安命即为乐，生岂必须眉？泰山遥复遥，欲质荣启期。

这首五言古诗共六句，是周馥读《列女传》后有所感想而作，将古代的优秀列女作为学习榜样，以"安命"作为人生的价值取向，而不必非得像男子那样征服世界，表现出对社会分工的认可，虽有消极因素，但现实生活的意义或许就在其中。

第二首是周馥看到一位当代列女后所写的，《为邑宰女贞烈边氏作》：

> 孤忠传胜国，虎口话余生。静海承家学，冰衔拜女贞。刀痕遮布领（诗人自注：贞烈实事），泪点渍筠茎。父是河阳宰，同来辅政清。

周馥在大理看到在当地任职官员的女儿边氏，知道她的贞烈事迹后写下此诗。边氏忠诚赤胆，从敌人刀下得以脱身。当周馥看到边氏被布领遮住的刀痕时，流下感动的泪水，表达了周馥对边氏的敬仰之情。此诗以叙事为主，但蕴含诗人情怀。为周馥在少女时代所写。

3. 抒发对孩子的深厚感情

步入中年的周馥，其人生是多灾多难的，其中最为悲惨的是两个儿子在二十来岁时先后去世，白发人送黑发人，周馥十分痛苦。

在《得懿儿晋阳手书并近作诗文》中，诗人写道：

> 数载江南信未通，那知燕晋寄飘蓬。孔怀兄弟金台杳，痛哭关河剑匣空。能致遗骸归故里，并将新作附邮筒。勉旃孝友承家学，默告先姑并祖翁。

诗人收到长子赵懿从山西晋阳寄来的信和诗文后写下此诗，记述了母亲对远在北方的儿子的牵挂。从首联可知长子赵懿在山西，次子赵慧在京城，可多年未通信。颔联写出次子慧已在京城去世。颈联写赵懿写信告诉家人此事，并将把赵慧遗骸带回家乡。诗篇在叙事中记录了女诗人痛苦的心情。此诗可与下一首诗《哭次子慧出继夫弟所园》参照来读。

《哭次子慧出继夫弟所园》：

> 儿生甫三日，翁命继伊叔。叔锡名曰慧，掌珍同抚育。叔遂趋行在，谓有子绍述。复职荷恩纶，谁期病局促！儿幼奉药饵，父子亲且睦。沉疴既弗起，泣葬龙峰麓。
>
> 发愤攻经籍，念切继芳躅。十六文已成，与弟共昼粥。薪或不供炊，背我采岩谷。十九筋力强，从师远干禄。弧矢男儿志，那甘囿乡俗。燕北帝王州，万里驰水陆。结驷黄金台，公卿接纶毂。仁贤资经济，大雅亘叠勖。
>
> 天何不永年，心悁凄以毒。兄恐原隰衰，葡匐往收束。三载负骨归，哭之神恍惚。祔葬龙峰阡，祖父鉴衷曲。风雨魂归来，我思鞠不足！

这首母亲哭悼儿子的诗篇叙述了儿子慧短暂的一生：出生后过继给叔父，养父一家珍爱有加，不幸养父因失官回家，虽复职可又疾病缠身，孩儿侍奉在侧，养父终究去世。孩子努力学习，时刻攻读，体谅父母，十九岁时游学北方，参加科举，得到公卿仁贤的帮助，取得成功。可不幸早逝于异乡，三年后才由长兄赵懿将尸骨收归故乡，安葬于祖茔。诗篇写出母亲的殷殷之情，虽是白发人哭黑发人，但诗人始终抑制住悲凉痛苦的心情，将孩子平凡而刚毅的一生娓娓道来，让后人从这娓娓叙述中知道赵慧的聪慧、坚韧、执着、孝心。此诗较长，写得具体细致，把女诗人对孩子的关爱、孩子去世后的痛苦表现了出来。结尾"风雨魂归来，我思鞠不足"表现出绵长无尽的痛苦之情，有余音之感。

七年后，周馥的第四子去世，周馥的痛苦是难以想象的，诗人写下《悼四子珥彤，命载彤寄书武乡，唤懿儿归》，记录这段痛苦的经历和心情：

> 慧儿逝七年，悔令远行也。珥彤岁廿二，相依俨居者。诗文虽不逮，善射骑生马。洱河东渡来，拜述梦非假。佛土檄双童，诏引青松下。中秋侍酬月，出入不相舍。夜起待義轮，窗曙别脱洒。我德凉且薄，致尔手足寡。尔兄馆晋阳，寄书我心写。人生即坚金，安能抗大冶？信驰重九前，归期或初夏。

诗人第四子珥彤不幸去世，年仅二十二岁。此时女诗人的两个孩子先她而去，她心情沉痛。但作为虔信佛教的母亲，其抒写方式自有特点，用梦的故事委婉写出孩子中秋节前去世，到了佛国世界——"佛国檄双童，诏引青松下"。周馥身边的又一男孩离她远去，她希望孩子们都在身旁，于是命杨载彤写信呼唤远在山西武乡的长子赵懿回到身边。诗中虽有自责，但体现出诗人顺应自然的心态——"人生即坚金，安能抗大冶"。周馥已是近六十岁的老人，表现出老年母亲在命运沉重打击下的坚韧之心。

抒情类诗篇时间跨度较大，从少女时天真无邪的周馥到老年时痛失爱子的周馥。但从诗歌来看，又都有共性：面对悲惨的命运，用真性情去面对、去书写，体现出女诗人较高的文化修养，是较有价值的诗篇。

（三）咏史诗

吟咏历史，大多专属男性，他们视野开阔，在阅读史书、游览历史遗迹时，在吟咏历史事件、英雄人物时寄托驰骋疆场的壮志、报效祖国的理想以及怀才不遇的情怀；女诗人由于生活经历、读书范围的局限，较少吟咏历史。而白族地区的女诗人周馥却有多首诗咏叹历史，且吟咏历史有独特视角，始终以女性的细腻感受观照女性、同情女性。周馥诗中成就最高的当属此类。根据内容分两类：吟咏古代与大理地区相关的女性的，如《古蜀山氏女》《汉阿南夫人》《唐阁罗凤女》《梁阿盖郡主》《段羌娜闺秀》；咏叹中原地区古代历史上的女性的，如《遣兴》《钩弋夫人》和《书司马相如传后》。

1. 吟咏古代与大理地区相关的女性

此类 5 首诗咏叹的都是与大理地区有关的女性，下面依书写顺序逐一讨论。

第一首是《古蜀山氏女》：

> 若水点苍北，上有若木华。清阴蜀山女，昌意娶产娃。圣嗣千古绵，未闻国色夸。流水纡折下长江，太息六朝粉黛荒。

东晋常璩所撰《华阳国志·蜀志》载："蜀之为国，肇于人皇，与巴同囿。至黄帝，为其子昌意娶蜀山氏之女，生子高阳，是为帝喾。封其支庶于蜀，世为侯伯。历夏、商、周。武王伐纣，蜀与焉。"[1] 此诗即据这一记载写成。周馥结合历史，将视野转向五千年前的遥远古代——轩辕黄帝时代。开头两句写出若水（今四川西部的雅砻江）在点苍山北，并从若水发源地昆仑山的若木花写起，将历史事件与现实相联系，然后再写古蜀国历史，突出强调蜀山女的清新、素雅和美好品德以及后世子孙的谦逊美德；并与六朝时期用美色诱惑帝王而亡国的美女们形成对比。最末两句，既描写长江之水又抒发感情，委婉批评那些因女子美色而亡国的昏君。诗人结合所读历史文献，巧妙地将大理与古蜀国联系起来，以开放的胸襟表达中华民族人心统一的思想。

第二首是《汉阿南夫人》：

> 殉烈开南中，羞惬彼狡童。故夫衣焚尽，喉断跃火红。从兹星回

---

[1] （晋）常璩撰《华阳国志》，齐鲁书社，2010，第 26 页。

节，廿五当六月。天上历历星常回，云南处处薪不灭。

从这首诗我们读到"火把节"起源的另一说法，据明朝万历年间李元阳所纂《云南通志》（十七卷）载："元封间（注：公元前110年—前105年），夫为裨将郭世忠所杀，欲妻之，阿南曰：'能从我三事乎？一作幕次，祭故夫；一焚故夫衣，易君新衣；一令国人遍知礼嫁。'郭皆如其言。于六月二十五日聚国人，张松幕，置火其下。阿南俟火炽，乃焚夫衣，遂跃身入火。国人哀之，后每岁于是日燃炬以吊，又名其曰为星回节。"关于"火把节"的起源，白族地区流传较广的是南诏时"火烧松明楼"的故事，是祭奠并纪念邓赕诏夫人白洁的。但这个故事记述的时间比南诏时期早七百多年。诗人据这一带有传说性质的故事，写成这首小诗，赞美美丽、勇敢的阿南夫人。诗篇简明而富有节奏，前六句叙述历史事件，后两句写云南白族、彝族人民过火把节的情景，每年不息的火把是纪念这位白族女英雄的，是对殉情女子的礼赞。

第三首是《唐阁罗凤女》：

庄即采樵人，诏女滇王姬。宫门信牛步，跨背牵朱丝。委巷角辘辘，夫婿睨捧腹。金桥银路方往来，阿翁车驾上徘徊。

此诗据《僰古通纪浅述》（又名《南诏野史》）记载的"公主择婿"故事写成。《僰古通纪浅述》载："主有一女，既长成，欲嫁之。女不愿。主与妃责之。女曰：'若欲我嫁，必须倒骑牛背，任牛所往，入于谁家，即嫁之。'父母随之，以牛与女倒骑。行至一村，牛转角入于茅屋，有一寡妇在。奴婢仕女者众，嫠惧而避之。主女使人召而问之曰：'汝有子否？'嫠曰：'我有一子，往山烧炭矣。'主女曰：'子有妇否？'嫠曰：'未也。'主女曰：'吾父王欲我嫁与王侯，我誓不愿。今我倒骑牛背入汝家，凤世姻缘，汝勿疑惑，汝即吾姑也。'……夫妇相议而请父王。父以女嫁贫子为耻，叱之。主女告父王曰：'女昔只怨命穷，嫁遇贫子。今日可矣！愿父母驾临寒舍，蓬荜生辉。'父王曰：'若欲请父母，以金为桥，以银砌路，方许来也。'女与婿议，请匠以金架桥，以银砌路。复请父王至家。王见屋阔，财宝丰溢，叹曰：'古人云，姻缘姻缘，事非偶然。诚是。'爱其婿女，同享富贵。"① 原故事很长，诗仅用八句即精练地将生动有趣的传说写出来，说明诗人有较强的语言驾驭能力。写得最精彩的是"阿翁车驾上徘徊"，这一叙述性话语生动描摹出南诏王此时的复杂心态。南诏王的"金桥银路方往来"其实是否定性话语，他认为这对穷夫妻是无法修成金桥银路的，他就永远不用来探望他们，不认这任性的女儿、贫穷的女婿。可现在却成了事实，"来"，还是"不来"，成了个难解的问题：来，表示承认违抗父命的女儿，答应这门贫民的婚姻；不来，又违背诺言，言而无信。作为君王、父亲，"来"和"不来"都不妥。此诗与《僰古通纪浅述》中带有羡慕口吻的记述不同，有批判意味。此诗充分体现出周馥的精细思考和聪明表述，用女性的新颖视角，简明生动中赞美追求自由的公主，讥讽南诏王的自大和尴尬，风趣而幽默。

第四首是《梁阿盖郡主》：

> 骑逸珠市桥，番使伏弓刀。哀怜昆明土，渊海祖冤遭。雁门难归去，何如点苍路？死同将军有穹碑，金马碧鸡不知处！

第五首是《段羌娜闺秀》：

> 紫城工刺绣，旗是针神授。宝弟嗟冲龄，洱东于归骤。爨部三十六，展旗会甲胄。思量仇头函不来，西平军驰梁王覆。

这两首诗写的是元末明初的一段史实，赞颂段功妻子阿盖郡主的忠诚和白族女子羌娜的勇敢。《梁阿盖郡主》咏叹的是元朝末年段功妻子阿盖郡主的史事，当时大理总管段功因征讨农民起义军明玉珍而保卫了梁王，梁王将女儿阿盖嫁给段功。后梁王要加害段功，阿盖阻止无效。段功死后，阿盖写的《愁愤诗》中有"吐噜吐噜段阿奴""云片波粼不见人"之

---

① 尤中校注《僰古通纪浅述校注》，云南人民出版社，1989，第 46～47 页。阁罗凤（？—778），也作阁逻凤，南诏云南王皮逻阁之子，天宝八年（749）袭为云南王，在洱海地区击败唐军李宓的十万大军，后建大蒙国，立《南诏德化碑》。

句，不食殉情而死。阿盖死后与段功合葬大理。诗篇歌颂阿盖对段功一往情深的坚贞爱情。第五首是上一首诗咏叹历史的继续，羌娜（又名羌奴）是段功的女儿，段宝的姐姐，段功死时她才十二岁。但她不忘父仇，绣了面旗子，决心消灭梁王，希望将来把梁王的头装在盒子里，祭奠父亲。五年后她要嫁予建昌土官阿黎氏，临别时，把绣好的旗子交给弟弟段宝，约他"收合东兵，飞檄西洱"，以"兵会善阐（今昆明）"，并写了两首诗。周馥的诗写出羌娜姑娘复仇的决心，羌娜敢作敢为、沉着坚毅、深有计谋的女子形象展现在人们面前。

这几首诗，从中可看到整天为柴米油盐操劳的女诗人心中有一份深深的历史感悟，体现出诗人诗歌创作"富有地方特色""不事雕琢，卓识自见"① 的风格。

2. 咏叹中原地区历史上的女性

此类诗作，女诗人将视野转向中原大地，抒写自己的历史感悟。

先看第一首《遣兴》：

> 昭君远嫁文姬塞，尤物天生命总乖！蒙奔吴春随地适，歌吟未及凤凰钗。

这首短小的咏史诗，通过咏叹王昭君、蔡文姬等红颜薄命女子的悲剧命运，抒发诗人的同情之心。化用历史典故自然。

另一首是《钩弋夫人》：

> 立朝士见嫉，入宫女见妒。钩弋生帝子，送狱时还顾。披庭皆感伤，身为蛾眉误。帝监吕后骄，立子谴母去。莫非上界谪，死难逃劫数。十里云陵香，空复留衣屦。杀机胎性然，垂老尚不悟。

此诗写汉武帝时的钩弋夫人，据《史记·外戚世家》（褚少孙补注）记载："钩弋夫人姓赵氏，河间人也。得幸武帝，生子一人，昭帝是也。武帝

---

① 张文勋主编《白族文学史》（修订版），云南人民出版社，1983，第397页。

年七十，乃生昭帝。昭帝立时，年五岁。卫太子废后，未复立太子。……上居甘泉宫，召画工图画周公负成王也。于是左右群臣知武帝意欲立少子也。后数日，帝谴责钩弋夫人。夫人脱簪珥叩头。帝曰：'引持去，送掖庭狱！'夫人还顾，帝曰：'趣行，女不得活！'夫人死云阳宫。时暴风扬尘，百姓感伤。使者夜持棺往葬之，封识其处。"其子刘弗陵（后改名刘弗）即位后，霍光"缘上雅意"追封李夫人为皇后，并将李夫人墓迁至茂陵，追封钩弋为皇太后，在赵氏所葬之处发卒两万人修云陵。此诗将史书中的历史事实加以高度浓缩，指出皇宫中女性"立朝士见嫉，入宫女见妒"的生存险景，对赵氏钩弋夫人给予深深同情。

在《书司马相如传后》中，诗人写道：

> 长卿病免居，书犹时时著。使来求遗书，子未见嫡庶。白头吟何益，独对所忠语。若是茂陵女，容之为小妇。岂不宁馨儿，接踵擅词赋。太息才人遭，内妒甚外妒。

此诗是诗人读了汉朝著名辞赋家司马相如传记后所发的感想，司马相如因他人嫉贤妒能而遭排挤。此诗则从另一角度解读，司马相如后来受到妻子的醋意嫉妒而命运蹉跎，结尾"太息才人遭，内妒甚外妒"批评了女性的狭隘心胸。诗人虽身为女性，但以宽阔胸襟表现历史，在咏叹历史时有深切体会。

以上咏史诗体现出周馥是知大礼、识大体、了解历史的知识女性，胸襟宽广、博览全书。在诗篇中有较强的语言表达能力，将丰富、复杂的历史事件、传说故事用简短的诗句生动表达，并以女性的独特视角抒发女性的特有情感。

（四）唱和诗

周馥、赵廷玉这对相敬如宾的夫妇，生活四十多年，生有四男二女，虽然丈夫赵廷玉为了科举、家庭、兄弟、孩子长年奔波在外，但夫妻二人感情深厚。诗集中保存有唱和诗、送别诗、思念诗，如《送紫笈夫子应南巡召试》《寄紫笈夫子时在悉宜银厂名》《紫笈夫子就馆中旬话别》《圣源寺杨桂楼先生爽语碑诗，诘屈难译。孝廉高立方，老宿也，能读此碑。诗以纪之，和紫笈夫子作》《同紫笈夫子过灵会寺忆唐梅》；还有周馥写给儿子赵懿的《和懿儿菜花诗》。

先看《送紫笈夫子应南巡召试》：

> 试困滇闱久，金陵此壮游。迎銮新彩笔，干禄敝貂裘。喔喔鸡声早，迢迢客路修。生同天万里，恨不近皇州。

这首五律写于丈夫要远行去江南参加科举考试之时。首联写丈夫在多次乡试中的失利，今年（乾隆皇帝）下江南，特意在金陵对江南士子开恩科取士，丈夫才有到金陵的壮游。额联想象丈夫远行在外的喜悦之情与艰难途程。颈联设想丈夫远行的情景，写得精细。尾联是抒情性话语：即使远隔万里也与你同心而在。此诗写出对丈夫的一片痴情、关爱，希望丈夫通过考试改变命运。

在《寄紫笈夫子时在悉宜银厂名》中写道：

> 九猛十三圈，南荒瘴接天。元蜂赤蚁穴，采矿凿崖穿。米为椿萱负，体输金石坚。在家贫亦好，耐守运迍遭。

诗篇首联写夫君赵廷玉（号紫笈）越过高山、渡过汹涌的大江终于到达云南南部的银厂。额联写银厂工作、生活环境的艰难，那像蜂窝、蚂蚁巢穴一般的矿洞，采矿工人就在这样的洞穴中采挖银子。夫君为何去这样的地方？那是为家人能过上幸福的生活。尾联是对夫君的挂念和对这一命运的认可。此诗写出诗人对丈夫不参加科举考试的理解，对丈夫外出谋生的支持，表现出夫妻二人心心相印的深挚感情。

夫君赵廷玉从云南南部炎热的地方回到家乡大理，与家人团聚后，又将到寒冷的北方中甸（今香格里拉）任教师，周馥写有《紫笈夫子就馆中甸话别》送别丈夫：

> 唐破吐蕃地，夫君又远征。铁桥江漭荡，石鼓雪峥嵘。翁殁新阡表，姑衰宿疾萦。家贫无一可，辛苦砚田耕。

首联用历史事实点明夫君要去的中甸之地；颔联用对偶句生动写出夫君途径金沙江上的铁索桥和巍峨峥嵘的雪山，表现对夫君的关切；颈联写家中发生的大事——公公刚去世，婆婆又疾病缠身；结尾交代因家中贫穷，丈夫只能到遥远的边地学校继续耕耘。女诗人让夫君安心教学，勇敢面对家中艰辛的生活，刚强妻子的形象凸显于眼前。

赵廷玉在大理时，夫妻俩游览大理各地的风景名胜，写诗唱和，一时传为佳话。周馥写有《圣源寺杨桂楼先生僰语碑诗，诘屈难译。孝廉高立方，老宿也，能读此碑。诗以纪之，和紫笈夫子作》①：

> 古寺碑残在，诗歌溯昔贤。前朝真隐逸，孝子老神仙。篆籀追秦汉，典型征蜀滇。有人翻译出，家学本宏渊。

此诗记叙夫妻二人同游大理喜洲圣源寺，看到明朝著名白族诗人杨黼所写白文《山花碑》诗的情景。概括写出寺庙古远及碑文特点以及对杨黼这位明朝著名人物的敬意，也抒写出夫妻恩爱之情。

周馥夫妻二人还游览过灵会寺，写了《同紫笈夫子过灵会寺忆唐梅》：

> 瑶华本幽绝，不与众芳伍。况植自唐代，灵会此香祖。何乃斧斤劫，藏春竟荒坞。钗钏给老衲，典觅遗种补。莫谓花非昔，无今不成古。安知唐寺前，地弗杂榛楚。殷勤递培护，绛雪霏悬圃。云廊小迟回，野鹤听欲舞。

诗篇开头写出古老唐梅的幽静之美，有高洁之操，历史悠久。可惜今已无存，在遗憾中女诗人拿出手镯请僧人去寻找古梅树补种，表现出诗人一家怀古、护古之幽情。女诗人从唐梅想到此地与中华文化的关系，表现出中华一体的情怀。

周馥还写有《和懿儿菜花诗》与长子赵懿相唱和：

---

① 圣源寺：在喜洲庆洞庄。杨桂楼先生：明朝著名白族诗人杨黼（1370？—1450），有诗集《桂楼集》，事迹载《明史·隐逸传》，有著名白文诗篇《山花碑》留存至今。

百种名花斗艳阳，几能娱目复充肠。家常菽粟色香味，金谷繁华笑已荒。

这是唱和长子赵懿写蔬菜的诗，写此诗的赵懿可能还是青年，写景中既体现菜花的审美功能"斗艳阳""娱目"，也表现出其"充肠"的实用功能。因为平常，所以久远，同晋朝石崇繁华的"金谷"名花，在历史长河中的荒凉形成对比。诗篇别有情致。

从以上唱和诗可看出这一诗人之家的成员为家庭幸福，有时天各一方，但都互相思念，用诗歌表现各自的情怀。在大理时，夫妻共游，恩爱之情溢于诗篇。这是个幸福的家庭。

（五）日常生活诗

周馥有的诗篇记述、描写日常生活中的某些事件，呈现了女诗人日常生活中的经历、感受。有《绣衣行》《移居》《夫弟所园原任江西令，以事去官，昨赴山左接驾得复职，病蹙归来，养疴倦圃，诗以慰之》《侍姑疾时年已七十有三》《天末篇，时有维西边警》《乙丑四月携懿儿过喜洲，望灵应山一带，怀二女双岫》等6首诗。

一位姓杨的裁缝来赵家缝制衣服，周馥写有《绣衣行》诗：

路大将军长九尺，衣裁顾绣工则度。将欲补短须截长，螭爪金绣谁组织？有缝人杨来款扉，杭绒擘就列茵席。审视就其鳞之而，金针参以青黄赤。数日功完持将去，儿诧斐披无骈积。试看天孙云锦章，变幻无心倬赫奕。尔曹为文当如此，笔补造化庶几迪。

此诗用七言"歌行体"写缝纫师傅裁、缝、绣、做衣服的全程，将所做好的华丽衣服比喻为天女织成的云锦布匹，评价较高，并赞颂裁缝的高超技艺。结尾将孩子所写文章比作绣出的漂亮衣服，劝导孩子努力向学，以期对国家有所贡献，结合自然。

赵家老屋破旧，即将倾倒，维修时搬到隔壁邻居家，周馥写下《移居》：

开第前司马，将倾补葺难。两间原逆旅，聊借一枝安。汲引中溪水，缭添短竹垣。待雏成羽翮，旧穴返还丹。

这首五言古诗第一、二句写出老屋的悠久历史和现状，再写移居后的生活情景，在借居老屋周围种上竹子，一家人其乐融融。结尾既说明待来年老屋维修后归还此屋，又寄托着周馥对孩子们的期望。沙琛《赵母周孺人传》中记述此事："值老屋倾颓，典葺废室迁居，长男懿亦外出，率三子课读于中，宅有魅，竟寂然也。人以为仁者之勇，且觇厚福焉。"[①] 结合传记内容，可知周馥乐观、旷达的心境，对孩子严格要求而又充满自信。

周馥对小叔子赵廷枢是关心爱护的，周馥有两首诗记录下这一情况。其一《夫弟所园原任江西令，以事去官，昨赴山左接驾得复职，病躄归来，养疴倦圃，诗以慰之》：

　　多君禄养迓春晖，廿八铜章出紫微。铩羽还随威凤舞，彩云深处又高飞。

诗题说明了此诗的写作缘由，赵廷枢第二次进京后得以复职，离开京城即已生病，回家后养病，内容是对夫弟赵廷枢（字所园）的安慰。据赵廷枢诗中编年，此诗约写于壬子年（1792）。首联赞小叔子赵廷枢二十八岁时担任县令，虽因事去官回家，但第二次尚能复出，后因生病未能赴任。诗篇以"彩云深处又高飞"作结，希望小叔子养好疾病，再度辉煌。是周馥对亲人的关爱和祝愿。周馥的愿望没有实现，赵廷枢回家一年后去世，其妻也相继去世。

赵廷枢夫妇去世后，孝养婆婆是周馥的重要事项，女诗人写下《侍姑疾时年已七十有三》记录此事：

　　蝶窗仙梦酣（诗人自注：蝶窗为夫弟所园斋名，去世二年矣），萱泪至今含。琴挂壁徒四，岁寒更转三。姑痹资药饵，妇力勉支担。昭鉴唯天格，杨枝吁露甘。

---

①　沙琛：《赵母周孺人传》，载周馥《绣余吟草·附传》，道光三年木刻本，第2b页。

赵廷枢去世两年（1796 年），年迈、有病的婆婆依然牵挂孩子，以泪洗面，家中虽贫困，但周馥对婆婆仍精心服侍，恭顺有加，让远在外地的夫君赵廷玉安心做事，祈祷婆婆幸福。周馥是孝顺的好儿媳。

19 世纪初，丽江北部维西等地发生动荡，消息传到大理，女诗人写有长诗《天末篇，时有维西边警》，记述此事：

> 生居在天末，山水阻且深。地瘠田赋下，胼胝多食贫。三面界戎蛮，东路达神京。万里黄金台，志士罕汇征。黠哉汉奸蠹，窜边成妖氛。小丑间窃发，河汉为洗兵。幸逢尧舜世，累代享承平。豪华逊吴越，中州俗比淳。

> 鹤丽邓浪女，草履泥簪裙。蓼虫虽习苦，太觉身营营。遁迹紫城侧，针纫代耔耘。疆接西印度，苍洱得气清。权作匡庐阜，李逍遥与邻（诗人自注：唐宰相女李玄空，隐庐山，青莲夫人尝往师事）。婚嫁愿方毕，迟暮沁园春。缅域中四大，君王著首伦。巾帼非奇男，何以报朝廷？

这首五言古诗是诗人听到当时云南省丽江府维西厅傈僳族、纳西族等农民起义的事件[1]后所写，当写于嘉庆七年（壬戌年，1802 年）前后。诗篇开头八句写出云南的地理环境：在祖国西南边境，土地贫瘠，三面与他国接壤，只有东路通往京城。随后写出造成边疆动荡的原因，"黠哉汉奸

---

[1] 师范《滇系》第四册《事略》引述历史："八年癸亥，维西力些藤筰蟀纠众作乱，总督琅公玕驻剑川，集兵剿之。逾年始授首，余众就抚。"随后师范补充说明事情经过并做评说："藤筰蟀知医药，所治病既愈，只博酒食，却钱币。诸夷咸相亲爱。驻防某千总吓以邪教，得略方止，已非一。次继之者，大有所欲诱，而系之空室。于是夷众愤怒，持械劫之去。驻防以作乱报，维西协副将即令千总以兵五十往。拒捕反斗，伤兵十余人，并杀千总。事遂不可已。夫朝廷设驻防，原为保民，乃以数千之生灵、数万之库帑，徒供木弁之一激。司其事者，盖亦返而自审哉。"［（清）师范《滇系》第四册《事略》，光绪十三年云南通志局木刻本，第 59a ~ 59b 页］《云南辞典》之《云南大事年表》："清嘉庆六年（1801 年）维西受灾，官员催租逼债，傈僳族人民在恒乍绷、腊者布领导下起义。次年，烧土千总衙门，占喇嘛寺，丽江傈僳族、纳西族和怒江沿岸怒族数百人参加起义。占领石鼓，包围维西城。至嘉庆八年，为总督琅玕镇压。"（《云南辞典》编辑委员会编《云南辞典》，云南人民出版社，1993，第 690 页）"藤筰蟀"是傈僳族人名的音译，后译写为"恒乍绷"。

蠹，衅边成妖氛"，不是边疆少数民族造成，而是那些汉人中的奸黠之人来边疆挑唆民族矛盾造成动荡局势。否定当时官员多以不实之词污蔑边疆少数民族是动荡的原因，如实写出当时情况，难能可贵。后对平定维西边疆动荡局面抱有信心，在强大朝廷的努力下，会很快恢复安定："幸逢尧舜世，累代享承平。"第二段则重点写维西南部鹤庆、丽江、邓川、浪穹、大理等各州府女子的生活情状，穿草鞋、戴簪子、穿裙子、做针线活，再引用南诏国时唐朝宰相女下嫁南诏的历史传说，表明少数民族地区同中原一统的关系。结尾"巾帼非奇男，何以报朝廷"表明诗人以女性角度报效国家的情怀。虽偏居西南一隅，女诗人面对当时云南维西动荡情景的态度和对时局的关注，展现出边疆女诗人的远大眼光和丰富的内心世界。

周馥还写有《乙丑四月携懿儿过喜洲，望灵应山一带，怀二女双岫》：

> 鹤鹏洲望洱波源，指到儿家还有村。数载萱帏劳汝待（诗人自注：祖母卧病多年，岫儿服侍甚谨），满箱绣谱与谁论？蓝舆尚歉蒲陀崆，赤渡难通峡石门。何日涤茨流水溢，中溪归汇叙寒温（诗人自注：赤土江在喜洲西峡石渡东北，即三营地。蒲陀、涤茨，浪穹水名）。

这首七律是周馥乙丑年（1805）四月带长子赵懿从大理家乡前往洱源探望出嫁到洱源刘家的二女儿，经喜洲眺望山水时所写。首联写在喜洲洱海边鹤鹏洲上眺望洱源，到女儿家还有几个村落；颔联写女儿双岫在家精心服侍卧病多年的祖母；颈联、尾联写喜洲、洱源水名，洱海之源的流水汇入大理，能与女儿一叙情怀，即景抒情，表现出女诗人对女儿的思念之情。诗句在叙述、写景中自然融入对女儿的思念之情，感情自然。

周馥的这类诗篇，通过对日常生活的记述，表现出女诗人作为一位母亲的贤德、吃苦、勇敢、识大体的特点。

（六）写景诗

周馥诗作中纯写景诗不多，有的虽有写景内容，却并不以写景为主，我们将其归入以上有关部分。其流传至今的纯写景诗有《种瓜》《雪》《花》《龙女花》四首，大都短小。

第一首是《种瓜》：

> 爱此绵绵瓞，天心本好生。黄中通易理，绿蔓顺人情。荐可随蘋藻，羞还继菜羹。山林城市里，门有故侯名。

诗篇从种瓜这种普通小事入手，"爱此绵绵瓞"化用《诗经》"绵绵瓜瓞"，既写瓜儿繁衍众多，也喻子孙昌盛。"黄中通易理，绿蔓顺人情"，从黄花结果表现出《易经》生生不息的变化之理，从瓜的绿蔓领悟顺其自然的人情世界。有对人生的深切感悟：变化、不息、顺其自然。诗句亲切妥帖、自然率性，富有哲理。

第二首是《雪》：

> 群山浮玉寒，太古琼酥托。本是素心人，梅花与共嚼。

小诗着重写雪花的颜色——白色，由白色联想到"素心人"，再联想到洁白的梅花，营造出洁白世界，突出高洁特点，并蕴含寓意：做个"素心人"，寻求"本心"。

第三首是《花》：

> 园桃春丽妍，篱菊秋佳艳。人徒赏目前，根苗早培灌。

此诗赏花的视点与常人不同，写出花开前对花的培养，通俗且有哲理。

第四首是《龙女花》：

> 檀心雪瓣绝尘埃，如意中抽点绿苔。一献宝珠春透早，水晶宫外立徘徊。

前两句写出龙女花开放时与众不同的特点，在洁白中抽出嫩绿小点。后两句写龙女花在春天最先开放，告诉人们春的到来，但她又在水晶宫外徘徊，写出花的羞涩。此诗整体以白色为主色调，体现出素净、雅致的风范，富有韵味。

周馥的写景诗有一共性，即简洁的景物描写都带上女诗人的体悟、感受，富有哲理，而这种哲理有素雅、自然的风范，这是女诗人周馥追求的境界。

（七）周馥诗歌的特色

以上六部分，对周馥留存至今的四十三首诗歌逐一分类评析，以对周馥的一生有所了解。周馥作为古代白族第一位有诗集出版的女诗人，既是有个性的女诗人，又与人们传统心目中的女诗人不同，她必须为日常生活而奔忙，为教育孩子而操心，为孝养公婆而尽责，为一个大家庭的日常日用而操劳，为家族的繁荣而尽力。她既是位普通的家庭妇女，但又以新的角度来审视古代妇女，她同那些汲汲于功名利禄的男子不同，同一般的普通女子也不同，与大家闺秀出身的女诗人也不同。她有自己的世界，这个世界既在日常的当下生活中，也在女诗人的想象里，在她阅读和理解的世界中，更在她对亲人的深切思念里。其特色如下。

1. 题材丰富，境界阔大

周馥留下的诗篇虽仅有四十三首，可看到其诗歌题材是丰富的，可将其分为六类，这六类又可再分为不同小类，虽每一类的诗篇数量不多，但总体而言，女诗人不是只局限于一般普通的吟咏风物，而是诗人生活经历的记录。周馥诗篇之所以有如此丰富的题材，恰在于周馥是生活诗人，她写诗，仅在于书写其生活中的某个瞬间，写诗的目的不是成名，不是传之久远，而是把当下的心情、经历、对孩子的教育书写出来。其夫赵廷玉记叙了这一情景："闺中而以诗名，非正则也，且亦非亡室雁沙生前之志。""于归后，以鄙性耽吟咏，往往于课子女之余，间作唱酬。四十年来，咏古述怀，摅写性灵，无风云月露之词。脱稿或遂弃掷，存诸箧笥者颇少，秘不以示外人。"① 这说明周馥写诗的主旨乃是记录生活的经历，周馥是生活型诗人。刘大绅在读完周馥的诗后写道："读竟，乃喟然叹曰：是学道人之所为也。夫道，征于富贵贫贱死生之际。而昧者不知焉，戚戚嗟嗟，

---

① 赵廷玉：《〈绣余吟草〉原序》，载周馥《绣余吟草》，道光三年木刻本，"原序"第1a页。

终其身，怨尤不止。而顾以声律篇什博浮世名，弃实取华，得末遗本。古今来文人学士陷溺不返者，何可胜道。矧其在闺阁也。"[1] 他指出周馥诗是"学道人"所写之作，而此"道"非抽象之道，乃是当下的生活情状，"征于富贵贫贱死生之际"，"道"即在当下，是生活的原初状态，极有见地。他批评那些忘记诗歌就是书写生活本质状态的文人学士，高度赞扬了周馥的诗歌创作。

这些诗所显示出的境界是阔大的，这在她的咏史诗中较为明显，在《古蜀山氏女》等五首诗中，从遥远的轩辕帝时代到元末明初的历史，有神话传说、民间故事、历史事实，都一一评述，对五位具有英雄品行的古代妇女高度赞扬，是女诗人学习的榜样，也是白族女性的古代先民。即使在表现日常生活的诗篇如《天末篇，时有维西边警》中，女诗人也从这一现实事件，联想到周边的地理环境，以及与印度接壤的整个维西以南地区女性的生活。这与女诗人广泛阅读不同书籍，丈夫、孩子都外出谋生、求学密不可分。周馥作为女儿、儿媳妇、母亲、长嫂、祖母的生活经历，作为妇女，所处的社会地位以及较高的文化修养，使其诗歌拥有这份阔大情怀。

2. 率性而言，真情流露

周馥的诗都是自己生活的真实记录，是有感而发的。少女时代的《弹琴得小字》是如此，书写孩子去世时的诗篇更是如此，即使是那些教化功能非常明显的如《课子》等诗，也表现出女诗人对这种生活情态、方式的认可。《课二女迎寿、双岫》更是直白地写出"女终伏于人，坐绣平心性。一月四十五，日轮牵得定"，直接告诉女儿们要明白女子是要以男性为依附这个道理，要她们吃苦耐劳，一月做出四十五天的活来。以今人的眼光看，这极不合理，但最末一句又让人们看到女性自有独特价值，用你的努力、奋斗，就可驾驭自己的生命，支配生活，又体现出女诗人独立自强的可贵品质，而这种品质恰是周馥诗歌的价值所在。在前几部分所分析的诗中都可看到周馥的这种价值观。这在古代诗歌中较少出现，这同周馥在赵家，是整个赵家的顶梁柱密切相关。

---

[1] 刘大绅：《〈绣余吟草〉序》，载周馥《绣余吟草》，道光三年木刻本，"序"第1a页。

她在《侍姑疾时年已七十有三》中写道："蝶窗仙梦酣，萱泪至今含。琴挂壁徒四，岁寒更转三。姑痹资药饵，妇力勉支担。昭鉴唯天格，杨枝吁露甘。"直接书写出婆婆的精神状态、家中的贫困情景，作为媳妇的周馥努力承担家庭的重任，让整个赵家有快乐氛围。四十岁到五十岁期间，长大成人的两个儿子相继去世，诗人所写的悼念诗篇在叙述孩子的生平时，将无比悲伤的心境蕴含其中，诗人接受命运的无情打击。这份真情，也有夫妻间的唱和、牵挂，如在《寄紫笈夫子时在悉宜银厂名》中："九猛十三圈，南荒瘴接天。元蜂赤蚁穴，采矿凿崖穿。米为椿萱负，体输金石坚。在家贫亦好，耐守运迍遭。"周馥想象着丈夫在银厂时的艰辛生活，希望丈夫回来，即使家中贫困，也比在危险之地好，书写出对丈夫的关爱。当时云南诗坛领袖刘大绅这样评价周馥的诗："孺人诗，安贫若忘，乐道不忧，率性而言，真情自在，若不矜为诗者，而其诗乃独至。"[1] 评价一语中的，点明周馥诗歌的这一显著特点。

3. 视角独特，不落窠臼

周馥的诗歌从女性视角入手，往往从人们忽视之处切入，自然写出颇有新意之作，富有创新点，而这种创新又非诗人刻意所为。这正是周馥诗歌富有个性之原因。如诗人据当时流传于大理地区的历史故事、神话传说、民间故事写成的《古蜀山氏女》《汉阿南夫人》《唐阁罗凤女》《梁阿盖郡主》《段羌娜闺秀》等五首诗，有同大理相关的清雅"古蜀山氏女"，有为国家和丈夫而跳进火海的"阿南夫人"，有率性而为下嫁民间的一代公主"阁罗凤女"，有反抗父命为丈夫殉情的美丽的"阿盖公主"，有不忘父仇勇敢坚毅的"段羌娜姑娘"。周馥咏叹这些女性，从女性细腻的感受中观照女性、同情女性、歌颂女性，这些诗作的主题让人联想到宋朝著名词人李清照的《夏日绝句》，"生当作人杰，死亦为鬼雄。至今思项羽，不肯过江东"，体现出女性的豪情。

《绣衣行》诗与裁缝有关，女诗人看到孩子们对裁缝师傅做出的衣服色彩斑斓、漂亮合体，没有余下任何碎料的惊讶，顺势加以引导，教育孩子们"尔曹为文当如此，笔补造化庶几迪"，从缝衣服到写作文章，对材

---

[1]　刘大绅：《〈绣余吟草〉序》，载周馥《绣余吟草》，道光三年木刻本，"序"第1a~1b页。

料的裁剪等与缝制衣服有相同之处，这一日常生活中人人都见之事，却少有人有这种联想。在《书司马相如传后》中，从另一角度解读，司马相如后来受到妻子的醋意嫉妒而命运蹉跎，结尾"太息才人遭，内妒甚外妒"，对女性心胸的狭隘加以批评，诗人虽是女性，但从宽阔的胸襟来表现历史。在《和懿儿菜花诗》中赞颂菜花具有"斗艳阳""娱目"的审美价值后，特别强调其"充肠"的实用价值，因为平常，所以久远，同晋朝石崇繁华"金谷"在历史长河中的荒凉形成对比。只有周馥这一日常生活艰辛的女诗人，才能从司空见惯的菜花生发出富有特点的体会。周馥的诗歌往往能从普通事件中抒发出一定的哲理性感悟，以启迪后人。如《种瓜》中的"黄中通易理，绿蔓顺人情"化用《易经》思想来描写大自然的生机变化，有新的意味。

4. 女性诗篇，家国意识

周馥的诗歌虽从女性视角、眼光来看待这个日常琐碎而平凡的世界，但女诗人又始终从家国意识的原生点来观察这个世界，这是周馥诗歌视野开阔的又一原因。我们依据这一诗歌主旨去阅读，就会感受到周馥诗歌的别样魅力。家庭的和谐、幸福，必然带来国家的长治久安，因此周馥的教育类诗篇、抒情类诗篇、唱和类诗篇重在抒发家庭情怀，但是在这类诗篇中也寄寓着女诗人要孩子们、亲人们通过努力奋斗以改变自身命运，命运的改变必然对国家的发展、社会的进步带来积极效果的期望。而这些都必须是每个个体通过奋斗实现的。如在《女诫第七》中有"六诫精义阐厥微，此诫关荣辱进退"，强化其教化功能，成为有礼义廉耻信之人，在《关雎》中有"荇菜亦非闲草比，闺门风化有根由"，在《闻紫笈夫子言沙雪湖明府罢官后，得旨免戍归养事，作诗以勖诸子》有"仁孝推黄扉，循良纪青史。父母真显扬，儿曹切仰止"，在《训孙仁麟》中有"咬得苦菜根，慎择友与师。孔颜道可乐，尧舜人皆为。志行贞以恒，鬼神护且持"，从这些诗句可看出周馥在抒写性灵、教育孩子时，将儒家对社会、家庭所应抱有的责任意识贯穿其中，这正是家国意识具体而直接的体现。

其他诗篇所反映出的周馥家国意识的另一面，就是国家安定必然带来家庭的幸福、平安，社会动荡会造成家庭动荡。因此周馥在面对丈夫远游、参加科举考试时，表现出的是对国家稳定、社会安定的放心，而并非为此操心；在那些送别诗中读到当时社会的和谐一面。但当国家动荡时，女诗人则有一份为国家分担的责任意识，如《天末篇，时有维西边警》第二部分开头即以"鹤丽邓浪女，草履泥簪裙"起头，号召这些地方的女子行动起来，用女子的针线活为国家安定尽一份力，结尾的"巾帼非奇男，何以报朝廷"照应事件，强化女诗人的家国意识和情怀。

在那个时代，很多女性可能更多地关注小家的生活情态，而周馥不同，她能从大的角度审视世界。因此也才能看到周馥在去世前，到洱源看望儿子、女儿，当地发生"天花"传染病，多人因出"天花"而去世，女诗人用自己的医术拯救当地百姓，救活许多孩子的感人事迹；也才能看到女诗人临终交代身后之事的淡定、从容。这正是女诗人宽阔胸襟而形成的诗歌情怀、人生态度。

5. 语言天然，不事雕琢

周馥虽是女诗人，但其诗歌语言是自然淳朴的，表现出女诗人对诗歌语言高超的驾驭能力。如在抒情类诗篇中，女诗人遭受两个孩子去世的双重打击，还通过叙事，将事件逐一道来，表现出女诗人的坚强。在咏史诗中，对丰富复杂的历史事件用精要语句将其压缩，具有高度概括力，抒发诗人对历史人物的评价及感悟，极为合理。在与丈夫赵廷玉告别时写下的《紫笈夫子就馆中旬话别》诗："唐破吐蕃地，夫君又远征。铁桥江漭荡，石鼓雪峥嵘。翁殁新阡表，姑衰宿疾萦。家贫无一可，辛苦砚田耕。"前四句从丈夫远行就馆任教所经途程的描写到家庭具体情况的叙述，逐一展开，没有哀叹和凄楚，在描写叙述中表现出女性的坚强。又如在《得懿儿晋阳手书并近作诗文》中："数载江南信未通，那知燕晋寄飘蓬。孔怀兄弟金台杳，痛哭关河剑匣空。能致遗骸归故里，并将新作附邮筒。勉旃孝友承家学，默告先姑并祖翁。"数年后收到长子的信，得到的却是次子去世的消息，用"痛哭关河剑匣空"，写出女诗人看着孩子留在家中的空荡剑匣，儿子已在关河远隔万里的京城长眠地下的痛苦心情，但在信中又坚强地交代长子把孩子的遗骸运回故里祖茔安葬，无任何雕琢之痕。

即使在那些写景诗中，虽有精确、细致的描绘，但在清新淡雅的情感抒发中，也可看出女诗人率性而成，不事雕琢之特点。如《弹琴得小字》："天际随阳到水涯，双飞双宿伴芦花。琴中绎得关心调，小字从今篆雁沙。"前两句在写景叙事中将大雁双宿双飞的美好自由环境凸显而出。《龙女花》："檀心雪瓣绝尘埃,如意中抽点绿苔。一献宝珠春透早,水晶宫外立徘徊。"写出龙女花高洁、淡雅、遗世独立的早春消息。《雪》:"群山浮玉寒,太古琼酥托。本是素心人,梅花与共嚼。"一句"本是素心人",将女诗人的情怀自然说出。

关于周馥诗歌的这一特色,时人评价较高。沙琛认为:"本分摅直语,风水自沧漪。"① 周馥诗歌抒写时语言真实自然,但有风生而起的荡漾涟漪。指出了语言特点。王厚庆也写道:"至周夫人之诗,则天然秀韵,不事雕琢。此卷所存,如侍姑、寄外、课女、悼儿诸作,直摅胸臆,恻恻动人;咏古亦饶有识力。"② 评价准确,并非溢美之词。

6. 各体皆能,长于五言古诗的创作

通过对前面六类诗篇的分析,可看到周馥诗有五古、五律、七律、五绝、七绝等各种诗体。周馥自如地掌握各种诗歌体裁,根据写作需求选择合适的诗体。但在这些诗篇中,女诗人更长于五言古诗的创作。这些五言古诗大多篇幅较长,结构完整,内容丰富,叙事、抒情、写景相互融合,且有哲理抒发,表现出女诗人对这类诗篇的喜爱,也与周馥多样化的生活经历相关联。由于周馥遭受的痛苦有时远大于普通人,且其能从不同的诗歌体裁中书写出自己的生活情态,因而其诗有较高价值。如《哭次子慧出继夫弟所园》《悼四子珃彤,命载彤寄书武乡,唤懿儿归》,记录了诗人的痛苦经历、心情;在《同紫笈夫子过灵会寺忆唐梅》中写出游览寻幽到捐出物品请僧人寻梅、种梅的过程,表达出对生活的热爱;在《训孙仁麟》中表现出对孙儿的严格要求。又如《绣衣行》《天末篇,时有维西边警》,也体现出女诗人的这一诗体运用娴熟的特点。

那些不太长的五言古诗,女诗人的运用就更为娴熟,并有所创新。如咏史诗中的《古蜀山氏女》《汉阿南夫人》《唐阁罗凤女》《梁阿盖郡主》《段羌娜闺秀》等五首诗,女诗人根据诗歌内容的需要,有目的地运用新的诗歌样式,前六句用五言古诗格式,以叙述历史事实为主,结尾两句用七言格式,以抒情咏怀为主,显得舒缓。形成了六"五"二"七"的叙

---

① 沙琛:《题周孺人雁沙集》,载《点苍山人诗钞》卷六,云南丛书处刻印,第27b~28a页。
② 王厚庆:《〈绣余吟草〉序》,载周馥《绣余吟草》,道光三年木刻本,"序"第2a页。

述、抒情格式，这是女诗人有意识地对诗歌形式的创造性运用，这一格式对叙述历史、抒发情怀、展现现实都有独特作用。在大量古体诗作中，这样有意识的诗歌体式创制并不多见，可毫不夸张地说，这可能是周馥这位女诗人的一份独特贡献。

总之，周馥的《绣余吟草》一书，留下的诗篇虽不多，但极有特点和个性。在古代，这类诗篇都可归入"闺阁诗"范畴。古代闺阁诗大都境界狭隘、大受拘束，内容多为风花雪月、胭脂花粉之类，抒情存在柔弱娇腻、无病呻吟的缺陷和不足。而周馥的诗则没有这些毛病，有鲜明个性和特点。这与周馥所接受的诗歌教育、生活经历、博览群书、与丈夫孩子的唱和，与具有浓郁诗歌创作风气的家庭环境密不可分。她的创作又是在忙碌的家庭生活之余的日常记录、性灵抒发，在中国少数民族诗歌史上展现出女性诗歌创作的特有现象：在平凡生活中体现出女性的诗意追求和人生价值。

第二节　苏竹窗

苏竹窗是清代白族著名女诗人之一，其诗多为抒情诗。苏竹窗善于捕捉细节，在对细节的描摹和刻画中表现对生活的观察、感受、体验，既有女性特点，但又不偏于女性的柔弱，有"大家"风范。下面将从其家庭生活环境、诗歌内容特色等方面加以探讨。[①]

一　苏竹窗生平

苏竹窗，号竹窗，名不详。赵州弥城镇（今弥渡县弥城镇）人，出生于仕宦之家苏家，生活于18世纪中后期乾隆年间，即1750—1789年。[②]

当时弥渡苏家是官宦世家，苏竹窗父亲苏霖渤（1692—?），字海门，号观厓，苏霖渤曾祖父苏必达曾授义勇将军，世袭滇省参将。苏霖渤幼年

---

① 本节一、二之（一）和（二）部分根据周锦国的《温婉清新的清代白族著名女诗人苏竹窗》（《大理大学学报》2017年第5期）整理而成。

② （清）袁文典、袁文揆辑《滇南诗略》卷四十六有："苏氏，号竹窗，赵州人，苏海门侍御女，乾隆己酉拔贡龚锡瑞籍厓室。"（第9b页）载《丛书集成续编》第150册，上海书店出版社，1994，第744页。后《滇南诗略》均出自此书者，皆省。

丧父，孝敬母亲，在叔伯长辈的教养下，勤奋好学，为雍正元年癸卯科（1723）进士，步入仕途。为贵州开泰县县令，后因政绩卓异，升任刑部主事、南城御史等职。任乙卯科（1735）湖北乡试副主考，丙辰科（1736）贵州乡试正主考官。后两任山西学政，抨击科举考试中的各种弊病，选拔贫寒之家的优秀子弟，得考生联名称颂，回京复命后受皇帝嘉奖。后因母亲年已九十，告假回乡奉养，在家乡弥渡教导族中子弟，以敦厚、和睦为家族根本。后受聘任昆明五华书院山长，任职期间，强调学生的品行修养，砥砺学生之节操，对当时科举中的请托奔竞习俗深恶痛绝。苏霖渤所赏识的学生在科举考试中多获成功，钱沣为学生时，苏霖渤看到他的文章，认为其文必为云南文坛生色，后钱沣终成著名御史、散文家。晚年辞去山长职务回到家乡，去世时钱沣等亲临弥渡吊唁。① 苏霖渤曾写有诗歌，但多不存稿，《滇南诗略》仅存《上座师鄂西林相国》诗："兴朝家世旧从龙，勋爵新标异等封。望重元公廷有雉，名闻司马寒无烽。臣心似水余霜鬓，学业登峰仰大宗。文字当年遇知己，深惭顽铁荷陶镕。"②此诗为苏霖渤写给乡试时座师鄂尔泰③的，既写出鄂尔泰的家世，也点明了鄂尔泰任云南主考时对苏霖渤的知遇之恩，表达了对老师的感激之情。《弥渡县志》中存有《香峰山小集》："逃禅未必是前身，曳屐重轻不厌频。莲社常开宜选佛，松窗阴佛正迎春。当年玉带堪留镇，此日金仙想迎人。借问上方谁妙手，裁云补衲坐花茵。"④ 此诗所写为诗人登上家乡的香峰山时所见景色，突出佛教禅意，有一定意境。苏霖渤的散文《请编审仍照旧规疏》收入《滇南文略》（卷四十四）中。

苏霖渤弟弟苏霖润为乾隆丁巳科（1737）进士，翰林院庶吉士，直隶衡水县知县。有诗流传，如《登虫蝗寺》："通幽曲径雾濛胧，一派迷津锁

① 以上内容据《滇南诗略》苏霖渤小传、《弥渡县志》苏霖渤传（《人物志》，第 761 页）、龚渤墓志铭（为苏霖渤撰）整理而成。
② （清）袁文典、袁文揆辑《滇南诗略》卷二十，云南丛书处刻印，第 1a～1b 页。
③ 鄂尔泰（1677—1745），字毅庵，西林觉罗氏，满洲镶蓝旗人。雍正元年（1723）任云南乡试副考官；三年（1725），代理云贵总督，四年（1726），正式就任云贵总督，任职期间取得较大功绩。曾购书万卷充实昆明五华书院，亲自教导士子。累官至保和殿大学士、兵部尚书、军机大臣、一等伯。
④ 弥渡县志编纂委员会编《弥渡县志》，四川辞书出版社，1993，第 855 页。

世空。万里云程何处是？此身已到白云中。"① 此诗意境高远，富有气势。弟弟苏霖浩是乾隆间廪生，有诗《天桥挂月》："一人劈作两人间，巍峨飞虹百尺悬。足蹑云根探月窟，梦游仙屿忆桃源。奔流触石惊山雨，杰阁凌霄俯鹤泉。认取落花沿路去，豁然开处有桑田。"② 诗为七律，写出弥渡特有的天生桥景致，气势雄阔。族兄苏霖鸿为康熙丙子科（1696）举人，曾任两淮盐运使，贵州遵义知府。族弟苏霖溥为雍正丙午科（1726）举人，任国子监助教。③ 这一家族的文化渊源和传统异常丰厚。苏竹窗生长在这样的诗书仕宦之家，深受其父苏霖渤以及整个家族诗书传家的家风影响，为诗歌创作打下坚实基础。

成年后嫁予弥渡莘野村望族龚家龚渤之子龚锡瑞，夫妻二人感情深厚，相互唱和，龚锡瑞曾写《苴力铺》诗，苏竹窗写和诗《和外〈苴力铺秋柳吊升庵先生〉》。如两人诗集保存完整，定会有多首夫妻唱和之作。龚锡瑞在家中努力复习，积极参加每一次乡试，可惜命途多舛，连续参加七次乡试都未考中举人，后考取乾隆己酉科（1789）拔贡，到京城参加考选，可结果不理想，未任职。苏竹窗在家中操持家务，孝养公婆，育有一子④，抚育孩子，闲暇时节将生活中的细致观察和独特体验用诗歌记录下来。

苏竹窗大约在中年去世，龚锡瑞在己酉年（1789）前写有《悼亡篇》诗："鬼灯如见通宵绩，故突犹疑带病炊。""梦醒误余仍对榻，挂遗惊汝尚持家。"⑤ 从诗中可知苏竹窗年轻时虽是大家闺秀，但嫁为人妇后依然操持家务，辛勤忙碌，也知龚、苏夫妻二人真挚的感情。苏竹窗去世于己酉年前，享年不到 40 岁。

---

① 弥渡县志编纂委员会编《弥渡县志》，四川辞书出版社，1993，第 855 页。
② 弥渡县志编纂委员会编《弥渡县志》，四川辞书出版社，1993，第 857 页。
③ 《元、明、清弥渡籍进士文武举人名录》，载弥渡县志编纂委员会编《弥渡县志·人物志》，四川辞书出版社，1993，第 800~807 页。
④ 龚锡瑞墓碑上有"男龚世绥率孙曾启、荫、佑立石"。
⑤ （清）袁文典、袁文揆辑《滇南诗略》卷四十一，第 32a 页。袁苇塘（字惟清）在龚锡瑞诗选后所写的跋语中收录这四句诗。袁枚《随园诗话》中也有记录，但文字有出入：第二组中的"梦醒误余仍对榻"为"泪下怜余如隔世"。袁枚：《随园诗话》下《补遗卷二》，顾学颉校点，人民文学出版社，1960，第 599 页。从诗句前后不同看，袁枚所记当为早期诗句，袁苇塘所记当为龚锡瑞所修订的诗句。

苏竹窗作为有知识、有文化的家庭妇女，在广泛的阅读、细致体验中通过诗歌书写对生活、世界的观察和感受。其诗作未结集，仅收录于《滇南诗略》，共十四首。① 均为近体诗：五律、七律、五绝、七绝。

二 苏竹窗的诗歌创作及其特点

（一）温婉的叙事感怀诗

叙事感怀诗是女诗人描述生活情状、抒发生活感受的诗，有《接外昆明寄书作》、《听砧》、《村居》、《和外〈茸力铺秋柳吊升庵先生〉》和《书别》等五首。

《接外昆明寄书作》是首叙写夫妻情爱的诗："谋养君应出，家庭我自谙。亲欢一念拂，妇识几分忝。防疾先调药，称觞或典簪。前程知努力，早慰桂枝探。"某年秋天，龚锡瑞到昆明参加乡试，写信向夫人报告在昆生活情况，女诗人收信后有感而发，写下此诗。对丈夫参加科举考试的理解，在家中孝养长辈、料理家务，表明作为妻子、儿媳的谦恭心情。当时为秋冬时节，天气变化，人易生病，诗人为预防家人生病，先调理好汤药，家中宴请乡邻时还得典当簪子等，这些表现出女诗人娴熟家务琐事、性情温柔敦厚的特点。最后两句是对丈夫的鼓励，希望丈夫能科考成功，以告慰家人。可知女诗人乃识大体、顾大节之人。

古代浆洗衣服一般都在石砧上敲打，女诗人听到人们洗衣服的敲击声，有所感慨，写下《听砧》诗：

> 秋气肃然重，邻砧入听才。夜随凉月静，声带暗霜来。乍断知无力，连敲觉有哀。感余难遮寐，半晌倚妆台。

首句写秋天的肃穆气氛，有悲凉之感；"邻砧入听才"是"邻砧才入听"的倒装，为押韵采用倒语，写出敲击声的响亮，别有情味。颔联、颈联是情景交融的诗句：秋夜月光静凉，那石砧上传出凄暗的声音，断断续

---

① （清）袁文典、袁文揆辑《滇南诗略》卷四十六，云南丛书处刻印，第9b~11b页。下列苏竹窗的诗作均出自此处，不再一一标出。

续，可想见隔壁妇女凄怆的心情，诗人也倍感悲凉。尾联则婉转传出诗人的孤寂心情，诗人夫君可能在外地参加考试。颈联"乍断知无力，连敲觉有哀"写得精妙，富有表现力。

村居生活是人们所向往的，诗人就生活在农村，对此别有感受，《村居》诗情趣盎然：

> 山掩岚光水蘸霞，村居风味足清华。一箩鼠迹桃花米，满鼎松风谷雨茶。黄发拾薪恒事业，苍头种菜老生涯。论文也或高轩过，笑拔钗簪付酒家。

诗篇写农村悠闲自然的日常生活。首联写自然风光，用动词"掩""蘸"写出山色掩映、水光映照、霞光笼罩下清新、美丽的自然小村。领联用对偶句写农家环境的娴静自然，诗句纯用名词组成，"一箩、鼠迹、桃花米；满鼎、松风、谷雨茶"，对仗精妙自然。诗句用了三个典故：鼠迹、桃花米、谷雨茶。"鼠迹"化用唐朝诗人郎士元名句"虫丝粘户网，鼠迹印床尘"，表现农村生活的自然、平和、幽静。"桃花米"因产于四川达州市宣汉县桃花乡而得名，桃花米品质精良，色泽白中显青，晶莹发亮，煮出的饭香气横溢，滋润芳香，富有糯性；历史悠久，相传自唐代武则天后，四川地方官每年都将上好的桃花米献给皇上，故有"贡米"之称。"谷雨茶"是谷雨时节采制的春茶，色泽翠绿，叶质柔软，滋味鲜活，香气怡人，是茶之佳品。这三个典故写出农村稻米的精美，鼎镬中茶叶、茶水的清香淡远，体现村居生活中人与大自然融为一体的情景。领联选取农村儿童到山中捡拾柴火、老人在菜园中种菜的片段加以描写，表现农村生活的其乐融融。尾联与前面的闲适安静不同，诗人和朋友们在村中讨论诗文，有人在笑声中拔下头上的簪子去换取那让人兴奋的醇酒，在闲适中有了活力和热烈的氛围，表现出村居生活的另一面。诗篇抓住生活环境和生活过程的细节特征，将村居生活与文人生活相互映衬，特别是三个典故的运用，使诗篇别有情趣，有诗意栖居的生活意味。

丈夫龚锡瑞多次参加乡试，途经楚雄，那儿有让古代诗人凭吊之地——明朝贬谪云南的著名状元杨慎赋诗的苴力铺，龚锡瑞写下《苴力铺》，女诗人与丈夫相唱和，也写有《和外〈苴力铺秋柳吊升庵先生〉》诗，抒发感悟。

短长亭畔野桥隈，落日寒蝉响自哀。一种萧条南国恨，千秋涕泪锦江才。山残水剩无人惜，月冷霜清有雁来。眉黛任衰腰任减，还留青眼盼春回。

明朝著名状元杨慎（字升庵）因"大礼议"事件，被明王朝流放云南永昌，经楚雄苴力铺时看到路边垂柳，写下诗篇《垂杨篇》[①]。杨升庵同时期的云南诗人及以后的明、清云南诗人几乎都写有和诗、有感诗，纪念明朝这位最有骨气的状元诗人杨升庵，抒发景仰之情。龚锡瑞的《苴力铺——杨升庵赋垂杨处》全诗如下："苴力铺，蛮荒路，昔人戍，题诗处，至今犹有垂杨树。垂杨树，白日暮，堁风菌露亦君恩，莫叹腰肢有人妒。生还如梦死谁怜，千古同悲泪如雨。蛮荒路，苴力铺。"龚诗是杂言古诗，三言、七言交错使用，富有表现力。用"蛮荒路"作基调突出云南的偏远、荒凉，时光已过三百多年，但诗人面对垂杨，心中有对杨升庵人格的景仰、对其遭遇的深深同情；同时用"反语"间接批评皇帝，"堁风菌露亦君恩"，此句是说那和着尘埃的风、毒草的露水都是君王对你的恩德，言外之意就是君王没有定你的死罪，让你活下来已是最大恩德。"莫叹腰肢有人妒"化用杨慎《垂杨篇》中的"只知眉黛为君颦，肯信腰肢有人妒"，但反其意用之，你不要叹息别人对你的嫉妒，其实是你刚正不阿秉性的体现。诗歌对杨慎给予崇高景仰，深深同情，有悲凉之感。苏竹窗的和诗与此不同，女诗人虽不曾经过楚雄苴力铺，凭吊那株历经数百年的垂柳，但通过读丈夫的诗作、杨慎的原作，展开想象的翅膀，用"短亭、长亭、野桥、落日、寒蝉、涕泪、残山、剩水、冷月、清霜、大雁"等意象，既写出苴力铺的

---

① 杨慎《垂杨篇》：（小序）"楚雄苴力桥，有垂柳一株，婉约可爱，往来行之，赋此志感。""灵和殿前艳阳时，忘忧馆里光风吹。千门万户旌旗色，九陌三条雨露滋。苍凉苑日笼燕甸，缥缈宫云覆京县。芳树重重归院迷，飘花点点临池见。临池归院总仙曹，应制分题竞彩毫。诏乘西第将军马，诗夺东方学士袍。金明绿暗留烟雾，旧燕新莺换朝暮。只知眉黛为君颦，肯信腰肢有人妒。从此沈沦万里身，可怜憔悴四经春。支离散木甘时弃，攀折荒亭委路尘。摇落秋空上林远，婆娑生意华年晚。肠断关山明月楼，一声横笛清霜坂。"

自然环境，又构建了凄怆、离家、游子、荒凉的氛围，将景与情融为一体。尾联收束极有见地，"眉黛任衰腰任减"化用杨升庵名句"只知眉黛为君颦，肯信腰肢有人妒"，但经压缩，更为紧凑，显得旷达、豪迈；"青眼"化用晋代阮籍能为"青白眼"，常用青眼看诗人所喜爱、所器重之人。这两句诗意为：任凭容颜衰老、腰肢减细，但还要留下青眼盼望着美好春天的到来。在不平和哀怨中却无悲观、消极之慨，收束富有气势，表现出女诗人对古人的景仰和理解。将杨慎、龚锡瑞、苏竹窗三人的诗作对照阅读，可看出其各有侧重，表达的情怀各有千秋，但作为平凡的女子，苏竹窗能在数百年后用更为旷达的心态描写这一主题，无疑又有新的体验、感悟。此诗体现了苏竹窗的广博胸襟、跨越时空对话时的不凡能力以及诗人的真切体会。

这一组夫妇和诗让人仿佛看到古代夫唱妇随、红袖添香的美好而浪漫的生活情景。

龚锡瑞经常外出参加乡试，有时到外地办理其他事务，离别后，女诗人有感而发，写有《书别》：

> 别时梅蕊初霏雪，楝子花开今又红。客邸春光闺阁梦，都经二十四番风。

写女诗人在丈夫离别后自己的感慨和想象。化用古代"二十四番花信风"而写。据南朝宗懔《荆楚岁时记》载："始梅花，终楝花，凡二十四番花信风。"依夏历节气，从小寒到谷雨，共八节气，一百二十天。每节气十五天，一气又分三候，每五天一候，共二十四候，每候有某种花卉绽蕾开放，遂有"二十四番花信风"之说。其顺序为：小寒：一候梅花、二候山茶、三候水仙；大寒：瑞香、兰花、山矾；立春：迎春、樱桃、望春；雨水：菜花、杏花、李花；惊蛰：桃花、棠梨、蔷薇；春分：海棠、梨花、木兰；清明：桐花、麦花、柳花；谷雨：牡丹、荼蘼、楝花。开头两句写景中点明夫君在冬天梅花初放飘雪时节离开，至今又是楝子树红花开放，恰好一百二十天。后两句想象夫君客寓异乡，在旅邸中春光明媚时依然怀想两人在家中的闺阁之梦，虽有一百多天的离别，心中一直牵挂家中，结尾化用典故"二十四番花信风"，将思念、忠诚隐含其中。诗篇对"花信风"的化用恰到好处，自然妥帖。

这五首诗，有诗人对丈夫的思念、对邻居生活的描述、对村居生活状态的描述、对丈夫诗歌的唱和、书写离别后的感悟，亲切自然，符合女诗人的生活方式和态度，有感而发，富有真情。

（二）清新的写景抒情诗

此类诗篇是女诗人在日常生活中细致观察，描写不同季节有特色的景物并抒发情怀之作，有《新月》《登楼望白崖定西岭诸山》《闻雁》《窗前竹》《冬夕》《偶成》《柳》《落花》《雪夜》等九首。

新月常是古代诗人咏叹的对象，苏竹窗的《新月》诗："地湿衣沾水，初三月破昏。纤凝弹指甲，曲比皱眉痕。穿饵（注：此处意当为"耳"）纶思系，钩帘手误扪。光华长在后，耐赏莫生烦。"咏叹农历初三时的新月，别有情致。首联写夜晚时露水沾湿衣服，新月显现。颔联直接写新月，她"纤细"如人们在弹指甲时划出的弧线，"弯曲"如皱着眉头时脸上皱纹之痕迹，用两个比喻句刻画出新月的淡雅、朦胧。颈联通过人们在新月下所做之事间接描写新月的美好：一女子在替另一女子的耳朵上用丝线穿耳洞，可因月光朦胧，误将门帘钩子拿取过来。此联为流水对句，俏皮而新颖，将新月朦胧下人们的活动写得妙趣横生。尾联的收束别有哲理：面对朦胧新月，人们不必烦闷，不久将有更为明亮的明月等待大家。让人联想到英国著名诗人雪莱"冬天已经到了，难道春天还会远吗？"的名句，对未来充满殷殷希望。

古代妇女常登楼远望，大都抒发盼望游子归来的情怀，苏竹窗也登上高楼，远望山川，可所写诗歌却与众不同。如《登楼望白崖定西岭诸山》：

> 佳气莽无边，横来半壁天。晓昏不一态，今古常苍然。马背千盘路，林梢百道泉。吟窗终日对，襟袖落云烟。

定西岭在赵州和弥渡之间，即今之九鼎山，其山拔地而起，峰峦矗立，直插云霄。此诗写诗人望定西岭时的所见所感。诗人在家乡莘野村登上层楼（或许就是依云楼）遥望弥渡坝子北边的定西岭，山峰高耸，云气缭绕，蔚为壮观。首联即显出宏大气势，那无边无际的清新气息弥漫天际，那定西岭高耸天际，似把天空遮蔽一半，凸显定西岭的高大气势。颔联则描写早晨、傍晚两个时段定西岭上的不同景色，但古今苍然茂盛却是相同的。用晨、昏这一短时段的差异与古今苍浑雄奇不变的景色形成对比，给人以短暂时间的变化与悠久时间永恒不变的强烈对比之感。大有庄子《逍遥游》中有关夏虫、寿椿的不同体悟，亦有苏轼《赤壁赋》中"自其变者观之，则天地曾不能以一瞬；自其不变者观之，则万物与我皆无尽藏也"中关于时间、历史、人生的思考。颈联想象着人们骑着马儿在定西岭的山路上盘旋而上，沿途看到林梢中百道泉水潺潺流淌，这两句具体细腻，充满诗意。尾联则是诗人回到自己所立足的窗前，终日在窗户上看这雄奇山岭，自己的衣襟、袖子中似也落满从定西岭上飘荡而来的云烟。收束自然，呼应标题。此诗描写宏大而细致，不仅表达出对祖国山河的赞美与热爱，且描写颇有气势，无纤弱之态。时人评论道："脱尽闺阁语气。"① 这是非常恰当的。又有人用"苍浑"二字概括，雄浑苍劲，确有大丈夫气概。

　　大雁南飞，这是每年季候变化的必然，从古到今有许多诗篇均描写这一自然变化，抒发情怀，诗人也写有《闻雁》诗，能否写出新意？"野旷风霜警，灯残雁过楼。关山千里月，天地一声秋。少妇深闺梦，征夫远塞愁。银河斜未没，哀怨满空流。"此诗为诗人在秋天听到南飞大雁的叫声有感而写。首联写傍晚秋景的凄清。颔联对仗工整，全用名词"关山、千里、月、天地、一声、秋"组成，隐含主语"大雁"，通过不同意象组合，让人仿佛看到大雁越过万里关山、排成"人"字形由北而南，背负青天，伴随秋月，在声声雁鸣中日夜兼程飞行的情景；而大地也就在这声声雁鸣中转换到了秋季。此联气势宏大，用短短十字表现出较为丰富的内涵，堪为名句。颈联依然用一组名词"少妇、深闺、梦，征夫、边塞、愁"构成对偶句，由大雁南飞想到独守空房的妇女和远在塞外的征夫这一传统主题，将双方的思念、愁绪通过"梦""愁"隐含而自然地表现出来。尾联由傍晚写到深夜，那无眠的"少妇"面对耿耿银河，只能空流泪水，在泪水中寄托哀怨。诗篇后两联由雁鸣声声扩大到少妇、征夫这一主题，诗歌

---

① （清）袁文典、袁文揆辑《滇南诗略》卷四十六，云南丛书处刻印，第10a页。

意境得以扩展，表现出诗人开阔的视野。这首诗确有大家风范。同时代人评道："通体唐音，三四尤大而远。"① 又有人评论道："不必有意刻画而自然合拍。气韵亦极沉雄，宛然大家风味，岂止闺房之秀。"评价极高。此诗在对偶、想象方面独有创造，唐诗之宏大之概、雄阔气势、高远意境，富有想象力和创造力，远非一般诗人所能达到。古代较多的"南飞雁"诗中有极高成就，此诗出自边疆地区少数民族女诗人之手，是当之无愧的大家之作。

竹子是表现古代读书人的理想、情怀的植物，"岁寒三友"之一，女诗人也写有《窗前竹》诗：

> 除却寒松柏，寥寥孰与群。虚心真似我，直节独师君。尽日平安对，四时风雨闻。孙枝生不已，个个气凌云。

诗人抓住竹子的特点，写得妥帖自然。首联将竹子与松、柏相对，指出凛凛冬天只有它们仍青翠不变，体现君子风范。颔联写竹子"虚心""直节"的特点，一语双关，抒发诗人的志向节操，也如竹子"虚心""直节"。颈联表现竹子平和的心态，即使在风雨中竹叶发出的声响也清新自然。尾联"孙枝"既指"竹笋"，谐音双关，又指"孙子"，竹笋不断生长，无穷无尽，而诗人的儿孙们也应如此；同时希望儿孙们如同这竹子充满凌云气节，不为权势、金钱所动，寄托诗人的希望。此诗由眼前具体景物入手，抒发诗人的追求，表现女诗人的高洁志向和对儿孙们的希望，或许也是女诗人自号"竹窗"的缘由吧。诗篇中语义双关、谐音双关巧妙运用，将写景、抒情、哲理追求融为一体，是有个性的诗作。

冬天傍晚，一人独处，可能是孤寂、凄清、寒冷，女诗人在此时节，写出《冬夕》："雪霁泉鸣涧，林寒鸟就檐。梅花初夜发，随月上疏帘。"这首五绝前两句是组对偶句：飘飘洒洒的雪花不再飘落，那泉水叮叮咚咚从山中流淌而来，因林中寒冷，那鸟儿也叽叽喳喳飞到屋檐下，以度过寒冷冬夜。这两句写得富有声音之美。后两句随时间推移，傍晚时分，那艳艳梅花已然在冬夜悄悄开放，月光下透过稀疏窗帘映入屋内。后两句突出

① （清）袁文典、袁文揆辑《滇南诗略》卷四十六，云南丛书处刻印，第10a页。下同。

月光下艳丽早梅的状貌、色彩，有绚烂、柔和之景色。全诗用"鸣、就、发、上"等动词，富有动感，又精要勾勒出时间推移、景色变化的情状。短短四句，写出冬天傍晚景色的生动形象。

偶然的瞬间感受、情绪的体验，相信大家都有过，人们常说只可意会不可言传，但诗人《偶成》诗中却很好地表现出瞬间变化的情绪体验："倾耳多佳声，起视不知处。苔径立移时，竹上风来去。"女诗人偶然感受到美妙瞬间的过程，极似古代朦胧诗。诗人独坐一隅，倾耳细听那美妙声音，站起后到各地查看那声音来自何处，却"不知处"。让人想到"庄周梦蝶"后不知身处何处的感慨，诗人也如庄子被动人的声音所吸引，与美妙的声音融为一体。到屋外苔藓小径站立多时，慢慢移开，才发现那竹子轻轻摆动，是因风的来去而发出动人之音，这或许就是"天籁"之音。诗人把瞬间感受到的"天籁"之音美妙、生动地传达出来，让人不得不想到老子的"大音希声"的氛围、感受。诗歌的精妙在于将瞬间感受的过程用文字做出精妙描述，充分体现出女诗人对美好瞬间的捕捉能力。如法国雕塑家罗丹所言："世界上缺少的不是美，而是发现美的眼睛。"诗人在安静祥和的生活中感受、发现美，并将之表现出来。

写柳树的诗篇，从古至今不计其数，诗人能否有自己的创新呢？看《柳》："遮遍楼台覆遍桥，天宫眉黛尽情描。碧桃红杏开多少，大半春光属柳条。"写春光明媚时节的柳树，抓住柳条这一典型特征扩展书写，突出春天柳树的青翠，柳条装点春光的无处不在，将"碧桃红杏"与柳条对比，赞颂柳条的翠美。诗篇充满欢快气氛，而不再似《垂柳篇》中的凄怆。

面对落花，人们想到的是时光流逝、生命不再的感叹，女诗人也写落花，但有其特点，我们来解读《落花》诗："衔残燕子蹴残莺，到底春风算有情。吹得乱红如雨急，尽人细听总无声。"写落花的诗篇古今无数，要在这无数的落花诗中别有创意，实非易事，可女诗人做到了。此诗精妙之句即在开头，"衔残燕子蹴残莺"起句不凡，那花儿本是随季候的变化而凋谢，可诗人却用无厘头的想象，说花儿的凋谢，都因那燕子不停地啄食花儿、那黄莺儿在花枝上不停地踩踏；这无厘头的想法本应是"燕子衔残莺蹴残"，可诗人再用倒装句法，就更无厘头，收到出其不意之效果。在春风吹拂下，那花儿飘飘洒洒如急雨般飘落大地，可人们面对这飘飘洒洒的落花，都想去听听花落的声音，可花儿却是无声的，任人仔细倾听，依然无声，写出春天落红无数的美丽。诗篇没有伤春叹落花的无端愁绪，而是表现诗人对落花的审美体验。写落花别有新意，值得体味。

雪夜，充满诗情画意的氛围，也是永恒的主题，女诗人也写雪夜，在《雪夜》中我们读到的是另一番体会："夜静窗棂湿有光，开门白雪欲平廊。料应此际离家客，想着梅花小阁香。"此诗写雪夜时女诗人的所见、所感、所怀。寂静夜晚，那窗棂上因积雪堆砌而似有了光芒，开门一看那满地白雪快要将走廊填平。写出雪之大、之厚。此时，诗人料想着远离家乡的游子，面对这寒冷的夜晚，可能也正想象着自己回到家中，与亲人在那梅花开放、有淡淡幽香的温暖小阁中相互依偎的浪漫情景。前两句的寒冷、洁白的世界与后两句所构筑的温暖幸福的情景形成鲜明对比，富有新意。后两句与李商隐《夜雨寄北》"何当共剪西窗烛，却话巴山夜雨时"的意境有相同之状，但"梅花小阁香"却充满暖意，给人清新、温馨、明快的体验。

这组写景抒情诗是成就较高的诗篇，诗人一般都能另辟蹊径，观察细致、感情真挚、描写细腻，在传统题材中写出新意。

（三）苏竹窗诗歌的艺术特点

苏竹窗诗歌艺术上体现出如下特点。

第一，诗歌意境开阔，情景交融，丰富多样。女诗人非常重视诗歌意境的创设，每首诗都有富有个性的意境。有的宏大，如《登楼望白崖定西岭诸山》中开头的"佳气莽无边，横来半壁天"，有不凡气概；《闻雁》中的"关山千里月，天地一声秋"，气势宏大，堪为名句。有的婉约、精巧，如《村居》中的"一箩鼠迹桃花米，满鼎松风谷雨茶"，描绘出一幅有想象力的画面；《雪夜》中的"夜静窗棂湿有光，开门白雪欲平廊"，生动而细腻。有的富含哲理，如《登楼望白崖定西岭诸山》用"晓昏不一态，今古常苍然"来阐发哲理的情韵；《闻雁》用"银河斜未没，哀怨满空流"作结，给人以凄怆之感；《雪夜》用"料应此际离家客，想着梅花小阁香"的优美想象，与雪夜优美的环境相呼应。这些句子均为抒情创设出优美的环境。

第二，苏竹窗所写诗歌想象奇特，有耳目一新之感。在《听砧》中，写秋夜月色下的清凉，用"夜随凉月静，声带暗霜来"，将"夜、月、声、霜"等用拟人化手法，赋予性灵、动感；在《和外〈直力铺秋柳吊升庵先生〉》中的"山残水剩无人惜，月冷霜清有雁来"，似乎那秋柳历经数百年而无人再去关心，但用一对比句，强调大雁到来，在突兀中有了生机，表现出对杨慎的尊崇之情。在《新月》中，用人的动作"纤凝弹指甲，曲比皱眉痕"来比喻新月的纤细，恰到好处，别有个性。在《登楼望白崖定西岭诸山》的结尾用"吟窗终日对，襟袖落云烟"，将远在数十里之外定西岭上的云烟拉到襟袖中，将想象与现实融为一体，强化诗人对故乡山水的真挚之爱。这些丰富的想象，充分表现出苏竹窗的细腻观察、联想自然的特点，以及极强的语言表现力。

第三，苏竹窗诗歌语言精练、生动，富有个性。女诗人的诗虽仅留下十四首，数百字，但在语言上特点鲜明，有自己的个性。诗人好用名词对偶句，如"一箩鼠迹桃花米，满鼎松风谷雨茶"（《村居》），"一种萧条南国恨，千秋涕泪锦江才"（《和外〈苴力铺秋柳吊升庵先生〉》），"马背千盘路，林梢百道泉"（《登楼望白崖定西岭诸山》），"关山千里月，天地一声秋。少妇深闺梦，征夫远塞愁"（《闻雁》），对仗工整，意境悠远，富有表现力，都可称名句。有时用倒装句结构，达到出人意表的效果，如"衔残燕子蹴残莺"（《落花》）、"邻砧入听才"（《听砧》）。用词妥帖、准确生动，如"山掩岚光水蘸霞"（《村居》）中的"水蘸霞"，将晚霞映照下的山光水色表现得十分精妙；"夜静窗棂湿有光"（《雪夜》）中的"湿"字写出雪景映照下那窗棂也好像变得富有灵性，传神到位。

第四，苏竹窗作为女诗人，其生活环境有很大限制，其所写诗歌大都是前人已写过的传统题材，但女诗人能从自己的细腻感受、精巧结构、生动语言中，别有创新，写出新意，难能可贵。如在前面分析的《和外〈苴力铺秋柳吊升庵先生〉》诗，将杨慎的原诗、龚锡瑞的诗、女诗人的和诗对比来读，即可看出女诗人诗歌的别样情怀。这在《闻雁》诗中也得到充分体现。《雪夜》诗篇虽化用李商隐《夜雨寄北》的意境，但是显得更为温馨、亲切，更能打动人心。

第五，苏竹窗所写诗歌内容相对单一。由于留存至今的作品不多，能反映女诗人生活景况的诗作不多，仅在《接外昆明寄书作》和《书别》等诗中有所体现，表现出诗人作为家庭妇女的一个方面。由于女诗人生活在相对富有的官宦之家，对社会生活的复杂性关注不够，这从对周馥诗歌的比较中可看出两者的差异。但作为那一时代的女诗人，能有自己的创作，且有精品出现，非常不易，是让人深感欣慰的。

总之，苏竹窗虽仅留下十四首诗，但可以说每一首都是精品，其诗歌成就很多男性诗人甚至较难超越，在云南诗坛上是独树一帜、有较高成就的女诗人。时人评论苏竹窗的诗歌："居然正始之音。"[1] 指出其诗歌具有魏晋时期的"正始之音"，说明苏竹窗的诗歌寓意深邃、内容纯正、风格古雅、音节谐美。作为那一时代的女诗人，其诗作有个性、有特点，值得人们仔细品味。

第三节　王漪

一　王漪生平

王漪，大理人，成年时嫁予漫游至云南大理的湖南武陵（今常德市）人胡蔚，胡蔚当时在大理书院任讲席。胡蔚的原配早已去世，王漪为胡蔚继室。王氏受过良好的家庭教育，"知书能诗"，结婚后与胡蔚写诗唱和。己亥年（1779），夫妻二人生活较为贫困，当时大理府太和县县令萧署堂与胡蔚有来往，曾写有《今夕行》记录两人除夕夜生活的艰辛："前年此时宰榆邑，黄鹄抢风正飞集。愧少猪肝日给供，谁遣牛衣相对泣。"写出夫妻二人因家庭困难，在除夕之夜也只能吃较为简单的饭食，两人相向而泣的情景。但夫妻二人感情真挚，相互写诗表达感情。后萧署堂还写诗道："从知健翮原矫矫，达人才名著垂老。椒盘然烛对文君，不用祭诗怜瘦岛。"对两位感情真挚的贫困夫妻给予高度赞扬。后胡蔚得到按察使徐两松的举荐，到昆明成材书院任教职，王漪随丈夫胡蔚到昆明。在昆明期间，夫妻二人过上了相对安适的生活，胡蔚教学效果显著，桃李满天下。壬寅年（1782）端阳节，胡蔚因吃粽子较多而生病，胡蔚弟子向老师进献补药，王漪劝丈夫勿食补药，胡蔚不听，于是一病不起，遂离开人世。

胡蔚去世后，王漪得到徐两松的资助，将胡蔚安葬于昆明北郊商山，后被徐两松派人护送回大理。王漪在大理娘家，始终记挂着去世的胡蔚，于是又返回省城昆明，为胡蔚守墓，并写下组诗《端阳泣》。其间，王漪

---

[1]（清）袁文典、袁文揆辑《滇南诗略》卷四十六，云南丛书处刻印，第9b页。

在昆明将胡蔚留存的诗篇汇集整理，编为《万吹楼诗集》。当时在广东香山县任县令的蒙化（今大理州巍山县）人彭龏听到胡蔚去世的消息后，为感谢胡蔚对自己的引荐之恩，从广东寄二百金到昆明给王漪，让王漪能有安定生活，并刻印胡蔚诗集。胡蔚生前已将诗集编订为《万吹楼诗集》，有诗近千首，经彭龏选订，收诗270余首。今《万吹楼诗集》已散逸。

王漪的丈夫胡蔚（？—1782），字少霞，号羡门，是清朝乾隆年间知名史学家和诗人。少年时，胡蔚跟随任知府的父亲到江西临江府（今江西省清江县）居住。母亲谙于诗学，在母亲的陶冶下，胡蔚从小就长于写诗，在家乡考中拔贡，随后参与治理黄河，曾任候补同知。后因"堕马病废"，退出官场，浪迹天涯。他"往来南北，所交皆豪贤"。乾隆三十九年（1774）入滇，先主讲大理书院。他治史能诗，甚得迤西士人尊崇。在大理期间，胡蔚有感于南诏大理历史的丰厚，萌生了对大理历史的兴趣。于是，他开始对流传在民间"前后矛盾，不可究诘"的倪辂和阮元声本《南诏野史》进行整理和校订，使之条理分明，叙事清晰。

胡蔚来云南前，原配已去世。在大理讲学时，续娶王漪为继室。王漪也知书能诗，婚后虽与胡蔚生活清苦，但夫妻二人相互唱和，自得其乐。胡蔚对于诗歌在幼年时即有自己的见解，博学广识，所作诗大有和平深厚雅致之感，没有嘈杂肃杀之音。诗篇怨而不怒，婉转而有讽喻之意，曾吸收汉魏六朝的诗歌风格，后有所变化，有唐宋元明清之变，先宗法明朝诗人后宗法清代著名诗人王士祯的"神韵说"。胡蔚在大理期间，与大理诗人杨履宽等人多有交往，曾为杨履宽伯祖父杨师亿的《且诗》点评，也参与袁文典、袁文揆兄弟辑录的大型丛书《滇南诗略》的编辑，对有关诗作加以点评。后胡蔚得到按察使徐两松推荐，到昆明掌教成材书院，夫妻得以稍过安适生活。在省城三年，桃李盈门。乾隆四十七年（1782）端阳节这天，胡蔚因饮食不当，救治不恰而去世。其妻王漪整理亡夫遗稿，成《万吹楼诗集》传世。[1]

---

[1]　以上王漪、胡蔚的生平事迹根据（清）檀萃编撰《滇南草堂诗话》（卷十二）（嘉庆庚申新镌）中的有关记录、陶应昌编著《云南历代各族作家》（云南民族出版社，1996，第387页）、大理白族自治州地方志编纂委员会办公室《大理州年鉴（2005）》（云南民族出版社，2005，第371页）有关胡蔚、王漪的记录整理而成。

二　王漪的哀挽诗及其特点

王漪的哀挽诗《端阳泣》写于壬寅年（1782）端阳节丈夫去世一年后的清明节，当时王漪二十多岁。《端阳泣》是组诗，共五首。全诗如下：

> 幸事前身老屈公，又随端阳去匆匆。彩丝角黍伤心事，况对榴花照银红。
>
> 思美人兮得合欢，谁知凤逝剩孤鸾。此身未许轻相殉，总为无儿拜扫难。
>
> 自大归时泪雨纷，点苍山起望夫云。妾身亦是骚人妇，忍弃新吁宿草坟。
>
> 挑灯独写奠夫文，绣阁沉沉暗闭门。一字一珠一点泪，九原泉下拟君闻。
>
> 拜扫清明泪满腮，怜君空自负多才。文章词赋勤汇辑，封禅书还待使来。①

《端阳泣》是王漪所写的哀挽诗，为五首七言绝句，按时间先后顺序组成序列诗篇。

第一首写胡蔚是湖南人，以与屈原、端阳节照应，而胡蔚又在端阳节因吃粽子而离开人世，本是有意义的纪念屈原之日却成伤心之日，追随屈原而去，在看似一切都合乎常情的情形下，显得凄怆悲凉。

第二首写女诗人的心情，"思美人兮"用楚骚体，与第一首相衔接，两人结为合欢之家，本是幸福之事，与下句形成对比，胡蔚这只彩凤却先行而逝，剩下女诗人这只孤独彩鸾。女诗人也有随夫而殉的想法，可因无后人祭扫坟墓，只能苟且为生，为夫君祭扫坟墓。写出女诗人王漪活下去的原因。后王漪被徐两松护送回大理后又再度回到昆明，为胡蔚守墓。

第三首写女诗人王漪在夫君去世后，安葬胡蔚，被徐两松送回大理娘

---

① （清）檀萃编撰《滇南草堂诗话》卷十二，嘉庆庚申新镌，第 3b ~ 4a 页。

家时的难过心情，化用大理地区著名传说"望夫云"的典故，表达对夫君胡蔚的深切思念之情。两人都有诗人之心，王漪不忍心让胡蔚一人独宿草坟，从大理返回昆明为夫君守墓，哀怨动人。

第四首写女诗人王漪深夜挑灯写祭奠亡夫的奠文，"一字一珠一点泪"，表现出王漪对夫君的沉痛之爱，希望丈夫"九原泉下"能听到女诗人一字一泪的深情倾诉，表达女诗人的挚爱情感。

第五首写第二年清明节，女诗人拜扫胡蔚坟墓的悲伤之情——"泪满腮"，以及对夫君才华卓著却不能实现理想的哀怜之意。后两句写出女诗人正抓紧搜集胡蔚诗文，编订成册，"封禅书还待使来"是写广东香山县令彭翥，"封禅书"是当年彭翥在香山县剿灭海盗，受到朝廷嘉奖，彭翥前往京城接受朝廷的敕封；"使"指彭翥。女诗人将胡蔚的诗文集编订好后，等待到京城参加接受敕封的彭翥回到大理，最后确定作品的内容，然后刊印。

《端阳泣》这组七言绝句，体现了王漪诗歌创作的特点。

第一，《端阳泣》虽为五首诗，但形成先后衔接、互相照应的系列整体。第一首以叙述事件为主，为整组诗篇奠定基调，为以后各诗的抒情做准备。第二首是女诗人的心理活动，承受获得爱情后又失去的痛苦，但未像其他年轻人要殉夫而去，而是做更为重要之事。第三首写夫君去世后女诗人被太守送回大理又再从大理返回昆明为夫君守墓，叙事中有浓烈的抒情意味。第四首是抒写祭奠亡夫的过程及其深切感情。第五首是亡夫去世近一年后清明上坟时的伤感之情，但更为重要的是整理亡夫的作品，能使之流传，表现出王漪这位孤独者要为丈夫的作品做出交代，有其深切之情。这首组诗以时间先后接转每一首诗，表现出王漪在近体诗创作上的自然娴熟。

第二，《端阳泣》组诗虽是哀挽之诗，虽有哀挽、无奈、痛苦，但不消沉和颓唐，体现出女诗人哀挽中的刚强和坚守、理性和担当。女诗人和胡蔚是心心相印的夫妻，两人有共同志趣，"思美人兮得合欢"是二人心灵相通的写照。胡蔚从湖南等地漫游到云南，在大理与王漪结为夫妻，两人虽生活清苦，但夫妻相互唱和，其乐融融，惺惺相惜。因此女诗人虽知独自生活下去的艰难，但仍默默搜集、整理丈夫的作品，并希望有朝一日能刊刻问世，女诗人没有轻生随夫君而去，而是为夫君守墓并辑录夫君的诗文作品，让胡蔚的作品流传后世，让后人了解胡蔚的创作成就，了解其是对南诏大理历史深有研究的学者，使其思想、价值能为后人所记取。可看出女诗人在绝望生活中的刚强和坚守。王漪的这份付出是值得的，胡蔚校订的《南诏野史》，在各种《南诏野史》的版本中是较为全面和丰富的一部，为后人研究南诏大理国时期的历史留下重要资料。

第三，《端阳泣》组诗表现了王漪对丈夫胡蔚的深厚感情，妻子好好活着，就是对夫君的极大安慰。第一首开头将夫君胡蔚比作屈原化身，对胡蔚的才情给予较高肯定，并照应诗题，切合语境。第三首所描写的女诗人返回大理时"自大归时泪雨纷"既是对夫君早逝的无限悲叹，也是对自己悲苦命运的感叹，化用大理地区"望夫云"的神话传说，以体现对丈夫的忠贞之情，自己将如同苍山顶上的云朵一样，盼望着丈夫能起死回生，回到这个充满生气的阳光世界。"妾身亦是骚人妇"表现出夫妻二人唱和的美好情景。女诗人回到昆明后，将自己关进绣阁，在孤独的夜灯下整理丈夫文稿，撰写祭奠丈夫之文，让人仿佛看到宋代著名女词人李清照在丈夫赵明诚去世后保留其诗文并有所创作的经历。女诗人在整理丈夫诗文作品时的"一字一珠一点泪"，是深深的思念、无尽的情感，虽有悲情，但又充满了对已逝丈夫的责任。

第四，《端阳泣》组诗语言质朴而有感性。这五首诗是女诗人真性情的流露，在哀婉叙事中，将夫君去世的情景做清新的白描勾勒，再表现女诗人的心态，体现出女诗人语言表达上质朴清新的特点。如"此身未许轻相殉，总为无儿拜扫难"，直接点明不能随夫君而殉，因自己还有祭扫丈夫墓冢的职责，是深明大义之言。第五首描写清明时节祭扫时"泪满腮"的情景，语言简朴；"怜君空自负多才"直抒胸臆，是对丈夫的赞美，也是其坚持为丈夫整理文稿的原因，即不让丈夫的思想、诗作湮没不彰，而通过自己的辛勤努力，使夫君的作品得以流传。语言无雕词丽句，但同样具有感染力。正是女诗人对丈夫的深厚情感打动了读者，令读者为女诗人的不懈努力而欣慰。

时人对王漪的这一做法给予较高评价："云谷谓：补山尝以身委蛊蚕

谑少霞。今贞掺如此，岂使金蚕蛊者耶？少霞有此佳偶，亦甘为之死矣。"① 时人补山认为胡蔚娶王漪为妻，是受了当时王漪所养金蚕蛊的蛊惑。此事发生后，黄云谷认为王漪对胡蔚是真心爱恋，以身相许，不是什么蛊惑之祟所成。胡蔚有了这样坚贞、贤德的妻子，为之去死也是值得的。从这一评价可看出王漪在当时受到士人的极大肯定，士人认可其为丈夫所做的一切，也才有彭蓍从广东香山寄二百金给王漪的事件。在王漪的身上可看到白族妇女坚强不屈的品格和坚贞的信念。

王漪丈夫胡蔚的诗作现保留的是收录于《滇南诗略》第四十五卷"流寓"中的 43 首，其中有《秋怀五首》和《感通寺龙女花三首》，是在大理地区的感怀诗和描写大理感通寺龙女花景致的。现附录于后，做简要评析，以了解胡蔚诗歌的特点。

秋怀五首

寒烟漠漠草萧萧，秋至盐官更沉寥。砧杵远连城上角，风云暗接海门潮。扁舟旧记闻吴咏，尊酒时还对楚谣。潦倒年来竟何补，自嫌身世愧渔樵。

漂零此日客天涯，却指云山去路赊。海上岂因思卖药，河源宁计可浮查。南来鸿雁秋风断，北望音书落日斜。便拟拂衣寻甫里，可能容我入烟霞。

漫将旧事托狂吟，振触闲愁最不禁。几树秋声风淅沥，一帘凉意雨深沉。汉宫自怨齐纨扇，湘水还遣绿绮琴。十二阑干隔缥缈，可怜回首总难寻。

蓬瀛东望水漫漫，闻说神仙却有山。桃实若能三度窃，桂枝应许一齐攀。瑶姬鼓瑟垂红绶，玉女吹笙动绿鬟。杳杳锦书期不至，何时青鸟到人间。

宵来依约入瑶京，金碧楼台护绛云。跨鹤传书三岛吏，乘龙授简

---

① （清）檀萃编撰《滇南草堂诗话》卷十二，嘉庆庚申新镌，第 4a 页。云谷：黄云谷，曾在云南为官十年，而又滞留云南十余年，跟从檀萃学习诗歌创作并吟诗，再教授云南人学写诗，《滇南草堂诗话》各卷之首都题有"白石先生、云谷老人同话，草堂弟子编次"。白石先生即檀萃。

九华君。骨因上药曾先换，袖有天香不用熏。消尽儒生酸习气，闲愁
从此总无闻。①

《秋怀五首》写于大理，此时胡蔚从江南游历至大理，虽有才而无法
实现理想，有潦倒之感，但不曾消沉，而是能沉浸于大理的山水、人文环
境中。其中，"消尽儒生酸习气"难能可贵。

在其《感通寺龙女花三首》中，诗人写道：

雾鬓烟鬟洱水来，托根清净佛前栽。香随檐葡林中觅，色映优昙
座上开。

檀心雪瓣耐轻寒，最好盈盈出世看。遮莫听经偕鹿女，献花同上
佛花鬘。

天际苍山入画图，笋舆小驻到林峦。滇西记取无双树，写韵楼边
见一株。②

这三首诗是写大理古代特有的龙女花较好的诗作。大理地区的佛教重
地感通寺，明代著名诗人、学者杨慎在其中居住多时，写有音韵学著作，
遂称此楼为写韵楼。写韵楼栽种有龙女花，诗人自然将龙女花与佛教相联
系，写得有声有色，富有韵味。第一首写龙女花栽种的与众不同，用洱海
水来洗涤，使之清净栽种于佛前，盛开时也有特点；第二首写龙女花开放
时是"檀心雪瓣"，盈盈可爱，与佛教典故照应；第三首写人们在美丽的
苍山洱海间去探访写韵楼边的龙女花，是对龙女花的最好赞美。这三首诗
文辞优美，既有佛教韵味，也有诗人对龙女花的喜爱之情。

在这些诗作中，可看出王漪、胡蔚在一起生活时定当有多首唱和诗作，
可惜未流传下来。彭荟认为，胡蔚的"诗歌和平渊雅，无焦杀之音"③，评
价中肯，指出其诗歌特色，这在所分析的这几首诗作中，有所表现。

---

① （清）袁文典、袁文揆辑《滇南诗略》卷四十五，云南丛书处刻印，第6b～7a页。
② （清）袁文典、袁文揆辑《滇南诗略》卷四十五，云南丛书处刻印，第10a～10b页。
③ （清）袁文典、袁文揆辑《滇南诗略》卷四十五，云南丛书处刻印，"眉批"第4a～4b页。

第四节　袁王氏

一　袁王氏生平

袁王氏姓王，名不详，出生于贵州贵筑县（今贵阳市花溪区），15 岁时，在贵筑县遇到前往京城谒选（官吏赴吏部应选）的官员袁惟清，袁惟清听到王氏女是个贤德的女子，此时袁惟清妻子已去世，于是在途中娶王氏为妻，袁惟清年约六十岁。到京城谒选后，袁惟清未再任职，王氏随同袁惟清一起返回家乡云南省赵州弥渡红岩，与袁惟清过着安贫乐道的生活。

王氏的丈夫袁惟清，字介夫，号苇塘，赵州（今弥渡县）红岩镇人。生于乾隆十五年（1750）前后[①]，少年时即显示其才华，读书过目成诵。年轻时与赵州（今弥渡县）人师范、龚锡瑞，蒙化人彭翥等在诗歌上多有唱和，交往密切。袁惟清于乾隆三十五年庚寅科（1770）乡试考中举人，次年参加会试，未考中。又曾于乙未年（1775）与师范结伴而行到京城参加会试，仍未考中，后多次到京城参加会试，也未考中。根据清朝乾隆年间的考选规定，参加会试三次未考中进士者，可参加每六年举行一次的"大挑"考选。袁惟清在乾隆四十六年（1781）的会试也未考中进士，随后在当年的大挑考选时考中，到长芦县任职，师范有诗《袁苇塘改发长芦，屡书趣予而未有报也，感题二律以当柬》[②]，后曾任易州司马，袁惟清后升任为封川县（今属广东省肇庆市）县令，于乾隆五十九年（1794）任武强县（今河北省衡水市武强县）县令。师范曾于嘉庆元年（1796）春到武强县袁惟清官署留住一段时间，写有《人日武强署斋赋呈袁二苇塘》[③]等多首诗。袁惟清为官时认真听取下属汇报，裁断事件明确敏捷，闲暇之余从事诗歌创作。袁惟清担任武强县县令的职务时间较长，后出于其母亲

[①]　袁惟清年轻时，与之交往较为密切有师范（1751—1811）、龚锡瑞（1752—1801）等人，他们年龄相接近。师范也曾参加乾隆三十五年庚寅科（1770）乡试，但未考中。故出生年份大体确定为乾隆十五年（1750）前后。

[②]　（清）师范撰《师荔扉先生诗集》卷二，第 17b 页。

[③]　（清）师范撰《师荔扉先生诗集》卷十一《嘉庆选人前集》下卷，第 7a 页。

去世①等原因回到家乡服丁内艰等，直到 60 岁左右。在家乡丁忧结束后，到京城吏部参加官员应选，经过贵阳时，娶王氏女为妻，在吏部官员的应选中，没有合适的职位，不再任职。此时袁惟清年岁已高，于是回到家乡赵州。

袁惟清退休回家后，曾指导其六岁的侄孙女袁漱芳（袁惟清是袁漱芳的外伯祖父）学习《孝经》《论语》等书，并在诗歌方面有所吟咏。袁漱芳十一岁时，在永昌任职的外祖父回到家乡，外祖父不让袁漱芳再吟咏诗歌，而专心做女红之事。袁惟清与曲靖太守宋湘是诗友，宋湘很以自己的诗才自负，但通过袁惟清为其诗点定分析，对袁惟清的点定非常佩服，对自己的诗有了清醒认识。袁惟清也曾对《滇南诗略》中的有关诗做点评。袁惟清写有《史抽诗》一卷（清代嘉庆八年刻本，今存南京、辽宁等地图书馆）和《四余堂集》（已逸）等。师范在 1792 年写定的《荫椿书屋诗话》，对袁惟清有所记述："易州司马袁苇塘，总角后即与竹林唱和，一时称为彭袁古体，仿元白近体，间染指于温李。乙未同赴公车，《题少陵祠》有句云：'房公终罢相，严武竟能容。'十字括尽此老一生。予谓杜茶村之咏东坡曰'蚤读范滂传，晚和渊明诗'，两者不知谁优。"②此段话语记述了四十岁前袁惟清在诗歌创作上的特点，其诗歌受到元稹、白居易的影响，也借鉴了温庭筠、李商隐等的创作，两人一同赴京城参加会试，题写的诗句有高度的概括性。袁惟清的诗留存有《春日泮宫即事和陈岱封先生韵》："投簪无事独横经，领袖群英树典型。未惜帷缸终夜铭，能教津蕴一时青。云闲谢客围棋墅，春在林浦放鹤亭。自是云龙湖海气，豪吟那诗鬓如星。"③

王氏随袁惟清到弥渡后，生活在书香门第的袁家，这九年的生活是愉快的，袁惟清在教育侄孙女读书、写作时，也一并指导其阅读相关书籍，

---

① 据《新纂云南通志（九）》载，袁惟清"父人龙，乾隆丙辰、戊午两科副榜，重赴鹿鸣，年九十九始卒"。《新纂云南通志（九）》卷二百三十二《文苑传》一，张秀芬、王珏、李春龙、牛鸿斌点校，云南人民出版社，2007，第 318 页。袁惟清父亲高寿，在袁惟清任职时不可能去世，可能是其母亲去世。史书中没有关于袁惟清任职时撤职、退休回家的记录，那一般只有这一情况才会回家。

② （清）师范：《荫椿书屋诗话》，写本。

③ 杨镜编著《大理古今诗人要事录》（下卷），云南民族出版社，2007，第 690 页。

并指导其诗歌创作训练，王氏在丈夫袁惟清的指点下，诗歌写作有了长足进步。

后来袁惟清得了重病，于是对王氏说道："吾不起，汝年少，奈何？"王氏回答道："君无虑。发乎情，止乎礼义，妾犹晓之，决不于君后作拖泥带水事也。"后袁惟清去世，可能在 1825 年前后。在安葬袁惟清前一日，王氏自缢身亡，时年仅二十四岁。

王氏在自缢前，写下绝命诗十首，以表明自己的心迹。王氏事迹收入《云南通志》"列女传"，受到朝廷的旌表。①

二　袁王氏的"绝命诗"及其特点

王氏的十首"绝命诗"，是充满个人情感的诗篇，一位有一定才华、充满青春活力的女子，在人生最美好的年华，因为老年丈夫袁惟清的一番话语，就此告别这个世界。以下将对袁王氏的"绝命诗"进行深入研读，去探究那个时代女性的心理和生活经历。

这十首"绝命诗"如下：

> 身中设誓鬼神知，忍把贞心一旦移。底事临终频絮语，知君属意在蛾眉。
>
> 从容尽节亦非难，论定何须待盖棺。悉典钗钿营后事，衣衾亲制始心安。

---

① 以上内容根据《新纂云南通志（九）》卷二百三十二《文苑传》一（张秀芬、王珏、李春龙、牛鸿斌点校，云南人民出版社，2007，第 318 页）、《新纂云南通志（十）》卷二百四十二《列女传》四（李斌、李春龙、牛鸿斌、王珏点校，云南人民出版社，2007，第 108～109 页）、谷涵荣：《先慈袁恭人行述》（载方树梅纂辑《滇南碑传集》，云南民族出版社，2003，第 952～953 页）等有关资料整理而成。《新纂云南通志（十）》记载："袁惟清继妻王氏。惟清，赵州人，氏则贵筑产也。惟清谒选，入都过黔，闻其贤，娶之。告归后，氏随夫安贫。夫病笃，谓之曰：'吾不起，汝年少，奈何？'曰：'君无虑。发乎情，止乎礼义，妾犹晓之，决不于君后作拖泥带水事也。'葬之前一日，自缢死，时年二十四，留绝命诗十首。"《新纂云南通志（九）》记载："袁惟清，字介夫，赵州人。乾隆庚寅举人。父人龙，乾隆丙辰、戊午两科副榜，重赴鹿鸣，年九十九始卒。惟清少负奇质，读书过目成诵。任封川、武强知县，听断明敏，放衙后，惟事吟咏。告归，与曲靖守宋湘为诗友，湘颇以诗自负，惟清为点定字句，湘大悦服。所著有《史抽》一集及《四余堂稿》。"

入春渐觉减精神，白发红颜暗自颦。不为穷愁弛爱敬，闺中相敬本如宾。

芳容不毁漫遐思，终日犹将粉黛施。留得妾身真面目，相逢地下好相知。

黔阳许字不糊涂，笑彼村夫比绿珠。一样轻生殉故主，光明正大有谁知。

裙布荆钗事已休，丁宁女伴莫添愁。一生修短皆前定，自古红颜不白头。

相携万里最婆娑，九载恩情感佩多。欲待寻君天上去，还愁牛女隔银河。

廿四年来梦得真，一朝同穴亦前因。百年万事无难了，所不甘心是二亲。

纷纷血泪滴绞绡，渺渺芳魂入绛霄。十九峰头藏雪处，红炉一点不能消。

稽首焚香拜帝都，生平志愿得相符。圣朝旷典能侥幸，衔结难忘贤大夫。①

袁王氏的这十首绝命诗都是七绝，符合韵律格式要求。以下先逐一从内容上对这十首诗简要解读，然后再讨论分析。

第一首："舟中设誓鬼神知，忍把贞心一旦移。底事临终频絮语，知君属意在蛾眉。"开头回顾九年前王氏嫁予袁惟清时乘船北行进京，在行船上王氏向袁惟清发誓：嫁为人妻后，绝不再有袁惟清去世后改嫁他人之想。后两句则直接写袁惟清临终时再强调此誓言，"频絮语"说明袁惟清对此事之重视。王氏从善意的角度理解丈夫，知道夫君的心意都在自己身上，是对丈夫的理解，从夫而亡是自己的选择。

第二首："从容尽节亦非难，论定何须待盖棺。悉典钗钿营后事，衣衾亲制始心安。"前两句是议论性话语，决心为袁惟清尽节，这并非难事，而是要考虑到去世后人们的评价。后两句写出王氏决心赴死的淡定，精心

---

① 《新纂云南通志（十）》卷二百四十二《列女传》四，李斌、李春龙、牛鸿斌、王珏点校，云南人民出版社，2007，第109页。

准备夫妻二人去世后的各项细琐之事，将夫君送的钗钿等首饰典当出去，亲手缝制好去世时穿的衣服、盖的被子等，表现出王氏为夫而赴死的从容决心。从中也可看出这位退休回家县令官员家境的贫寒。

第三首："入春渐觉减精神，白发红颜暗自颦。不为穷愁弛爱敬，闺中相敬本如宾。"写老夫少妻在当年入春后的身体变化和情感的真挚。首句写出袁惟清因年岁已高入春后精神衰减，白发老夫和红颜妻子都在暗自担心，为袁惟清的身体状况而忧愁。后两句写出这对老夫少妻的真挚情感，虽穷愁但依然相敬如宾，可看出王氏对袁惟清的情感认可、两人之间的真挚之情。

第四首："芳容不毁漫遐思，终日犹将粉黛施。留得妾身真面目，相逢地下好相知。"诗句是女诗人对自己容貌的描绘和对生活充满信心的表现。首句写青春容貌未因时光流逝而消逝，引起年迈夫君的悠远之思，是对袁惟清临终"吾不起，汝年少，奈何"的诗意表述。第二句描写自己在这悲伤时刻始终以美好形象展现在世人面前，与一般人的以泪洗面完全不同，是女诗人乐观、决绝心态的诗意表现。从此二句可看出王氏在日常生活中的美好形象，王氏以旷达优美的生活姿态生活。后两句富有浪漫情怀，女诗人在如此凄楚的气氛中依然以热爱生活的心态活着，即使到了阴间夫妻二人再相逢，也如同在人世间一样，以美好的形象相见。这是含泪微笑的生动呈现。

第五首："黔阳许字不糊涂，笑彼村夫比绿珠。一样轻生殉故主，光明正大有谁知。"由现在即将离开世界而回顾到许嫁给袁惟清时的情景，那时女诗人虽才十五岁，要嫁给年岁长于自己近四十岁的老人，就已经想到了今后可能的生活，因此自己并不糊涂，是对人生的自我把控。笑那些普通民众将自己比作石崇的美妾绿珠因逼迫而自杀。虽两人都以轻生为故主殉节，但女诗人王氏的殉节是自愿的，是光明正大的行为，是外人、村夫所不可理解的，是女诗人对自己选择死亡的无悔表达。

第六首："裙布荆钗事已休，丁宁女伴莫添愁。一生修短皆前定，自古红颜不白头。"诗句是对人生命运的思考，知道人生将走到尽头，这尽头是自己选择的，而非他人强迫的，叮嘱女伴们不要为此而悲伤，人都将走上这条不归路，人生的长短都是前缘所定。结尾以"自古红颜不白头"

劝慰他人，这是女诗人自己的命运，不用为此悲伤，抒发出女诗人对女伴们的深切关怀和理解。

第七首："相携万里最婆娑，九载恩情感佩多。欲待寻君天上去，还愁牛女隔银河。"此诗写夫妻二人在世间的生活和丈夫袁惟清去世后王氏追随丈夫的情景。前两句写出女诗人出嫁时随同丈夫从贵阳到京城应选，后返回云南，行程万余里，其中感受到丈夫对她的关爱，用"婆娑"一词描写出女诗人在整个行程中喜悦的心情及十五岁的女孩走向世界时的精彩体会，再写出夫妻二人相处九年的"恩情"，女诗人是幸福的，由此而生发由衷的感激之情。后两句则写袁惟清去世后女诗人将追随前往，采用大胆的想象，化用牛郎织女的故事，担心不能相见，是其爱的表现。

第八首："廿四年来梦得真，一朝同穴亦前因。百年万事无难了，所不甘心是二亲。"此诗是女诗人对自己二十四年人生经历所做的总结，梦想能与夫君同穴而葬，将其归结为"前因"，是佛教对女诗人的影响。后两句首句是豁达的，但末句又不甘心在这青春美好的芳华时节离开世界，牵挂的是父母，那是女诗人难以割舍的。此处表现出生命的残酷，年轻孩子不能陪伴年迈的双亲，而要与夫君同穴赴死，显出凄怆之情。

第九首："纷纷血泪滴绞绡，渺渺芳魂入绛霄。十九峰头藏雪处，红炉一点不能消。"此诗具体描写女诗人赴死的情景，自尽时纷纷喷洒的血泪滴入绞绡，那渺渺魂魄飘散于九霄之外。女诗人以写实的笔墨想象自尽时的情景，悲惨而凄婉。后两句化用大理白族地区苍山十九峰上的皑皑白雪会保护好女诗人的芳魂，以"红炉一点"呈现出对生命的珍爱，对自己命运的感喟。

第十首："稽首焚香拜帝都，生平志愿得相符。圣朝旷典能侥幸，衔结难忘贤大夫。"抒发女诗人对上天的感谢，让她为丈夫殉身的理想得以实现，也希望在当今这个圣明的年代得到朝廷表彰，成为"列女"，要感谢那些贤德的官员，让女诗人的赴死有了崇高价值。引用"衔环结草"的典故，压缩为"衔结"，表明对自己侥幸能成为列女而感念贤德的官员。表现出女诗人殉夫自尽的意义和价值。是对自己身后事的寄托，对自己的人生意义做出总结，这也是当时社会道德规范下女性的一种无奈而又有价值的选择。

以上对"绝命诗"做出逐一的细致解读，下面将对这组十首"绝命诗"的价值和特点做总结评析。

第一，这组"绝命诗"由十首绝句组成，各诗既有独立内容，相互间又有密切联系，是一完整、有机的整体，都指向同一个主题——以决绝姿态离开这个世界，追随夫君而去。这十首诗可划分为四个阶段：第一、二首是引子，叙写出袁惟清对王氏为夫而殉的期望和王氏"从容"赴死的决绝姿态，以此奠定这一组诗的基调和主题。"频絮语"显现出袁惟清对王氏未来生活的关切及期望；王氏的"营后事""始心安"表现出决绝心态。第三至六首回叙夫君袁惟清开春后身体的衰弱、夫妻二人多年间的关爱之情和青春妻子王氏对生活的热爱及对女伴的殷殷交代，以此反衬出王氏从容赴死的坚定决心。在叙述中较细腻地表现出王氏对为夫而殉的价值——忠于誓言、忠于夫君、忠于美好、忠于命运的安排。第七、八首是进一步发展，是即将赴死时所想到的过去九年夫妻间有"恩情"的生活，是王氏对自身命运的屈从，也抒发出对人间的不舍之情——还有父母双亲活着。前面八首诗都是女诗人当时生活的写照及其遥想以前的生活经历。第九、十首是高潮，也是结局，是女诗人想象自己殉夫时的情景，血滴魂飞融入苍山十九峰，殉夫后侥幸为朝廷表彰，以设想殉夫时的情景和殉夫后的可能情况，体现殉夫的社会价值，照应开头。这组诗在简练叙述中有女诗人的议论，两者结合，较好体现出女诗人对殉夫这一重大事件的心理变化历程——坚决、淡定、犹豫、复归淡定、又有不舍、赴死、死后的旌表，表现出女诗人的复杂心理，也可看出一位二十四岁年轻妻子在健康状况下如何以自杀之状来看待自我生命的终结。我们很难读到这样的诗篇，而此组诗以系列诗篇的方式向世人呈现了一位年轻女子在当时的状况下为夫赴死的复杂心态变化，有极高的社会价值。

第二，这组"绝命诗"表现出女诗人王氏对诺言的信守和执着。"舟中设誓鬼神知"是十五岁时年轻的王氏与老年夫君袁惟清在舟中的誓言，这一誓言仅二人知道，当时也可能是新婚夫妻的戏言，但王氏却对九年前所发誓言无丝毫怠慢，而用生命去承诺这一誓言。袁惟清去世后，王氏从容料理其后事，并以决绝心态赴死殉夫，体现出其对誓言的信守和执着。

第三，这组"绝命诗"表现出女诗人王氏对生命的执着、对美的追求和渴望。王氏虽嫁予袁惟清，可此时的袁惟清年岁已高，而正值青春年华的王氏，是如何生活的呢？即使在袁惟清去世后，王氏也"终日犹将粉黛施"，精心打扮，为的是去世后能与夫君在另一世界相聚而不至认错。可知王氏在日常生活中也是以青春美好的靓丽形象展现在白头丈夫、世人面前，而不是长吁短叹哀叹命运的不济，随意粗糙地度过每一天，她以欣然的心态、乐观的情怀，在对年长如爷爷辈的夫君关爱、体贴中感受到生活的乐趣、生活的美好，不因两人的年岁差异之大而有任何的松懈，"闺中相敬本如宾"，不因生活中的穷愁而使恩爱有丝毫的减弛。让人看到王氏对生活的热爱，对美好的追求，对夫君的无私之爱。

第四，这组"绝命诗"也表现出那一时代社会人伦对女性的要求以及女性在那一时代的社会价值。女性在封建社会由于没有独立的经济基础，也就失去了独立的社会价值，其人身依附关系非常明显。表现出当时社会对女性的人伦要求，即必须遵从"三纲五常"的社会规范，王氏是这一社会规范的牺牲者。由于王氏嫁给袁惟清时，袁惟清已是高龄之人，其儿孙皆比王氏大，王氏与袁惟清未生有孩子，袁惟清去世后王氏的依附对象丧失，无法从子，而从夫的对象已然消失，王氏在世界上活着的社会价值似乎已完全失去，只能以殉夫的方式获得社会的认可和评价，成为受到朝廷旌表的"列女"，于是王氏在无奈中选择结束自己的生命。即使自己的双亲尚在人世，也不能以女儿之身尽孝，故王氏认为"从容尽节"不是什么难事，但必须要"盖棺论定"，这论定就是希望贤大夫能根据"圣朝旷典"使自己侥幸成为旌表之人，女诗人即使去世也当"结草""衔环"般地报答此人。女诗人认为当夫君去世后其活在世界上的价值已经丧失，唯以殉节而给社会带来有价值的列女典范才有意义。可看出王氏殉节的选择既是自己的主观意愿，也是社会伦理制度下的悲剧性结果。因此也才能看到王氏所写诗中的复杂而矛盾的心理变化过程。

第五，这组"绝命诗"以平和的语言写出女性诗人的柔弱而刚强、无奈而坚贞的品格。这十首诗在讲述着一个极为悲惨的故事，是女诗人在极度清醒的状态下对年轻生命在自绝前对二十四年人生的总结和诉说，与袁惟清九年朝夕相伴的恩爱生活的展现。诗篇中无一"死"字，但每一首又都蕴含这层意义。"临终、尽节、盖棺、相逢地下、轻生、殉故主、红颜不白头、寻君天上、同穴、芳魂入绛霄"，单独抽取出来，触目惊心，但安排在每首诗的叙述、抒情中，又减弱了其凄楚气氛，显得平和自然。因这是女诗人从容思考后的选择，看似柔弱无助，但又体现出刚强不屈，"从容尽节亦非难"，"百年万事无难了"，没有凄楚哭泣、哀怨号啕。看似是无奈选择，"所不甘心是二亲"；但又显示其对夫君的坚贞品格，"留得妾身真面目，相逢地下好相知"，在地下又可相逢相知，成为一家人。

这组"绝命诗"有其独特的社会价值和艺术价值，人们一般极难读到类似的绝命诗，读到的"绝命诗"大多是男性英雄豪杰为国、为民慷慨就义时抒写雄壮情怀的作品，是舍生取义的悲壮体现。而这十首"绝命诗"出自西南边陲的大理，是那一时代女性对自我命运把控的呈现，虽然这种呈现是如此惨烈，用自己的青春生命，带着对生活的热爱、对夫君的忠诚，而坦然走向人生的终点。女诗人用诗笔记录了自己的复杂心态，这既是对社会的倾诉，也有其不屈抗争的表现；既体现出那一时代对女性的残酷，也表现出女性甘于接受这一残酷的无奈。这也是女性在那一时代实现其社会价值的重要呈现形式。

第五章　清代白族女诗人（下）

本章主要探讨清代中后期至民国初年的女诗人，袁漱芳、陆嘉年、王藻湄和郭凤翔等女诗人的诗歌内容较丰富，列为专节讨论。在动荡年代留下一首或几首诗的女诗人，分别是丰姬、王玉如、杨熊氏、杨周氏、蔡吕氏等，合并为第四节讨论。

第一节　袁漱芳

一　袁漱芳生平

袁漱芳（1811—1877），大理府赵州（今弥渡县）红岩镇人，清朝贡生袁伊村第三女，生于清嘉庆十六年（1811），卒于光绪三年（1877）二月。

袁漱芳幼年聪慧，六岁时，外伯祖父袁惟清从外地任职回乡，在其教育下开始学习《孝经》《论语》等书，并有所吟咏。十一岁时，外祖父从永昌做官回乡，告诉她："女子以德为主，才其次也。"从此不再吟咏诗词，专心学习古代有关孝悌的文章，如《女论语》《女诫》等，并悉心学做针线活等女红。

袁漱芳十七岁（1827）时，出嫁到赵州太花乡谷芹村谷家，嫁予乾隆年间翰林、礼科给事中、咸安宫总裁谷际岐①之子谷暄（字小阿）为妻。

---

① 谷际岐（1740—1815），字凤来，号西阿，弥渡县谷芹村人。自幼聪颖，勤（转下页注）

其丈夫谷暄一直在省城昆明五华书院求学，准备参加科举考试，昆明离弥渡近千里。当时谷老太太依然在世，袁漱芳精心照看，侍奉老人，没有丝毫懈怠，被其祖母称为"真贤妇"。由于袁漱芳的辛勤操劳，家庭和谐，其夫谷暄得以安心读书，于甲午年（1834）考中举人。庚子年（1840），谷暄在京城参加会试，其祖母患重病，袁漱芳精心照料，后得以痊愈。

谷暄考中举人后，曾九次到京城参加会试（往返一次半年以上），袁漱芳在家孝养长辈，操持家务，教育子女，子女都一一成长起来。袁漱芳一生勤俭，家中举行祭祀时，所祭物品准备充分；亲友间走动往来，家中的酒食烹调等，袁漱芳都亲自动手做成。家里虽然清贫，但谷氏家族人口众多，凡是遇到婚丧嫁娶等重大事情，对那些无力承担的同族人家，袁氏都尽力相助。袁氏还在谷氏祖坟一侧，特辟出一块义地，让贫穷人家去世后的人安葬于此。

直到癸丑年（1853），丈夫谷暄在第九次会试中才考中进士，先在水部"观政"（实习政事，未授官职），后请求委派任职，被选授为河南省济源县县令。当时谷暄的儿子谷炳荣也在河南省任微职，袁漱芳带着子女前往济源县。袁氏到成都时，听到谷暄已因任职不当而卸任济源县县令，袁氏担心加重丈夫谷暄的负担，于是中途返回家乡弥渡。丈夫谷暄于辛酉年（1861）去世，长子谷炳荣也随后去世。当时袁漱芳的第三子谷涵荣（字海门）一直在外地，得到各位长者的捐助，获得微小官职，在河南任职，将父亲、兄长遗骸暂厝异乡。

当时江南一带有太平天国起义，陕西有捻军起义等，云南发生了杜文

（接上页注①）思好学，读书废寝忘食。清代乾隆三十年（1765）选拔贡，中副车。乾隆三十九年（1774）中甲午科乡试举人，解元。乾隆四十年（1775）中乙未科进士，入翰林院庶常馆。后授检讨，参与校译《四库全书》；任国史撰修、武英殿提调官、咸安宫官学总裁、福建监察御史等职。谷际岐为官期间清正坦荡，不畏强权，被史家称为"廉公有威、捧简待业"；不避强御，峻操贞行，台阁生风"，列为清朝"谏臣"之五。任云南昆明五华书院主讲三年，晚年退休后任扬州梅花书院主讲五年，病逝于扬州。从事教育，卓有声誉。著述丰厚，有《五华讲义》《历代大儒诗钞》《西阿诗草》《彩云别墅存稿》《采兰集》《龙华山稿》《学易秘旨》《历法秘旨》《声调谱》等。

秀①回民起义，弥渡有李文学②彝族农民起义，袁漱芳在家中带着年幼的儿女经常躲避战乱，常徒步登山，有时夜行数十里。当时乡间百姓大多贫困，生活艰难，多数受起义军号召，听从起义军号令，袁漱芳就对他们好言相劝，希望他们爱护当地百姓。起义军知道此事后，相互转告不要侵扰百姓的命令。面对如此困苦之境，袁漱芳仍能从大义上去教导人们，有较高境界。

壬申年（1872），袁漱芳的三子谷涵荣在外奔波二十年，终于在河北扶沟县任县尉，后请假回家探亲，二十年后母子得以团聚。袁漱芳生有四子一女，长子四岁时去世，二子长大后在河南任职，三子也在外二十来年，四子增荣（字茂轩）一直在袁氏身边。丈夫谷暄去世后，谷家家境困难，已无力为幼子延请先生教学，于是袁氏承担教育幼子增荣的重任，袁漱芳口授经书、史书中的文章教育孩子，谷增荣考中癸酉年（1873）拔贡，但未到京城参加考试，后不幸去世。此时袁漱芳已有三子、一女去世，哀伤不已。

袁氏第三子谷涵荣决定将母亲接到河南扶沟县任所奉养，于甲戌年

---

① 杜文秀（1823—1872），字云焕，号百香，回族。云南永昌府保山县人，清末云南回民起义领袖。廪生出身。道光二十五年（1845），永昌府地主勾结官府残杀回民，1847年杜文秀代表回民赴北京控诉，得到一定裁决，但认为处置不公平，后再度进京告状，被罗织罪名下狱。1856年云南回民起义，杜文秀被营救出狱后，在蒙化（今巍山县）联合汉、彝、白等各族人民数千人，袭取下关，占据大理，被推为"总统兵马大元帅"，在大理建立政权。响应太平天国号召，实行轻赋税、重生产等政策，先后粉碎清军多次围剿，占领云南53个州县。多次拒绝请政府的诱降，坚持斗争。1867年，杜文秀组织10万大军东征，围攻昆明。由于未及时破城，只得转攻为守，陷于被动。1869年秋，在优势清军的攻击下，败退滇西，顽强抗击。1872年12月28日，大理城将陷时，为保全部众和百姓性命，杜文秀服毒后投清营，被杀害。历时18年的滇西各族人民联合反清起义失败。

② 李文学（1826—1874），又名李正学，彝族，弥渡县牛街人。清末哀牢山彝族农民起义军领袖。清咸丰五年（1855），天大旱，官府催粮，庄主逼租，贫苦农民处于水深火热中。李文学在太平天国战士王泰阶、李学东的启发下，组织发动农民武装反清，咸丰六年四月初七（1856年5月10日），率5000余人在瓦卢后山天生营誓师起义，率队杀向蜜滴下村（今牛街下村），夺取庄主住宅，建立彝家兵马大元帅府，李文学被推为彝家兵马大元帅。在军事上，北联大理杜文秀回族起义军，南结案板哈尼族起义军田四浪，团结彝、汉、回、苗、哈尼、傈僳、傣、白等民族共同反清。起义队伍迅速壮大，先后建立了8个都督府，控制了哀牢、蒙乐等大部分地区。1872年清军对起义军发动猛烈进攻，李文学率3000将士援杜文秀，兵败，退南涧。后李文学被叛徒出卖，1874年3月28日被清军在南涧乌龟山凌迟处死，壮烈牺牲。坚持斗争18年之久的李文学领导的多民族反清起义失败。

（1874）春天到达扶沟县，却因水土不服而经常患脾胃虚弱之病，于是谷涵荣请求调往陕西，后被委派担任陕西军粮转运使（当时清政府镇压陕西的捻军起义），袁漱芳又被接到关中（今西安市）奉养。丙子年（1876）秋天转运使裁撤，袁漱芳对儿子谷涵荣说："吾年近七旬，今在此，虽母子相依，终不若在家时常往来于先茔间，以伸瞻惘。"（我年纪快七十了，现在这儿，虽母子相依为命，终究不如在家中可以常到祖坟上来往走走，以表达对先人的瞻仰、恳切之情。）涵荣答应了母亲，以满足母亲回乡的愿望，于是一家人准备启程回云南，并将父兄的遗骸运回云南，不料袁漱芳在丁丑年（1877）二月脾胃大虚，泻肚不止，遂离开人世。

　　谷涵荣将母亲袁漱芳接到河南后，整理袁漱芳物品时，发现袁漱芳所写的诗作，于是汇编成《漱芳亭诗草》，"泣念先慈流离迁徙，辛苦备尝，间有怅触，形诸笔墨，亦不自收拾，率多散佚"[1]，诗作多有散逸。袁漱芳生前，曾请时任陕西省巡抚乔松年[2]审定，乔松年写有题跋（写于1874年）、曾任副都御史毛昶熙幕僚的尹耕云[3]（后任河陕汝道道台）也写有题跋。袁漱芳去世后，谷涵荣将编辑完整的《漱芳亭诗草》请云南省云南县（今祥云县）人孙尔炽[4]（时任陕西省宜川县知县）写序，河北任丘人边沦慈[5]（时任河南省宝丰县知县）写题跋，直隶武清（今天津武清区）人

---

① （清）谷涵荣：《先慈袁恭人行述》，载方树梅纂辑《滇南碑传集》，云南民族出版社，2003，第953页。

② 乔松年（1815—1875），山西徐沟（今属清徐县）人，字健侯，号鹤侪。道光进士。清代官吏、文学家、书法家、藏书家。初授工部主事，再迁郎中。后历任江苏松江、苏州知府，任两淮盐运使，兼办江北粮台，1866年调任陕西巡抚。谥号"勤恪"。著有《萝藦亭遗诗》《萝藦亭札记》《萝藦亭文钞》《论语浅解》《乔勤恪公奏议》等，编有《纬捃》《乔氏载记》等。

③ 尹耕云（？—1877），字瞻甫，号杏农，桃源（今江苏泗阳）人。道光三十年（1850）进士，授礼部主事，再迁郎中，后任僧格林沁幕僚。咸丰八年（1858），授湖广道监察御史，上疏请授曾国藩为钦差大臣。又随副都御史毛昶熙帮办军务，屡与捻军战，多有赞画。光绪元年（1875），补授河陕汝道，卒于任上。《清画家诗史》载其能诗，画工山水；诗多反映现实之作，慷慨有奇气；亦能文。著述有《大学绪言》、《豫军纪略》、《心白日斋》（六卷四册）、《周易辑说》、《同治续萧县志》。

④ 孙尔炽，云南省云南县（今大理州祥云县）人，拔贡，清朝光绪初年任陕西省宜川县知县。

⑤ 边沦慈，字云航，河北任丘人。同治辛未年（1871）进士，官河南省宝丰县县令。有《霁虹楼集》。

曹星焕①（时任河南省西华县县令）写题跋，江苏丹徒人陆襄钺②（时任河陕汝道道台）写题诗（五言古诗一首），顺天府宛平人许以保写题诗（七绝四首）。诗集后有谷涵荣所写的《先慈袁恭人行述》。③

二 袁漱芳的《漱芳亭诗草》及其特点

《漱芳亭诗草》诗作正文前有乔松年、尹耕云读诗集后的题词，陆襄钺、许以保的题诗和孙尔炽的序言，其后是诗歌正文，正文后有边沧慈、曹星焕的诗跋，最后是谷涵荣所写袁漱芳生平事迹，后人将其名为《先慈袁恭人行述》。《云南丛书》收录此诗集，附录于谷际岐《西阿诗草》后，更名为《漱芳亭诗钞》。④

现对题词、题诗、序言和诗集最后的诗跋做简要介绍。

先有乔松年和尹耕云题词，都较为简短，为袁氏在世时所写。乔松年题词对袁漱芳诗歌做出总体评价，较为到位，同时回顾早年与袁氏丈夫谷暄在京城同年考中进士的情景，较有感情。篇幅简短，内容丰富，全文如下："诗笔纯任性灵，字字由天真写出，有令人不忍卒读者。回忆乙未之春，与小阿同年会文都寓，至相得也。一弹指间四十余载。故人宿草，时事沧桑。今海门勉继先业，余将拭目俟之矣。甲戌小阳望日年侍生乔松年识。"⑤ 对谷涵荣的未来表达厚望。

尹耕云题跋写得较为简短："读《漱芳亭集》，想其所遇，可谓蹇困之极矣。而节义能使贼相戒勿犯，感化又何其神也。今令子海门，方以微官谋禄养，吾知太夫人之风者，必有所以玉海于成而慰其将母者。盖人心好

---

① 曹星焕，字子蔚，直隶武清（今天津武清区）人，举人，光绪三年（1877）曾任河南省西华县县令。
② 陆襄钺（1834—1905），字吾山，原籍江苏丹徒，生于山东蓬莱，咸丰八年（1858）举人，为翁同龢门生。历任开封、河南、彰德等府知府，河陕汝道等道台，浙江督粮道兼署按察使。著有《蚕桑辑要》《蚕桑新编》两书。
③ 袁漱芳生平事迹主要根据谷涵荣的《先慈袁恭人行述》（方树梅纂辑《滇南碑传集》，云南民族出版社，2003，第952~953页）整理而成，同时参考了《漱芳亭诗草》中的序言、题词等相关内容。
④ 《云南丛书》收录《袁漱芳诗钞》与刻本有所不同：未收录女诗人的少量诗作，有的诗作标题有调整；未收录谷涵荣《先慈袁恭人行述》；将序言调整至开头，题词、跋、题诗整合一体，在序言后。
⑤ （清）袁漱芳：《漱芳亭诗草》，清光绪三年刻本，"序"第1a页。

恶之良之犹未泯也，当以海门之所遇卜之。光绪丙子仲秋性龙尹耕云识。"① 此题跋写出尹耕云读《漱芳亭集》的感悟，看到袁漱芳经历的艰难，但依然葆有坚定的决心，对其子产生深刻影响，为谷涵荣的成功奠定了基础。

其后是江苏丹徒人陆襄钺和宛平许以保二人的题诗。陆襄钺写有较长的一首五言古诗，通过对袁氏的生平叙述，赞颂其诗歌创作。许以保写有四首七绝，每首诗有相应注释，对诗歌内容有补充，主要说明袁氏的经历和精神境界等。

其后是序言，为孙尔炽所写，简要记述了袁漱芳的生平经历，并对其诗歌成就做了一定评价，写道："……尔其流连光景，陶写性情，或感时而独抒意蕊，或怀古而特炳心珠。思若流波，借诗书为膏沐；中如结橼，假笔墨以宣通。乃有稿辄焚，谓无才是福，仅剩昆岗之片玉，直同渤海之兼金。……"② 同时指出袁漱芳诗歌创作的原因是表达心中的情感等，并说明其诗歌的价值。

诗歌正文后是任丘人边沦慈和武清人曹星焕的题跋，写于光绪丁丑年（1877）四月，为袁氏去世后所写。边沦慈的题跋，记述袁氏去世后谷涵荣请边沦慈写题跋的缘由等，叙述了袁氏家族及其生平经历，并指出其经历对诗歌创作的影响，较为丰富。曹星焕的题跋也较详细，记述题跋缘由，并讲述袁氏的生平经历、谷暄去世等，写出袁氏生活经历的坎坷曲折，指出其诗歌创作特点，内容上有较高评价；并对谷涵荣的未来有所祝福，指出这是受其母袁氏的影响等。

谷涵荣对其母的诗集编辑较为用心，请了当时的诗人、官员题写序言、题跋和题词，并逐一整理，刊刻于诗集中，这些评语有的虽简短，但大都结合袁氏的生平经历和诗歌创作情况，有合理的说明、理解和阐发，多数较有价值。从诗歌正文的内容编排看，基本按照诗歌写作时间先后排列，大致可看出袁氏生活的轨迹。

下面首先从诗歌内容上做具体评析，然后再从艺术特色上做总体归纳和评价。

---

① （清）袁漱芳：《漱芳亭诗草》，清光绪三年刻本，"序"第1b页。
② （清）袁漱芳：《漱芳亭诗草》，清光绪三年刻本，"序"第5b～6a页。

（一）《漱芳亭诗草》的诗歌内容

《漱芳亭诗草》第一首诗是《送夫子出外读书》，写于袁漱芳与谷暄结婚（1827 年）后，送别夫君谷暄到昆明五华书院读书学习，准备参加乡试时。最后一首诗是《避难大纪罗》，此诗前还有《丁巳（按：1857 年）遭乱，避难白土坡偶成》诗，当时弥渡发生了李文学彝族农民起义，社会动荡，袁漱芳经常外出逃难，是记录其逃难的诗篇。其中有两首诗是女诗人未出嫁时在娘家所写，从诗集内容看，是袁漱芳从青年到中年时的作品，没有女诗人老年的作品，是从云南到河南等地的作品，时间跨度为 30 余年。

根据诗歌内容，可分为夫妻感怀诗、生活纪事诗、战乱避难诗和写景、咏史抒怀诗四类，通过对这些诗作的逐一解读，以了解袁漱芳的生活轨迹及其所思所想。

1. 夫妻感怀诗

夫妻感怀诗从内容上可归并入生活纪事诗中，但为更好地了解袁漱芳的艰难生活，将其单列一部分讨论。有四个诗题：《送夫子出外读书》、《对月》、《中秋》和《夫子自庚戌留京，壬子科春闱又报罢》（四首）、《寄外》，共 8 首诗。通过这几首诗可了解当时学子参加科举考试的情况，也能更好地把握女诗人的生活情境和内心世界。

第一首《送夫子出外读书》也记为《送夫子五华书院肄业》（曹星焕题跋），是袁漱芳送别丈夫到昆明五华书院读书学习，准备参加乡试的诗作。全诗如下：

> 好把芸香世泽延，寻师访友自年年。读书岂为登高第，立品应须法大贤。君慰母心书早寄，妾兼子职任弥专。瀛洲待步先人迹，仔细青灯手一篇。

从首联看，谷暄求学是将谷氏家族诗书传家的传统传承下去，将祖父谷际岐的读书功业进一步发扬光大，已年复一年外出求学。颔联是在思想情操上对夫君的要求，"读书岂为登高第，立品应须法大贤"，强调读书不是为光耀门第，而是重在自身品质的提升，形成高尚品格，必须效法古今大贤之人，是全诗核心，也是女诗人对夫君的要求，表现了女诗人正确的科举读书观。时人评论道："所见盖卓然，有非世俗男子所能及者。"（曹星焕题跋）① 指出其有高远见解，不是一般男子所能达到，是有道理的。后两联从生活细节上给夫君做交代，写信问候母亲，在外认真读书，不要愧对先人，同时说明自己在家中将代夫君行孝子之道，虔心孝养长辈。此诗表现出女诗人的高远眼光和对夫君的殷切希望。

　　夫君谷暄参加甲午年（1834）恩科乡试，考中举人，其后多年奔波在科举考试的艰难路途中。从云南前往京城的公车会试，一般行走三个月方抵京城，谷暄于甲午年（1834）冬即启程赴京参加次年春天的会试，谷暄第一次参加会试未考中，后滞留京城学习，继续参加下次会试或其他恩科会试。从乙未年（1835）开始直到癸丑年（1853）考中进士的十九年时间里，谷暄共参加九次会试，其中有两次恩科会试，有时考试结束后留在京城，复习后继续参加下次会试。十九年里，夫妻二人聚少离多，家庭中的所有大小事务，特别是抚养、教育孩子，是袁漱芳人生的核心事务。但袁漱芳始终牵挂着在外的夫君，望穿秋水，希望夫君能早日返回，分担家中的各项事务。

　　女诗人在月夜下，写有两首中秋时的诗篇《对月》和《中秋》，抒发的是在团圆之夜的孤寂情怀及对丈夫的牵挂。《对月》诗写道："一片中秋月，愁人不忍看。长怀千种恨，可奈五更寒。地阔鱼书杳，天高雁影单。亲恩何日报，断肠倚栏干。"此诗前两联写出中秋月夜下的愁苦心绪，万般无奈和千种遗憾，表达的是两人远隔千万里的相互愁思；后两联中女诗人转换视角，想象夫君在京城时孤孤单单，无法回乡团聚，报答父母亲人养育之恩的遗憾心情。诗篇虽写愁绪，但表现出对愁绪的理解。在另一首《中秋》中，诗人写道："高空云静雨初收，一片清光照画楼。赏月无如今夕好，思乡还替远人愁。（原注：时夫子庚子恩科春闱报罢，留京未归）村讴牧笛难成调，冷露清风亦感秋。却忆高堂三载别，梦魂常绕凤城楼。"此诗作于庚子年（1840）中秋，丈夫谷暄参加了当年的恩科会试未考中，没有返乡而滞留京城，准备参加辛丑年（1841）会试。中秋夜本是赏月的好时光，但夫君留在京城，只能在远方思念家乡，因有愁绪，所听到的牧

---

① 　（清）袁漱芳：《漱芳亭诗草》，清光绪三年刻本，"题跋"第 4b 页。

童笛声也难以成调。女诗人由于操劳家事，虽娘家父母就在弥渡，也是一别三年未能相见，宛转写出自己的感伤情怀。此诗内容丰富，既有对夫君的思念，也有自己的淡淡哀愁。

十年后，谷暄再度到京城参加庚戌年（1850）会试，留在京城两年多未归，又参加了壬子年（1852）的恩科会试，也未考中，女诗人写有七言组诗《夫子自庚戌留京，壬子科春闱又报罢》（四首）：

家书写就意匆匆，辗转长安路未通。但愿望秋秋便到，好将音信托征鸿。

茹苦含辛不记年，无依儿女有谁怜？女娲重炼当年石，补尽千秋离恨天。

廿载凄凉别凤楼，梦魂颠倒度春秋。天涯莫叹人寥落，尚有孤灯伴影愁。

昨夜寒深雪满楼，空斋独坐使人愁。妆台漫取菱花照，人与青山共白头。

这四首七言绝句，每首一个主题，但都与夫君的离别密切相关。第一首前两句想象夫君在外写家书的情景，可当时局势动荡，很难收到写回的书信。后两句是女诗人的美好愿望，希望在秋天能收到夫君的音信，表现出对丈夫的牵挂。第二首写女诗人在家中辛勤养育孩子的艰难生活，长女、长子分别在四岁、三岁时夭折，另有两个孩子长大后在北方谋生、求学，身边已没有孩子，故有"无依儿女有谁怜"的嗟叹，而夫君又在外参加科举考试，从此处的记述来看，谷暄在京城可能到各地任幕僚，故才滞留京城三年，同时也将孩子带到北方，让孩子边做事边读书。袁漱芳虽在家乡，可也有孤独之感，后两句化用女娲炼石补天的典故，希望夫君成功，抒发自己的离愁之恨，典故恰切。第三首记述自己离开娘家出嫁到夫家已有二十多年，生活忙碌，"梦魂颠倒度春秋"写得悲伤无奈，夫君为谋求功名而在外奔波二十余年，娘家的人也逐渐离开世界，有孤苦情怀。第四首是诗人独坐空斋照镜的情景，年岁的增长、生活的繁难，头发已白，表现出女诗人愁绪的来源。

《寄外》一诗紧接前面的四首组诗，从诗歌内容看，当写于丈夫已考中进士，在京城任职时期。全诗如下：

> 云山万里忆中州，梦寐如经彼地游。漫美琼楼夸富贵，休将锦帐误公侯。殊恩厚我当隆报，善政宜民务早修。花落讼庭人自暇，诗书满驾课儿俦。

这首七律较好地抒发了妻子对丈夫科举考试成功的喜悦，但也有殷殷嘱托，即报答朝廷，努力成为称职的官员，而作为妻子，在家中照看孩子。诗中有女诗人对夫君的牵挂，但更多的是对丈夫的关爱与期盼。

在袁漱芳的夫妻感怀诗中，表现最多的是对夫君的牵挂，即使夫妻间的分别是常态，但女诗人也把对夫君的牵挂放在首位，想象夫君是位对妻子牵挂之人，对其关爱有加。同时女诗人也一直将对公婆的孝养、孩子的培育作为人生的重要之事，以此来完成作为妻子、母亲的责任。

2. 生活纪事诗

袁漱芳的生活纪事诗是记录袁漱芳日常生活的诗歌，此类诗是其诗作中较多的，有青年时期在娘家所写，更多的是出嫁后在谷氏大家庭中的生活记录。有：《冬日景贤亭同姊妹赏花叙别》、《病中》、《偶成》、《杂感》（五首）、《哭亡女琳珍乙未八月，女亡，时年四岁》《哭亡儿阳生丁酉八月，儿亡，时年三岁》、《刺绣》、《偶游观音阁，有劝余念佛经者，作短歌谢之》（五首）、《七夕》、《检书》（二首）、《壬寅二月归宁，见景贤亭荒废有感》，共二十首诗。

诗集中的第二首诗是《冬日景贤亭同姊妹赏花叙别》，此诗为女诗人袁漱芳在娘家时所写。景贤亭是诗人娘家袁氏家族花园中的一个亭子，诗人与女伴们赏花游览后写下此诗。全诗如下：

> 亭梅初发满园寒，水远山高道路难。今岁花开人送别，明年此日可同看。

人们仿佛看到一群欢快的少女在袁家花园中观赏冬天亭园中刚刚开放

的梅花的喜悦之景况。袁漱芳的老家袁氏家族在红岩镇，在弥渡县城西北部半山区，距县城稍远。前两句写出青年女伴们不畏艰难到袁家的情景，后两句表达来年再同看园亭之花的期盼。全诗笔调清新活泼，表现出少女们的欢快心情，是诗集中不多的几首笔调轻松的诗作。

袁漱芳出嫁到谷家后，生活不再是简单的少女生活，而必须切合官宦之家的要求，要协调、管理好整个大家庭的生活。此后的诗篇更多的是袁漱芳艰辛生活的呈现，因丈夫多年在外参加科举考试，家中的一切都由这位贤惠而有诗意的女诗人来管理。女诗人在《病中》写道："花发春归久，光阴短复长。愁中思姊妹，病里忆爷娘。月白灯无色，花寒露有光。枉将千点泪，枕上湿鸳鸯。"写出女诗人在婆家生病时的情景，丈夫外出求学，孤单的妻子病中思念父母姊妹，首联、颈联的景物衬托出女诗人的病中愁情，凄婉悲切，尾联中泪水浸湿鸳鸯枕头富有表现力。这是袁漱芳在谷家的一种生活情态。

《偶成》诗是女诗人在婆家独坐时的心理感受："花倚雕窗竹映栏，横琴独坐思无端。古音难入俗人耳，流水高山莫漫弹。"表现出女诗人作为有较高文化者的孤独心境，也可看出丈夫不在身边时女诗人的情怀。独倚窗前，思绪飘飞，想到高山流水的故事，是没有知音的寂寞孤独情景。

《杂感》是组诗，皆为七绝，是女诗人写从青春年华到嫁到谷家为妻的十年生活的诗作，带有自传色彩。全诗如下：

静处深闺十七秋，女箴一卷记从头。新翻花样随心绣，不知人间尚有愁。

有姊能诗锦绣联，花晨月夕共摊笺。一朝人指苍云去，酬唱声孤已十年。

十载青灯伴此身，知音只有镜中人。故园梅柳空相忆，孤负人间三月春。

衰龄抱病叹椿萱，无限离愁入梦魂。揽鬓朝来聊自解，不知枕上有啼痕。

万里山河跋涉艰，良人何日夺标还。倩谁早送寒衣去，九月秋风冷玉关。

第一首所写的是在娘家十七岁前的青春年华，是读《女箴》修品行、做女红不知愁的青春自由之境。后四首则是嫁到谷家后的十年生活，与丈夫聚少离多，希望夫君能成功，在孤独中充满了期待，虽哀婉但不悲伤。

诗篇中写得较为凄惨的是两首悼念儿女的诗作。分别是《哭亡女琳珍乙未八月，女亡，时年四岁》和《哭亡儿阳生丁酉八月，儿亡，时年三岁》。从诗作的时间标记和诗人原注看，女儿琳珍是袁漱芳和谷暄的长女，生于1831年前后；阳生是两人的长子，生于1834年前后。两个孩子不幸分别在四岁、三岁时夭折。袁漱芳与谷暄后又生有三个男孩，分别是炳荣、涵荣、增荣，老二、老三年纪稍长后即外出到北方求学、做事，与袁漱芳分别时间较久，老三涵荣长达二十年才与母亲团聚。老四增荣出生后就一直由袁漱芳教养，考中拔贡后又不幸早逝。

先读《哭亡女琳珍乙未八月，女亡，时年四岁》："尔父天涯去，凄凉半载余。解愁方赖汝，一病竟抛余。碎玉埋香径，寒花萎故墟。伤心昨夜晚，学步尚牵裙。"此诗写于乙未年（1835）八月，此时袁漱芳的丈夫谷暄已在京城完成了当年的恩科会试，未考中，准备下一年的正常会试，袁漱芳一人在家，长女去世，其心情十分悲伤。二十多岁的年轻母亲，面对女儿去世，如何表达悲伤的情感？此诗让我们看到了其所遭受的打击。首联和颔联写出女诗人因丈夫到京城参加会试后在家的凄凉生活，完全依靠乖巧可爱的女儿来缓解心中的愁绪，可女儿一病不起，竟离开人世。颈联写得凄惨，"碎玉埋香径，寒花萎故墟"，可爱天真的女儿进入另一世界，以"碎玉、香径、寒花、故墟"一组名词意象，以动词"埋"和形容词动词化的"萎"非常准确地描写出四岁的女儿夭折后的景象，情感真切，所用意象、词语准确到位，极富表现力。尾联再以女儿生前的蹒跚学步情景反衬去世景象，将女诗人的悲凉心境进一步深化。可看出女诗人所具有的高超语言驾驭能力。

《哭亡儿阳生丁酉八月，儿亡，时年三岁》是袁漱芳在长子三岁去世后所写的悼念之作，全诗如下："烈烈秋风坠井梧，忽悲掌上失明珠。书香一脉空期汝（原注：儿聪慧，三岁识字千余），褓褓三年枉苦吾。有父遽难通远信（原注：儿父自乙未会试留京，未归），无孙何以慰慈姑（原注：时姑膝下止此孙）。可怜哭女方增痛，又哭娇儿泪欲枯。"此诗当写于孩子去世的当年（1837年），当时孩子仅三岁，袁漱芳的女儿刚去世两年，寄托着谷家希望的唯一孙子突然去世，对袁氏的打击很大。孩子虽仅三岁，可已识字千余，是聪慧之人。当时孩子的父亲谷暄在参加会试后滞留京城未回。诗篇开头以"烈烈秋风"点明去世时间，"井梧"化用唐代女诗人薛涛《井梧吟》中的"井梧一古桐，耸干入云中"诗句，以"井梧"高耸入云，今后定有大成的美好意象，再用"明珠"作比，都表现出对孩子阳生的深切期望，可结果却"坠""失"，抒写出女诗人的极度悲伤之情。后三联书写出抚养的艰难、孩子的颖悟、家族的期望、自我的愧疚、女儿和儿子相继夭折的悲痛等。以上两诗记录了女诗人年轻时接连遭受的两次沉痛打击，人生的多难由此开始。

《刺绣》是描写女诗人绣花时的场景，写得极为精彩：

> 花针初试绮窗前，一缕柔丝百感牵。绣到鸳鸯肠已断，那堪更绣并头莲。

此诗描写的虽是刺绣过程，其实更是女诗人对夫君的思念。首句写得明净流亮，刻画出刺绣开始时动作的轻缓、柔曼；第二句对比鲜明，写出女诗人思绪的丰富、复杂，既有对夫君的思念，还有其他丰富内涵，给人以想象。后两句既描写绣花过程，又抒发女诗人对远在京城的夫君的万般思念，由鸳鸯而至并头莲，都是夫妻恩爱的意象，可夫君却远在京城。是女诗人写得明快而有淡淡哀怨的小诗。

《七夕》诗写于女诗人在传统节日"七夕"乞巧节时，描叙女诗人这一天的生活情景：

> 银河万丈鹊桥浮，此夕双星咏好逑。话旧已成经岁别，流光又遇一年秋。难将心事传乌鹊，终是神仙不白头。天上人间同此恨，离多会少总堪愁。

在大理白族地区，农历七月七日，人们也过传统的"乞巧"节。诗篇所写虽为传统咏叹牛郎织女鹊桥相会的传说故事，其实也是写女诗人在家中的孤寂生活，表达女诗人对外出夫君的思念之情。前两联写鹊桥相会的故事，一年的等待，只今夜两人鹊桥相会，人间咏唱着这对恩爱夫妻的美好情感，时光流逝，年复一年。颔联既是写神仙传说故事，女诗人也将自己对外出夫君的思念之情融入其中。结尾既是写天上牛郎织女离多会少，也是女诗人与夫君谷暄的离多会少，有淡淡愁绪。此诗是借七夕之夜及其传说故事，抒发女诗人对夫君的离别情怀。结尾诗句通俗自然，切合女诗人情怀。

谷家由于有近百年的诗书传家传统，有众多书籍，袁漱芳在闲暇时节，翻阅整理家中藏书，这是种愉悦的生活方式，写下《检书》（二首）：

> 偶检书箱忆少时，也曾吟过柳枝词。痴心不作庸庸想，姊是知音父是师。
>
> 玉轴牙签贮满楼，阿翁手泽此传留。吾家幸有千秋业，分付儿曹仔细收。

两首绝句中第一首描写收检书箱中的藏书时女诗人由此回忆起少年怀春时吟诵"柳枝词"的情景，表现女诗人少年学写诗词的美好经历。第二首是写女诗人看到谷家藏书楼中丰富的精美珍贵书籍，其中还有祖父谷际岐的手迹，谷际岐是乾隆、嘉庆年间的重要官员，与当时很多高官如刘墉、钱沣等交往密切，留下许多有价值的手迹、作品等。女诗人把这些书籍、资料当作谷家的千秋之业，要孩子们好好珍藏，表现出对书香门第之家未来的期盼。此诗当为女诗人中年后的诗作，女诗人应已养育了年岁渐长的男儿。

在诗集中有《偶游观音阁，有劝余念佛经者，作短歌谢之》（五首），记录女诗人的游览经历，并表达诗人的志趣。全诗如下：

> 敬佛何如敬一身，心田积善便生春。无端长跪莲台下，笑煞修真悟道人。
>
> 善自当为恶莫为，何劳空念大慈悲。木鱼敲碎经翻破，不见观音度阿谁。

　　青年为妇老为姑，四德三从记得无。不管眼前修后世，妄稀福泽似胡涂。

　　坚贞即是真菩萨，烈火难焚铁石心。但使此生全节孝，暗中垂佑即观音。

　　生小名门娴内则，无缘香火乞神灵。闲将闺训从头读，当诵莲华贝叶经。

　　这五首绝句，表达出的是深受儒家文化影响的女性与崇信佛教妇女的异同，既有坚定的儒家信念，也将佛教中的有益之处与儒家观念相比较，表达出只要遵从儒家的伦理社会规范，也能通达佛教的境界的观点。这是女诗人的深切体会，并未将两种观念彼此对立，水火不容。在第二首中强调要行善事而不做坏事，一切都在其中，而若只重外在的佛教仪式——敲打木鱼、念经书，没有内心的虔诚之心，是不行的。女诗人明显受儒家文化的深刻影响，结尾以反问句收束，有极强的感染力。第四首的"坚贞即是真菩萨"，强调了儒家的坚贞品德。在第五首中，可看出当时白族地区佛教盛行之情景，但女诗人由于受儒家正统文化的深刻影响，从小读《内则》等闺训之作，将儒家经典的诵读当作佛教《贝叶经》一样，是女诗人受传统儒家文化深刻影响的记录。当有人劝女诗人皈依佛教、诵读佛教经典时，女诗人写此诗表达志向，诗人不信鬼神轮回报应，而注重日常生活，秉承儒家积极入世的心态，因而在历尽磨难时仍矢志不移，是女诗人刚强奋进精神的体现。

　　另一首诗作是女诗人回到娘家，看到青春少女时曾游览过的家中园亭而写下的感慨之作——《壬寅二月归宁，见景贤亭荒废有感》：

　　一别家园岁序更，风光顿改最伤情。花残果落春俱寂，人去庭空草自生。墙外枯藤仍挂月，池边衰柳不藏莺。天心剥尽还须复，依旧繁华压凤城。

　　此诗写于女诗人回娘家探望父母之时，时间在壬寅年（1842），女诗人已嫁到谷家十多年。诗篇描写园景的荒凉，"花残、果落、人去、庭空、枯藤、挂月、衰柳"，将以上意象和人已离去之事相组合，将春景去后的凄凉之景表现出来，给人压抑之感，也是女诗人凄凉心境的体现。此诗在语言运用上较有特色。

袁漱芳的生活纪事诗，留存至今的虽不多，但都是女诗人日常生活的一个场景、一次悲伤、一番思念、一个节庆、一段感受、一次游览的生动呈现，袁漱芳是位多情而有才华的诗人，将自己的日常生活感性化，具有较强的表现力，这些诗都是较为成功的作品。

3. 战乱避难诗

由于当时的社会黑暗，百姓生活艰难困苦，遇到天灾人祸，民不聊生。咸丰五年（1855），天大旱，官府催粮，庄主逼租，咸丰六年四月初七（1856 年 5 月 10 日），彝族农民李文学率 5000 余人在瓦卢后山天生营誓师起义，率队杀向弥渡县蜜滴下村（今牛街下村），夺取庄主住宅，建立彝家兵马大元帅府，李文学被推为彝家兵马大元帅。原有的社会结构发生急剧变化，社会进入动荡时期。

袁漱芳中晚年就生活在这样的社会中，她用自己的诗笔写有诗篇，记述当时人们为躲避战乱而四散奔逃的情景。此类诗篇保留在诗集后半部分，大多写于咸丰七年（1857）及其后的年份中。有《丁巳遭乱，避难白土坡偶成》（二首）、《绝句》（四首）、《避难大纪罗》（二首）、《训子》，共四个诗题九首诗。

现逐一解读说明。

《丁巳遭乱，避难白土坡偶成》是这组诗的第一首，全诗如下：

> 秋草凄凄送别离，梧桐叶落望归期。山长水远鱼书杳，雾叠云遮雁返迟。半世功名真是幻，终身仰望尽成痴。干戈缭绕家难顾，寄语征人总不知。
>
> 回忆莲池一笔勾，空劳战马觅封侯。花前昔日犹红粉，镜里今朝叹白头。天下英雄谁少恨，古今淑女半多愁。荣华尽是南柯梦，只有诗书万古留。

此诗写于咸丰七年（1857），李文学农民起义发生于咸丰六年（1856）

5月，在弥渡建立了农民政权。当时大理地区杜文秀农民起义如火如荼，多有征战。此诗是动荡时袁漱芳带着家人避难到白土坡时所写。就诗篇内容而言，第一首的首联写景中表达的是丈夫能返回家乡，与女诗人分担家庭负担的期望，特别是在避难之时。尾联"干戈缭绕"表现出当时中国大地的动荡之景，当时袁漱芳的丈夫谷暄在京城水部继续观政，也无法顾念家人。女诗人写诗也只是将当时的动荡情景告诉丈夫，但途程艰难，社会动荡，所寄书信难以收到。第二首没有直接描写避难情景，是在避乱途中的感悟之作，表达对人们追寻科举考试成功后荣华富贵的否定及对诗书创作的肯定。其中隐约透露出女诗人写作诗歌的原因。其诗作既是记录生活、抒发情怀的作品，也希望能留存后世，让人们了解当时的社会情态。

诗篇没有深重的悲凉之情，依然是对丈夫的关爱和期盼。

《绝句》共有四首，是直接描写战乱之景和女诗人对此而有感悟的诗篇：

> 滚滚干戈动地来，轻抛骨肉各逃灾。可怜无倚诸儿女，犹向人前哭口开。
>
> 风声月色近黄昏，鼙鼓惊回梦里魂。四面烽烟亘天起，手携儿女向何村？
>
> 牧童驱犊过山坡，折柳为鞭信口歌。世外不知离乱苦，斜风细雨尚披蓑。
>
> 惨淡烽烟白日斜，故园何处乱云遮。春风一夜催春雨，今岁无人卖杏花。（《白土坡夜雨》）

这四首绝句在上一组诗后，也当写于丁巳年（1857），现逐一解读。

第一首首句"滚滚干戈"显示农民起义军的宏大气势，第二句是人们逃难的情景，写得直接具体。后两句写出村庄中那些缺少依靠的家庭的凄惨之景。第二首是黄昏时听到鼓声，烽烟四起，女诗人牵拉着儿女，究竟逃往何处呢？诗篇以白描手法写出袁漱芳的凄惨孤独、无所依凭的艰难境况。第三首是女诗人在逃难途中，到了较为安定的山区村寨，那里没有动荡和混乱，而是牧童驱赶着牛犊经过山坡，随手折柳为鞭，信口而歌。较为生动地写出牧童的轻松、愉快的生活，表现出逃难避居地世外桃源般的生活情状。这既是女诗人所看到的乡村景象，也是女诗人盼望的生活，是在动荡年代的希望之境。第四首描写了女诗人逃难到白土坡村时，遇到潇潇而下的春雨后的情景。女诗人在凄惨的烽火烟雾中逃难至白土坡，家中因战乱而被战火所遮蔽。前两句写出战乱的凄惨之景，后两句以春风、春雨的喜悦反衬无人卖杏花的情景，是战乱给人们带来的不安、离乱之苦。此诗抓住春天夜雨的特点，写出战乱时的凄楚气氛。

《避难大纪罗》描写的也是避难中的情景，生动具体，共有二首：

> 苦雨凄风奔纪罗，重重叠叠过山坡。失群孤雁归何处？遥指溪边一草窝。
>
> 深潭峭壁折孤松，之字嵚巇（注：音 qīn xī，山势高峻、险要）第几峰？记得晨妆慵对镜，闺人从未识樵踪。

第一首写女诗人避难逃往"大纪罗"的情景。"大纪罗"在寅街镇，是彝语地名村寨，"纪"彝语为"铜矿"，"罗"彝语为"石"，说明该地有铜矿石。据记载，"纪罗"附近有两个村寨，大的称"大纪罗"，另一村较小，称"小纪罗"。女诗人在凄风苦雨中奔往大纪罗，走过无数的山坡，像失群的孤雁一样，不知逃往何处，当人们指向遥远溪边如草窝的村寨时，那就是大纪罗村。第二首具体写在道路上艰难行走的情景，女诗人在深潭峭壁间攀折孤松，行走在如"之"字般崎岖迂回的山路上，高峻险要，要经过第几个山峰才能到达避难的大纪罗呢？写出道路艰难，避难时所走路途的险要之景。女诗人想到在早晨梳洗时面对镜子，遥看山峦，从未知道砍柴的樵夫所走过的山路，而今女诗人用自己曾被缠过的"小足"行走在这艰难小路上，有女诗人的深切体验和感悟。这两首诗，第一首写出逃难时的悲苦，第二首则又换了另一种情景，对日常生活中百姓的艰难生活有切身体验，表现出对下层百姓的关注，也有对周围自然景物、社会情景的关切。这是逃难途中女诗人思想情感的升华、体验。

《训子》诗是诗集的最后一首，在《避难大纪罗》后，此诗写于咸丰九年（1859），从内容来看，是诗人诗歌创作的最后诗篇。全诗如下："继后承先学大儒，花骢早上帝王都。安民治国全忠孝，方显男儿是丈夫。"诗人自注道："己未避难镇南州，余大病，恐不起。增荣方十岁，因为此训之，不可谓诗也。"女诗人为躲避灾难，带着年幼的孩子逃到附近的镇南州（今楚雄南华县），诗人担心病情加重而不能继续抚养孩子，故写下这首教育孩子的诗篇。前两句是对曾担任翰林院编修的孩子祖父谷际岐的赞颂，以强调其家庭的诗礼传家的浓厚氛围。诗人曾自注有"先翁留馆后，注有《历代大儒诗钞》六十卷"，以表现出其价值。后两句则以传统忠孝观念、国家意识、男儿本色训导孩子，使其继承传统。此诗更多地体现出理学价值，虽不是严格意义的诗作，但体现出了白族地区汉文化的深刻影响。

袁漱芳的战乱避难诗，有对避难情景的具体描写，有对战乱的控诉，但在诗作中又表现出女诗人对生活的另一重理解，通过行走、奔逃，更多了解到下层百姓的生活情态，没有一味地哀叹和无奈，而是在无奈中显示出豁达与乐观及对生活的坚定和不屈。

4. 写景、咏史抒怀诗

写景、咏史诗本应分为两类，但咏史诗仅有四首，现合并讨论。此类共有《玉簪花》、《集古六首》、《闻雁》、《春燕》、《前题》、《昭君出塞》（二首）、《咏王昭君》（二首），共14首。

《玉簪花》是诗集第二首诗，当为女诗人对所佩首饰"玉簪花"的生动描写，全诗如下：

> 白圭原系产山陬，化作奇花报早秋。巧琢疑经良匠手，新开辄上美人头。名高但有金钗拟，色澹还将粉蝶留。想见姜妃方脱罥，官人暗向苑中投。

"玉簪花"用玉石雕琢而成，插于女性发髻，较为古典高雅。此诗是七律，对所戴玉簪花的描写生动细腻，清新明快。首联写由白圭化为奇花的"玉簪花"报告秋天的到来，富有想象力。颔联则是对匠人的赞颂，用"开"字表现玉簪花如花朵般开放在美人头上，将玉簪花与女性的美丽相映衬，突出玉簪花的美好。颈联展开想象：那玉簪花美丽如花，将粉蝶也吸引来留驻美女头上，停息在玉簪花上。尾联是女诗人的另一情怀，化用姜妃的典故，想象当年姜妃将这美丽无比的玉簪花脱下后，夫君却偷偷将玉簪花扔向花苑，丢弃不顾。那是因为人们对只注重奢华生活，可能导致今后不幸结局的防备。此诗前三联在极力描写玉簪花的美丽，对玉簪花极尽褒扬，而尾联以较大跨度，转换话题，将美丽如新开花朵的玉簪花扔到花园中，以表达女诗人的志向：不在乎外在的奢华，而甘于清贫，要有高洁的内在心态。这是女诗人内心情怀的自然流露。

《集古六首》是女诗人成家后在夫家所集古人诗歌而成，分别是《闻笛》《闻琴》《月夜》《春夜》《鸳鸯》《春日》，属写景诗，在写景中寄托情感。全诗如下：

> 白云一片去悠悠，玉笛横吹月满楼。此夜曲中闻折柳，吹人不管听人愁。（《闻笛》）
>
> 独上江楼思悄然，玉琴时动绮窗弦。夜深弹罢堪惆怅，人静当庭月正圆。（《闻琴》）
>
> 忽觉东风景渐迟，银灯空照不眠时。难将心事和人说，只有窗前明月知。（《月夜》）
>
> 待月东林月正圆，月光如水水如天。故园杨柳今摇落，又折梅花报可怜。（《春夜》）
>
> 相逐相呼何处归，水禽情似此禽稀。辽阳春尽无消息，忍见鸳鸯作对飞。（《鸳鸯》）
>
> 春风淡淡引悠悠，莺转高枝燕入楼。忽见陌头杨柳色，愁心一片长离忧。（《春日》）

这六首诗是女诗人集合古代诗人诗句而成的"集句诗"，这些诗句来源如下：《闻笛》："白云一片去悠悠（唐代张若虚《春江花月夜》），玉笛横吹月满楼（明代王冕《至今飞梦绕罗浮》）。此夜曲中闻折柳（唐代李白《春夜洛城闻笛》），吹人不管听人愁（宋代林昉《夜笛》）。"四句诗各出自二首唐诗和一首宋诗、一首明诗。《闻琴》："独上江楼思悄然（唐代赵嘏《江楼感旧》），玉琴时动绮窗弦（唐代李商隐《夜半》）。

夜深弹罢堪惆怅（唐代孙氏《闻琴》），人静当庭月正圆。（宋代蔡襄《梦游洛中十首》）。"四句诗各出自三首唐诗和一首宋诗。《月夜》："忽觉东风景渐迟（唐代韦庄《春日》），银灯空照不眠时（唐代李冶《感兴》）。难将心事和人说（明代唐寅《美人对月》），只有窗前明月知（宋代徐鹿卿《减字木兰花·狂吟江浦》，依原句'只有清风明月知'调整而成）。"四句诗各出自二首唐诗、一首宋词、一首明诗。《春夜》："待月东林月正圆（唐代许浑《鹤林寺中秋夜玩月》），月光如水水如天（唐代赵嘏《江楼感旧》）。故园杨柳今摇落（唐代杜甫《吹笛》），又折梅花报可怜（诗人创作）。"四句诗中，三句各出自三首唐诗，一句是诗人自创。《鸳鸯》："相逐相呼何处归，水禽情似此禽稀（以上两句皆出自唐代崔珏的《和友人鸳鸯之什》）。辽阳春尽无消息（唐代白居易《闺妇》），忍见鸳鸯作对飞（戏曲《梁山伯与祝英台》，'忍见'，原文为'怕见'）。"四句诗各出自三首唐诗、一部戏曲。《春日》："春风淡淡引悠悠（'引'原文为'影'），莺转高枝燕入楼（以上两句皆出自唐代诗人张仲素的《汉苑行》）。忽见陌头杨柳色（唐代王昌龄《闺怨》），愁心一片长离忧（唐代李端《宿淮浦忆司空文明》，'一片'原文为'一倍'）。"四句诗出自三首唐诗。

这六首集句诗都是七绝，共 24 句，其中 23 句选自 19 首诗（唐诗 15 首、宋诗 2 首、明诗 2 首）、1 首宋词和 1 部戏曲，诗人 18 人（唐代诗人 13 人、宋代 3 人、明代 2 人）。所集诗句中唐诗为主，也有宋诗、明诗，有唐代一流诗人如李白、杜甫、白居易等的作品，以及著名诗人如张若虚、王昌龄、韦庄、李商隐等的作品，还有一般性诗人如赵嘏、许浑、唐寅等作品，可看出集句诗涉及诗篇广泛，女诗人阅读诗词作品丰富，为其诗歌创作奠定了基础。

现简要评析这六首集句诗。第一首《闻笛》，是表现听笛声的人在夜晚时的感受，前两句写景与笛声，扣住标题；后两句写出月夜下笛声的折柳送别之意并引发听笛者的共鸣心情。整首诗结构谨严，集句成功体现出诗人情怀。第二首《闻琴》描写的也是月夜听到琴声后的情景。前三句所集诗写出弹琴人的弹琴之状，结尾则表现出闻琴人在月夜下当庭独立之景，在写景中抒发情怀，有所惆怅，有孤独之感。《月夜》写女诗人孤独一人在月夜下不眠之景况，后两句"难将心事和人说，只有窗前明月知"，化用他人诗句表现出自己独有的心情，表现少妇在公婆家的生活和对夫君的思念。《春夜》选取春天圆月的如水月光和杨柳、梅花诗句，构成一幅恬淡的春夜之景，有可爱之处。《鸳鸯》诗所集诗句强化鸳鸯相亲相爱之情，第三句"辽阳春尽无消息"看似与鸳鸯无关，但暗喻女诗人与丈夫分别后的相思之情，与结尾"忍见鸳鸯作对飞"构成对比关系。此集句诗将女诗人的身世、情感自然融汇其中，别有情味。《春日》与《春夜》不同，所集诗句体现出春天阳光和煦下的美好之景，首句以淡淡春风、悠悠日影表现出整个春天的和煦氛围，第二句则写黄莺、春燕转飞的动感景况，随着视线转换，以"忽见"转入杨柳之景，看似写景，又由杨柳写到离愁之忧，有了淡淡哀怨。

从六首集句诗来看，其着重写出女诗人在春天不同景况下的孤寂之情，都能体现诗歌主题，诗句前后融会贯通，无斧凿之痕、割裂之感，有整体感，在传统意境中抒发出女诗人的独有情怀，有美的诗境，是较为成功的集句诗。

《闻雁》诗是女诗人在深夜听到南飞大雁发出阵阵雁鸣后所写诗篇：

半窗花影半窗书，一片清音入梦初。人在深闺眠不得，凄凉旅夜更何如？

这首七绝描写女诗人夜晚歇息后听到声声雁鸣后的心理活动。首句"半窗花影半窗书"充满诗书气息，花影灵动，书香满屋。恍惚中有大雁声传入耳中，诗人无法入睡，大雁南飞，而夫君依然还在外地，女诗人想象着在旅途中的夫君如何度过这深秋之夜。诗以问句收束，表现出复杂的内心体验。

《春燕》和《前题》是两首描写春天燕子的清新诗作，一为七律，一为五绝。《春燕》全诗如下：

澹澹晴烟护绛栊，呢喃燕语画堂东。杏花村外双襟雨，杨柳池边一翦风。白玉楼高身可寄，乌衣国远梦能通。上林如许春光好，待尔飞鸣御花中。

　　此诗为七律，首联、颔联描写燕子在春天飞舞的情景，颔联写得清新明快，以"双襟雨""一翦风"的比喻句写出燕子在杏花中、柳树池塘边急速飞跃的情景，带来春天的美好气息，畅快淋漓，可为写燕子飞舞的名句。颈联化用"白玉楼""乌衣国"两个典故（"白玉楼"化用《全唐文》中《李贺小传》故事，传说唐代诗人李贺白天见到绯衣人，绯衣人告诉李贺："帝成白玉楼，立召君为记。天上差乐，不苦也。"后李贺英年早逝。"乌衣国"是我国神话中的燕子之国。据宋朝张敦颐《六朝事迹·乌衣巷》记载："王榭，金陵人，世以航海为业。一日，海中失船，泛一木登岸，见一翁一妪皆衣皂，引榭至所居，乃乌衣国也。以女妻之，既久，榭思归，复乘云轩泛海至其家，有二燕栖于梁上……来春，燕又飞来榭身上，有诗云：'昔日相逢冥数合，如今暌远是生离。来春纵有相思字，三月天南无雁飞。'"），诗篇内容扩大其境界，较有诗意。尾联再化用汉朝"上林苑"典故，对群飞的春燕表达出喜悦、赞颂之情。

　　《前题》诗也写春燕，内容相对简单："梁上呢喃燕，春来并翅归。人生离别苦，何似尔双飞。"这首五绝以春燕并翅归来、比翼齐飞对比哀叹女诗人与夫君相互离别之苦，人生永远是离别多于聚首，结尾以"何似尔双飞"的问句收束，表现出对夫妻团聚的期盼。

　　以上十首写景咏物诗，表现出女诗人开阔的视野、丰富的历史文化知识，有对美好景象的生动描绘，也寄托了女诗人的个人情怀。

　　以下四首是咏叹历史的诗篇，咏叹古代著名人物王昭君，属传统咏叹题材，有两个诗题《昭君出塞》和《咏王昭君》，以下做简要评析。

　　《昭君出塞》全诗如下：

　　　竟抱琵琶去，凄然出汉宫。画工甘误汝，妃子忽和戎。恨满长城月，愁听绝塞风。至今青冢在，凭吊泣英雄。

　　　一奏琵琶曲，千秋憾未终。金难边塞赎，命是美人穷。青草萦荒冢，红颜去汉宫。芳魂归不得，长傍玉关东。

第一首诗，首联和颔联以传统意象来描写昭君因画工误画而出塞，照应诗题；颈联写出昭君在异国时的悲愤之情；尾联抒情，抒发对女英雄王昭君的敬仰之情。第二首诗，首联直接抒情，表达对昭君和亲的悲叹之情；颔联是对昭君命运的叹息——"命是美人穷"；颈联的结构在语义上当为"红颜去汉宫，青草萦荒冢"，但为叶韵而调整顺序，采用倒装结构；尾联是对昭君不能回到中原的深深惋惜之情。

《再咏昭君》是两首七绝，全诗如下：

> 汉苑蛾眉化作尘，王蔷姓字总如新。九原应感毛延寿，青冢千秋一美人。
>
> 祸国从来覆辙循，玉环飞燕一流人。彼苍故假丹青手，成尔芳名误尔身。

第一首，第一、二句用对比方式，将汉朝宫殿中无数的宫廷嫔妃与王昭君对比，她们都已化为尘土，而只有王昭君的名字常读常新，让人心生感念。三、四句与传统题材不同，不是对毛延寿的批评否定，而是对其的赞颂，"九原应感毛延寿"，他虽然对王昭君的描画带有强烈的否定色彩，将王昭君画得不美，而这又恰恰促成了汉朝和亲政策的成功实现，使得汉朝和匈奴间的多年征伐得以避免，那是王昭君在美丽草原的献身使国家发展。此诗用积极的赞扬性态度，表现出女诗人从国家、民族立场出发，写王昭君看似命运悲惨，但实际上做出较大贡献的史实，别有见解和情怀，有新意。第二首也用对比方法，将王昭君与历史上著名的杨贵妃、赵飞燕等人对比，强化王昭君所做出的巨大贡献，结尾的"成尔芳名误尔身"，以说明王昭君自身可能有所耽误，其实却成就了王昭君的伟大。诗篇中赞颂了女中豪杰王昭君，而不只是无用的哀怨，有种慷慨之气。

袁漱芳的写景、咏史抒怀诗，数量不多，但都有女诗人对景物和历史人物的描写，寄托了女诗人的情怀和特有的感情。

（二）《漱芳亭诗草》的艺术特色

袁漱芳的诗歌创作，从有关记述看，贯穿其人生的各个时期，有少女时期的作品，也有成家后到谷家的作品，有中年后的作品。就其人生经历看，袁漱芳主要生活在谷氏大家庭中，足迹主要集中在弥渡县境内，中年后曾离开家乡带领孩子前往北方，到达成都后返回，后又到河南、陕西等地，当时也当有诗作，但均未保存下来。其保存的诗作，主要是在弥渡县境内时期的。袁漱芳与其他女诗人不同，躲避战乱是其后半生中的重要事件，约有十年时间，这也是当时中国社会动荡的表现。由于丈夫谷暄多年在外参加科举考试及考中后在京城任职，袁漱芳的生活主要是在家庭中养育孩子、赡养老人。通过以上各部分对每首诗作的逐一解读分析，已把握了袁漱芳生活的基本情况。现对其诗歌艺术特色做总结评析。

第一，袁漱芳是生活型诗人，记录生活情景真切自然。其诗歌写作是将繁难、多变的生活记录下来，在诗歌中抒发自己的性灵，诗歌内容相对丰富，有对家中生活的记录、对夫君的思念、与女伴游春的情景、读书咏史的体会、景物的描绘、生活中的瞬间感受，还有对儿女不幸早逝的悲悼之情的抒写，特别是躲避战乱的诗篇，都写得非常感人。当时云南省云南县（今祥云县）人孙尔炽所写序言，指出其诗特点："……尔其流连光景，陶写性情，或感时而独抒意蕊，或怀古而特炳心珠。思若流波，借诗书为膏沐；中如结橼，假笔墨以宣通。"① 指出袁漱芳诗歌创作的原因，是表达心中的情感，记录生活中的经历，通过诗歌将心中所感、所思表达出来。这个评价是合理的。从前面的分析也可看出这一特点。女诗人由于丈夫多年在外，且生活于清朝中后期动荡的社会环境中，不得不独自承担起家庭重任，时常为躲避战乱而走出家庭，了解到动荡社会的多难现实，写出感人的夫妻离别后的相思之诗和躲避战乱之诗。其诗作虽仅留存 30 余首，但都写出女诗人特有的感受，特别是她的避难诗。这是袁漱芳同其他女诗人的不同之处，表现出女诗人在艰难命运前坚强不屈、奋力前行的执着之念，时人写诗评论道："新诗写尽蓲葹苦，曷当班姑女诫看。"（许以保《题词》（未定草），7a）宛平人许以保在题诗中以拔后心不死的"蓲葹"草作比，认为袁漱芳的诗作表现出女诗人顽强不屈的坚强之心，即使面对绝望的生活环境，依然将孩子培养成对社会有贡献之人，可将其作为东汉著名女子班昭的《女诫》来读，凸显其对待艰难生活的坚强不屈信念。

---

① （清）袁漱芳：《漱芳亭诗草》，清光绪三年刻本，第1b页。

第二，袁漱芳的诗歌真情流露，自然而成。在以上四类诗篇中，都能真切感受到袁漱芳在叙事、写景、咏史、抒怀时将情感自然熔铸其间，表达当时的心情、感受。如《送夫子出外读书》中的"君慰母心书早寄，妾兼子职任弥专"，表达对丈夫的关爱之情，自己在家将尽力奉养公婆，表现了女诗人的贤淑品德。又如《中秋》中的"却忆高堂三载别，梦魂常绕凤城楼"，想象丈夫在京城对家乡父母的思念、对自己的牵挂，表现出女诗人对丈夫的挚爱之情。在《病中》女诗人写有"枉将千点泪，枕上湿鸳鸯"，似纯为叙事，但在叙写中又抒发孤寂情怀。再如《刺绣》中的"绣到鸳鸯肠已断，那堪更绣并头莲"，也是在描写刺绣时的心情和过程，依然表现出深挚的感情。故时人乔松年评价道："诗笔纯任性灵，字字由天真写出，有令人不忍卒读者。"① 这一评价是合理的，指出是女诗人诗作真性情的自然流露，这也是袁漱芳诗歌感人的一面。这些真性情是其生活的描写和表现，时人曹星焕也在题跋中写道："恭人感愤伊郁，辄寓于诗。……盖恭人为诗，真意流露，其词以实不以文。"② 也是对这一情感表现的高度评价和肯定。

第三，袁漱芳的诗篇有凛然正气、淡定和从容之气势，而无怨恨之词。袁漱芳生活在清朝由盛而衰的变动时期，丈夫常年在外，整个中国陷入动荡之境，云南也值多事之秋，但在国家、家庭的双重困境中，袁漱芳始终以家国之念来感化他人，较少对社会、他人有埋怨之词。夫君在外而自己在家中孝养长辈、抚育后代，在其诗作中呈现的是刚强之气，如在《丁巳遭乱，避难白土坡偶成》中，女诗人写有："秋草凄凄送别离，梧桐叶落望归期。山长水远鱼书杳，雾叠云遮雁返迟。半世功名真是幻，终身仰望尽成痴。干戈缭绕家难顾，寄语征人总不知。"前三联六句写出丈夫在外奔波，而整个国家都已陷入战火中，干戈缭绕难以顾及家乡的景况，女诗人在家乡也是动荡不断，希望夫君能返回家乡，但想到国家的情景，又有豁达之情，而无怨恨之气。其中，女诗人以更为高远的眼光来看待世界。又如《绝句》中的两首诗，"风声月色近黄昏，鼛鼓惊回梦里魂。四面烽烟亘天起，手携儿女向何村？""牧童驱犊过山坡，折柳为鞭信口歌。

① （清）袁漱芳：《漱芳亭诗草》，清光绪三年刻本，"题跋"第 3a 页。
② （清）袁漱芳：《漱芳亭诗草》，清光绪三年刻本，"题跋"第 4b 页。

世外不知离乱苦，斜风细雨尚披蓑。"第一首写家乡战乱对百姓平静生活
的巨大冲击，有女诗人的孤苦情状；第二首，当女诗人看到山区牧童平静
牧牛的情景，有平和自然之情态，表现出对和平生活的向往，而这一向往
又在自然描写中加以呈现。正因女诗人有宽广的胸襟，才能在动荡混乱的
社会中向起义的农民军讲述道理，让他们爱惜百姓，这是以国家胸怀来呈
现的。时人写诗记录了这一事件，如陆襄钺在《未定章》中写道："故乡
兵燹久，为我嗟流离。所历备艰苦，侧听同吁唏。慈行弭豹虎……春风散
微和，获荣日以滋。"① 许以保在其题诗中也写道："经年烽火迫炎冈，一
片滇池学尽荒。独有女宗能化俗，黄巾不入郑公乡。"（其一）② 并在此诗
后加注："夫人遭滇回之乱，避地大纪罗，民间多有习邪教者，夫人正言
劝导，多所感悟，贼闻之，相戒勿犯云。"③ 表现出其大无畏之精神。这在
其诗作中也有表现。

第四，袁漱芳的诗歌语言朴实，清新淡雅。如在《送夫子出外读书》
中有"君慰母心书早寄，妾兼子职任弥专"，对丈夫的关爱通过朴实直白
的话语直接表达。如《冬日景贤亭同姊妹赏花叙别》："亭梅初发满园寒，
水远山高道路难。今岁花开人送别，明年此日可同看。"全诗语言淳朴，
似从口中直接道出而有诗意。在《偶成》诗中，诗人写道："花倚雕窗竹
映栏，横琴独坐思无端。古音难入俗人耳，流水高山莫漫弹。"诗句清新
雅致，写景、叙事、抒情融为一体。《前题》诗中的"梁上呢喃燕，春来
并翅归"，写出燕子春归时呢喃燕语、并翅双飞的情景，诗句优美。《白土
坡夜雨》全诗写道："惨淡烽烟白日斜，故园何处乱云遮。春风一夜催春
雨，今岁无人卖杏花。"虽描写流离奔逃之苦，但依然有清新的语言，既
描写动荡之景，也有对未来的期盼。在袁漱芳的诗歌语言中，都有种清新
质朴的语言呈现，读来有美感。

第五，袁漱芳的诗化用典故自然，从中可看出女诗人对中原文化有较
深的理解和较好的把握，对汉文化积极认可。如《七夕》诗："银河万丈
鹊桥浮，此夕双星咏好逑。话旧已成经岁别，流光又遇一年秋。难将心事

① （清）袁漱芳：《漱芳亭诗草》，清光绪三年刻本，第6a~6b页。
② （清）袁漱芳：《漱芳亭诗草》，清光绪三年刻本，第6b页。
③ （清）袁漱芳：《漱芳亭诗草》，清光绪三年刻本，第7a页。

传乌鹊，终是神仙不白头。天上人间同此恨，离多会少总堪愁。"全诗以牛郎织女的故事为描写对象，有较高的艺术造诣。在《玉簪花》中写道："想见姜妃方脱罢，官人暗向苑中投。"化用姜妃这一较为生僻之典故，切合语境。在《春燕》诗中，诗人写道："澹澹晴烟护绛栊，呢喃燕语画堂东。杏花村外双襟雨，杨柳池边一翦风。白玉楼高身可寄，乌衣国远梦能通。上林如许春光好，待尔飞鸣御花中。"《春燕》是典故较为集中的诗篇，有杏花村、杨柳池、白玉楼、乌衣国、上林、御花园，都是中原文化诗歌中使用频率较高的典故，全诗将这些典故自然而有机地化入，既有描写，又有较丰富的内涵，诗歌意蕴显得厚重。在《昭君出塞》中，则是直接以王昭君的人生悲剧为咏叹对象，写出"一奏琵琶曲，千秋憾未终。金难边塞赎，命是美人穷"的诗句，有女诗人的独特感受。从这些典故的运用，可看出女诗人所接受的传统文化教育，有丰厚的历史文化之感。弥渡曾是南诏、大理国时期重要之地，发生了南诏国早期张乐进求禅让权力之事，有据此事而建的南诏"铁柱"以及大理国时期的历史文化，但在袁漱芳的诗篇中都未涉及地方历史和山川风物，可能是诗集收录时将此类诗篇略去，或女诗人生活在动荡的清朝中晚期，来不及关注地方历史文化，因当时已是动荡的多事之秋。

第六，袁漱芳诗歌体裁均为近体诗，为五律、七律或五绝、七绝，诗篇内容相对紧凑，描写一件事情或抒写一个美好的瞬间感悟。如《送夫子出外读书》是七律，写出送丈夫外出读书之情景，表达自己的心情和期盼；《对月》是五律，描写中秋之时女诗人孤寂对月的情景和伤感之情。《冬日景贤亭同姊妹赏花叙别》是首七绝，通过对园亭梅花的欣赏，表现出年轻女子间真挚的情怀；《前题》诗是首五绝，既写出春回大地时春燕的呢喃和翻飞，也在对比中抒发女诗人对远在异乡丈夫的眷恋之情。有的是在同一题目下用多首诗记述同一事件，抒发女诗人的情感，形成完整的系列整体。如《检书》用两首七绝，通过对谷家旧书、信件的翻看，表达女诗人教育孩子成为栋梁之材的决心；《夫子自庚戌留京，壬子科春闱又报罢》则用四首七绝，写丈夫多年在外参加科举考试，自己在家中的生活情景，表达对夫君的深厚感情；在《避难大纪罗》中用两首七绝描写战争动荡中逃往大纪罗的艰难情景，抒发对劳动人民樵夫砍柴的别一番情怀。

女诗人的这些诗篇，诗词格律符合近体诗要求，在律诗中颔联、颈联皆对仗，且有较为生动的描写，是有一定成就的作品。如《春燕》中颔联、颈联，"杏花村外双襟雨，杨柳池边一翦风。白玉楼高身可寄，乌衣国远梦能通"，清新明快，化用典故自然，写出春燕在春风、春雨中翻飞的自由情景；《丁巳遭乱，避难白土坡偶成》（其一）中的颔联"山长水远鱼书杳，雾叠云遮雁返迟"，表现出逃难过程中对夫君的感怀之情。

袁漱芳的诗歌自有特色，在清代中叶的大理白族地区表现出动荡的社会之境，抒发感人情怀，也表现出其坚忍不拔和过人的勇气，可看出白族女诗人的另一性格和情怀。正如边沧慈在题跋中所评价的："恭人家事儒素，又归簪绂诗礼之门……乃遭际穷愁，迄于终老，天之所以待恭人又何苛也。然所遇虽极难堪，而相夫戒子之言，卓然一轨于正。今集所录，或非闺阁中人所能道，斯足以传也已。"[1] 在生活中遭受磨难，但以良好的家风和高尚的个人修养影响他人，不是一般闺阁中的女性所能做到的。正因为有如此艰难的生活，袁漱芳的诗歌创作才有了现实基础，她才写出感人且有价值的诗篇。

第二节 陆嘉年

一 陆嘉年生平

陆嘉年，生于清咸丰戊午年（1858）二月十七日，卒于光绪癸卯年（1903）六月三日[2]，享年四十六岁，字秀珊，又字祖庚。广西临桂（今桂林市）人，是清咸丰壬子年（1852）进士，曾任贵州学政、山东督粮道的陆仁恺[3]之长女，生于北京。少女时在家中接受父亲教育，能写诗，善弹

---

① （清）袁漱芳：《漱芳亭诗草》，清光绪三年刻本，"题跋"第3b～4a页。

② 梁培宽：《记郑毅生表叔事》："姑母的婆家姓陆；姑父名陆仁恺（字澹吾），他们有两位女儿，大女儿（陆嘉年，字祖庚），长于巨川老先生一岁，时年十岁，是他的表姐……自1867年借住于陆家之后，他们即生活于同一个庭院之中……不料在五年之内，四次不幸之事竟接踵而至，降临到陆家表姐妹两家。1902、1903年表姐夫与表姐先后病故。……"封越健、孙卫国编《郑天挺先生学行录》，中华书局，2009，第111～112页。

③ 陆仁恺（1827—1889），原名陆秉恬，改名陆仁恺，广西临桂人，字必有，号澹吾。咸丰二年（1852）进士，授翰林院庶吉士，官吏部员外郎，贵州学政、山东运河兵备道。

琴，在刺绣上有特长，每有刺绣作品绣成，光泽滑润，不是常人所能绣出的。曾随父亲陆仁恺到贵州、山东任所读书学习，沿途经过各地，写诗记录其生活经历。曾写有《藻绣轩诗集》若干卷，后散逸。

陆嘉年于清光绪壬午年（1882）嫁予大理喜洲白族张家张其仁[①]之第九子张士鏸[②]。张士鏸是光绪己卯科（1879）举人，于次年与兄长张士彬一同考中庚辰科（1880）进士，张士鏸曾任内阁中书、典籍、委署侍读、国史馆协修，文渊阁校理等职，一直在京城为官。

陆嘉年性情仁厚温和，有警敏之性，对丈夫"竭诚尽礼"，夫妻二人伉俪情深。陆氏待人忠厚宽恕，因此家族中的姻亲眷属都对其做法心悦诚服，遇到事情都喜欢同陆氏商量，互相间有龃龉矛盾，陆氏"一言立解"。张士鏸虽在京城担任中书，但俸禄不高，也不喜结交权贵、攀附上级，一直担任四品职官，对家中日常之事不做管理，在日益艰难的家境中，陆氏仅以较少的收入而进行调剂，使家中用度不曾出现亏损。但到孩子增加，人丁兴旺后，家中收入却未增加，陆氏只能靠典当、借贷等维持家境，但都未向丈夫诉苦。后张士鏸不幸染病，卧床不起，陆嘉年常常整夜不眠，守护在夫君身旁，遍寻良医治病，所需药费价格较高，但都按照药方尽力购买，以治夫君疾病。不知道张家景况的人，还以为这是小康之家。陆氏经营家庭，克勤克俭，使张家得以顺利渡过难关。

陆嘉年年轻时喜欢作诗，曾积累稿子五六卷，名为《藻绣轩诗集》，但结婚后每天经营家庭琐事，故未再写诗，但在饭后休息之时，常常朗诵古诗或以前所写旧作，以自我陶醉和消遣。当时的张士鏸也不喜吟诗，故两人较少唱和。

---

① 张其仁，清道光乙酉科（1825）经魁，丙戌科（1826）进士，曾授四川蓬溪县知县，安徽凤阳府等知府，湖南分巡衡、永、郴、桂兵备道，后官至湖南通省粮储道。生平勤政抚民，无暇吟咏诗词，只重视文章写作，记述地方德行、功业之事，或表彰地方先进，鼓励人们向善、学习等。其长子张士铨（字菊畦）为同治壬戌科（1862）进士，曾任涞水县知县、宣化府知府等职，善吟咏，有诗稿。其第四子张士彬（字蔚森）、第九子张士鏸（字励吾）同为光绪庚辰科（1880）进士。张士彬曾任工部主事，善吟咏诗词，著有《苍山书房吟稿》《南归纪程草》《迟月山房诗稿》《打油腔》《四可斋随笔》等数十卷。《苍山书房吟稿》已散逸，其余文稿张耀曾整理时尚存，但未刊印，今不知所终。

② 张士鏸（1855—1902），字励吾，清朝光绪己卯科（1879）举人，庚辰科（1880）进士。曾任内阁中书、典籍、委署侍读，国史馆协修，文渊阁校理等职，主要在京城为官。一生致力于公文案牍，兼修国史，较少诗词吟咏。

后张士鑅不幸于 1902 年去世，陆嘉年痛不欲生，张家为张士鑅治病，家中已"四壁萧然，殡殓之资且无出"，后在陆嘉年表弟梁济（字巨川）屡次向张士鑅的同官、同年、同乡等人寻求帮助下，将其家中惨况写信告知，相继得到他们的大力捐赠，张士鑅遂得以营葬。

张士鑅、陆嘉年夫妇十分重视孩子的教育，长子张耀曾①五岁时就在家中接受父亲的启蒙教育，其父严格按照科举考试的要求开展教学，但随着时代的发展，社会进步较快，各种新思潮、新观念不断涌现，张士鑅对张耀曾、张耀辉兄弟的教育也有了转变，让其阅读新报纸，学习新知识、课程。兄弟两人接受了较多的新知识、新文化，为参加新式学校的学习奠定了基础。张士鑅不幸去世后的当年（1902 年）秋天，北京大学堂开办，张耀曾向母亲请求前往就读，很多人都不赞同，而母亲陆嘉年认为可以。张耀曾就学后成绩名列前茅，于 1904 年初被官派到日本留学，学习法律，后成为我国民国时期司法界的重要人物，为我国现代法律的制定、发展奠定了基础。张耀曾的弟弟张耀辉，当时年仅十岁，在家中接受母亲的教育，后也到北京的一所高等小学就读，其母去世后，十一岁时报考北京译学馆，十七岁时从译学馆毕业，授举人、七品小京官，后有志于学问，未任职，到北京大学读本科，四年后毕业，授法学士，在大学任助教，后被派往英国伦敦、爱丁堡大学留学，二十三岁时在英国不幸因病去世。

① 张耀曾（1885—1938），字蓉溪，又字镕西，一字庸希，笔名崇实。辛亥革命先驱，民国法律家。生长于白族"书香世第"家庭，18 岁到京师大学堂读书，后选送日本东京帝国大学等留学 8 年，学习法律。在校时思想倾向革命，加入同盟会，在日本任《云南》杂志总编辑，发表文章时用笔名"崇实"或"雄西"等。1912 年受云南都督蔡锷之邀，回国任南京国民政府参议院参议员（云南省三人之一），参议院迁居北京后，配合宋教仁推动同盟会与其他政党合并为国民党，任政事研究会主任干事。1913 年任第一届国会众议院议员，当选为众议院全院委员会委员长，为"天坛宪草"主要起草人，同年冬避难日本，次年回国后为北京大学教授兼法科总长。1916 年参加护国战争，同年夏天任北洋政府司法总长，次年夏天辞职，后两次短暂任司法总长。1929 年寓居上海为律师，与李肇甫、沈钧儒等创办张耀曾律师事务所，并在大学兼授法学课程，积极参加政治活动，是营救救国会"七君子"的主要牵头人。"九一八"事变后被南京国民政府遴选为国防参议会参议员（仅 16 名，其中有毛泽东、胡适、梁漱溟、沈钧儒、蒋梦麟等）、国民政府参政会参政员。"七七"事变后上海沦陷，因于上海法租界，面对日本人的利诱，带病写了《孤岛上的决心与态度》一文，表明对祖国的无限忠诚。1938 年初在日历首页写下"民族复兴"四个大字，遂沉默寡言，不久逝世于上海寓所。著有《考察司法记》《外国在华领事裁判权志要》《知非集》等。

陆氏自丈夫去世后，悲伤之情一直未能消除，一些偶发之事即引起其对夫君的深切思念，常常流泪不止。长子张耀曾虽在北京大学堂读书，但每个星期放假后都回家中探望母亲，看到母亲陆氏神情一天天憔悴，心中暗自忧愁。一天深夜，张耀曾听到隐隐约约的哭泣声，知道是母亲在哭泣，于是急忙走到床前，问母亲为何哭泣，陆氏回答道："余伤心往事，不能成寐耳。"陆氏告诉他今后该如何做事等，并安排有关后事，张耀曾吃惊地问是何缘故，陆氏凄惨地说自己将不久于人世。当时陆氏仅有咳嗽症状，两个月后，陆氏咳嗽加剧，卧床不起，弥留之际，呼唤长子张耀曾，并说道："好自为之，余恨不能见汝大成。"这成为张耀曾对母亲殷切期望的奋进之语，张耀曾写道："此语二十年来常宛转耳中也。"

张家是科举鼎盛之家，张士镳出生于大理喜洲镇张家，其父张其仁是清道光丙戌科（1826）进士，曾在四川任知县，有政声，为清宣宗所知，召见于京师，得到褒奖，后迁任湖南衡永郴桂兵备道，督理通省粮储道，其母亲去世，回到家乡大理为母丁忧。张其仁生有十子、三女，张士镳为第九子。1856年杜文秀在大理发动回民起义，社会动荡，张其仁率全家避居云南省会昆明，奉命督办团练，后积劳成疾去世。当时张家长兄张士铨（字菊畦）等人认为云南昆明不适合居住，四川是其父张其仁曾任职之地，于是率全家迁往四川。不久张士铨进京考中同治壬戌科（1862）进士，任北京附近的涞水县知县、宣化府知府等职。其二兄张于湘（字、名不详）也以军功保荐为知县。当时张士镳尚在童年，在兄长们的教导下，在家努力学习，"刻苦自励，目不窥园，学问文章日益精进"，光绪己卯年（1879）回云南参加乡试，与其八兄张觉民（字、名不详）、堂叔张耀廷（字、名不详）、张士铨第二子张继曾一同考中举人，"一门四举人"；次年到京城参加会试，又同其四兄张士彬（字蔚森）、堂叔张耀廷考中进士，"一门三进士"，科甲鼎盛，为当时盛况。

此后，张士镳在京城居住，在壬午年（1882）春天娶陆嘉年为妻。张士镳在北京组成家庭，有陆嘉年的操持料理，家庭事务逐渐完备。张士镳品性方正，沉默少言，但见识、理解透彻，年轻时性情敦厚、友善，年长时更加深厚。在京城为官时，张家的伯叔亲戚到北京参加科举考试等，张士镳都热诚接待，为亲人准备必需品，竭尽所能帮助他们，有时用尽家中钱财，与人借贷也在所不惜。根据清朝的规定，参加乡试、会试的考官，家中的族人就不能参加相应的考试，而张家每科都有要参加乡试、会试的族人，于是张士鑅呈请回避担任考官八九次，都为家族中人考虑。

张士鑅在清朝内阁"汉票签处"任中书，负责校阅汉文本奏章，撰写、誊写汉文票签之事（《清会典·内阁·汉票签处》："侍读：汉二人，委署侍读，掌校阅汉文本章，拟写票签之式。"），所要校阅的各种奏折极多，但都早早上班，按时完成各种奏折的拟定等，没有积留的案牍，二十余年始终如一。同时还兼任国史馆事，"同光诸名臣传多出手订"，同光年间各著名大臣的传记多数都经过张士鑅的订正校对，其工作兢兢业业，往往到深夜，专心奉公，忠诚于国家。张士鑅二十三年间一直在内阁任职，由中书特典籍委署侍读（七品官），兼任国史馆校对、文渊阁校理等职，后加为四品官，都根据工作年限依据资格获得。在内阁任职，除公事外，不与本署长官结交，故升迁较慢，有三次应主事的挑选，名列为首，可最后都被后来晋职的有背景者夺去职位。人们因此认为人事诡谲，但张士鑅却说"事由天定，漠如也"，不去追究。在家中与梁济（梁漱溟之父）交往密切，遇事互相商量。

张士鑅在长子张耀曾五岁时对其进行启蒙教育，要求极为严格，但都能根据孩子的性情引导孩子学习，不拘一格。当初要求认真读经书，但张耀曾认为读经书痛苦，喜欢阅读各种书籍，于是张士鑅就让其读经半天，再购买当时的各种历史书、地理书、算术书和诗文集等，让张耀曾阅读。张耀曾十二岁时，张士鑅要求张耀曾学写科举考试的"制艺"之文，而张耀曾又认为这非常痛苦，不能完成，于是又可不用再写，只要求张耀曾几个月完成一篇策论性科举文章。庚子年（1900）冬天，北京的京师东文学社（北京的第一所新式学校，日本人所办）开办，张士鑅送张耀曾到该校学习，奠定了张耀曾的新学基础，为张耀曾今后的发展打下了坚实基础。

张士鑅虽看似体格魁伟，但由于少年时家境艰难，二十多岁时就时常有咯血之症，过几年就发作一次。到庚子年（1900）义和团起义，清政府政令颠倒混乱，张士鑅忧患国家的衰败，等到八国联军进逼北京时，张士鑅更加忧愤，当时半夜起来绕室而走，此后"形神萧索，悒悒寡欢"。辛丑年（1901）冬天罹患风寒，后牵动旧病，卧床数月，于壬寅年（1902）

夏六月吐血数升后去世。

张士鏸、陆嘉年夫妻生有二子四女，长子张耀曾、次子张耀辉，长女坤和（早逝），其余三女为佩芬、佩文和佩蘅。张氏夫妇先后于壬寅年（1902）、癸卯年（1903）去世，长子张耀曾年方十九，其余孩子尚在少年，成为孤儿，幸得陆嘉年表弟梁济、张滢（张士鏸堂姐），即梁漱溟父母等众多亲友的帮助，张氏兄弟、姐妹完成学业，后皆成为中国近代史上的重要人物。①

张士鏸、陆嘉年的诗作，在民国二十四年，其子张耀曾搜集整理，辑录为《大理张氏诗文存遗》，刻板印刷。全书共四卷，有张耀曾撰写的《大理张氏诗文存遗序》（写于民国二十四年清明节），序言中记述张氏作品历代较多，但因大理杜文秀起义而"荡然无存"，后仅有其祖父张其仁的诗文等。第一卷收录张耀曾祖父张其仁散文 15 篇、诗 2 首，诗文前有张其仁小传；第二卷收录张耀曾二伯父张士铨诗 3 首、七伯父张士彬诗 37 首，诗前皆有二人小传；第三卷收录张耀曾父亲张士鏸诗 4 首、母亲陆嘉年诗 23 首，诗前皆有二人小传；第四卷收录张耀曾堂兄张启曾（字迪臣）诗 25 首。

二　陆嘉年的诗歌创作及其特点

陆嘉年的诗歌创作根据时间可分为早期作品和后期作品，早期作品主要是青年时创作的诗歌，辑录在《藻绣轩诗集》中；后期作品主要是嫁予张士鏸后所写，但留存较少。张耀曾辑录的诗集仅收录陆嘉年诗 23 首，其中 19 首从内容看是早期作品，最后 4 首是后期作品。现分别讨论。

（一）陆嘉年的早期作品

陆嘉年的早期作品主要为青年时所写，从诗歌内容看，多为写景咏物之作，有少量叙事诗，从诗中可了解陆嘉年的早期生活情状。现据诗歌内

---

① 以上两人的生活经历根据张耀曾所撰《先考励吾府君先妣陆太夫人行状》《亡弟宽熙事略》（载张耀曾《宪政救国之梦：张耀曾先生文存》，法律出版社，2004，第 32~37 页）、张耀曾辑录《大理张氏诗文存遗》（民国二十四年刊行）、董彦斌著《追寻稳健宪政：民国法律家张耀曾的法政世界》（清华大学出版社，2013）中的相关记述和陆嘉年、张士鏸的诗整理改写而成。

容分三类：叙事诗、写景诗、咏物诗。

1. 叙事诗

陆嘉年的叙事诗根据诗题和所写内容，有如下几首：《大人督粮山东，随侍任所，庚辰二月十七日生日作》（二首）、《元日藻绣轩中牡丹盛开》、《立春日大人与牡丹一盆喜而赋此》、《偶成》、《新秋夜》、《五月十三夜雨后作》、《中秋偶成》等8首。根据诗歌顺序逐一评析。

第一首是《大人督粮山东，随侍任所，庚辰二月十七日生日作》，共二首七律。全诗如下：

> 我材无用亦天生，休艳千秋咏絮名。排日正当春过半，算年恰与祖同庚。药能却病身仍健，事不关怀梦亦清。诗礼未闻还愿学，趋庭常趁弟兄行。
>
> 生长京华二十年，风花雪月耐流连。好吟常诵诗三百，随宦曾行路几千。山爱黔灵思有梦（自注：黔灵山在贵州，大人督学是邦，余曾游此），家居桂岭到无缘。今朝燕寝熏香坐，遥见红云出海边。[1]

从诗题和诗歌内容看，此诗写于陆嘉年23岁生日之时的庚辰年（1880）二月十七日，女诗人随父亲陆仁恺从京城到山东督粮道任所，在任所中所写。诗篇记述女诗人少女时代的生活情景。第一首是女诗人对自己女性身份的认同，也是对那个时代女性不能走向社会的一种略带反叛的心态。首联是对女性身份的认同，而又带有一定的否定性批判，对吟咏诗歌的才名有所保留。颔联、颈联照应诗题生日之事，与祖先同日出生，表现出青春少女的自由恬静。尾联则写出虽是女孩，但也向父亲学习诗文创作等，接受诗礼传家的传统。第二首回忆自己在京城生活二十年，曾随同父亲到贵州任所，游历祖国山水，对异地贵阳黔灵山（今贵阳黔灵公园）的喜爱，而祖籍之地桂林却无缘到达，表现出女诗人随父游历各地，习惯于行走在不同地方的生活方式。现又从京城随父亲到山东任所，别有情怀。此二诗以叙事为主，叙事中表明女诗人的心迹，有壮怀之情，但在当

---

[1] 张耀曾辑录《大理张氏诗文存遗》卷三，民国二十四年刊行，第1a～6a页。本节所引诗皆出自此书，不再标注。

时却无法实现。

女诗人的《偶成》诗描写女诗人的瞬间感受，也是对自身命运的思考和对有关生活的回忆。全诗如下：

> 半生随宦走天涯，营得香巢便是家。对雪愧无才咏絮，学书空羡格簪花。清如珠玉心常湛，佩有珩璜步肯差。去日无多来日富，春风新长紫兰芽。

首联是对跟随外出做官父亲的颠沛流离生活的描写，在驻地停留后，即经营自己的居所，每到一地都将其当作自己的家一样营造，表现出女诗人对生活的热爱。颔联化用古代谢道韫咏絮之才和卫夫人创立簪花格小楷书写的格式的典故，表明对诗词、书法创作的喜爱。颈联表现女诗人的清静、恬适心境。尾联在对即将到来的春风的期盼中呈现对未来生活的憧憬。可看出女诗人的豁达心境，及对不断漂泊的生活毫无怨言却有所期待和向往的豪迈之意。

女诗人出身仕宦之家，从其经历看，生活当是富足的，在阅读古书、练习书法、绣花等做女红的生活中度过青春时光，陆嘉年将居室命名为"藻绣轩"，是女诗人写诗咏怀和绣花做女红的场所。春日时节，屋里牡丹盛开，于是写下《元日藻绣轩中牡丹盛开》：

> 黄紫称姚魏，新花献岁开。容华如我盛，富贵逼人来。不假金盘荐，翻疑羯鼓催。瞳瞳朝日上，丽影绣妆台。

此诗是五律，首联用有关牡丹的典故"姚黄""魏紫"，拆开后重组，以表现出牡丹的华贵，写牡丹在新春时节盛开，别有情味。颔联是对牡丹花的间接描写，用"容华""富贵"显示其繁盛之景。颈联未直接描写牡丹，而是通过间接的方式以显示牡丹的雍容华贵。尾联以日光照射于绣妆台而牡丹更显华丽作结。此诗未直接描写牡丹，而通过间接的方式将牡丹的华贵、雍容呈现出来，有一定特色。

陆嘉年的父亲送给她一盆牡丹，为感谢父亲，其写诗《立春日大人与牡丹一盆喜而赋此》记录此事：

> 　　正写宜春劈彩笺，鞓红分到镜台前。承来爱日三春永，占得芳姿一倍妍。漫买胭脂添色泽，须知富贵本天然。此花也仗恩晖庇，愿祝秾华年复年。

此为七律，也是写牡丹的诗作。首联化用"鞓红"典故（欧阳修在《洛阳牡丹记》《花释名》中写道："鞓红者，单叶深红花，出青州，亦曰青州红……其色类腰带鞓，故谓之鞓红。"），用此典故表现牡丹花颜色的深红特点，与春日闺房的喜悦之情景相映照。其后两联也未做正面描写，而是通过对其颜色艳丽及其所呈现出的富贵之色做直接赞颂，表现出对牡丹的喜爱之情。尾联解释牡丹花之所以如此鲜艳、富贵，是因有人们的恩宠，女诗人希望人们一如既往地喜爱牡丹，使其浓艳华贵年复一年。此二诗表现出作为富贵家庭出生的女孩对牡丹的喜爱之情，此有其特定的社会生活背景，有其雍容、富裕之特点。

《新秋夜》是女诗人在秋天刚到来时的生活情态。全诗如下：

> 　　向晚罗衣薄，炎歊（注：音xiāo，热气）澹若忘。萤灯然暮雨，虫语话新凉。枕簟秋先觉，更筹夜渐长。神清宵不寐，风送玉簪香。

此诗写出女诗人在新秋夜晚时的生活情态和所见所感。首联描写女诗人傍晚虽身穿轻薄罗衣，但"秋老虎"的炎热气息让人忘了衣服的轻薄。随着时间推移，在萤火如豆中暮雨轻盈而下，秋虫的叫声似在诉说着秋夜的凉意。对仗工整，意境清新淡雅。当人们都躺在竹席上时觉秋夜渐长、秋意渐浓，时序推移。秋夜，不寐之人感受到的是随风飘送而来的玉簪花清香。此诗是描写新秋之夜的清新明快之作，有女诗人的真切感受，意境淡雅、悠远，有清爽之感。

《五月十三夜雨后作》是在一场夏雨后所写：

> 　　夜深花影上轩楹，漏点频催梦未成。雨后蛙声鸣阁阁，月来蟾影

照盈盈。襟怀淡对琴书静，热恼潜消枕簟清。犹忆今朝栽醉竹，撼窗枝尚带余醒。

此诗叙写女诗人在夏夜无眠时的所见、所闻、所感。首联写夜深时节尚未入眠，听到沙漏不断下移，时间流逝可梦依然未成；颔联写夏雨天晴后夜晚的蛙声和月影下的盈盈清景，明丽动人，富有声音、色彩，有动感。女诗人无法入睡后起身淡对琴书，表现出襟怀的清雅。为何如此难眠？尾联解释其中缘由：那是早晨栽下了竹子，那竹子似还带着醉后的神态在月光下摇荡。此诗写女诗人在夏夜雨后对景物的观察，极为细腻，富有层次和动感，是夏夜多情心态的自然流露。诗篇未说明为何栽下的是醉竹，晚上还带有余下的"醉意"，可能是女诗人朦胧情感的寄托。本诗非纯粹的写景之作。

《中秋偶成》是女诗人在某年中秋后的感怀之作，有叙事之情。全诗如下：

金飙应律恰秋中，泼墨云来日敛红。月色难邀今夕赏，雨声翻与去年同。骤寒御夹衣犹薄，欲霁沉阴扫未空。玉宇琼楼何处是，满天香雾湿濛濛。

全诗写女诗人在中秋之夜的所见景色，写中秋时节因天气阴沉雨气迷蒙而显得清冷，表现中秋节人们无法赏月的遗憾。有感触，特别是尾联想象"玉宇琼楼"何处而在，弥散在大地上的中秋月饼之香气与秋雨雾气湿润的蒙蒙之景，富有想象的空间，别有情味。

陆嘉年的这几首叙事诗，有的叙写女诗人的少女生活，记录陪侍父亲到任所游历各地的情景，有的直接叙写不同时令、节候时的生活情态，富有生活气息。

2. 写景诗

陆嘉年留存的诗作中，从标题上看，写景诗有五首，分别是《春雪》、《晴雪》、《秋雪》、《快雪》和《春月》。其中四首诗描写雪景，下面对其逐一对比阅读，赏析女诗人对不同季节雪景的描写和感受。

先看第一首《春雪》：

> 重燃兽炭旧寒增，酿雪阴云一夜凝。山色渐浓旋失翠，水纹初展
> 又生棱。落兼新雨痕尤重，暖逐东风力不胜。莫助枝头梅柳色，祥霙
> 好为助春塍。

此诗突出春雪将飘落时的寒冷气氛，首联中的"酿雪"一词生动形象，写出春雪未下时的气候变化；颔联通过描写山色、水纹的变化，呈现春雪到来时的浓重气氛，衬托春雪的与众不同；颈联描写春雪飘落时伴随着春天的新雨，观察细致，描写到位；尾联通过对树枝上梅柳之色和田埂的变化，对春雪给予大地滋润表达赞颂之情。全诗始终围绕春天的雪景来写，写春雪时节虽寒冷，但已与冬天多有不同，有新意。

《晴雪》诗描写下雪后天气转晴的景色，有女诗人对自然界的生动描摹和感悟。全诗如下：

> 雪霁寒增势转严，庭隅扫后尚堆盐。流澌细溜犹含冻，失翠遥山
> 忽露尖。日映画檐冰箸澈，风迴枯树玉花黏。小窗重展羲之帖，炙砚
> 临来意趣添。

俗语言，"下雪不冷化雪冷"，此诗是对这一俗谚的生动描写。首句"雪霁寒增"即精妙描写，雪停后，更加寒冷。再通过不同意象逐一生动描写，呈现出"势转严"的情态：庭院墙角堆积着清扫后白盐似的雪堆，屋檐上滴下的雪水因气候寒冷而成冰箸，白雪覆盖的远山失去翠绿之景而露出山尖，寒风吹过，枯树上的冰雪依然顽固黏附于树枝。写出室外雪后的寒冷之景，组成一个冰寒世界。尾联则转换视线，描写女诗人在暖阁"藻绣轩"中的情景：面对小窗，打开王羲之的字帖，用暖火烘烤冰冻的砚台，临摹一帖王羲之的字，别有意趣。结尾在对比中凸显室内之温暖和室外晴雪之寒冷，富有生动情景。是首很生动的晴雪诗。

秋雪，与冬雪、春雪又不相同，女诗人写有《秋雪》诗：

冬雪经春积地深，秋阴酿雪又沉沉。雁行迷处书难整，驴背吟来句费寻。旋簇黄花成玉朵，忽看红树作瑶林。谁家捣练鸣双杵，错认霜痕手爪侵。

首联用冬雪与秋雪对比，突出冬雪的深厚，而反衬秋雪在天空中酝酿时间之长。颔联化用王羲之练习书法、李贺驴背寻诗的典故，描写女诗人秋雪时节在书房的生活情景，因秋雪的到来，书法在迷茫中难以练成，骑上驴背吟咏诗句而难以寻找，写出女诗人沉浸于书法、诗词吟咏中的情景。颈联描写室外秋雪后黄色秋菊变成白色玉朵，有火红枫叶的红树也变作晶莹的瑶池之林，描写生动，表现出秋雪时景物的特有变化。尾联在捣衣女的敲击声中，描写出秋雪中手掌、手背的寒冷，对女性充满同情。此诗写秋雪，强调其与冬雪的不同点，因秋天是尚未寒冷的时节。

雪是北方冬天特有的风景，雪未到来时，人们有期盼。女诗人写有《快雪》诗，表达的就是这一心态。全诗如下：

连朝望雪雪迟迟，淅沥初闻快可知。洒径无声花散玉，卷帘有意絮成诗。正思茗饮燃茶灶，不觉吟酣倒酒卮。画出乾坤皆粉笔，独将梅萼点胭脂。

此诗首句即写人们期盼早雪的到来，可雪却迟迟未下，后雪花终于飘落，"淅沥"一词本是描写下雨的情态，而女诗人却移用来描写雪花飘落的情态，生动描写出早雪到来时雪花夹杂着细雨飘落的情景，句中的"快"既写雪花飘落之情态，也写人们盼下雪的畅快心情。颔联两句对仗工整，写景明丽生动：飘洒的雪花无声落下，如洁白的碎玉洒落小径，卷起门帘，那门帘上如棉絮的雪花让有心之人正好吟诗而成。此诗与其他几首描写雪景的诗一样，并不是纯粹只写室外的雪景，而是将室内的温馨和室外雪的洁白、美好相映衬，抒发女诗人对雪世界的赞颂。此诗后两联描写女诗人在室内下雪天时的生活情态：茶灶里升起炉火，煎一杯香茗，低声吟哦，不觉中再倒一杯清酒；随后拿起画笔将这雪景点染描绘，在洁白的世界中画出梅花红色的花萼。呈现出丰富而生动的生活情态。女诗人对室内生活情景的描绘，是对快雪喜爱的别样呈现，情趣盎然。

以上四首诗都能抓住不同季节不同雪景的特点细致描写，只有身居北方能见到冬天雪景之人才能有此细腻观察和生动描写，体现出陆嘉年诗歌的特征。

诗人的写景诗还有《春月》，全诗如下：

> 透出春云圆相成，金波滟滟正三更。未教绣阁帘垂影，谁倚红楼笛送声。杨柳含烟偏绰约，梨花似雪不分明。一轮斜向窗西堕，晓色朦胧已听莺。

此诗描写暮春时节的满月之景，先由三更时节月升中天从春云中穿出洒下大地的清辉起笔，再描写月夜下红楼上传出的笛声，以表现月光下的淡淡情思。颈联描写月光下的杨柳、梨花，别有情味，是春月下的生动之景。女诗人在月光下凝望春月下的大地，而月亮已渐渐向西，在黎明即将到来的曙色中已朦胧听到黄莺的歌声。诗篇写春月的生动，从三更天而到黎明前，女诗人无法入眠，写得清丽而有情味，这其中或许有女诗人对春天美好生活的向往，或许也是其春心的表露，也才有深夜无法入眠的情景，诗篇委婉传达出女诗人的青春情思。

陆嘉年的写景诗虽仅存五首，但都有细致的观察、自身生活的体验，还有生动的描写，表现出对景物的喜爱，是青春女子欢快心情的自然流露。

3. 咏物诗

陆嘉年的咏物诗留存较少，有《柳絮》、《落花》、《芦花》、《雁字》、《佛手柑》和《腊梅花》六首。下面将逐一解读，以了解女诗人的内心世界。

先读《柳絮》诗：

> 远影濛濛似雪飞，柔条难绾逐春归。飘零水国粘渔网，散漫旗亭点客衣。糁径似怜红满地，垂丝渐觉绿成帏。殷勤借得东风力，卷入晴空弄夕晖。

此诗抓住柳絮飘飞后飘落到不同环境而呈现出的不同情态展开描写，有一定新意。前两联写飘飞的柳絮似雪花飞舞，飘零入水的柳絮仿佛黏住了渔网，飞散到旗亭点染着离家游子的衣服；那洒落在细碎石子铺就小径上的柳絮如让人怜惜的落红铺满大地。生动的描写展现出柳絮飘飞进入不同环境中的情态，有迷蒙惝恍之感。再以柳絮到柳条的变化，显示春天的新绿和朝气。尾联以东风之势，写出柳絮到晴空中挥洒自如之态。写柳絮，突出其飘飞入不同环境中的特点，使柳絮富有生命活力，是对春天活力的赞美。

在《落花》中，女诗人有另一感受：

> 辞枝片片不闻声，曾费东风着意成。吊影子规啼五夜，招魂蝴蝶梦三更。岂无翠幄留他日，枉说金铃护此生。开落自然随节候，逢春依旧缀红英。

此诗描写春天落花飘落的情景，其与柳絮相似却又不同。首句以"辞"起势，落花离开枝头片片飘落而无声息，是自我的飘零。颔联不直接写落花情态，化用子规夜啼、蝴蝶惊梦之典故，写出落花飘落的恍惚凄美之景，给人以丰富的想象空间。颈联写花的飘落是为给长出的翠绿之叶和小如金玲般的果子留空间。尾联写花朵随自然节候开落，今日落花，明年春天又将绽放枝头，表现随顺自然的心态，有豁达之情。从此诗可看出女诗人的宽阔胸襟，有豪迈之情。

《芦花》诗写秋天之景，诗人在看到芦花时，有描写，也有感悟。全诗如下：

> 漫漫摇水国，灯火乱渔歌。风信催潮长，秋声杂雁过。如霜迷夜色，飞絮点清波。瑟瑟浔阳岸，琵琶客泪多。

此为五律，所绘之景较为广阔，是江南水国鱼泽中人们秋天捕鱼之景：渔歌唱晚，秋风萧瑟，秋潮上涨，秋雁声声，秋景瑟瑟。颈联用如霜的夜色和飘飞的芦花点染秋景中的特别之景，通过对宏大背景的描写来凸显芦花的不同。尾联化用白居易《琵琶行》之意境，以表现凄清之景。此诗在写作上有其特点：不直接写芦花，而通过宏大背景的铺叙强化芦花在秋天的别样情味。

《雁字》是传统诗题，女诗人有自己的感悟而写得有情趣：

> 别有纵横态，邮书是也非。一行排处直，几点入于微。秋思随心写，长天任意挥。遇风应得势，真草快如飞。

此诗写大雁在秋日长空飞翔的情景，大雁南飞，有纵横之态，仿佛从北方将书信寄往南方；飞翔时秋雁在天空中随心而行，任意挥洒，表现了大雁在长空中的自由之态。尾联似描写大雁遇顺风后飞翔更显急速之景。此诗看似写长空中大雁南飞之情态，细致研读，似又描写女诗人练习书法之状，书写"雁字"时的情景。诗人将二者相互融合，有诗歌多义性的旨趣。此诗写作受元代诗人谢宗可《雁字》诗影响。谢宗可《雁字》诗如下："芦花月底寄秋情，阵影南飞势不停。一画写开湘水碧，半行草破楚天青。云笺冷印虫书迹，烟墨浓模鸟篆书。题尽子卿心事苦，断文无数落寒汀。"此诗前两联写大雁南飞之情景，后两联则转化到书写汉字的情态，二者有相似之处，遂融为一体，既写大雁南飞，也将练书法时的书写情态描写出来，两相映衬，别有情趣。

女诗人从常见的物品佛手柑联想到有关佛教之义，写成《佛手柑》一诗：

> 秋满祇①林风露鲜，森森巨擘缀枝骈。妙香每自闻时觉，好月都从指后圆。如我熏修原不易，见人翻覆亦堪怜。大千世界凭谁度，常散旃檀遍法筵。

此诗由秋天常见的果品佛手柑入诗，写出女诗人对佛教的体悟。首联

---

① 祇：根据诗意，当为"祇"。此诗描写佛教寺庙等，诗中有"妙香、大千世界、度、旃檀、法筵"，皆为佛教词语。祇林：祇苑，祇树园。印度佛教圣地之一，后用为佛寺的代称。

用"祇林"描写寺庙中秋季佛手柑树参天而立，缀满金黄色成对的佛手柑的情景；颔联、颈联不直接写佛手柑，而借佛寺有所感悟，在其清香之味中有禅宗参禅了悟之情态。尾联以对佛教在大千世界普度众生的疑惑收束全诗，这疑惑似与佛手柑不相和谐，但也表现出女诗人通过佛手柑这一外在形象而有所寄托。此诗是女诗人借佛手柑形象对佛教的别种解读。

冬天蜡梅花傲雪开放，对此，女诗人写有《腊梅花》诗：

> 拂额休夸点寿阳，丰神别擅不寻常。金花粲压三冬雪，蜡蒂镕成五夜霜。懒占春光偏耐冷，不因日暖独能香。却嫌脂粉污颜色，故改黄衣作道装。

此诗首联即以拟人手法写蜡梅花的风貌，蜡梅花抚摸着人们的额头，似在祝福人们长寿；再用"丰神"描写蜡梅花的饱满神情。颔联直接描写蜡梅花：金黄色的蜡梅花粲然开放，压倒三冬之雪，那蜡梅花蒂熔铸成五更夜的凝霜。突出蜡梅花在寒冷季节盛开的坚贞品德。颈联以对比手法表现蜡梅花不屑在温暖春光中开放的情景。尾联升华其品德，以"黄色道装"不屑与普通花朵色泽相混，强化个性品格，突出蜡梅花冬天在寒冷中开放的耐寒精神，有与众不同的独立品性。从此诗对蜡梅花的细致描写可看出女诗人对独立不羁、特立独行性格的赞颂，似有女强人表征。

陆嘉年的咏物写景诗并非纯粹为咏物写景，往往有女诗人的寄托，在对所咏之物的细致描写中抒发性情、表现情怀，是较有价值的诗篇。

（二）陆嘉年的后期作品

陆嘉年的后期作品，保存至今的仅有诗人四十岁时在八国联军进攻北京后一年所写的诗作，其余诗皆不存。诗仅四首，诗题统为《辛丑代蓉溪儿子作和游东友人感事诗步原韵》，是辛丑年（1901）作为母亲的女诗人代儿子张耀曾（字蓉溪）所作之诗，为张耀曾唱和友人游东，感念当时八国联军进攻北京之事而写，富有时代特色。

全诗如下：

> 艰危世事类飘蓬，亦拟遨游向海东。仙药好寻瑶岛里，扁舟不畏

碧波重。自强期复中华土，博采须知外国风。难忘去年京洛事，烽烟高照石榴红。（自注：谓庚子拳乱八国联军犯京）

避凶趋吉善藏身，济济衣冠竟向秦。（自注：谓京官以护銮为名纷纷赴西安避难）涂炭生灵谁首祸，卧薪事业阒（音 qù，寂静无声）无人。且磨铜剑迟来日，漫挈玉壶醉好春。惭愧四郊多战垒，未能弱冠扫烟尘。

承平多士竞奢豪，世乱空闻众口嚣。忧患累亲增鹤发（自注：家大人官京师二十载，清苦异常，去岁之乱，复被掠一空），贫寒于我若鸿毛。从来勤俭家风古，自负澄清意气高。投笔他年走边塞，不教戎马竟徒劳。

古来志士心多苦，华发髫年罕有之。（自注：君年弱冠已有二毛，见原作）警我痼顽医我拙，羡君学识爱君诗。高谈雄辩休惊座，定乱筹安莫误时。倘许乘风追骥尾，腾骧万里是吾师。

此四首诗都是作为母亲的女诗人模拟儿子张耀曾所写的诗篇，以表现儿子的情怀，是母亲对儿子全面理解后所写之作。第一首首联写当时中国国运艰难的情景，1900 年八国联军以义和团之乱乘机进攻北京，整个国家陷入动荡之中，以"飘蓬"作比，将当时国家岌岌可危的艰难状态呈现出来，并将准备到日本留学的壮志一并写出。颔联、颈联写不避艰险到日本留学的原因——"自强期复中华土，博采须知外国风"，是为中华的复兴、博采国外先进经验而留学。尾联照应开头，表现出诗人到日本留学是为中华崛起而进行奋斗的准备，是那一时代青年的共同志向。后张耀曾出国留学学习的就是法律，回国后为中国司法的发展做出极大贡献。此诗写出年轻人的豪情和为国留学的决心。

第二首揭露当时的官场情状。首联直接指斥当时的达官显贵，不考虑国事艰难，而纷纷以护銮为名到西安避难。颔联是对国家生灵涂炭现状的叩问，是谁之祸？在如此艰难的国运前，竟无卧薪尝胆之人为国家分担忧愁。表现出诗人对当时社会的极度失望之情。青年面对这没有希望的国度，只能磨剑挈酒，虽有消极之态，但也是满怀对国家之爱而产生失望的悲痛之情。尾联写出面对京城四郊的战垒，却因弱冠之身不能投笔从戎为国扫除烟尘而有愧疚之意。此诗表现出年轻人的豪壮之情和对当时社会情状的无奈心境。

第三首记述张家生活情状，以此表明张耀曾心迹。首联描写当时的社会情况，社会安定时豪强阶层竞相夸耀斗富，而在去年动荡时期却众口喧嚣，在国家危急时未做积极贡献。颔联、颈联在对比中显示张家清德、勤俭的家风，"忧患累亲增鹤发"，诗人注释道："家大人官京师二十载，清苦异常，去岁之乱，复被掠一空。"张士鏸在京城为官20年，生活清苦，1900年八国联军进攻北京时又被洗劫一空，但在勤俭家风的熏陶下，张耀曾有"贫寒于我若鸿毛"的壮志，虽生活于官宦之家，但对生活的理解是正确的，无官宦子弟习气，"自负澄清意气高"，有高远节操和志向。尾联抒发未来志向：投笔从戎走救国救民之路。这既表现出母亲对儿子张耀曾的期望，也是母亲理解儿子想法后的生动呈现。

第四首以张耀曾的口吻对友人游东的情况进行评介，并说明自身特点。友人游东与古代志士仁人一样，为国家命运担忧，在弱冠（20岁）时期即有白发。其后写出张耀曾对青年游东的崇敬之情，以自身的"痴顽""笨拙"衬托游东的勤勉、聪慧，羡慕游东学识并喜爱其诗歌，认为其有"高谈雄辩"之才和"定乱筹安"之能。尾联在对友人的赞颂中，表现张耀曾愿随游东东渡日本，愿追随这位有高远志向的青年。此诗与第一首诗"艰危世事类飘蓬，亦拟遨游向海东"的内容相照应，进一步抒写诗人东渡日本，学习先进的科学文化知识，为祖国的繁荣、发展贡献自己的生命的决心。

陆嘉年后期作品仅存这四首近体诗，写于1901年，陆嘉年的长子张耀曾当时年仅17岁，较难写出内容如此丰富、思想如此深刻的诗作，于是陆嘉年为儿子代笔写下朋友游东特意为张耀曾所写诗篇，以抒发张耀曾的情怀及对朋友的感念之情。从诗歌内容看，游东长张耀曾3岁，其学识、才能皆超张耀曾，因此诗篇中既要写出当时的社会情状，也要抒发张耀曾的志向、对游东的情感。这组诗较好地体现了张耀曾的思想、性格及家庭情况，也表明张耀曾对游东的崇敬之情，是友人间真挚感情的流露。其中描写张耀曾性格、志向的诗句，表现出陆嘉年对孩子的深刻而全面的理解，也是女诗人对孩子的期盼。而这些期盼在后来张耀曾的成长中，都一一在其身上得以实现。

这是组非常难得的诗篇，母亲以儿子的口吻、身份，抒写儿子的情怀、志向，对社会的看法，表现母亲对儿子的理解，是母亲对儿子教育的结果。从中可看出张士鏐、陆嘉年夫妇对孩子的教育是成功的。孩子们的身上体现出白族知识分子正直、忠诚、勤俭的良好品德，即使在动荡年代的社会中依然保持高尚节操。后张士鏐、陆嘉年夫妇相继去世，家中清贫如洗，梁济通过募集方式营葬张氏夫妇，剩余资金用于孩子的教育，后张耀曾到日本留学，张耀辉到英国留学，成为社会发展的有用之才。张耀曾的女儿张丽珠，新中国成立后成为我国医学界著名医学家，是我国首例试管婴儿的开创者。张氏家庭成员，始终将个人成长与国家复兴、社会进步相联系，孩子们的身上也体现出浓烈的国家意识。

张士鏐一生在内阁中书从事文案之事，兼修国史，较少吟咏写诗，仅在庚子年间的义和团运动之际，感受到当时处置此事的人办理国家大事乖张不合常道，有感而发，写有四首绝句，记录愤慨之情。张耀曾在该诗前写有如下小序："惟当庚子拳匪之乱，深慨当道措置之乖，有绝句四首书愤。"诗题为《庚子冬日作》，全诗如下：

纵匪失和岂圣心，只缘左右隐蒙深。分明焚劫甘为盗，犹说义民更赐金。

一闻炮响胆心惊，可笑神兵畏鬼兵。符咒无灵空速死，恨他邪说误苍生。

借资教匪杀洋人，谋国才疏愧老臣。城破身亡天子走，何曾呵护有拳神。

涂炭生民实可哀，抚今思昔几徘徊。红羊浩劫虽天数，毕竟有人是祸胎。

从诗歌内容看，主要是针对当时统治者中的上层对义和团一事处置的看法。第一首写出放纵义和团而导致社会动荡不是皇帝的初心，而是制定、执行方案的大臣们让皇帝未了解真相。本来是焚烧、抢劫之徒，却被大臣们说成是义民并赏赐他们，使政策发生偏差。这是大臣和皇帝对义和团处置不当带来的。第二首具体写义和团士兵在八国联军进攻北京时的惨状：听到侵略者的炮声，义和团士兵胆战心惊，自称是神兵的义和团畏惧鬼子兵。先前所说的"刀枪不入"的符咒成了泡影，在枪炮声中走向死亡，可恨的是他们的邪说却误导了天下苍生。此诗是对义和团在京城时与八国联军作战时的简要描写，用"可笑""恨他"等表明诗人对义和团起义的否定，对大臣们的错误政策的否定。第三首是对大臣、老臣们"谋国才疏"的批评，大臣们想"借资教匪杀洋人"，可结果却是北京城被八国联军攻破，皇帝、皇太后仓皇出逃西安，对国家极为不利，没有什么拳神的呵护。第四首抒发情感，对百姓遭遇涂炭般的劫难充满关切，看看现在，遥想先前的朝廷，让人徘徊不已，这一场"国难"（"红羊"指国难）的到来虽是天数，但真正的原因还是大臣、老臣们的错误处置。诗人虽未身处权力中心，但在内阁中书的职位上，对朝廷中的一些事件有自己的理解和看法，再看看当时北京城的情况，写诗表达情怀，有其合理性。"毕竟有人是祸胎"是有所指的。可看出张士鉌虽是中级官吏，但在是非问题上，能从百姓、国家的角度思考，有其合理价值。可看出张士鉌作为正直官员的品性，了解其愁绪的原因，正如其子张耀曾记述父亲时所写："庚子拳党作，清廷政令颠倒，府君慨叹忧患见于词色。及各国联军逼京，益愤之。当中夜傍惶［彷徨］，绕室行，一改平日宁静风度，家人请避乱，则不应，盖所虑者大也。自是形神萧索，悒悒寡欢。"① 这是其心态的直接表现，也是其诗歌写作的背景，其忧国忧民的情怀溢于言表。

（三）陆嘉年诗歌创作特点

陆嘉年出生于官宦之家，在京城长大，从小受到良好的家庭教育，少女时代曾随父亲到贵州、山东等地任所，途中的经历、见闻对其有一定影响。就生活环境而言，较为优渥，出嫁到张家后，也在京城居住，生有二子、四女，在家相夫教子，闲暇时吟诗诵读，有良好的家庭环境。因丈夫在京城所任官职为中级官员，家庭生活稍为艰难，但在其诗中较少呈现。其诗歌创作在早期和后期有一定变化，对其诗歌创作特点总结如下。

第一，陆嘉年的早期诗作分三类——叙事诗、写景诗、咏物诗，这三

---

① （民国）张耀曾：《宪政救国之梦：张耀曾先生文存》，法律出版社，2004，第34页。

类都是陆嘉年在未出嫁的少女时代所写。从诗歌内容看，多体现少女时代的生活情态和对风景、事物的描绘和叙述，显得清新、明快，有那一时代女性对未来的向往。《五月十三夜雨后作》诗："夜深花影上轩楹，漏点频催梦未成。雨后蛙声鸣阁阁，月来蟾影照盈盈。襟怀淡对琴书静，热恼潜消枕簟清。犹忆今朝栽醉竹，撼窗枝尚带余醒。"有对室外蛙声、月影的描绘，也有对室内琴书的铺叙，以抒发其少女时难眠之夜的情思，清新自然而有韵味。在《中秋偶成》中，诗人写有："金飙应律恰秋中，泼墨云来日敛红。……玉宇琼楼何处是，满天香雾湿濛濛。"此诗写出中秋节到来时恰遇阴天而不能赏月的遗憾之情，大地都笼罩在雾气之中，富有意境。又如"我材无用亦天生，休艳千秋咏絮名"（《大人督粮山东，随侍任所，庚辰二月十七日生日作》），是对当时"女子无才便是德"，女子不能同男子一样写诗、参加科举考试的反讽式表述，表现出陆嘉年少女时代渴望同男子一样拼搏奋斗的情怀。

第二，在景物描写中，极力展开摹写，生动呈现景物。如写有《春雪》《秋雪》《晴雪》《快雪》等不同雪景，将所见雪景的不同情态逐一细致描写，展现得生动形象。如春雪的"山色渐浓旋失翠，水纹初展又生棱"（《春雪》），山色因下雪而再失去翠色，融化的春水又再结上冰棱，写出春雪之特点；秋雪的"旋簇黄花成玉朵，忽看红树作瑶林"（《秋雪》），一片浓艳黄、红秋色因下雪而瞬间变成玉朵和瑶林，金黄秋色成了洁白世界，银装素裹，分外妖娆；晴雪的"日映画檐冰箸澈，风迥枯树玉花黏"（《晴雪》），深冬时节雪后晴天依然寒冷，在日光照耀下的冰箸悬于画檐，玉花黏于枯树，有冬天雪景的质感；快雪的"洒径无声花散玉，卷帘有意絮成诗"（《快雪》），富有轻快之景，雪花飘洒小径、雪絮卷动门帘，将雪景的清新呈现在眼前，生动轻盈，给人以无限美感。从以上对雪景中精彩句子的分析，可看出女诗人善于抓住雪景不同情态的物象特征，呈现出雪景的不同情态，意蕴丰赡，有新颖感。

第三，语言运用上延续传统诗歌路径，在继承中有所变化，展现出自身的一些特色。陆嘉年的诗歌，在体式上都是近体诗，为七律和五律。其在家中接受父亲的教导，掌握了近体诗创作的格律，总体上是传统的。但其在诗句的运用上，偏重于女性特征，因此在每首诗颔联、颈联的对偶句的运用上，较有新意，这在所分析的四首雪景诗中有呈现。其他的诗句也有较为生动、富有美感的对偶句。如夏夜"雨后蛙声鸣阁阁，月来蟾影照盈盈"（《五月十三夜雨后作》），展现蛙声、月影的声色之美；柳絮飘落后的"飘零水国粘渔网，散漫旗亭点客衣"（《柳絮》），飘入水中黏住渔网，飞上天空点染客衣，别有景致；落花离开枝头时如"吊影子规啼五夜，招魂蝴蝶梦三更"（《落花》）的凄婉，想象丰富，对仗工整，有丰富内涵；在随父远行宦署时的"对雪愧无才咏絮，学书空羡格簪花"（《偶成》），是少女对自我的要求和期盼。春月下的景物是"杨柳含烟偏绰约，梨花似雪不分明"（《春月》），朦胧美感如现眼前，以表现春月的隐约之景；秋夜时节"萤灯然暮雨，虫语话新凉"（《新秋夜》），萤火虫的飞翔如细雨飘飞，虫声低吟似在倾诉秋凉的到来，想象丰富，别有开掘。从这些对偶句可看出女诗人陆嘉年观察的细腻及对语言的精巧运用。

第四，陆嘉年的后期诗歌仅留存组诗《辛丑代蓉溪儿子作和游东友人感事诗步原韵》（四首），较难看出陆嘉年后期诗歌的全貌，但从这四首诗中能感受到时代变迁对陆嘉年的影响。这四首诗虽是借年仅 17 岁的儿子张耀曾的口吻来写，是代笔之作，但也是女诗人心声的表露之作。四首诗以叙事、抒情为主，表现孩子将东渡日本求学以为国家复兴而读书的心态，"扁舟不畏碧波重"，是为了"自强期复中华土"，即使在艰难困苦中也要"博采须知外国风"，以兼收并蓄的姿态，助自己成长，为国学习。有对国家破败凋敝无力迎战而导致民生涂炭的呐喊，有"为中华崛起而读书"的雄心壮志，这也是那一时代热血爱国青年的宏图，从中可了解到张氏夫妇对孩子教育的成功。"贫寒于我若鸿毛"，保存了张家勤俭家风，而有雄心壮志的情怀："从来勤俭家风古，自负澄清意气高。"诗篇写得富有豪壮气韵，既是女诗人代孩子所写，也是女诗人对孩子的要求和期盼，希望孩子能积极向学，在急速变化的社会中学有所成，成为国家的栋梁之才。张耀曾在后来的学习和人生中不曾辜负父母的期待，成为中国现代法律建设的开创者，实现了自己的诺言。

陆嘉年嫁予张士鏸后，长期在京城居住，不曾回到云南大理，有关诗歌也没有与丈夫张士鏸的唱和之作，故而没有描写云南、大理等边地生活的作品。后人的一些评论由于未对陆嘉年的生平展开全面研究，有的判读不甚准确。如:"远嫁云南的陆嘉年,其《新秋夜》中有'萤灯然暮雨,虫语话新凉'之句,意象鲜活,对偶工切,极平常的物象,构成了又新又美的意境。其《落花》诗中有'吊影子规啼五夜,招魂蝴蝶梦三更'句,不在落花的形色上着笔,却能把落花的凄艳之神写得如此此动人。"① 此评论针对陆嘉年中富有新意的诗句做出了恰当合理的评价,但"远嫁云南"则是不准确的。又如:"类似张母陆氏这样的白族母亲、白族妻子、白族女诗人,就这样用白语、汉语劝诫自己的丈夫,教育自己的儿子……这种不让须眉的大气,这种可纳百川的胸怀,哺育了一代又一代的白族男儿。"② 此诗中未使用白语,且也无劝诫丈夫的话语,而是对孩子的教育,但诗中有海纳百川的胸怀的评价是合理的,这也是陆嘉年诗歌较有价值的特点。

总之,陆嘉年虽未从京城回到其夫君张士鏸在云南大理的喜洲白族古村,但其诗篇还是较好地呈现了当时女诗人的特点,其孩子张耀曾搜集并刊刻诗集,就是要让这一宝贵的文化遗产流传下来,以了解那一时代女性的生活情状和其在变动社会中的丰富内涵。这些诗作体现出陆嘉年在诗歌上的造诣,也说明其在清代白族女诗人中有较高地位。

第三节　王藻湄、郭凤翔

王藻湄是清末民初著名政治家、学者、诗人和书法家赵藩③的原配,郭凤翔是赵藩在四川时的二房妻子,两人都写有诗歌。王藻湄、郭凤翔生活的年代跨越清末和民初两个时代,赵藩的重要社会活动和贡献主要在民国时期,王藻湄的诗作是在清代末年,郭凤翔的诗作是在民国时期,为便

① 王运生:《学文知见录》,云南教育出版社,1994,第179页。
② 王元辅:《白族女人》,云南大学出版社,2006,第55页。
③ 赵藩(1851—1927),字樾村,一字介庵,晚号石禅老人,白族,剑川人。光绪元年(1875)举人,曾任易门县儒学训导,四川酉阳知州,四川盐茶道使、臬台等职。民国后任首届国民大会议员,后任广州军政府交通部部长。1920年回云南,任省图书馆长。赵藩勤奋好学,多才善政,亦长于诗文、楹联。对云南地方文献贡献巨大,主持编印《云南丛书》,纂辑《滇词丛录》。书法师颜,笔力雄浑,丰腴有骨;悬于昆明大观楼孙髯翁名联为赵藩光绪年间手书。其在四川任职时为成都武侯祠所写楹联"能攻心,则反侧自消,自古知兵非好战;不审势,即宽严皆误,后来治蜀要深思",极富哲理,寓意深刻,受到后人的高度赞扬。诗集有《向湖村社诗初集》《向湖村社诗二集》《桐花馆梦缘集》《小鸥波馆词钞》等。

于研究，将两人归入清代诗人中，列为一节讨论。

一　王藻湄

本部分从王藻湄生平、王藻湄的爱情诗、赵藩所写有关王藻湄的诗词等三方面讨论。

（一）　王藻湄生平

王藻湄（1853 年九月初三—1926 年冬），字澹漪，别名太原君，与丈夫赵藩以小鸥波馆为斋名，剑川人。其父王绍科，道光甲午科（1834）举人，《新纂云南通志（九）》有小传："王绍科，字云樵，剑川举人。有至性，设帐省垣，偶思亲，欲辞馆去，主人尼之，觉心怦怦动，遂窃归。主人觉，追之不返。时父任邓川训导，至则微疾数日，绍科自咎曰：'吾何以锱铢误奉养哉？'疾愈，竟不远游。父卒，事继母得其欢心。"① 从小传可知王家是书香门第之家，王藻湄祖父曾任邓川州（今洱源县邓川镇）训导，其父曾考中举人，在省城昆明担任教师。王绍科是极为孝顺之人，因思念亲人，即辞馆回家探望，即使主人劝阻也未听从，而是悄悄返回家乡，主人追赶后也未回馆任教。回家后其父果然生有小病，后为孝顺父母，一直在剑川老家。王藻湄就出生于剑川，是王绍科的小女儿。

王藻湄的少女时代就在诗书礼仪之家度过，祖父、父亲都担任过教职，接受了较好的汉文化教育。同治十二年（1873），21 岁的王藻湄嫁予同是书香之家的赵家长子赵藩。赵藩出生于剑川县向湖村，祖父赵琦，父亲赵联元，其父是剑川著名儒者、诗人，16 岁时补博士弟子员，终身设馆教学。据赵藩编订的"赵氏家谱"，赵藩先祖为赵宋宗室，元朝初年，因投诚招抚有功，授官世代世袭，居住在云南省剑川县水寨，后改名为向湖村，融入当地白族。在明代，有著名族祖赵炳龙，曾为南明王朝官员，创作有大量散文、诗词，一直保存到赵联元时，后因咸丰时期云南兵燹，多数作品遭毁。

两人婚后，赵藩给王藻湄取名太原君，以小鸥波馆为两人在剑川向湖

---

① 《新纂云南通志（九）》卷二百二十一《孝友传》六，张秀芬、王珏、李春龙、牛鸿斌点校，云南人民出版社，2007，第 183 页。

村的书斋名，夫妻俩常以诗文唱和。后赵藩以"小鸥波馆"为其一生所作词集总名，结词集为《小鸥波馆词钞》。其中有早期的几首词作记录了夫妻二人早年的生活情景。如《望江南》："鸥波馆，余事忆风华。谢氏诗才工咏絮，卫家书格擅簪花。慧业有人夸。"① 词作以谢道韫的咏絮诗才和东晋著名女书法家卫铄（别称卫夫人）的书法才能称赞王藻湄，称其是位才女。《望江南》还写有："娱清昼，小阁下帘钩。绣倦荷囊停线脚，捡余茗碗沦钗头。消尽篆烟浮。"② 词作表现了年轻夫妻赵藩、王藻湄的快乐生活，王藻湄绣荷包香囊绣累了，收拾赵藩读书时所用茶具，浸泡洗涤钗头，王藻湄是位承担家庭重任，又有诗书情怀的女性。赵藩还写道："缄锦字，都是断肠词。一缕情旋螺宛转，双飞影失燕差池。争得不相思。"（同上）赵藩在外地任职，妻子将写好的书信、诗词作品寄给夫君，情词婉转深切，表现了夫妻二人刻骨的相思之情。赵藩的《十六字令》，"痴，曲巷樱桃蓦见时。双红豆，入骨种相思"③，写出两人年轻时的浪漫情景。

云南剑川县的男人，外出闯荡打拼才是人生正道，于是赵藩开始了漫长的科考之路，而王藻湄在家乡承担起赵家生活的重担。咸丰、同治年间，云南动荡不安，回民起义领袖杜文秀攻打各地，云南陷入战乱十数年，其夫赵藩少年时辗转于各地逃难，但依然读书学习，直到同治十一年（1872）云南才安定下来，赵藩于同治十二年（1873）参加科举考试，补为廪生，后于光绪元年（1875）参加恩科乡试，考中举人第十名，随后到京城参加丙子年（1876）春天的恩科会试，未考中。次年有丁丑科（1877）会试，赵藩未返回家乡，滞留京城参加会试，仍未考中。光绪五年（1879）冬，赵藩再次进京参加庚辰科（1880）会试，但仍未考中。根据清朝科举考试惯例，三次会试不中者，可参加"大挑"考选，赵藩考中二等，授云南省易门县训导教职。赵藩在衙署内写有词作寄给家乡的爱妻王藻湄，如《临江仙·署函尾寄内》，"肠断年年缄锦字，典衣初办归装。白云亲舍梦苍茫。贫家蔬水奉，辛苦累勾当。应怪远人邻舍至，心期偏误

---

① 赵藩：《小鸥波馆词钞·谥箫词》一，民国癸未秋刻本，藏云南省图书馆，第6页。
② 赵藩：《小鸥波馆词钞·谥箫词》一，民国癸未秋刻本，藏云南省图书馆，第6页；王明达选注《历代白族作家丛书·赵藩卷》，民族出版社，2006，第376页。开头二句为"娱清画，十阁下帘钩"，与原刊本有出入，今皆以原刊本为准。
③ 赵藩：《小鸥波馆词钞·淬剑词》二，民国癸未秋刻本，藏云南省图书馆，第15页。

重阳。芦帘纸阁夜围霜。孤灯偎影坐，愁听漏初长"①，对王藻湄在家乡孝养公婆、抚育孩子等表示衷心感谢，也抒发自己的相思之苦。

后赵藩又参加了三次会试，皆未考中。赵藩到省城昆明出任盐法道钟念祖幕僚，于丁亥年（1887）任云贵总督岑毓英幕僚，为岑毓英出谋划策，忠心耿耿，深得岑毓英信任。岑毓英于己丑年（1889）病逝于任上，赵藩一手操办其丧事，送岑毓英灵柩至广西桂林。其间，王藻湄曾到省城与丈夫一同生活了一段时间。光绪十八年（1892），赵藩到京城参加第七次会试，仍未考中。光绪十九年（1893）在京城候选，得岑毓英之子岑春煊帮助，指发四川，后到成都就任筹饷局提调。

赵藩大多在外地参加科考，后在四川成都、酉阳等地任职，民国后到云南昆明、广东广州等地任职。王藻湄几乎再未离开家乡，夫妻二人聚少离多，王藻湄在家奉养公婆，操持家务。赵藩回到剑川后，两人有短暂相聚。赵藩晚年词作《减兰》："了无凭据，醉乡高枕柔乡住。绮梦如烟，跌宕名场四十年。笠蓑归里，孤篷听雨双湖里。莫便输他，杜老林塘是浣花。"②写赵藩老年回到家乡的生活情景，表达了对原配王氏的深切关照之意。

王藻湄与赵藩生有二子二女，长子宗熙（小名佛保）、次子宗瀚，长女鸾庆、次女佩瑜。1926年冬，王藻湄逝世，享年74岁。王藻湄墓志铭评价其一生："贤明慈惠，知书达理。夫妇感情深厚，常以诗文唱和。"这是对这位照顾赵藩父母，在剑川老家孝养公婆的白族女诗人的较高评价。③

（二）王藻湄的爱情诗

王藻湄给赵藩写有多封书信，也写有相关诗作等。查阅了赵藩目前留存的所有作品，王藻湄给赵藩所写书信未留存，其诗作也未辑录，只在赵藩诗集相关诗作后作为附录收存，仅有早期一组《寄外》（八首）诗。现根据赵藩诗作中的相关记述以及这八首诗作、赵藩所写的有关王藻湄的和

---

① 赵藩：《小鸥波馆词钞·谧箫词》一，民国癸未秋刻本，藏云南省图书馆，第7页。
② 王明达选注《历代白族作家丛书·赵藩卷》，民族出版社，2006，第378页。
③ 以上内容参考赵藩之孙女赵静庄《赵藩年谱》、王明达《剑湖风流——文化奇才赵藩传》和其他相关资料撰写而成。赵静庄：《赵藩年谱》，载张勇主编《赵藩纪念文集》，云南美术出版社，2004，第411~440页；王明达：《剑湖风流——文化奇才赵藩传》，云南民族出版社，2003。

诗展开讨论，以了解王藻湄的爱情诗及其生活状况。

王藻湄出嫁到赵家后，赵藩于光绪元年（1875）参加云南省乙亥年恩科乡试，考中举人第十名，随后到京城参加丙子年（1876）春恩科会试，未考中，次年有丁丑科（1877）会试，赵藩留京城参加会试，会试前夏历二月十九日，赵藩收到妻子王藻湄的书信后，写有《二月十九日得小鸥波馆书》诗："相对常怜影亦亲，三年分手各沾巾。龙头风信梅花远，陌上烟痕柳色新。未必寄书能寄泪，可堪伤别更伤春。文园病渴娥眉损，一赋凌云苦赚人。"① 诗有两人爱慕、唱和之情，尾联化用司马相如和卓文君的故事，说明夫妻两人有共同语言和爱好。王藻湄亦是有才之人，其诗文表达出对夫君的深挚情感。从诗中可看出夫妻二人感情的浓烈。

丈夫赵藩两次会试皆未考中，于 1878 年四月经长途跋涉最终回到剑川，写有《四月二十一日到家》（其一）："白云犹认旧柴扉，阅尽关河匹马归。七尺男儿身手在，三年客子鬓毛非。虚名难博慈颜喜，失路翻添暗泪挥。笑看门前亲种树，桑阴成盖柳成围。"② 此诗是赵藩对自己科举考试经历和回家后的感慨，也表现出家是诗人的心灵安顿之地，及对王藻湄在家中操劳的肯定。赵藩还写有《抵家》："哀乐无心感百端，出门惘惘入门欢。齑盐也觉还家好，雨雪况经行路难。嚼蜡我真思烂熟，推枰人尚艳旁观。何时采药西山去，写韵终须伴采鸾。"③ 表现了赵藩对家的眷恋。尾联设想夫妻二人到西山采药，相互写诗唱和，表现了对妻子才华的赞赏。

光绪五年（1879）冬，丈夫赵藩再次离开家乡，进京参加第三次会试。离别后不久，王藻湄写了一组五言古诗（八首），寄给赶往万里之外的京城的赵藩，表达对丈夫的思念之情。从此诗在赵藩诗集中的编排时间看，此诗后是《入黔》诗，是赵藩在赴京途中即将走出云南时收到的诗作。诗题为《寄外》，附在赵藩《得闺人诗札次韵却寄》后。全诗如下：

> 郎爱剑湖鱼，妾爱剑湖水。湖水煮湖鱼，羹调乡味美。
>
> 缝郎合欢被，裁以同功茧。妾意寄缠绵，郎心知冷暖。

① 王明达选注《历代白族作家丛书·赵藩卷》，民族出版社，2006，第 9 页。
② 王明达选注《历代白族作家丛书·赵藩卷》，民族出版社，2006，第 34 页。
③ 王明达选注《历代白族作家丛书·赵藩卷》，民族出版社，2006，第 47 页。

郎舟顺江下，妾舟逆江归。江头双鸳鸯，不肯渡江飞。

愿郎多寄书，书如见郎面。郎有高堂亲，贱妾何足念。

翩翩红襟燕，对语卢家堂。凤凰不比翼，安用矜文章。

扁舟过潇湘，傥泊湘妃宅。寄侬斑竹枝，持较冰壶赤。

极知郎体屏，敢嗟妾命薄。莫贻嫩面光，多买欧心药。

郎看长安花，妾看剑湖草。东风吹蘼芜，相思萦远道。①

这八首诗，既各自独立，又相互联系。其独立体现在内容和诗韵上，每四句表达一个主题，每四句一个韵部，皆偶句押韵，多为仄声韵，且平仄不符近体诗格律，故为五言古体，限制较少。其联系表现在第一首是写家乡风物之作，后面几首由准备科举考试到出发的途程再写夫君到京城的生活等，形成一个整体，表达出独守空房的妻子对远行参加科举考试夫君的思念、祝福等。以下对每首诗做相对细致、深入的解析。

"郎爱剑湖鱼，妾爱剑湖水。湖水煮湖鱼，羹调乡味美。"第一首先写剑川家乡的风景和美味。从家乡最美景色和最美食物入手，将夫妻情感融入家乡、湖鱼之中，隐喻鱼水之间的欢愉之情。远在外地的夫君读到如此诗句，自然感同身受，有愉悦之感，语句自然和谐。

"缝郎合欢被，裁以同功茧。妾意寄缠绵，郎心知冷暖。"第二首描写妻子为夫君准备外出科举考试的被子，在一针针的缝制中将对丈夫的关爱寄托于合欢被，用被子这一接触肌肤的事物让丈夫感受到妻子的关切之情，融入妻子对丈夫的缠绵之情。关心不是语言上的呈现，而是生活细节中的点点滴滴，王藻湄就是位细节化的诗人，无处不体现出对丈夫的深切关心和牵挂。

"郎舟顺江下，妾舟逆江归。江头双鸳鸯，不肯渡江飞。"在第三首诗中，女诗人展开想象的翅膀，想象丈夫的船只顺江而下，而自己所乘的小船逆江而归，两船相遇，变成江头的一对鸳鸯，在江边栖息嬉戏，不再渡江到遥远的北方，委婉传递希望丈夫还是在江南、在家乡生活，不要再到遥远的北国参加科举考试的含义。全诗富有想象力，有南北朝乐府民歌的

---

① 王明达选注《历代白族作家丛书·赵藩卷》，民族出版社，2006，第50～51页。

影子，也有女诗人的感受和体悟，清新明快。

"愿郎多寄书，书如见郎面。郎有高堂亲，贱妾何足念。"第四首希望丈夫在外要给家里寄书信，看到书信就如同见到郎君，后两句委婉传达家中父母、妻子是你的牵挂之人之意。以高堂双亲之名暗含自己对丈夫的思念，含蓄有致，是殷殷嘱托的话语。

"翩翩红襟燕，对语卢家堂。凤凰不比翼，安用矜文章。"第五首化用唐代诗人沈佺期《独不见》"卢家少妇郁金堂，海燕双栖玳瑁梁"和唐代诗人丁仙芝《余杭醉歌赠吴山人》"晓幕红襟燕，春城白项乌。只来梁上语，不向府中趋"的诗歌意蕴，以"红襟燕"自况，委婉传达女诗人对丈夫的期盼：两人要如凤凰样比翼双飞，不在乎能否科举成功。这是爱情的大胆表白。

"扁舟过潇湘，傥泊湘妃宅。寄侬斑竹枝，持较冰壶赤。"第六首是女诗人想象丈夫乘船经过湖南潇湘之地，联想到远古时娥皇、女英的湘妃故事，以斑斑竹枝书写女诗人对丈夫的相思之情。化用"冰壶"典故，是对丈夫品德清白廉洁的嘱托和信任。乐府诗《白头吟》有"直如朱丝绳，清如玉壶冰"，唐代姚崇《冰壶诫序》也写道："冰壶者，清洁之至也。君子对之，示不忘清……内怀冰清，外涵玉润，此君子冰壶之德也。"此诗用典较多，诗人有广博的汉文化知识，运用自然娴熟，切合诗意，表现自然。

"极知郎体孱，敢嗟妾命薄。莫贻嫩面光，多买欧心药。"第七首以平实之语写出对郎君的关爱。赵藩身体不太好，女诗人未嗟叹自己的命运不好，只希望丈夫在外回家时不要给妻子买当时的女性化妆品"嫩面光"（当时的化妆品名牌），而要多买"欧心药"，治好夫君所生之病。深切关爱之情溢于言表。此诗与前诗的用典完全不同，显得通俗而富有生活气息。

"郎看长安花，妾看剑湖草。东风吹蘼芜，相思萦远道。"第八首是女诗人想象丈夫赵藩到达京城后的情景：你在京城看与家乡不同的京都之花，自有其新鲜之感，而我依然看剑湖之草，想到的是两人在家乡美好而浪漫的情景。一头是京城中的翩翩夫君，一头是剑湖旁的青春少妇，迢迢万里中充盈着二人的相思之情，空间跨度较大，但表现出悠远的相思之情。结尾两句化用"蘼芜"典故，寓意丰富，既是对丈夫的思念，也是对丈夫的嘱托，还有对丈夫的期盼和回归后的生子愿望。故与"东风""相思"相连，"蘼"字表达了美好的期盼。据《本草纲目》载："蘼芜……其茎叶靡弱而繁芜，故以名之。当归名蕲，白芷名蓠。其叶似当归，其香似白芷，故有蕲茝、江蓠之名。"蘼芜的叶子形状像当归，又有白芷的香气，是种香草。妇女到山上采摘蘼芜的鲜叶，在家中阴凉处风干，以风干的叶子为香料，作为香囊的填充物，可制作成香囊，佩戴在身上。古人还相信蘼芜可使妇人多生孩子，当时赵藩夫妻虽有孩子，但是个女孩，男孩尚未出生，夫妻都希望有个男孩降临人间，是对未来的美好期盼。此诗未用"蘼芜"在传统诗歌中夫妻分离或闺怨情怀的含义，不是古乐府《上山采蘼芜》中"上山采蘼芜，下山逢故夫"的悲伤和愁怨，而是将其作为寄托着对未来希望的物象，富有大胆的想象力和充分的理解力。此诗是对组诗的收束，照应第一首诗，又能总括前面所写诗篇，既有生动描写又有概括性。

这组诗写得情真意切，表达了王藻湄对赵藩的关心和牵挂，诗句质朴自然，清新明快，抒写出普通家庭妇女对外出丈夫的深深关切。从写作时间来看，诗是赵藩离家大约一个月后所写，可知王藻湄对丈夫的殷殷情怀。

赵藩在赴京途中收到这组诗，十分感动，写下和诗《得闺人诗札次韵却寄》八首，寄托情怀并将诗作寄回给妻子。全诗如下：

> 代郎理琴书，侍亲营菽水。别离摧心肝，独旦思予美。
> 缠绵一纸书，细吐春蚕茧。置之怀袖中，风雪生奇暖。
> 未闻嘲远志，讵肯寄当归。似惜丹山凤，天由比翼飞。
> 古云人有志，区别如其面。嗟我同心人，惺惺原一念。
> 岁朝好风日，春酒罗高堂。远心解自宽，倚卿事尊章。
> 喻言资一噱，奇愚忘徙宅。我嗤茂陵聘，长卿应面赤。
> 小园倚寒翠，罗袖娟娟薄。愿留婪尾春，课婢浇红药。
> 君怀及第花，我梦宜男草。垂柳空依依，惆怅章台道。①

---

① 王明达选注《历代白族作家丛书·赵藩卷》，民族出版社，2006，第50页。

　　这八首诗在诗歌用韵上同王藻湄诗完全一致，且用同韵脚字，以表达对妻子的情感和唱和诗的要求。赵藩所写的每一首诗在诗意上与王藻湄诗遥相呼应，充分体现出其和诗特点。为便于理解，我们将二诗对照排列后细致解析赵藩之诗。

　　"郎爱剑湖鱼，妾爱剑湖水。湖水煮湖鱼，羹调乡味美。"（王藻湄诗）"代郎理琴书，侍亲营菽水。别离摧心肝，独旦思予美。"赵藩的和诗中，丈夫想象妻子在家中所承担的一切家务，端茶倒水准备饭菜，孝养长辈，别离后两人的思念之苦，又表达对王藻湄在家辛勤操劳的赞颂。

　　"缝郎合欢被，裁以同功茧。妾意寄缠绵，郎心知冷暖。"（王诗）"缠绵一纸书，细吐春蚕茧。置之怀袖中，风雪生奇暖。"赵藩从书信、诗歌中的缠绵话语感受到妻子的无限关爱和情思，那信纸上的涓涓话语，如春蚕吐丝一般，将书信放置于襟怀、衣袖，冬天行进在路途中，风雪交加时节生出别样的温暖。体现了男性诗人的感动和女性的不同：精神性的感受，而并不仅仅是温暖的丝绵被子。别有风味。

　　"郎舟顺江下，妾舟逆江归。江头双鸳鸯，不肯渡江飞。"（王诗）"未闻嘲远志，讵肯寄当归。似惜丹山凤，天由比翼飞。"赵藩此诗是回答妻子"不肯渡江飞"的。此诗以谐音双关的方式，将两种药物"远志、当归"嵌入诗中，表现出赵藩为实现宏大理想而将依然远行的想法。末尾两句表现出诗人的宏远志向，夫妻二人当在辽阔的天空中飞翔，当远游世界，有鸿鹄之志。

　　"愿郎多寄书，书如见郎面。郎有高堂亲，贱妾何足念。"（王诗）"古云人有志，区别如其面。嗟我同心人，惺惺原一念。"此诗直抒胸臆，夫妻二人是同心之人，双方的思念都是相同的，以打消妻子的顾虑，简洁明快。

　　"翩翩红襟燕，对语卢家堂。凤凰不比翼，安用矜文章。"（王诗）"岁朝好风日，春酒罗高堂。远心解自宽，倚卿事尊章。"此诗表现出赵藩对妻子的信任。前二句表现家中春日时节妻子孝养父母的情景，后二句写出赵藩虽在远方，但心情是宽松的，因家中有妻子对公婆精心孝养，父母能安享幸福晚年。表现出两人相亲相爱且相互信任、理解的和谐之情。

　　"扁舟过潇湘，傥泊湘妃宅。寄侬斑竹枝，持较冰壶赤。"（王诗）

"喻言资一噱，奇愚忘徙宅。我嗤茂陵聘，长卿应面赤。"此诗回应王诗经湖南时到湘妃宅凭吊之想象，赵藩未到湘妃宅凭吊。末二句用司马相如之典故抒发志向，不像司马相如为得到他人赏识而做文章，有赵藩独立的思考和理解。

"极知郎体羼，敢嗟妾命薄。莫贻嫩面光，多买欧心药。"（王诗）"小园倚寒翠，罗袖娟娟薄。愿留婺尾春，课婢浇红药。"妻子王藻湄关切丈夫赵藩的身体，赵藩的和诗亦从对妻子的关切入手，想象妻子在春天时身穿薄衣在园中忙碌的身影，有妻子青春貌美富有活力之神态。希望留住春天盛开的芍药之花，留住春的气息，教婢女给芍药浇水。表现出两人的浪漫情怀，色彩生动艳丽。

"郎看长安花，妾看剑湖草。东风吹蘼芜，相思萦远道。"（王诗）"君怀及第花，我梦宜男草。垂柳空依依，惆怅章台道。"第八首诗是总结性的，照应王藻湄的最后一首诗。前二句可做互文解，夫妻二人皆怀有赵藩考中进士的及第之花和王藻湄生有男孩的梦想，用诗的语言呈现此意。可现在两人天南地北各处一方，两处相思，不能实现，只能回到家乡后才有机会实现这一理想。表现出丈夫对妻子的许诺和应答。

赵藩在赴京途中的这组和诗，每首皆对应于王藻湄的诗篇，有的回答了王藻湄的一些疑惑，更多的则是抒发对妻子的思念和感激之情。体现出妻唱夫随的特点，两人真挚的感情和浪漫情怀得到体现，是两组富有特殊风味的诗篇。

王藻湄的诗作体现出白族女子所写爱情诗的特点，突出表现在以下几个方面。第一，对丈夫的深切关怀。这种关怀既有对丈夫身体的关心，也体现在对家中公婆的孝养、对丈夫远行的支持上。第二，将家乡风物融入诗篇，通过对剑川山水的描绘表现出家乡情怀。女诗人的生活范围虽较为狭小，但有广阔视野，在家乡风物中渗透其中。第三，委婉的爱情表露。在细节中融入对夫君的关爱，如通过合欢被的描写、剑湖鱼水的描写加深情感。第四，娴熟运用汉文化典故，以表达自己的感受。所运用的湘妃的故事、司马相如的故事等都切合语境，较为贴切、妥当。第五，对丈夫沿途所经之地较为熟悉，这既是夫妻之间平时交流的话题，赵藩从北方回到家乡后，夫妻间相互交流，将途中经历、见闻与妻子分享，也可看出女诗人王藻湄对中原历史、文化有较为全面的把握。

（三）赵藩所写有关王藻湄的诗词

作为妻子的王藻湄，其生活范围主要是赵藩老家，其在家里抚养孩子、孝养公婆，而赵藩既有公务缠身，还有三年一次的进京会试，较为繁忙。赵藩三次会试皆未考中进士，后通过"大挑"方式获得了低级官职。遂多年在外任职，后到省城昆明任云贵总督岑毓英的幕僚，后又到四川任职。其间，赵藩几乎都在外奔波。中年后的王藻湄与赵藩聚少离多，王藻湄也常写诗词和书信寄给赵藩，赵藩据此抽出时间撰写书信、词作等。

戊寅年（1878）四月，赵藩从北京参加会试回到剑川老家，看到妻子王藻湄，写下《书示内子》："下机劳苦意欣然，得失浑忘惜汝贤。襆被先教尘抖擞，镜奁重对月团圆。才名入世空消福，天性多情解悟禅。肯似牛衣轻洒涕，剪灯仍伴旧青毡。"① 诗篇写出王藻湄在家操持家务的情景和丈夫回家后两人三年别后灯下叙话的美好情景。当年赵藩到省会昆明，途径楚雄写有《楚雄郡斋夜坐偶成，寄小鸥波馆》诗，其中写道："……客居无计遣良宵，故园颇忆同清景。阿弟书斋共剪灯，山妻纸阁方煎茗。……看书有味更开函，觅句未成还倚枕。谈深浑耐五更寒，梦回已隔千山迥。白头肯负岁寒盟，红烛常虚夜游秉。……题诗先寄小鸥波，早晚湖山待偕隐。"② 此诗略长，从所节录部分可看到赵藩夫妻二人在一起时的欢快情景。

赵藩在乙卯年（1879）写有《小鸥波馆书来，答此代柬》（二首）："细剖红鳞百遍看，上言相忆下加餐。病多先虑冲风雪，吟苦尤规镂肺肝。倚竹便娟双袖薄，篝灯岑寂一毡寒。行人亦念居人苦，拂拭蛮笺作答难。""……贫家作妇抛眉笔，早岁觥儿泣掌珠。赖有同心差慰藉，调羹能博老亲娱。"③ 从诗歌标题看，赵藩对妻子王藻湄的爱称是"小鸥波馆"，体现出两人的深切感情。第一首记述了赵藩细致阅读妻子在信中所写内容，并想象二人在一起的快乐时光，夫妻二人虽渐行渐远，但相互思念，表现出思念之苦。第二首写出妻子在家的孤寂和辛劳。

---

① 赵藩：《向湖村舍诗初集》卷五，第5b页。
② 赵藩：《向湖村舍诗初集》卷五，第7a～7b页。
③ 赵藩：《向湖村舍诗初集》卷六，第7a～7b页。

赵藩在光绪六年（1880）的第三次会试依然未考中，根据规定，可参加大挑考选，赵藩考为二等，授云南省易门县训导，赵藩回到云南，于次年春天前往易门县任训导之职，秋天到昆明任盐法道钟念祖幕僚。王藻湄于光绪八年（1882）初夏生下长子佛宝。赵藩于当年底第四次赴京参加会试，光绪九年（1883）的会试仍未考中。三年后再度进京参加第五次会试，仍落第，于光绪十三年（1887）秋受云贵总督岑毓英聘请，担任其幕僚。其间，王藻湄陪伴赵藩，于光绪十五年（1889）生下次子宗瀚。1891年冬，赵藩离开昆明前往京城参加第六次会试，赴京会试途中曾写有《寄内》诗给妻子："结缡十八度星霜，几日双栖燕在梁。衣上斑斓添别泪，镜中姽婳换新装。病回艾趁三年蓄，贪剧书余万卷藏。儿女青红婚嫁促，等闲人事怕思量。"（其一）"无复封侯与子期，中年心事强支持。衾寒被酒初醒后，院静看花独立时。多别故应安宿命，钟情原不讳相思（诗人原注：余生正月七日，内子生九月三日，谈星命者谓皆去月圆时稍远，主多离别）。剑湖风月非钱买，料理浮家尚未迟。"① 王藻湄与赵藩结婚已十八年，这十八年两人聚少离多，赵藩在外任职或赴京参加会试，王藻湄主要在剑川老家照看孩子、孝养公婆，所生女儿也都十六七岁，要准备为女儿寻找婆家，准备女儿的婚事等，这些都是王藻湄一手操办，在外的父亲只能写诗表达自己的情怀，可看出王藻湄在家中的重要作用，其是贤德慧良的好妻子。

光绪十九年（1893），赵藩到四川成都筹饷局任提调时，曾写有诗篇寄给王藻湄，《诗韵寄家人》："有钱只办蒲桃尊，无客独与梅花言。寒禽啁啾苦劝酒，瘦鹤褵褷（注：音 lí shī，羽毛濡湿沾合的样子）能守门。常恐春韶付流水，剧喜朔雪开晴暾。湘管偶抬句飞出，貂裘不御肌生温。"（其一）"无端役役远行路，孤负皑皑满香园。山中书来说花事，颇惜不共看朝昏。一枝篱落忽刺眼，四照珠玉终牵魂。藐姑神人在烟雾，梦回惆怅罗浮村。"（其二）② 诗篇所写是自己的孤单情景，当时赵藩刚到四川任职不久，形单影只，工作之余更多想到的是妻子、家人，表达对妻子的思念之情。

---

① 王明达选注《历代白族作家丛书·赵藩卷》，民族出版社，2006，第 192 页。
② 王明达选注《历代白族作家丛书·赵藩卷》，民族出版社，2006，第 204 页。

光绪二十一年（1895），赵藩任酉阳州知州，携旁妻郭凤翔在署地，曾以《小鸥波馆》为题，写道："湖村旧馆系人思，小筑行窝亦署之。官味不辞黄檗苦，乡心唯有白鸥知。没来浩荡谁千里，坐到忘机又一时。勉学浮沉惧违性，怅然孤咏式微诗。"①此诗记录了赵藩在四川官场上的艰难景况，家乡才是诗人心中的归宿，颔联、颈联抒发了赵藩的此种情怀。诗人只能在官场中随波逐流，学会违背自己的本性来适应这一生活情状。尾联化用王伟《渭川田家》中"即此羡闲逸，怅然歌式微"的诗句，以表达自己对妻子王藻湄的思念之情。

光绪二十三年（1897），王藻湄的两个儿子被赵藩接至在四川酉阳的任所，接受教导，王藻湄身边只有两个女儿需要抚养，其还孝养公婆，承担着赵家的家庭重任。不幸的是其长子佛宝在当年7月因病夭折于四川，年仅15岁，赵藩写有《佛宝觞》，悼念早逝的孩子。有关王藻湄的相关记述，在赵藩的后期诗词中较少出现。

赵藩于1910年2月，看到当时统治者对百姓的残酷剥削、对革命党的残酷镇压，于是辞去四川臬台职务，自行罢官，搬到眉州去住，后返回剑川老家，在剑川培养家乡子弟，也到各地游览。辛亥年（1911）秋，赵藩即将离开大理剑川返回四川叙府，在妻子王藻湄过生日时写下祝福诗，表达对老妻的祝福之情，《太原君设帨在重阳前六日，年亦五十有九矣。余征车未发，草四绝句使儿女歌之以侑觞》，共有四首七绝，全诗如下："我过六十子将周，黻佩人夸几世修。南极一星堂上曜，真将此福傲樊刘。""雕鞍绣幰拥云烟，黔蜀奇峰阅万千。又共篮舆探石宝，故山猿鹤亦欣然。""山厨杞菊齿牙香，雅称清斋伴太常。那要东山韵丝竹，衔杯听雨过重阳。""风雪儿女总情牵，老矣征车张茂先。待扫三巴妖彗净，画他鸥梦一家圆。"②诗题说明了此诗的写作缘由、时间等，是在妻子王藻湄重阳日前六日六十岁生日时，即将告别家人、老妻，奔赴外地参加如火如荼的革命写下的，赵藩让孩子们在妻子生日时歌咏此诗以祝福老妻。诗写得别有

① 云南省文史研究馆整理《云南丛书》（第五十册），中华书局，2009，第26328页；赵藩：《向湖村舍诗二集》卷九，第6b页。

② 云南省文史研究馆整理《云南丛书》（第五十册），中华书局，2009，第26533～26534页；赵藩：《向湖村舍诗二集》卷二十五，第34b～35a页。

情味。此时的夫妻两人都已六十岁，儿女都已成家，第一首写出两人年岁虽高，但都精神焕发；第二首前两句写赵藩在外地乘车所经之地，后两句写夫妻二人再坐轿——篮舆探访剑川名山石宝山时所看到的让人欣然的景象；第三首写重阳日的设宴情景，（"那要"是剑川方言，"不要"之意）吃的是地方蔬菜，清香淡雅，听的不是丝竹之音，而是自然的雨水，清幽淡雅；第四首写赵藩又将远行，受云南督抚李根源电邀，将赴昆明等地，化用西晋张华（字茂先）的典故，为平定西南动荡局势即将赴任，与妻子告别，待到一切平定时，再回到家乡与老妻一起生活，共圆夫妻一家之梦。这组诗是赵藩后期写给妻子王藻湄的内容较为丰富的诗篇，体现出赵藩对王藻湄的夫妻之情。

王藻湄的婚姻生活，前期是幸福的，40 岁以后的人生有了根本性变化，丈夫虽在仕途上越走越远，但作为原配的王氏，只能守在僻远的剑川县，孝养公婆，料理家务，与赵藩的通信、诗词唱和已经减少，将生活的重心转向对孩子的教育和对长辈的尊崇、孝养上。当然，在那个时代，妻以夫荣，丈夫显赫的地位使王藻湄在享受人们对其的尊崇下，更要做好儿媳、妻子之事，这样，其方能在赵家有立足之地。

二 郭凤翔

本部分先简要介绍郭凤翔的生平。因郭凤翔自嫁予赵藩后，大多陪伴在赵藩身边，在介绍郭凤翔的生平时，主要从赵藩的诗词及其经历中析出，故也一并介绍赵藩的生平。然后对郭凤翔的爱情诗做解读，再探讨赵藩所写有关郭凤翔的诗词，解说郭凤翔与赵藩的关系。

（一）郭凤翔生平

郭凤翔（1879 年正月二十九—1919 年五月二日），字芍云，别名河阳君。其父郭姓，四川省西昌人，其母周氏为云南省大理府太和县（今大理市）人，生于大理龙尾关，后回到四川。光绪十九年（1893），赵藩只身到四川成都任职，是年冬末，龙安郡太守云南丽江人杨小泉因事到成都，了解到赵藩只身在四川任职，便介绍其内侄女郭凤翔与赵藩为妻，赵藩遂于次年（1894 年）正月初八与郭凤翔结婚，郭凤翔 16 岁，赵藩时年 44 岁。婚后赵藩将与二房妻郭凤翔所住房屋命名为"桐花馆"，并取字芍云，别名河阳君。

郭凤翔虽为赵藩侧室，但结婚后一直陪侍赵藩，在四川成都、酉阳、眉山等地，后又到昆明，只有赵藩回剑川省亲、到北京参加国会会议、到广州军政府任职时未在赵藩身边。因此赵藩对郭氏的感情更为深厚，有多首诗歌描写他们及其家人的生活，赵藩也将所写的一些感时之诗，写成后给郭氏阅读。郭凤翔童年时虽识字读书，但在诗歌创作上没有接受系统训练，缺乏功底，结婚一年后，年轻的郭氏开始学习写诗。赵藩曾写诗记录两人赏牡丹花时郭氏学写诗的经历："自然富贵不矜持，信是芳丛绝代姿。酒晕浓生临镜处，衣香微度倚闻时。买春未费中人赋，记艳难删幼妇词。一种秾华天爱惜，轻阴漠漠雨丝丝。"（《署斋看牡丹示芍云》）① 此诗写于光绪二十一年（1895），记录赵藩在酉阳任职时在官署欣赏牡丹时的情景，写出二人赏花时的美好情景和赵藩在赏花之时欣赏少妻的愉悦心情。颈联的"记艳难删幼妇词"正写出郭凤翔学写诗歌，诗句虽一般，但在赵藩看来是上好诗句。尾联通过写景表现出赵藩对爱妻的欣赏之情。"诗人婚后就开始教旁妻芍云作诗。后长期坚持。"② 但实际情况可能是郭氏因忙于操持家务，并未系统学习诗词写作，只在诵读赵藩所写诗词后，对古典诗词有较为细致全面的了解。赵藩在郭氏去世后一年回到昆明时，在其所写诗的注释中记述道："君喜读余小体诗，恨家累未遑学。"③ 如果假以时日，郭氏有较多时间，定能写出多首优美的诗篇。

光绪二十四年（1898），赵藩请假回家省亲，郭凤翔留在四川赵藩的任所，照看抚养孩子。光绪二十六年（1900），北京陷于八国联军之手，慈禧携光绪皇帝逃离京城，撤至西安。年底，赵藩受云贵总督丁振铎委派护送贡物到西安"勤王"，于次年7月通过岑春煊中丞得以觐见慈禧太后，慈禧下手谕擢升赵藩以道员候补，到四川上任。郭凤翔在四川赵藩任所陪侍赵藩，赵藩抵达四川后于光绪二十八年（1902）受四川总督委派，到湖南沙市开办四川济楚盐局，解决川盐出省受制问题，谒见张之洞，提出双方受益的解决对策，获得极大成功。十月，赵藩被委任署理盐茶道，次年

---

① 王明达选注《历代白族作家丛书·赵藩卷》，民族出版社，2006，第215页。
② 王明达选注《历代白族作家丛书·赵藩卷》，民族出版社，2006，第215页。
③ 赵藩：《桐花馆梦缘集》（卷下），1925年刻于上海，第15a页。

冬在成都武侯祠撰联"能攻心，则反侧自消，从古知兵非好战；不审势，即宽严皆误，后来治蜀要深思"，并悬挂之，劝谏岑春煊。光绪二十九年（1903）正月十一日，郭凤翔在成都生第三子，取名培儿，二月，赵藩任四川臬台，并兼任学务处总理，管理四川学务。任臬台五个月后，辞职赴泸州任官运总局总办。光绪三十年（1904）正月，郭凤翔在泸州生第四子，取名锡儿，当年赵藩晋升二品阶，为资政大夫。光绪三十二年（1906）春，赵藩回剑川省亲，在剑川县城建盖新居"光禄第"，赵藩父亲赵联元诰封光禄大夫。

光绪三十三年（1907），赵藩再次被委任为臬台，特授永宁道，到四川任职。宣统元年（1909），赵尔巽接任四川总督，以严刑峻法治理四川，赵藩三次上书请求辞职归养。次年赵藩在眉州购买一屋，取名"东邻别墅"，郭凤翔入住此地。后赵藩的退休申请得到批准，赵藩遂离开四川回剑川老家探望父母、妻子王藻湄。赵藩离开剑川即将返回成都，辛亥革命爆发，赵藩在云南积极投身革命。

民国元年（1912）九月，郭凤翔在四川泸州为赵藩与王藻湄所生次子宗瀚举行婚礼，赵藩未能参加；直至1913年赵藩到昆明任职时才将郭凤翔接至昆明，夫妻二人团聚。赵藩此时积极投身于云南的辛亥革命中，参与并处理云南省民国政府的各项管理事务，1913年赵藩被选为国会议员，赴北京参会，会议期间看到袁世凯的各种阴谋诡计，赵藩提出抗议并写诗讽刺，袁世凯派人抓捕赵藩，赵藩已从天津到达上海，并辞去议员职务，后回到云南。1914年，"辑刻云南丛书处"成立，赵藩受聘为总纂，开始主持编辑《云南丛书》，历时多年，编纂刊刻《云南丛书》200种、《滇文丛录》100卷、《滇诗丛录》100卷、《滇词丛录》3卷，为云南文化建设做出了卓越贡献。1915年，袁世凯做称帝准备，征招赵藩赴京做筹备工作，赵藩严词拒绝，并发《致袁项城电》声讨袁世凯；1916年，袁世凯死，护国运动胜利，赵藩获国家颁发的"云南起义，再造共和"的"一等嘉禾章"和"一等文虎章"各一枚。1917年，赵藩任云南省图书馆馆长。郭凤翔在昆明料理好家事，让丈夫赵藩心无旁骛地参加各种活动，取得了卓越成就。1918年，赵藩受云南省省长唐继尧的委派，到广州赴任军政府交通部长职务，在广州期间，兢兢业业工作。

1919 年 5 月 2 日，郭凤翔病逝于昆明，此时赵藩还在广州工作，赵藩弟子周钟岳①等人为不让七旬老人赵藩得知此事，一直隐瞒下来。1920 年，驻广州滇军分裂，赵藩于秋天在广州辞职后返回昆明，回到昆明后才知陪侍自己二十四年的爱妻郭凤翔已去世一年多，非常悲痛，写有《十月十日归次昆明，始悉河阳君以己未五月二日病逝，讳不予闻，悲痛无极。阅月，乃为六诗悼之》："追寻笑绪尽悲端，蜀鄂滇黔挟彩鸾。二十七年年矢促，百千万劫劫灰寒。河倾铅泪昏金镜，月敛珠魂降玉棺。犹剩老夫尝世味，食莲心苦食梅酸。"② 郭凤翔享年 41 岁。1921 年，郭凤翔的灵柩在赵藩次子宗瀚的护送下，葬于剑川赵氏祖茔。

郭凤翔与赵藩生有五子三女：三子宗培、四子宗锡、五子宗煦、六子宗朴、七子宗祥，三女佩珩、四女佩瑗、五女锦瑷。有的在年幼时即夭折，未能成人。赵藩回滇后仍任云南省图书馆馆长。1927 年 9 月 1 日在昆明逝世，葬于剑川祖茔。③

赵藩的两位著名弟子赵式铭④、周钟岳将赵藩一生所写与郭凤翔有关的诗歌从赵藩的诗集《向湖村舍诗初集》、《向湖村舍诗二集》及词集《小鸥

---

① 周钟岳（1876—1955），字惺甫，号惺庵，白族，剑川人，早年师从赵藩。光绪癸卯科（1903）解元，后赴日本留学，加入同盟会，1907 年回国后历任蔡锷云南都督府秘书长、云南省教育司长、国民政府经界局秘书长。1920 年任云南省代理省长，1931 年任云南通志馆馆长、通志总纂等职。抗战时期任国民政府内政部长、总统府咨政等职。长期从政，随局势的变化时出时隐。新中国成立后，被聘为云南省文史馆馆员，为全国政协委员。早年奋志读书，颇为关心国事。著有《惺庵回忆录》《惺庵诗稿》。在书法上造诣颇深，自成一格，原南京总统府的"总统府"三字即出自其手，云南旅游胜地石林中"石林"二字也是其手笔。

② 赵藩：《桐花馆梦缘集》（卷下），1925 年刻于上海，第 14b～15a 页。

③ 以上内容参考赵藩之孙女赵静庄《赵藩年谱》、王明达《剑湖风流——文化奇才赵藩传》和其他相关资料撰写而成。赵静庄：《赵藩年谱》，载张勇主编《赵藩纪念文集》，云南美术出版社，2004，第 411～440 页；王明达：《剑湖风流——文化奇才赵藩传》，云南民族出版社，2003。

④ 赵式铭（1873—1942），字星海，号弢父，晚号窘翁，白族，剑川人，早年向赵藩学诗、古文词。光绪二十年（1894）副贡，在家乡剑川任教，1907 年到丽江中学任教，首创《丽江白话报》，宣统元年（1909）到昆明，与钱平阶等创办《云南日报》，持论棘棘，军吏敛手。辛亥革命爆发，因赵藩举荐，参与云南都督蔡锷的书记工作，兼《云南光复志》编纂。1913 年任峨山县知县，1916 年随赵藩到广州任护法军政府秘书，1919 年政局变动，返回云南省府督署。1926 年因病返家教书自给。1931 年云南通志馆成立，任副馆长兼编纂员，1939 年任馆长，1941 年《新纂云南通志》稿编竣，馆务结束后赋闲回乡。著有《赵式铭先生诗稿》十卷，《云南方言考》九卷，其他文集数十卷。

波馆词钞》中整理出，结为诗、词集《桐花馆梦缘集》（卷上、卷下、附卷）①，上卷收录时间从甲午年（1894）至庚戌年（1910），存诗 140 首，下卷从辛亥年（1911）至郭凤翔去世一年后的辛酉年（1921），存诗 127 首。诗集的时间跨度为甲午年（1894）至辛酉年（1921），共 27 年，共收诗 267 首。附卷中有《浪淘沙·戊申冬夜资州行馆，寄河阳君》："情思渺无端，依约家山。玉梅花下咏春寒，翠羽啁啾清梦破，月晓星残。还是夜漫漫，枕冷衾单。不成欲睡不成闲。何事狸奴偏卧稳，六曲回阑。"② 第十一首词《满江红》，后有赵藩自注："此己未秋避暑南华时作。河阳君已于五月四日殁昆明，戚友以余衰年远役，讳不使知。至归家，方悉，则已一年有余。此恨填膺，无从排遣矣。以下诸阕，犹是寄君，而君不见也。悲夫！"③

（二）郭凤翔的爱情诗

郭凤翔在与赵藩生活的二十多年中，受赵藩耳濡目染的熏陶，可能有早期的一些作品，但赵藩未记录，也未搜集，目前记录的仅有一首送别诗。

1918 年秋，赵藩受南方军政府总裁、云南总督唐继尧委派，离开昆明到广州担任军政府交通部部长，临行时写有《将于役岭南，枨触有作。示河阳君》组诗，之四为："争地争城战血腥，袁家遗孽祸生灵。断鳌立极今谁是，万里愁云黯北庭。"④ 表达赵藩对国家处于战争状态的痛惜，其出任部长，目的是能为"护法"之事与北方独裁政府相抗衡，与"袁家余孽"做不懈斗争。从诗题即可看出赵藩对郭凤翔的知己之感。

郭凤翔在赵藩临行时咏一首诗送别夫君："秋风秋雨渐渐凉，随时斟酌换衣裳。广州天气尤无定，莫把他乡当故乡。"⑤ 此诗即景叙事，从秋季特有天气入手，写天气逐渐转凉，嘱咐丈夫要注意更换衣服。这既是天气的变化，又何尝不是人事上的复杂变化呢？结尾的"莫把他乡当故乡"既是实指天气的变化，又一语双关地蕴含广州复杂的政治关系：那儿已不是云南，云南有你非常熟悉的许多部下、上级，他们都了解你，也会支持你，而广州是一个全新之地，没有众多社会关系可供你开展工作。一位陪侍丈夫多年的妻子，非常了解社会大变动中的复杂社会状况，因此不能将此诗归于一首简单地从生活上叮嘱丈夫的诗作，此诗充满了对丈夫赵藩的深厚感情。赵藩对此诗的评价较高，认为是"亦天籁自鸣也"（同前），随口吟出的诗句充满了温暖和关爱，且有深刻内涵，既是对丈夫的关心，也是在政治上的支持，认为郭氏"宜家隐喻雎麟意，涉世能教虎豹驯"（同前），如果郭氏能进入社会从事社会工作，可驯服虎豹，有较强的社会管理能力。认为郭氏"米盐凌杂妨参学，脱口精如琢句新"（同前），是对郭氏诗词才能的肯定。

这也可从赵藩所写的很多诗歌中，将表现社会时事的很多诗作呈示给郭凤翔的原因。郭凤翔不仅仅是其生活上的伴侣，更是赵藩寄托政治理想、对现实不满而抒发情绪时的倾诉对象，两人不仅是生活上互相关爱的夫妻，更是能心心相印的伴侣，郭凤翔是赵藩的红颜知己，两人具有深厚的感情。

（三）赵藩所写与郭凤翔有关的诗词

赵藩与郭凤翔结婚后，有时写记录与郭凤翔在一起生活的诗词以及与郭凤翔相关的诗词；有时将所写诗词完成后给郭凤翔阅读。可分两类：一类是抒写日常生活的诗篇，一类是抒写社会政治的诗篇。前一类诗篇较多，后一类诗篇也有一定比例，这说明赵藩并未将郭凤翔仅当作照顾其生活起居、生儿育女的妻子，还将其当作精神上的伴侣。郭凤翔对其政治理想、政治抱负是欣赏和赞同的。如赵藩于1910年回剑川省亲，从昆明回剑川途中，写有《辛亥正月河阳君三十三岁生日。先草五绝句寄眉州，使女儿歌以寿之》："危机触处防刚折，畏我何如敬我深。不是旁妻是良友，馌耕灌圃两同心。"[1] 赵藩因回家乡省亲，不能参加郭凤翔的生日聚会，于是专门写下诗歌，遥寄到眉州，请孩子在生日时为妻子诵读祝寿，可看出赵

---

[1] 王明达选注《历代白族作家丛书·赵藩卷》，民族出版社，2006，第308页。

藩对郭凤翔的关心和牵挂之情。郭氏不仅是旁妻，还是良友，在精神上对赵藩给予理解、支持，是对赵藩精神的极大慰藉，是同心之人。

下面分两类简要说明。

1. 抒写日常生活的诗篇

赵藩所写此类诗篇较多，且时间跨度较长，从赵藩娶了郭凤翔直至郭氏去世后，内容较为丰富，有抒写两人在一起的日常生活情景的，有途中思念、感怀之作，有祝寿之作。如《正月初八芍云女史来归，上元夜草示四绝句》（二首）："却扇题诗十样笺，锦城花月上元天。瞋人甲子断断问，指似今宵鬼魄圆。（原注：以己卯正月二十九日生于大理龙尾关）""原来阿母旧同乡，镜里山眉画点苍。（原注：母为吾滇太和人周氏）略待宦成携手去，鸳鸯浦上绣鸳鸯。"① 此诗是赵藩初次与郭凤翔相见，赵藩对郭凤翔的观感和体会，第一首中郭氏对赵藩的尊重和崇拜，使这对老夫少妻的甜美生活有了良好基础；第二首后两句其实已表达赵藩对郭氏的全面认同，希望今后两人能隐居生活的情景。

光绪二十四年（1898），赵藩从四川回到剑川省亲，曾写有《戊戌除夕俳体示河阳君时假归剑川》："劳生四十八除夕，客里经过廿二年。刚脱蚕丛千嶂险，重寻鸥梦一家圆。老亲预检游春屐，稚子均分压岁钱。银烛金炉消永夜，梅花香到枕函边。"② 写赵藩在剑川家乡的春节时的日常生活，虽在原配王藻湄身边，但心中还是忘不了与郭氏"银烛金炉消永夜，梅花香到枕函边"的浪漫之情。

光绪二十六年（1900），赵藩从云南经成都前往西安，在成都写有《雨中杂兴示芍云》（其一）："闰岁廥盐累食单，厨娘只办腐儒餐。锦城米价如潮涨，默念穷檐一饱难。"③ 光绪二十八年（1902）在成都，写有《夜坐示芍云》："落拓粗官百不堪，修名宜爱未修贪。特科幸谢山公启，时务聊资海客谈。影弹风鬟开白㮈，味留霜指擘黄柑。子京椽烛吾何有，涤砚翻书事略谙。"④ 从这些诗作可看出，在生活中，赵藩在诗歌创作中将

① 王明达选注《历代白族作家丛书·赵藩卷》，民族出版社，2006，第 206 页。
② 王明达选注《历代白族作家丛书·赵藩卷》，民族出版社，2006，第 253 页。
③ 王明达选注《历代白族作家丛书·赵藩卷》，民族出版社，2006，第 270 页。
④ 王明达选注《历代白族作家丛书·赵藩卷》，民族出版社，2006，第 272 页。

郭氏当作读者、知音，二人生活非常和谐。

1920年，当赵藩从广州回到昆明，得知郭氏已去世一年多，写下《十月十日归次昆明，始悉河阳君以己未五月二日病逝，讳不予闻，悲痛无极。阅月，乃为六诗悼之》："一度暌离一笑迎，解装满意馨离情。入宫不见悲何极，异室而居梦果成。岂世弃人人弃世，是卿怜我我怜卿。海山遑说他生誓，已惘凄凉毕此生。"（之一）"追寻笑绪尽悲端，蜀鄂滇黔挟彩鸾。二十七年年矢促，百千万劫劫灰寒。河倾铅泪昏金镜，月敛珠魂降玉棺。犹剩老夫尝世味，食莲心苦食梅酸。"（之二）"自是春人气得春，不曾轻易见眉颦。宜家隐喻雎麟意，涉世能教虎豹驯。百草辨精疑药佛，万花攒艳诧针神。米盐凌杂妨参学，脱口惊如琢句新。（自注：君喜读余小体诗，恨家累未遑学。戊午秋将之粤，连日阴雨，君为我更衣，口述四句云：'秋风秋雨渐渐凉，随时斟酌换衣裳。广州天气尤无定，莫把他乡当故乡。'亦天籁自鸣也。）"（之三）"慈乌忍撒众雏游，黄口伶俜对白头。最怆此时环垩室，剧知何日撞烟楼。尘埃野马吹生息，落叶哀蝉送凛秋。怕问斜阳金马驿，女挛墓碣冷荒丘。（自注：五女锦瑗于七月四日以毁殇瘗于金马山迤西义园。）"（之四）① 其中，第一首首联写出赵藩以前外出回家时妻子郭凤翔迎接的情景，充满温馨之感。后面六句则写此次回家，可妻子已去世，两相对比，抒发浓烈的悲伤之情。第二首回忆自郭凤翔嫁给赵藩后二十多年所到之处，与赵藩同甘共苦，虽经无数劫难，但有郭氏的陪伴，而能一直前行。可如今郭氏已逝，只剩诗人来品尝这孤独痛苦的晚年之境。用"食莲心苦食梅酸"的比喻写出凄怆之情。第三首具体书写郭氏的人品才能，有宽阔的胸襟，不轻易皱眉；教育孩子健康成长，持家有方，精通医药、佛理；尾联写出郭氏想学习，可因家务琐事而受到影响，但其所吟诵的诗句却有新意。对郭氏的才能给予较高评价，这也是赵藩能将很多诗篇写后给郭氏读的原因——郭氏是赵藩的"知心爱人"。第四首写郭氏去世后家中的凄凉之景，只有年老的赵藩和年幼的孩子，极为悲凉。这几首诗写得情义拳拳，抒发了赵藩对妻子的深深怀念和悲悼之情。

---

① 赵藩：《桐花馆梦缘集》（卷下），1925年刻于上海，第14b～15a页。

这些诗篇记述了赵藩与郭氏生活中的部分情况，是两人生活的真实写照，也反映了赵藩对妻子的真情实意。

2. 抒写社会政治的诗篇

赵藩与郭氏结婚时，已是中级官员，从事重要的社会管理工作，中老年后，已从中级官员升迁至级别较高的官员，赵藩一直关注着国家、社会的发展，因此其诗作中有大量关于社会发展、政治变动的描写、记述和议论的作品。这些诗作写成后，多数未展示给郭氏看，但到后期，赵藩对郭氏有了进一步的了解，于是有时将此类诗篇展示给郭氏，以让郭氏更好地了解赵藩有关社会、政治的见解。这些诗作大多是在两人相处十年以后，可看出赵藩已把郭氏当作自己政治上的贤内助，而不仅仅是普通的家庭妇女。

赵藩在任职期间，有许多工作上的繁难之事，通过诗作记录下来，如作于光绪三十年（1904）的《除夕杂诗八首示芍云》，其中两首写道：“经营艖运驻江阳，踵毕壬寅癸卯纲。束笋文书珠算子，摩挲赢得一生忙。”（其一）“苦为乡间去暴残，此身摧挫此心安。吾家诵述先芬在，敢恤人言直道难。（原注：族叔石渠先以请革官肉陋习，免抽牲税，取怨于官吏，诬陷讼系。今得来祸福，不计也。）”（其二）[1] 第一首是抒写工作的繁忙，第二首则是对官场上的一些不合理现象的揭露，言行直道者可能遭到打击等，让妻子了解官场的一些特殊情况。

赵藩在从成都回泸州途中，写有《小住四日，拉杂为诗。得八绝句，寄芍云》（1908 年），其中一首写道：“抟管阴阳水火风，墨家言在九流中。机心机事休轻诋，制器容取御侮功。”[2] 这是对当时机器生产情况的描绘，指明其对社会发展的重要性，可看出赵藩对社会进步的积极认同，对新事物的向往，也让妻子能看到社会的发展变化。

1911 年秋天，西南时局动荡，赵藩在家乡剑川期间，还写有《七月闻蜀乱甚剧。时督滇李公电征赴省咨议。以家陷于眉阳，当往抚视。而西林尚书亦电促助戎旃。家大人许其一行。临行感作七言古一篇寄芍云》，其中有：“眉州七月廿七陷，逾月得耗终模糊。家室私痛怆已剧，梁益大局

---

① 王明达选注《历代白族作家丛书·赵藩卷》，民族出版社，2006，第 284 页。
② 王明达选注《历代白族作家丛书·赵藩卷》，民族出版社，2006，第 295 页。

危何如。债台不惜累万级，轨利翻欲未三涂。谋臧不臧已机阱，援止而止犹踟蹰。士夫攘臂奸诡和，燎原火伏星星铢。楚粤哪无伤类感，藏卫镇有强邻狙。舞阴诏起惜稍晚，魏其首祸何当诛。我昔治蜀顾民气，恐以驱迫崔嵬苻。归来匝岁变至此，人事莫责天遗痡。……"① 此诗从四川眉州的动荡写起，表现出清朝末年社会动乱之情景，诗中多用典故，写出清朝即将灭亡前西南各地的不安情况，当时担任四川总督的岑春煊也无能为力，在此诗中可看出赵藩以国家利益、百姓生计为重的特点。赵藩让郭氏看，可看出郭氏能读懂此诗，郭氏有较为丰富的文化知识，也表现出夫妻二人对当时社会变化的认同之感。当年秋九月，赵藩将往昆明，到达大理，收到郭凤翔的书信，写有《行次大理，值革命军起，已复省垣。当轴迫留榆治西事。时得眉寓书，盖乱阻半年矣》："新巡洱海持巡节，远梦眉山绕寓庐。衰朽探穷囊底智，平安盼得袖中书。风尘路断逃名处，忧患根深识字初。寄问茑园两鹤子，梅花消息并何如。"② 全诗既有关于社会现实急速变化的描写，也有对妻子的思念之情。

赵藩在北京参加国会会议，后于1913年回到昆明，写下《归至昆明有作，示芍云》："又见南天郡阛城，便同班椽玉关情。乡人苦说征文献，老愧兰台刘更生。"③ 诗中引用班固、刘向的典故，说明赵藩将专心于《云南丛书》的编纂一事，表达出其对妻子的尊重和理解。

1917年护国运动结束后，西南依然动荡不宁，赵藩受唐继尧委派前往四川，写有《蜀乱未宁，春辟宣慰。临发有作，示芍云》："高歌从军行，怆赋垂老别。岂无儿女情，况当风雪节。雄狐北庭踞，挑斗肆诡谲。渔利鹬蚌争，医怵肝胆裂。会泽声大义，西南议同决。坐视非仁人，识时在俊杰。欲回岷江波，净涤巴山血。蛰庐强我起，亦奋三寸舌。不眠枕凋戈，独立看金玦。篱花姿媞婧，砌蛩语幽咽。出门一大笑，万事不可说。"④ 全诗将当时的社会动荡局势表现出来，表明自己不能沉浸于文化活动中，必须为国家的太平做出努力，将郭凤翔当作自己政治理想的倾诉

① 王明达选注《历代白族作家丛书·赵藩卷》，民族出版社，2006，第326页。
② 王明达选注《历代白族作家丛书·赵藩卷》，民族出版社，2006，第330页。
③ 王明达选注《历代白族作家丛书·赵藩卷》，民族出版社，2006，第349页。
④ 王明达选注《历代白族作家丛书·赵藩卷》，民族出版社，2006，第354页。

对象。

1918 年除夕，赵藩在广州时还写有《戊午除夕寄河阳君》："今年尉陀城，去年毕赤尉。等待异乡怀，饯此欲残岁。黔山草无荄，粤岭百花丽。初复何分别，薄醪都取醉。兵事蔓两年，近得就和议。庶几子遗民，天予喘息地。我家区四处，佳节各弹泪。许国老无能，虚名苦为累。亦欲早谢去，辛盘饱餐味。萧然风雨夕，炉熏冷烟穗。坐守计已迂，拥衾且寻睡。"① 诗篇既叙述当年赵藩为国事而操劳奔波的生活，也说明社会时局，"兵事蔓两年，近得就和议"，表现在广州孤单寂寞的生活情状。从诗篇可知赵藩对郭氏的情感，把郭氏当作了可以倾诉家国之事和情怀的"良友"。

两人有相同的政治主张和见解，当然，这些主张和见解，都是郭氏在与赵藩相处的二十多年中耳濡目染逐渐形成的，也是郭氏积极向赵藩学习、赵藩不断鼓励郭氏的结果。

通过对以上三方面的分析，可看出作为女诗人的郭氏，其诗作虽仅有一首，但其一生是在政治家、诗人赵藩的鼓励下，对诗词有较为丰富的理解，在丈夫的熏陶下，有了诗歌创作的才能，但由于没有时间学习诗词写作，未能有较为丰富的创作。但在郭氏的身上，可看到白族女诗人的成长历程。

第四节　其他白族妇女的诗歌

此节所评析的白族女诗人，生活在清代乾隆至咸丰年间，她们所流传的作品较少，只在《云南通志》或地方史志中有简短记录，记录其生活中的某一片段及其创作出该首诗的场景，流传作品也仅有一二首诗作。但这些诗作体现了当时白族妇女在面对特殊情况时所采取的策略，从中既可看到白族妇女的忠贞、坚强，也能看到其在惨烈社会面前的无奈之情。下面将讨论丰姬、王玉如、杨熊氏、杨周氏、蔡吕氏等五位白族妇女及其诗作。

---

① 王明达选注《历代白族作家丛书·赵藩卷》，民族出版社，2006，第 357 页。

一 丰姬的决绝诗

丰姬，大理人，姓名不详。丰是官员丰升额的姓，姬是侍妾的意思，丰姬就是丰升额的侍妾。乾隆年间，丰升额在云南做官，纳丰姬为侍妾，后在乾隆庚子、辛丑年间（1780—1781）被免去官职。丰升额将要返回北方，当时在省城昆明的丰升额顾念到丰姬年纪较轻，不想带丰姬同回北方，于是写信给在大理的丰姬，让其回到娘家。丰姬在大理收到丈夫丰升额的遣返信后，马上回信给丰升额，丰升额打开信函，信函里有两只斩下的耳朵，极为惊恐。再细看书信，其中有诗写道：

> 君今将北返，不与儿俱回。儿誓从君去，先送双耳来。①

此诗短小，为五言古诗，是丰姬这位年轻女子脱口而出的直白话语：发誓要同丈夫丰升额一同回到北方，将双耳割下，送到丈夫面前。诗句语言铿锵有力，无任何修饰之词，显示出年轻女子对丰升额的要求。

成书于乾隆年间的《滇南草堂诗话》最早记录此诗，与后来编辑成的《滇诗嗣音集》和《滇诗丛录》两书所收诗句有差别。《滇南草堂诗话》中的"将""儿""送"在两部云南诗歌总集中分别记为"欲""妾""将"。《滇南草堂诗话》早年刊刻于乾隆年间，后在嘉庆五年（1800）又重新刊刻。是当时人记当时事，更为准确，后期的两部丛书经转写，可能加入了编辑者的校订，将三个较直白的近代汉语口语词改为带有文言色彩的词。"将"是"将要"之意，文言词作"欲"；《滇南草堂诗话》用"儿"，表现出丰姬年少，在官员丰升额前的娇嗔之情，而用"妾"显得太

---

① （清）檀萃编撰《滇南草堂诗话》卷十二，嘉庆庚申新镌，第 1b～2a 页。以上丰姬的经历根据《滇南草堂诗话》中的记录整理而成。"送耳来者，丰升额之侍妾所作也。姬大理人，丰君官滇纳之。乾隆庚子辛丑间失官，将北返。时丰君在省城，念姬少，勿俱北，致讯遣姬。姬回书，启函视之，则斩焉双耳也。乃大惊。其词曰：'……'丰君感涕，乃迓与俱归。"《滇诗嗣音集》卷二十录为："君今欲北返，不与妾俱回。妾誓从君去，先将双耳来。"诗题名为《双耳来》（第 22b 页）；《滇诗丛录》同《滇诗嗣音集》；此诗文字据最早版本《滇南草堂诗话》。檀萃（1725—1801），字岂田，号默斋，又号白石，安徽望江（今安庆）人。乾隆二十六年（1761）进士，官贵州清溪、云南禄丰、普河、永昌等县知县。去官后曾在云南、广东等地书院主讲诗法。

庄重，不符合丰姬年少的身份，也与此诗将耳朵寄在信函中的决绝之态不相协调；"送"也是近代口语词，而"将"是文言词，有"拿""持"之意。此诗中既有丰姬的刚烈之气，亦透露出娇嗔情味，有夫妻间的情爱。丰升额看到丰姬的双耳，再看这首决绝之诗，感动泣涕，于是亲自到大理迎接这位性格刚毅的侍妾丰姬，一同回到北方。

《滇南草堂诗话》记录此首诗后，作者评论道："滇女子视嫁如驴贩，有长盘短盘之谑。而为所溺者，又传有相思草以蛊之，甘死不离。有此姬出，一雪此言。"① 檀萃是从江南发达区域到云南的，在云南为官十余年，后又在云南书院任教，对云南各地风俗较为了解。此评语记述了云南女子的两种类型：一是出嫁夫家好像是驴贩子贩卖驴子一样，有时间长的，有时间短的，无所谓爱恨；另一类是让男方陷入对女子深深思念之中的人，甘愿死去也与丈夫不分开，这也不是爱情，而是在云南受相思草的蛊惑而失去辨别能力。这两类都是较常见的现象。但大理丰姬的出现，是对以上现象的最彻底否定和批判。丰姬与夫君是有真正的感情的，而并不是泛泛之交，或是金钱交易。此诗很好地表现出丰姬独立、刚强的特点，也表现出丰姬对丈夫的忠贞之言、坚定之情。

二　王玉如的写景咏物诗

王玉如，云南省云南县（今大理州祥云县）人，嫁钱塘（今杭州市）人孙嘉乐为妾，生活于清代乾隆年间。② 写有写景诗篇，《滇诗嗣音集》收录其诗作三首——《春阴》《画菊》《夜坐》，皆为写景咏物诗。现简要评介如下。

第一首诗是《春阴》，全诗如下：

> 东皇爱惜牡丹深，费尽量晴较雨心。雨恐太寒晴太暖，为花连日作春阴。③

---

① （清）檀萃编撰《滇南草堂诗话》卷十二，嘉庆庚申新镌，第2a页。
② （清）黄琮辑《滇诗嗣音集》卷二十，记有："王玉如，云南人，杭州孙令宜廉使簉室。"（第23b页）载《丛书集成续编》第151册，上海书店出版社，1994，第365页。孙嘉乐（1733—1800）字令宜，曾任四川按察使。
③ （清）黄琮辑《滇诗嗣音集》卷二十，第23b~24a页，载《丛书集成续编》第151册，上海书店出版社，1994，第365页。以下两首诗皆出自此。

《春阴》诗是七言绝句，描写春天天气变化的景象。此诗虽描写春天的阴凉气候，却并不单纯从气候入手，而是借牡丹在春天生长时需什么样的气候来写，别有情致。"东皇"指天帝，天帝因深爱牡丹，为其生长繁茂，费尽心思调整春天的气候，天气不能太晴朗也不能雨水较多而寒冷，为让牡丹生长得更好，不惜将天气调控为连日轻阴的情况。这也是女诗人在独特感受中体会出的别样情怀。此诗的成功之处在于并不直抒情怀，而借为让牡丹花能较好生长让东皇、雨水带上人的感情色彩，亲切而有韵味。

第二首诗是《画菊》：

> 西风丛桂正含香，篱菊先开不待霜。暂向毫端借秋色，何妨八月写重阳。

此诗从另一角度描写菊花，八月桂花飘香的时节，菊花已先期开放，女诗人借画菊花之景而写早开菊花的景致，通过画笔色彩的渲染，表达对早开菊花的喜悦之情，描写出秋天的浓艳景色，抒写对未到重阳而有重阳之感的情致，表现女诗人对秋菊的喜爱。

第三首是《夜坐》：

> 炉烟细袅碧窗纱，人静天空北斗斜。满园虫声一帘月，夜深风露落桐花。

《夜坐》诗是描写女诗人夜坐时所见之景，写得较为细腻、精美。炉烟袅袅升腾从纱窗飘散而出，有朦胧之美，再通过女诗人在夜空下仰望所见天空中北斗偏斜，以示夜已深。前两句体现出广阔背景下的静美之景。后两句以满园虫声呈现喧闹意境，在风声露水中梧桐花静静飘落。诗篇以清新笔触写出夜坐时所见之景，温婉、清新、淡雅的夜色呈现在读者面前，给人以丰富的想象空间，也表现出女诗人平和、自然的心境。后两句"满园虫声一帘月，夜深风露落桐花"可为名句，观察细腻，多个意象的运用组合成一组月白风清、虫声啾啾、落花飘飞的深夜之景，是首成就极高的写景诗。

从以上三首诗可了解到王玉如成为孙嘉乐的侍妾后，其生活是安稳、富足的，有足够的时间和精力来感受、体会这美好的世界，并通过所写诗歌表达对自然环境中优美景物、风物的喜爱，抒发个人情怀。其诗歌情怀与其他女诗人不同，显得清新、明快，有较强的语言驾驭能力，营造出富有活力的自然环境，使人有身临其境之感。特别是第三首《夜坐》，是首具有浓郁生活气息而细腻观察和精心构思的生动之作。

三　杨熊氏、杨周氏、蔡吕氏的绝命诗

这三位白族妇女的诗篇都是在人生最为惨烈之时写下的，表现出白族妇女在面对绝境时的刚强和果敢。

（一）杨周坪未婚妻熊氏的绝命诗

杨熊氏生活于清朝咸丰年间（1851—1861），大理府赵州（今弥渡县）人，年幼时许配给同邑人杨周坪，还未出嫁时，杨周坪不幸去世，熊氏在家矢志要为杨周坪守节。咸丰丁巳年（1857）七月，云南发生了杜文秀农民起义，起义军击溃清兵后到了村中，熊氏不幸被士兵抓获，士兵威胁熊氏，但熊氏不屈服，遂服毒药而死。熊氏死后，人们从她的衣袖中找到了几句诗。诗句如下：

> 猖狂贼子漫欢呼，水性杨花错认奴。志节难移头可断，好从地下见吾夫。[①]

后人将此诗称为《绝命诗》。诗的内容简洁，熊氏平时即放在衣袖之中。因当时云南滇西一带受到农民起义军和官兵战事的影响，社会动荡，

[①] 《新纂云南通志（十）》卷二百四十二《列女传》四，李斌、李春龙、牛鸿斌、王珏点校，云南人民出版社，2007，第 115 页。以上熊氏的经历根据该书中的小传改写而成。"贞烈女熊氏，赵州人。幼字同邑杨周坪，未于归而周坪卒，女矢志守贞。咸丰丁巳七月，兵溃贼至，女被擒，胁之不屈，即仰药死，袖中得诗，有'志节难移头可断，好从地下见吾夫'之句。已旌。"诗的前两句根据云南省诗词学会编《云南历代女子诗词选》（云南人民出版社，2017，第 38 页）补出。

熊氏日常已有殉节之意，遂有此想法。从《新纂云南通志》来看，袖中藏有后两句是合理的，以表现出熊氏为丈夫杨周坪矢志守节，去世后到阴间与丈夫相会的坚定决心。写得非常决绝，是女中豪杰。所加前两句，是针对当时被贼兵抓住后熊氏的愤怒之言，写出贼兵的骄纵和狂放，对女子有残暴倾向，以暴烈之行对待妇女，但熊氏的回答铿锵有力，自己不是水性杨花之人，不会甘愿受士兵们的折磨，将誓死捍卫尊严。此四句诗表现出一位普通妇女的坚定决心。

（二）杨应鱣妻子周氏的绝命诗

周氏，宾川县（当时为宾川州）宾居人，品性坚贞安静，且聪慧能写诗文，成年后嫁给宾川州城人杨应鱣（注：音 zhān）为妻子。咸丰六年（1856）秋天九月，宾川州的州城被农民军攻陷，周氏在愤怒中跳井自杀，起义军看到后，及时将周氏从井里牵拉救出，周氏被救下后又被挟持到宾居（州城附近）。起义军欲对周氏不轨，但周氏不屈服，没有得逞。后周氏哄骗起义军说："家里有地窖，其中藏有黄金。"农民军相信了她的话，于是在周氏的带领下走到杨家。到杨家时，其夫杨应鱣已逃走。周氏又哄骗起义军说："藏着的黄金都是我丈夫亲手藏的，我写个信函让他回来，他一定会回来的。"于是咬破手指，用滴落的鲜血写下书信。认为丈夫已跑远安全后，将写好的书信交给邻居，周氏马上夺下起义军士兵手中的刀子，自刎而死。周氏在信的末尾，还写下两首"绝命诗"：

> 男有节则忠，女有节则烈；守身如守土，肯为他人得。
> 君若谅妾心，早把蛾眉赎。百计复归来，死葬君家屋。[①]

周氏从投井自杀不成，到被起义军侮辱时不从，面对此种危险之境能

[①] 《新纂云南通志（十）》卷二百四十二《列女传》四，李斌、李春龙、牛鸿斌、王珏点校，云南人民出版社，2007，第118页。以上周氏经历根据该书小传改写而成。"杨应鱣妻周氏，宾川人，性贞静慧而能文，适应鱣。咸丰六年秋九月，州城陷，愤投井，贼见之，牵扶以上，挟至宾居。执义不屈，绐贼曰：'家有窖藏，愿往取赎此身。'贼信而从之，比之家，夫已逃，复绐曰：'藏金出自夫手，我致函招之，彼必来。'因沥血成书，趣夫远避，既付邻人，即夺贼刀自刎死。书末云：'……'又云'……'云云。待旌。"陶应昌编著《云南历代各族作家》，云南民族出版社，1996，第747页。

两次哄骗起义军，都能从容应对，可看出周氏的冷静、果敢。每次都希望丈夫能够逃脱，后所写书信，不是要让丈夫返回家中，而是拖延时间，能让丈夫安全。其所写书信今未存，但从以上两首诗看，也写得极有价值。第一首强调儒家传统中男子的节操在对国家忠诚，女子的节操在于成为烈女，而不是苟且活着。后两句表现出自己将以此赴死的决心，不愿为外人而失去贞节之身。第二首是第一首的继续，写夫君要理解自己的苦心，作为妻子，死是自己的愿望，在这紧急情势下只能如此。希望夫君能平安归来，将自己的尸骨葬于杨家祖茔。既是对夫君的关爱，也是对夫君的要求，表现出对丈夫的忠诚，镌刻出对夫君的深切关爱。

从此诗可看出杨周氏豪迈超人的节操，即使在周围都是手持兵器的残暴士兵，自己随时可惨遭毒手的情况下，依然写下给夫君的信函，并即兴写下悲惨壮烈的绝命诗，富有英雄气概。而正是这些普通大众在面对生死考验时遵守自己的内心理想，从容赴死，表现出传统文化所赋予妇女的生存价值。

这两首绝命诗表现出女子的刚烈品性，虽沉静于外，但内心刚烈，有宾川女性的刚强豪迈之气，富有强烈的感染力。

（三）蔡吕氏的绝命诗

吕氏，大理府太和县（今大理）人，生活于道光、咸丰年间，幼年时曾读诗书，并能作诗，深明大义。成年后嫁给蔡澄斋的弟弟为妻，后来丈夫去世，吕氏在大理城抚养遗孤。咸丰年间，大理城被杜文秀起义军攻陷，吕氏于是跟随夫兄蔡澄斋到丽江避难。当时蔡澄斋在丽江被统兵张正泰勒索上交捐税拘禁在官府，后被逼死，死于非命。吕氏丈夫已去世，投奔的亲人又突然遭逢不测，失去帮助保护自己之人，认为自己将会有不测之祸发生，担心难以保全贞节之身，于是写下"绝命诗"。"绝命诗"写成后，吕氏笑着对侄子蔡芳春说道："我就是个妇女罢了，死了没什么可遗憾的，希望你不要忘了你父亲临终时的话语，这才是孝子。"于是吕氏自缢身亡。

蔡吕氏的"绝命诗"如下：

为人谁不乐余生，我乐余生恐损贞。平地风波如此急，漫天雨雪

料难晴。义昭往日抚孤子，尽节他乡后伯兄。安得天公怜苦志，重泉
嫠妇也冤明。①

　　此诗写得极为悲凉凄惨，吕氏与常人一样，有希望活下去的强烈愿
望，为了抚育儿子当要承担起重任，但又受传统道德的限制，担心在动荡
的环境中苟且偷生而玷污了自己的清白之身，为"尽节"而离开这个世
界。从此诗看，吕氏的自缢身亡可能还有更为复杂的原因，"平地风波"
起不只是逼迫交捐税这么简单一事，张正泰可能通过逼捐一事要让蔡澄斋
答应将孀居的弟媳再嫁，故有"漫天雨雪料难晴"，此事虽然由于夫兄去
世，但并不会平息，可能会更为尖锐，只能在他乡"尽节"，尽节后希望
上天能体谅自己的苦心，在阴间能辨明冤屈，自己依然是清白之身，未受
玷污。因此可看出，吕氏虽有孩子，但在当时清朝中后期的动荡环境中，
妇女的命运是极为悲惨的，自己无法掌握自己的命运，唯有以死来抗争这
个不合理的社会。

　　此诗在叙事中抒发情怀，首联即直接点明对生的眷恋，但对死的执着
也是明显的；颔联通过两个比喻句将世事的突变表现出来；尾联则交代身
后之事，希望能得到上天眷顾，自己去世后能辨明冤屈，以还清白之身。
此诗直抒胸臆，语句畅达，气势充沛，表现出对死的坚贞和执着，有决绝
之气。

　　这三位白族妇女在清朝中期所写的绝命诗，是对那个时代妇女悲惨命运
的控诉，女诗人在生命即将结束的瞬间，用决绝的诗句，向人们展现出那个
时代女性无法把握命运的凄苦无奈，只能以决绝之死来保全节操，证明自己
的价值。台湾学者董家遵先生在《历代节妇烈女的统计》中写道："节妇只
是牺牲幸福或毁坏身体以维持她的贞操，而烈女则是牺牲生命或遭杀戮以保

---

① 《新撰云南通志（十）》卷二百四十三《列女传》五，李斌、李春龙、牛鸿斌、王珏点
　　校，云南人民出版社，2007，第 122 页。以上周氏经历根据该书小传改写而成。"蔡吕
　　氏，太和人，澄斋弟媳。幼习诗书，明大义，夫死不嫁，抚遗孤。榆城陷，随澄斋避难
　　丽江，时澄斋以统兵张正泰勒捐拘禁，死于非命。氏以孤嫠，遽失调护，祸将不测，惧
　　难自保其贞，遂赋绝命诗一章，其词云：'……'乃笑谓侄芳春曰：'我一妇人耳，死无
　　足惜，幸无忘尔父临殁之言，斯谓之孝矣。'遂自缢死。"陶应昌编著《云南各族历代作
　　家》，云南民族出版社，1996，第 594 页。

她的贞节。前者是'守志'，而后者则是'殉身'。"① 本节的三位女性杨熊氏、杨周氏、蔡吕氏和上一章的袁王氏都是古代烈女，两人因战乱而死，两人因非战乱而死，皆收入《新纂云南通志》的《列女传》中。

有学者统计了《新纂云南通志》明清两代云南省的烈女数量，明代战乱死节烈女 545 人，占死节烈女的 90.4%，非战乱死节烈女 58 人，占死节烈女的 9.6%；清代战乱死节烈女 1055 人，占死节烈女的 68.1%，非战乱死节烈女 494 人，占死节烈女的 31.9%。大理府明代战乱死节烈女 56 人，占全省的 10.3%，非战乱死节烈女 6 人，占全省的 10.3%；清代战乱死节烈女 417 人，占全省的 39.5%，非战乱死节烈女 40 人，占全省的 8.0%。② 就明清两代的云南省、大理府来看，云南省"明清两代战乱中死节的烈女数量要比非战乱死节的妇女多，达到 74.5%，战乱烈女约是非战乱烈女人数的 3 倍，反映出无论是明代还是清代，云南妇女的死亡同战乱有着非常直接的关系"③。大理府的情况到清代更为严重，战乱死节烈女 417 人，高居云南全省首位，"清代战乱的中心转移到了大理府为中心的滇西一带，波及全省大部分地区"④，时间集中在清代咸丰、同治年间，在此期间，在滇西地区以杜文秀为首的回民起义历时十余年，对清代云南、大理战乱烈女的产生也有深重影响。前面所讨论的杨熊氏、杨周氏都是战乱烈女，都在那一时代遭遇起义军叛乱为保全节操而死节。

非战乱烈女的数量到清代有大幅上升，云南全省由明代的 58 人到清代上升至 494 人，大理府明代的 6 人到清代上升至 40 人，分别增加了约 7.5 倍和 5.7 倍，"说明殉夫殉节成为清代许多云南妇女节烈道德的主要倾向，也成为地方志表彰的重点"⑤。这说明在清代对妇女节操的要求更为严格，朝廷的倡导起到极大作用，袁王氏、蔡吕氏两位妇女就是这一制度下的牺牲者。

古代妇女在面对战争和平时的道德约束上，所遭受的打击和对生命的摧残是十分严酷的。

---

① 转引自沈海梅《明清云南妇女生活研究》，云南教育出版社，2001，第 191 页。
② 沈海梅：《明清云南妇女生活研究》，云南教育出版社，2001，第 193~195 页。
③ 沈海梅：《明清云南妇女生活研究》，云南教育出版社，2001，第 194 页。
④ 沈海梅：《明清云南妇女生活研究》，云南教育出版社，2001，第 198 页。
⑤ 沈海梅：《明清云南妇女生活研究》，云南教育出版社，2001，第 194 页。

第六章　民国时期白族女诗人

　　光绪三十年（1904）甲辰科会试是中国历史上的最后一次科举考试，次年清政府宣布废除科举考试，旧学逐渐废除，开始实施新式的学校教育，我国的教育进入新的时期。1911 年辛亥革命推翻了清政府，建立了中华民国，白族女性也不都是在家中相夫教子，而是有部分到新式学校读书学习，与男性接受相同的学校教育。有的因此而走上社会舞台，服务社会。民国时期，出现了创作有诗集《红藕轩遗稿》的女诗人李培莲，在云南大学求学的白族女学生赵淑筠、章青昔、李若兰、李蕙卿，这四名女生在求学期间发表了诗歌。

　　本章分二节探讨民国时期的五位白族女诗人。

第一节　李培莲

一　李培莲生平

　　李培莲，字质君，生于清光绪二十五年（1899），卒于 1932 年 6 月 23 日，享年 34 岁。李培莲出生于大理州宾川县宾居镇，李家原籍大理县（今大理市），是白族人家，于"清中叶迁居宾川县宾居街。父李光炳，字灿廷，是清末秀才，业医，光绪中任宾川直隶耆千长（相当于后来的乡镇长）。据光绪十年宾川清丈史料，他家秋税粮不到一石，田地三四十亩，只算得一户小地主"①，是宾居镇有一定声望的家族。李培莲是李光炳的幼

① 赵应宝：《从两首诗谈李培天李培炎一家》，载中国人民政治协商会议云南省昆明市委员会编《昆明文史资料集萃》（第七卷），云南科技出版社，2009，第 5291 页。

女，有兄长五人——培荣、培英、培炎、培人、培天，姐姐李尚莲。1921年毕业于省立第一女子师范学校，曾担任女子师范附小教师；1922年嫁给当时云南省第一军军长龙云[①]为继室，龙云后成为云南省政府主席。李培莲主持家政，相夫教子，是上层社会中并不多见的贤妻良母型的知识妇女。李培莲与龙云生有四子一女：龙绳文、龙绳勋、老六（幼殇）、龙绳德、龙国璧（女）。李培莲不幸于1932年6月23日因生产时失血过多而去世。去世后其夫龙云将其诗稿《红藕轩遗稿》、书法作品合集为《红藕轩遗稿剩墨合刊》（二卷）石印出版，并写有弁言。

李培莲自幼学习"女红"，同兄长们在家塾中读书，既钻研刺绣，也诵读古书、诗词。十五六岁时，便能讲述许多"典故"，写得一手娟秀的书法，尝试吟诗作对，她为自己的书房取了个雅致的名字——红藕轩。是持针能绣，提笔能书，能"武"能文的闺秀。辛亥革命后四五年，宾川县已有新式学校，其兄长李培炎曾是宾居高等小学首任校长（1915年），后被选为省议员（1917年）。李培莲在其兄长等人的影响下，要求到省城就学，继续深造，1918年考进省立第一女子师范学校。在校期间学习刻苦，是每学期考试成绩优秀的学生。1921年寒假前，女师校长接到"全省物产品评会"通知，要求选送学生创作的工艺美术品参加展览、评奖。校方鼓励各班学生拿出作品，送会品评，为学校争光。李培莲想到下学期就要毕业，得为母校留点纪念。于是，邀约要好的同学顾桂芳（字映秋）等五人，集体创作，合绣一幅缎面牡丹。这年10月，"品评会"在昆明南城外公园中揭幕，李培莲等的集体创作受到各界赞扬，李培莲等人经会方评定，授予特等奖。不久，李培莲通过毕业考试，且成绩优异，当上附小教师，决心献身教育；顾桂芳则加紧温习，要到北平考大学。

此时的云南正值多事之秋。1921年，云南发生政变，原驻川滇军军长、时任云南东防督办的顾品珍（顾桂芳叔父）率军进攻到昆明，当时云南督军兼省长唐继尧被迫下野出走，顾品珍执掌云南军政大权。1922年3月，唐继

[①]　龙云（1884—1962），字志舟，今云南昭通人，彝族。1914年毕业于云南陆军讲武堂，后为唐继尧部将。1927年任云南省主席。抗战时期，龙云组织第60军、58军出省抗日，主持修通滇缅公路，支持中共领导的抗日救亡运动和民主运动。抗战胜利后，被蒋介石迫离云南软禁，1948年逃出南京，潜赴香港。新中国成立后任中央人民政府委员、国防委员会副主席、全国人大及政协常委、民革中央副主席等职。

尧纠集 1921 年 7 月由滇赴桂的旧部李有勋 (军长)、龙云 (前敌司令官) 等,打回云南。3 月 26 日,顾品珍率部堵击,阵殁于滇南宜良,唐继尧重返昆明,以"靖国联军总司令"兼云南省省长,重掌大权。唐继尧复辟成功,特任胡若愚为第一军军长兼戒严司令,任龙云为第三军军长兼全省警务处处长、省会警察厅厅长,任张汝骥为第四军军长兼宪兵司令官。

龙云早年在故乡先后结过两次婚,但原配和继室相继亡故,所留三子,都已成人。八年间,他由排长起家,进过军校,从唐继尧的警卫连长做到近卫部队大队长。唐继尧下野前始改任步兵第十一团团长,调往滇南蒙自,归第二卫戍区司令李有勋统率,成为唐继尧 1922 年反攻顾品珍的主力队伍。龙云荣升军长兼全省警务长官后,他的一些僚友、故旧,关心这位独身的将军,纷纷建议他物色淑女主持家务。龙云感到独身生活非常不便,希望找个有知识的女性做自己的内助。

李培莲当时在小学执教,当她从哥哥口中得知龙军长的人前来提亲时,她听从家里的安排,嫁给龙云为继室。此时龙云被唐继尧派任滇东镇守使,龙云 38 岁,李培莲 23 岁。

两人结婚后,李培莲在政治、军事、生活上都给予龙云以极大帮助。滇东镇守使的辖区主要在滇东北东川、昭通一带,省城设有镇守使署,镇守使可常住使署,遇事出巡。龙云和李培莲住在城内翠湖东滨,李培莲虽是大家闺秀,但俭朴勤谨,主持家政井井有条。晚间,夫妇对坐之际,龙云向她讲述白天所遇之事,李培莲也能帮忙出主意,替龙云写准备做事的备忘录,赢得龙云敬重。后龙云改任滇中镇守使,定居省城,两人朝夕相处,夫妻感情日益亲密。晚间,两人互话家常,议论省政军政,无话不谈。有时,李培莲还对龙云讲述历史故事,也试着教他读读国文,潜移默化提高龙云的文化素养。

李培莲在家独处的时候多,她不愿时光虚度,特意布置了一间书房,依然叫"红藕轩"。在书房中重理旧业,读书、作诗、临帖。在此期间,李培莲女子师范学校的同学吴澄,当时是中国共产党云南地下党特别委员会委员,利用这层关系,对龙云做了大量的思想工作,她向龙云讲明国内形势,促进龙云决心联合胡若愚、张汝骥等二人发动"倒唐"之事。1927年 2 月 6 日,在龙、胡、张、李等所谓"兵谏"的名义下,"二六"政变发生，唐继尧垮台。①

　　胡若愚和龙云等立即组织了新的省务委员会，实力最强的龙云和胡若愚相约，省务委员会不设主席，由他两人轮流担任"主席委员"。李培莲读过许多历史书，能引古鉴今。在社交场合，过去四年间，与胡若愚夫妇多次见面，隐约看出胡氏骄恣成性，唯我独尊。当龙云和他轮流担任"主席委员"后不久，李培莲曾用"卧榻之下，岂容他人酣睡"和"一山难容二虎"之类的典故、民谚，劝龙云提防胡若愚，不可疏忽大意。然而，龙云却认为彼此都是换过帖的异姓骨肉，认为李培莲的劝告纯属"妇人之见"。

　　后胡若愚暗中联合张汝骥和李选廷，排挤龙云，于1927年6月14日深夜，胡、张提兵调将，重兵包围龙宅，向北教场龙云的军营进攻。龙云部完全陷于被动，死伤无数，余部仓皇撤往滇西。胡若愚组织炮兵轰击龙宅，龙云的左眼被震碎的窗玻璃戳伤，终身一目失明。龙云遂成为胡若愚的阶下囚。

　　李培莲在险要关头设法找到龙云下落，一方面日日探视龙云，口干舌燥地说服龙云不要和胡若愚硬斗，倾其全家财力联络龙云旧部，传递消息，奔走策划，协调调集卢汉等人的部队，为救龙云脱离险境而不懈努力。1927年7月，卢汉等人率部由滇西东下，不断获胜。日益逼近昆明，胡若愚和张汝骥被迫东撤，在城东远郊大板桥释放了龙云，声明"听候调解"，要他回省收拾残局。龙云部于7月底进驻昆明。8月1日，全城秩序恢复；3日，省务委员周钟岳等到西郊迎接龙云进城，龙云以省主席的身份重登五华山视事。后回到昆明，接任国民革命军第三十八军军长。

　　此时李培莲已是四个孩子（三男一女）的母亲。李培莲虽身处优裕的环境，但心地善良，对贫苦无依的不幸人怀有同情心，赢得不少人的尊敬和感激。李培莲乘轿出行，每次都碰到乞丐群跪伏轿前乞讨，总让跟轿的女仆散钱。乞丐们体会到龙夫人心慈手散，都把她当作大施主。她每次出门，轿前轿后，总有几十个乞丐追随。一次，公馆副官看这种情况，担心夫人的安全，因此报告了龙云。龙云只笑了一笑，说是"随她"。晚间，龙云问李培莲，外出时要不要派副官随行，她摇了摇头。后李培莲出资办贫儿院，兼任

---

① 《吴澄》，载中华人民共和国民政部编《中华著名烈士》（第七卷），中央文献出版社，2001，第219～222页。

院长，专收 7~12 岁的孤苦儿童，供给衣食，请人传授他们谋生技艺。

李培莲为人谦逊，毫无架子，待人接物平易近人。陪伴龙云外出交际，端庄肃穆，和蔼可亲。对师、旅长夫人和厅、局长夫人，以诚相待，亲密无间。从上层军政大员和他们的夫人，到公馆里的副官、仆役，以至街头的流浪儿和乞丐，对她一致怀有好感。

1932 年 6 月 23 日，李培莲临产，男婴呱呱坠地，她却因难产而大出血，生命垂危，弥留之际殷殷嘱托：变卖花钿首饰，广为捐资，建一所医院造福于民。又含泪告诉龙云：子女都未成人，希望龙云从速续娶名门淑女。还提到好友顾桂芳"小姑居处犹无郎"的近况。后不幸去世。

李培莲去世后，龙云为李培莲举行了隆重的葬礼。后又将李培莲的诗作《红藕轩稿别录》和李培莲用毛笔抄写的晋代阮籍《咏怀》组诗八首、萧梁时期陈暄《与兄子秀书》、唐代王维《山中与裴迪书》等墨迹分别编为《红藕轩遗稿》和《红藕轩剩墨》各一卷。付印前，龙云请秘书长将他口述的话，整理成《弁言》：

> 质君既殁，阅一月余矣，余检其箧笥，得旧所作五言诗二十余首、临帖行书二册。观楮墨之犹新，恨其人于既香，不禁黯伤者久之。因念质君幼承家学，性好读书，自入学校，乃专致力于各科学；于诗于书，犹其余事。洎来归余后，举一应家政，概以畀之。而矢勤矢俭，日事操作，以此未暇深造。迨余既主滇政，军书旁午，日不暇给，时或从侧以相参助，内佐之资，其力居多。
>
> 今其人已往，而所遗子女，又皆幼小，尚不足以知其母之苦辛。余以十年伉俪之情，有不忍任其诗、字散佚，致淹没无闻者，因付石印，以存其真。他日，子女长大，借得以识母氏之手泽，是即余印是编之意也。夫至于工拙，有不计云。
>
> 龙云志舟氏识。[①]

此文简要回顾了两人十年的伉俪生活，简要介绍了龙云编印遗集的目

---

① 李培莲：《红藕轩遗稿》，民国二十一年石印本。

的，流露出口述者龙云对亡妻李培莲的深切哀思。

后来龙云在第二届省务会上提经会议决议，在昆明筹建一所设施较为齐全的省立医院，名为昆华医院。当时预算建筑费国币 10 万元，李培莲首饰价值 5 万元，余数以龙云夫人的名义向社会名流募集，在各界民众的支持下，建筑费用募足，医院于 1938 年建成，龙云为纪念其夫人李培莲，捐建了一座礼堂，在礼堂正门墙上用水泥砌了"红藕轩"三个红字。昆华医院成为云南省最早的一所公立医院。①

在龙云主政云南期间，李培莲对龙云的支持和帮助是巨大的，有关志书做了记录和评价，《民国昭通县志》写道："除主中馈外，尝整理文卷，襄赞军事，议改币制，多中肯綮。'六·一四'政变，奔走筹画（划），脱夫于险。"② 李培莲常为龙云整理文卷，处理信件，并提出改革币值的方案，在云南运用后收到较好效果。李培莲思想较为开放，受新文化思想的影响较深，生活方式西化，还与云南各方面的民主人士都有较密切的联系，甚至和云南早期共产党组织的人员有接触，她的民主思想对龙云有一定影响，龙云对民主人士始终采取宽松的政策，为抗战时期云南在云龙的治理下成为中国民主堡垒奠定了基础。李培莲胆识过人，处理事务很有大家风范，在龙云的政治生活中也起着重要的内助作用，其魄力、机智非一般家庭主妇可及。③

---

① 《云南省立昆华医院成立及办理概况》，载云南省档案馆《建国前后的云南社会》，云南人民出版社，2009，第 92~95 页。
② 张宽寿主编《昭通旧志汇编》（一）《民国昭通县志》卷七《烈女传》，云南人民出版社，2006，第 425 页。
③ 以上李培莲的传记内容根据以下参考文献的有关资料整理而成，不逐一标注。《龙云与李培莲》，载万揆一《滇云旧闻录》，云南教育出版社，1998，第 67~78 页；《民国上将、云南省主席龙云家族成员访谈录》，载吴喜编著《民国时期云南彝族上层家族口述史》，社会科学文献出版社，2014，第 97 页；《吴澄》，载中华人民共和国民政部编《中华著名烈士》（第七卷），中央文献出版社，2001，第 219~222 页；《事业各有所成：龙云的子女们》，载王萍编著《国民党高级将领的子女们》，台海出版社，2009，第 230 页；沈乾芳：《社会变革时期的彝族婚姻形态研究（1368~1949 年）》，民族出版社，2011，第 204~205 页；《云南省立昆华医院成立及办理概况》，载云南省档案馆《建国前后的云南社会》，云南人民出版社，2009，第 92~95 页；宾川县志编纂委员会编纂《宾川县志》，云南人民出版社，1997，第 864~865 页；万揆一：《民国时期昆明医药卫生防疫纪事》，载中国人民政治协商会议云南省昆明市委员会文史资料委员会编《昆明文史资料选辑》（第二十二辑），云南省新闻出版局内部报刊，1994，第 95 页；赵应宝：《从两首（转下页注）

二 《红藕轩遗稿》及其特点

《红藕轩遗稿》收录李培莲诗作 23 首，有女诗人早期求学期间的诗作，也有结婚成家后的诗作；诗集按时间顺序编排，在内容上有所归并；诗歌题目多为二字，如《劝学》《除夕》《东风》等。本部分从诗歌内容和艺术特色两方面讨论。

（一）《红藕轩遗稿》的内容

《红藕轩遗稿》的 23 首诗，根据内容和编排顺序可分为三类：生活感事诗、节庆咏叹诗、写景咏物诗。

1. 生活感事诗

生活感事诗是女诗人将在生活中所看到、感受到的各种社会现象，运用诗歌这一艺术形式记录下来的诗作，既是对生活的记述，也是自己情感的表露，表达体会与感悟，勉励自己在生活中前行等。有《劝学》、《春光》、《东风》、《禽言》、《得句》和《题画》等 6 首。

《劝学》全诗如下：

> 光阴捷如箭，转瞬百年期。少壮前程远，桑榆后悔迟。三余功不懈，万卷手频披。有命知穷达，读书恨莫移。①

此诗是整部诗集的第一首诗，编辑诗集的体例一般依诗歌写作的先后顺序，结合诗歌内容看，当是女诗人早年求学时所作。其后第二首诗《除夕》有"春光又迓寅"句，结合诗人的生平经历，当为甲寅年（1914），可推测此诗作于子丑年（1913）女诗人 15 岁时，是早期作品。此诗首联

---

① （接上页注③）诗谈李培天李培炎一家》，载中国人民政治协商会议云南省昆明市委员会编《昆明文史资料集萃》（第七卷），云南科技出版社，2009，第 5290～5295 页；杨帆：《民国军阀档案Ⅱ》，人民日报出版社，2012。

① 李培莲：《红藕轩遗稿》，民国二十一年石印本。本部分所有李培莲的诗作皆出自此书。中国人民政治协商会议云南省昭通市委员会文史资料编辑室编《昭通文史资料选辑》（第三辑）（1988，第 188 页）收录该诗，题名为《勉学》，末句为"读书恨莫迟"。宾川县志编纂委员会编纂《宾川县志》（云南人民出版社，1997，第 931～932 页）收录此诗，题名为《勉学》，末句为"读书恨莫遗"。

以夸张手法凸显时间流逝的快捷，有警醒作用；颔联用对比手法将少壮与桑榆晚年并置，突出强调少壮时的努力奋斗；颈联化用东汉末年董遇"三余"的典故和杜甫"读万卷书"的语句，指出读书学习贵在抓紧时间，坚持不懈；尾联是对命运的抗争，即使穷达有命，但人们仍应持续读书，以改变命运，富有积极意义。此诗劝勉人们读书学习，有鼓舞意味，多部作品皆收录此诗作。

女诗人嫁给龙云后，云南陷入多事之秋，动荡不息，百姓生活在水深火热之中，某年春天，女诗人写下《春光》一诗：

> 迭遭烽火后，无复锦官城。草木千丛绕，春光百战经。村烟皆断绝，华屋长榛荆。一片荒凉景，何时见太平？[1]

从诗题看，此诗虽似写景之作，实为咏叹现实的作品。进入 20 世纪 20 年代后，云南各军阀势力为争夺权力而发动了多次战争，女诗人看到这种景象，有感，写下此诗。首句的"迭"字即强调此事，写屡次遭受战火，美丽的昆明城变得不再美丽；颔联、颈联写出云南大地草木缠绕、田园荒芜、村烟断绝、房屋藤绕的荒凉之景；尾联抒发情怀，以反诘句收尾，表达女诗人对太平盛世的期盼，自然而有力。此诗是女诗人整部诗集唯一一首描写社会现实的诗篇，看似纯以写景为主，但在写景中赋予其社会意义，是关切社会时事的佳作。

另一首为《东风》，描写春风之景，从其景致的描写和抒情看，是诗人看到社会稳定后的诗作。全诗如下：

> 四季天时异，东风二月飘。剪刀依旧似，气候任新调。花信平分久，春光一半饶。和羹逢圣世，莺啭上林娇。

此诗前三联六句描写二月东风吹拂下的春天景色，似乎一切都与以前每年的自然春色相同：花信随风而至，春光依旧。但尾联笔锋一转，以

---

[1] 中国人民政治协商会议云南省昭通市委员会文史资料编辑室编《昭通文史资料选辑》（第三辑）（1988，第 195 页）收录该诗，其中第六句为"华屋长荆榛"。

"和羹逢圣世，莺啭上林娇"作结，点明今年春光不同于往年的特点，这是欣欣向荣的时代，树上的黄莺唱出宛转动人的歌声，在景物描写中自然抒发出女诗人的美好情怀。此诗当写在龙云平定整个云南的动乱，云南开始走向和平稳定的发展时期。

《禽言》这一类似寓言的诗作，借禽鸟的鸣叫之声抒发女诗人的另一情怀。全诗如下：

> 何处禽言妙，携柑往听郊。鸣春惟好鸟，大树几枝高。出谷迁千仞，嘹空振九皋。梧桐金井外，一任凤翱翔。

此诗首联写出对禽鸟鸣叫声音的寻求，于是到郊外倾听，在高大树木中听到禽鸟振空的嘹亮之声，有声动九皋之感。由禽言的嘹亮而让这凤凰般的禽鸟在天空中展翅翱翔。此诗当写于女诗人身居省长夫人之位后，抒发豪迈情怀，通过禽言表现出其远大的社会理想。

女诗人所写《得句》诗是描写梦境之作，但别有寄托：

> 得句黑甜乡，池中草正芳。春光弥两岸，生意满横塘。棠棣人千里，蒹葭水一方。鸣蛙休独听，西府寄情长。

此诗开头化用《诗人玉屑》中的"黑甜"之句"南人以饮酒为软饱，北人以昼寝为黑甜"，描写诗人白天所梦之景。全诗以水中景色为描写对象，写出春光美好时节充满勃勃生机的水景。颈联化用《诗经》中《棠棣》和《蒹葭》的名句，抒发对兄长、夫君的牵挂之情。当时李培莲之兄长曾到南京代表云南任职，夫君龙云也外出办公。尾联是女诗人醒后在家所听到鸣叫的蛙声，而诗人也牵挂着在官府外工作的夫君龙云。此诗虽看似是梦中得句之作，但从诗意描写可看出对夫君、兄弟等的牵挂之情，在对景物的细致描写中抒发女诗人的情感。

李培莲在女子师范学校求学期间学习过绘画，结婚后也同当时的画家们交往，自己也有画作。女诗人曾写有《题画》诗：

　　不知沽酒处，遥看古花红。时未逢樵子，村还指牧童。路从南陌去，旗挂午桥中。牛背声吹笛，虹腰跨转篷。朱陈寻旧迹，童稚语方通。胜似桃源境，何须问钓翁？

　　此诗是五言排律，全诗主要是对画作中所绘景物、人物的描述。从此诗前四句的描述可看出一幅传统的山水人物画：一个行人要前往看古花红之处，途中不知卖酒处，村边一位牧童指向卖酒之处，去那儿要走南边小路，旗子悬挂在午桥之上。余下的诗句是女诗人想象牧童放牧时吹响的阵阵笛声，寻花人物行走在山路上的情景，途中描绘的久远古代的"朱陈"村旧迹，与村中儿童的语言交流，是对画作内容的合理想象，丰富了画作内容。最后两句化用"桃花源"胜景赞颂此画所绘的美好景致。诗中化用苏轼《陈季常所畜朱陈村嫁娶图》诗的"何年顾陆丹青手，画作朱陈嫁娶图"句，既切合题画诗主题，又赋予此画历史久远的文化积淀。

　　李培莲的生活感事诗仅有 6 首，有的是对时光流逝的感叹，点明要珍惜时光，勉励自己努力学习，有几首用委婉的诗意表达出对社会现实的关注，是较好的诗作。

　　2. 节庆咏叹诗

　　节庆咏叹诗是诗集中较多的一类，从诗题看是女诗人对某个节庆活动的描写，寄托女诗人对节庆的感怀。有《除夕》《新年》《元旦》《元宵》《花朝》《寒食》《清明》等 7 首诗，分别描写了七个不同节日。这 7 首诗作在诗集中按时间顺序排列。

　　第一首是《除夕》：

　　一年容易过，三百尽六旬。户户桃符换，家家莲炬新。祭诗传此日，迎灶有蒸民。待至钟声动，春光又迓寅。

　　此诗为诗集第二首诗，也是女诗人的早期作品，"春光又迓寅"说明此诗当作于癸丑年（1913）除夕，女诗人 15 岁。此诗首联写出时间流逝极快，一年又结束，随后以通俗的语句写出春节时的传统习俗，换桃符、燃火炬，百姓迎接灶神等，等待新年的钟声响起，在美好春光中迎接虎年的到来。此诗诗句平实，语言质朴，有年轻时的轻巧特点。

除夕后的新年，诗人写下《新年》诗：

> 终岁风光转，三元节序新。屠苏方饮酒，今日喜逢人。花鼓鱼龙闹，草堂弟妹亲。鸟声千种啭，知是报初春。

此诗紧随前一首诗，也当为年轻时的作品。写新年时人们过年的景象。首联以年岁更替切题，每年上元（正月十五）、中元（七月十五）、下元（十月十五）三个节日的变化写出一年的更新变化，简明中有新意。后三联则是对新年这一天生活情景的描写：喝新年必喝的屠苏酒，人们相逢时有欢悦之情，唱花鼓，戏耍龙灯，即使在破旧的草堂中，兄弟姐妹间也是那样亲切。结尾以鸟的鸣叫声表现新春的到来。语句也较平直、简朴。

诗人还写有春节诗篇《元旦》：

> 履端开岁始，占得一春先。村酒今朝醉，柏烟昨夕然。乡云歌迭奏，花雪句频传。但看桃符换，群瞻大有年。

此诗所写虽是新年第一天的景况，首句"履端"引用《左传·文公元年》的"履端"词句，"先王之正时也，履端于始，举正于中，归余于终"，用语古雅，表示新的一年开始，然后描写乡村中春节的欢乐情景：村民们高兴地饮村酒，柏烟在除夕夜袅袅升腾，乡村中欢乐的歌声频频传出，文人此时也吟咏春花、白雪诗句互相传递。写出乡村的和谐之景。尾联写人们在春节时更换桃符，期盼来年大丰收。此诗虽也写元旦，却与前一首有所不同，是女诗人成年出嫁后的作品，在诗篇中可看到其对百姓命运的关注，用语更为典雅庄重，"履端"的运用还饱含对夫君龙云的期望，希望其以百姓生活幸福为为官宗旨。写景中蕴含其对夫君的期盼和社会的关注。

正月元宵佳节，女诗人写有《元宵》诗：

> 驰到金吾禁，张灯盛事传。元宵三五纪，火树万千然。最好长春

国，群呼不夜天。霓裳频奏曲，一例贺新年。

此诗写的是昆明度元宵节的情景。首句用"金吾禁"这一表示皇宫禁地的词语以说明女诗人陪同夫君龙云到云南省政府的情景，然后写途中所见元宵节的绚丽景色：火树万千，群众在街道上欢呼，还有霓裳羽衣曲的音乐声频频奏响，祝贺新年的到来。此诗词句欢快，表现出女诗人出嫁后的青春气息。

我国人民从古至今都喜爱美丽的鲜花，农历二月十二日（南方）在民间是花朝节，人们到郊外踏青赏花，感受新年大自然的美好景致。女诗人写有在昆明过花朝节的诗篇《花朝》：

才过中和节，韶光分外娇。鬻蚕人有约，扑蝶客相招。拾翠邀裙屐，踏青过石桥。二分春色到，一半让花朝。

此诗开头由农历二月初二的"中和节"（俗称"龙抬头"）入题，此时惊蛰已过，春回大地，万物复苏，写出春城昆明郊外的新春景色。颔联、颈联写节日中人们相约郊外，有卖春蚕的、扑蝴蝶的，大家邀约一起感受春的气息。此诗未具体写花朝节中赏花的情景，但通过对人们踏青、卖蚕、扑蝶的描写，侧面烘托出春花烂漫的气息。是花朝节人们活动的具体呈现。

花朝节后，就到每年的寒食节，随后是清明节，诗人写下诗作《寒食》和《清明》。先读《寒食》：

一炬绵山起，高人事业终。今为寒食节，昔仰介推风。户户禁烟寂，家家钻燧空。汉宫传火赐，分与隔邻红。

寒食节在清明节前一日。此诗从寒食节的起源写起，表达对春秋时介子推的敬仰之情，并描写出节日的传统气氛，是首普通的节日诗。在《清明》中，诗人对节日活动描写细致：

　　祭扫纷然起，清明节正宜。杜鹃拱木恨，麦饭梨花诗。插柳人争美，还家客有思。踏青兼拾翠，最好试衣时。

　　此诗是对清明节祭奠祖先、打扫墓冢的展现，墓地上的淡淡悲伤和踏青气息交相融合，有清明节的特有氛围：在祭奠祖先、怀念先祖的感念中有遗憾之哀，但又体现踏青插柳的春天气息。写得贴切自然。此诗写清明节较有特点，"插柳人争美，还家客有思"既表达对逝者的哀思，也有对生活之爱。尾联"踏青兼拾翠，最好试衣时"更显示出春天人们踏青时对生活的热爱。生者以积极的心态生活，正是对先祖最大的祭奠，告慰先祖，不必为生者操心。

　　以上几首有关节日时令的诗篇，有的是女诗人早期的作品，显得稚嫩，但多数是成年出嫁后的作品，诗篇显示出一定功力，有对社会生活的观察和思考，将这些思考融入对节日的描写中，有一定价值。

　　节庆咏叹诗咏叹了传统的六个节日——除夕、春节、元宵、花朝、寒食、清明，以春天的节日为主，多是对传统节日中人们生活情景的描写，表现出节日的气氛和特点，有的抒发了对历史人物的敬仰之情。

　　3. 写景咏物诗

　　写景咏物诗是女诗人看到各种景物后所作的写景诗，还有咏叹具体物象之诗，是诗集中较多的作品。其中，写景诗有《春晴》《春阴》《早春》《暮春》《春寒》，咏物诗有《寻梅》《惜花》《梅柳》《咏秦桑》《咏桃》。共10首。现根据写景诗和咏物诗逐一评析。

　　写景诗所写都是春天时的景致、气候。写春天气候的有《春晴》、《春阴》和《春寒》，写春天不同时令的有《早春》和《暮春》。

　　现将《春晴》、《春阴》和《春寒》三首对照阅读：

　　气暖花心绽，风和柳眼明。才游沽酒市，忽听卖花声。穿树莺笙澈，扑檐蝶翅轻。寻芳人有约，著屐踏新晴。（《春晴》）

　　弥天云淡淡，大地雾沉沉。善养三春色，长留一片阴。曲塘杨柳暗，浓睡海棠深。纵使晴光好，诗还乞假吟。（《春阴》）

　　正拟春来候，花香满玉栏。迟迟频比较，九九未消寒。冷尚凝杨

柳，嫩还怯牡丹。更无林半吐，那有日三竿。翳翳沉阴重，垂垂放艳
难。待当天气暖，拾翠任盘桓。(《春寒》)

《春晴》一诗写春天的暖气、和风让花朵绽放、柳树舒展，再写人的
活动——沽酒、卖花，以及黄莺在树林间穿行发出清澈动人的歌声和屋檐
下蝴蝶轻盈飞动的身影，人们相约寻访踏青。通过以上意象的逐一呈现，
构筑了一幅精美的春晴画，是首声情并茂的写景小诗，写春天晴朗天气的
优美景致。《春阴》诗描绘的是漫天的淡云、雾气沉沉的大地，及这阴沉
天气下的景物：曲塘边的柳树暗淡了，浓睡中的海棠颜色更加深暗。其中
有议论性诗句强调春阴的价值：为了养气，也不必都是晴天，春天的阴沉
天气是养春的好时节。有一定哲理意味。第三首《春寒》所写景象较为凝
重，为"倒春寒"景致，写期盼春天到来花开满园，可春晴迟迟未到，盼
来的是数九寒天的春寒之天，因为寒冷，杨柳凝结尚未舒展，牡丹娇嫩怯
怯未开，树林也在阴沉天气中了无生气，表现出寒气沉沉的春景。人们只
有等待天气转暖再到野外去踏青盘桓。

通过对以上三首诗的对比阅读，可看出女诗人在写春天不同天气时，
并未表现出自己的好恶之情，而是在客观描写中表现不同景致，每个季候
都有其存在价值。表现出女诗人对自然景物的细腻观察和精细把握。

《早春》诗和《暮春》诗是描写春天首尾的景色，也对比阅读：

三三佳节近，九九图消期。新柳舒眉候，寒梅破蕊时。风和莺早
觉，水暖鸭先知。寄语寻芳客，花开第一枝。(《早春》)

不觉春将去，清和日渐长。红酣花乱落，绿战草生香。唤树莺簧
老，投巢燕乳忙。咏归童与冠，风浴趁晴光。(《暮春》)

《早春》诗在描写景物时，突出早春特色，数九寒天刚过，迎来的是
新柳发芽，寒梅破蕊开花，春风和煦，黄莺鸣叫，春水暖和鸭儿畅游等，
通过以上物象的描绘，呈现一幅和谐早春图，那些即将外出寻找幽芳的人
们，刚开的第一枝花朵，是你们的最爱。诗中抓住早春景象来写，写得有
生气。在《暮春》中，春日变长，开得正红的花朵纷乱飘落，大地绿草清

香，啼叫的黄莺嗓音变粗，时序过了许多，只有那燕子在纷飞中忙于哺乳雏燕，咏唱着歌曲的牧童也在明媚的暮色春光中乘兴而归。两首诗都围绕不同时节的物候变化和人们的活动来描写，表现出各自时令的特色。

以上五首诗从节令时序描写不同的春景和春色，富有生动的表现力。

咏物诗有《寻梅》《惜花》《梅柳》《咏秦桑》《咏桃》5 首，这 5 首诗有的表现诗人的情感，如《寻梅》《惜梅》，有的是纯粹的咏物之诗，如《梅柳》《咏秦桑》《咏桃》等。

《寻梅》诗和《惜花》诗从标题看，有女诗人的情感寄托。《寻梅》诗如下：

> 何处探春信？寻檐仔细猜。野桥方过去，绿萼定先开。竹外枝堪美，驿前使早来。山云俱踏破，应见陇头梅。

《寻梅》诗突出女诗人想象的寻梅过程：诗人要去探寻春天的信息，从屋檐开始仔细寻找，走过野桥，想象定会有先开放的绿萼梅花，再到竹林外盛开的让人羡慕的梅花，那是驿站前的梅花使者，寻梅人再继续前行，走遍云雾缭绕的山峰，应该见到陇头梅。此诗颈联、尾联化用南朝梁诗人陆凯《赠范晔》"折梅逢驿使，寄与陇头人"诗句，尾联则直接引用唐代诗人宋之问《题大庾岭北驿》结句"应见陇头梅"，但诗人赋予寻梅新的意味，有体悟。此诗以寻梅为主线，在寻找过程中体现出女诗人对梅花的热爱。虽未直接描写梅花的形状、色彩，但通过对寻梅过程的想象，表现出女诗人对梅花的赞颂之情。

《惜花》诗表现春天花朵凋零的惜别之情，全诗写道："廿番风信到，百卉草萌芽。香暖留春馆，情深卖酒家。妆惟烧烛照，棠拟乞阴遮。最恨终宵雨，摧残锦绣花。"由花朵初开到将美好留在人间卖予酒家，海棠花遮挡阳光，面对雨后花朵凋零而抒发惜别情怀。此诗由眼前所见凋零之花而联想春花开放的情景，想象丰富，有惜别之情。

《梅柳》诗纯为咏叹梅柳之作，全诗如下："遥望江村景，春光古渡回。长堤舒嫩柳，远岸绽新梅。张绪因风想，林逋得句才。沿河添淑气，为报浅深开。"此诗将梅树、柳树置于江村古渡这一空间，以此为描写对象，表现春天特有景色，再化用南北朝时齐国官员张绪在风中畅想有关柳树的因果变化和宋代林逋《山园小梅》中"疏影横斜水清浅，暗香浮动月黄昏"对梅花描写的典故，以表现出柳、梅景致。此诗写出了江村古渡的风物特点。

《咏秦桑》是女诗人的想象之作，全诗如下：

> 柔条秦地嫩，紫椹渭川芳。绿意低于岸，春光早到桑。岐山蟠诘曲，灞水郁青苍。王气西周盛，蚕工四月忙。

此诗由《诗经·七月》中的"蚕月条桑，取彼斧斨，以伐远扬，猗彼女桑"等采桑诗句和意境幻化而出，以表现秦地历史悠久。首联以春天秦地桑条的柔嫩，紫色桑葚在渭河边发出芳香，写出秦地特有的桑树之景。颔联再写绿意在渭河边下垂之景，富有创新之意。颈联以西周发祥地岐山山路的盘曲，西安东部灞桥上河水的青苍，更显出秦地历史悠久与桑树间的关系。结尾是对西周盛世的赞颂，"蚕工四月忙"由《七月》"女执懿筐，遵彼微行，爰求柔桑。春日迟迟，采蘩祁祁"中妇女忙碌采桑、养蚕的情景提炼而出。此诗在写作上以神似的方式，化用《七月》中的意境和相关事件，将想象中的秦地桑树及其采桑过程较好地呈现，是首想象合理、有创新的作品。

《咏桃》诗也是诗人的想象之作，全诗如下：

> 武陵春正好，桃放又重重。雨洗连看色，花开分外浓。玄都前度种，白点此时逢。共喜甘霖降，秾秾笑水中。

此诗化用陶渊明《桃花源记》故事，想象武陵地区春色浓郁、桃花盛开的景象，联想到唐代著名诗人刘禹锡的两首桃花诗，合理组织于颈联。刘禹锡的第一首桃花诗《玄都观桃花》："紫陌红尘拂面来，无人不道看花回。玄都观里桃千树，尽是刘郎去后栽。"第二首桃花诗是诗人十四年后返回长安后所写《再游玄都观》："百亩庭中半是苔，桃花净尽菜花开。种桃道士归何处？前度刘郎今又来。"但此诗已没有刘诗的低沉，而是突出桃花的清新、美好，因人间已"甘霖降"，桃花也在水中秧秧而笑。抒写出女诗人的喜悦之情。

这10首写景咏物诗着重描写不同季候的春景，描绘出其各自的特征；以及与春天相关联的物象如梅花、花朵、柳树、桑树等，通过对春景和春物的描写，抒发女诗人对春天的热爱。

总之，《红藕轩遗稿》的23首诗几乎都是对春天的描写和赞颂，表现出女诗人生活在社会上层时的闲适状态。诗人用诗篇将自己生活中瞬间的美好感受表达出来，在繁忙复杂的权力、人世关系中，抽身而出，以一份闲适、清幽的诗意表达生活中的另一追求。这也是合理的。

（二）《红藕轩遗稿》的艺术特色

通过对李培莲《红藕轩遗稿》中23首诗的逐一评析，可看出李培莲诗歌的创作倾向，其形成一定特色，主要体现在如下几个方面。

第一，《红藕轩遗稿》的诗篇专注于对春天节庆、景物等的描写，以写景为其诗歌创作的重点，有的是描写诗人所观察到的景物，有的是描写想象中的景物。这些诗作都体现出女诗人对生活的热爱，对大自然春景的观察，表现出那一时代云南一方风物的特点。

第二，诗作对社会现实有所关注，但这一关注与女诗人的身份有关，体现出女诗人关注社会动荡局势，希望云南能早日恢复平静，这在其《春光》诗中有所描写和抒发，其《东风》诗通过写景也间接描写出云南社会趋于稳定后相对平静的情况。女诗人身处当时的环境，能细致观察社会，并通过诗篇委婉表现自己的情怀，有其价值。

第三，李培莲的诗作大都描写的是春天的景物和节庆，大都抓住春天所观察到的意象，用桃花、春分、踏青、游春等营造生机浓郁、蓬勃的春天气氛。如在《新年》诗中，"花鼓鱼龙闹，草堂弟妹亲。鸟声千种啭，知是报初春"，春节时花鼓击响，人们舞动鱼龙，鸟儿鸣叫，表现喜悦之情；在《花朝》中，"鬻蚕人有约，扑蝶客相招。拾翠邀裙屐，踏青过石桥"，大家相约结伴，表现花朝节的浪漫气息；又如《春晴》，"寻芳人有约，著屐踏新晴"表现对春天的追寻和对晴朗天气的喜爱。这些都是女诗人将其生活诗意化的创作。

第四，诗篇中有时化用典故，体现出对中华文化认同的特点，所用故事都是传统汉文化地区的历史故事，如有关寒食节的故事，化用《诗经》、《左传》、唐诗中的有关诗句，表现其所接受新教育的文化特点。诗篇较少引用云南特有的各种历史文化知识等，这可能与诗篇写景较多有关。即使是所写节庆也是传统的汉族节庆，未涉及云南特有的民族节日如火把节之类，因此未能呈现地方特色。也可看出汉文化对边疆少数民族的巨大影响。

　　第五，诗歌体式上也有特点，这 23 首诗作都是近体诗，其中 21 首为五言律诗，两首为五言排律。诗歌押韵、平仄、对偶等都符合近体诗规范，表现出女诗人对近体诗的偏爱，也可看出女诗人有较为深厚的古诗创作功底。有的诗前三联皆对仗，如《咏秦桑》："柔条秦地嫩，紫椹渭川芳。绿意低于岸，春光早到桑。岐山蟠诘曲，灞水郁青苍。"前三联运用对仗格式写出桑树的特点，也表现了陕西古远悠久的历史，有历史厚重感。再如《春阴》："弥天云淡淡，大地雾沉沉。善养三春色，长留一片阴。曲塘杨柳暗，浓睡海棠深。纵使晴光好，诗还乞假吟。"首联对仗，用叠音词，表现天地间的阴沉之景，颔联、颈联的对偶句有抒情也有描写，表现春天阴霾气候中的特有景致。有的对偶句有丰富的表现力，如《春光》诗中颔联、颈联的对偶句，"草木千丛绕，春光百战经。村烟皆断绝，华屋长榛荆"，描写出云南因战争即使是春天，大地也是萧条破败的景象；《春晴》中的"才游沽酒市，忽听卖花声。穿树莺笙澈，扑檐蝶翅轻"，两组对偶句，叙事、写景前后相随，表现出春景中人们的欢悦之情，连黄莺、蝴蝶都因此而有清澈歌喉、轻盈翅膀，表现女诗人对春天的热爱；又如《早春》诗中"新柳舒眉候，寒梅破蕊时。风和莺早觉，水暖鸭先知"，写新柳、寒梅生动，化用前人诗句如自出机杼，恰到好处。即使在两首五言排律中也有生动精巧的对偶句，如《春寒》中的"冷尚凝杨柳，嫩还怯牡丹"，写出寒冷情景下杨柳、牡丹的特点，借景物表现出春寒特色。

　　第六，在语言表达上以纤巧、清丽为主，有灵动轻盈的韵味。对这 23 首诗使用次数在 3 次以上的词语作统计，其出现次数如下："春"23 次，"花"15 次，"风"10 次，"柳、人"各 7 次，"梅、寒、阴、年"各 5 次，"莺、天、山、水、日、村、树、晴、暖"各 4 次，"地、云、烟、绿、红、拾翠"各 3 次。在这些词语中,"春"出现次数最多,诗歌中洋溢着的多是各种春天气息,描写的多是春天物象,与前面分析相一致。其次是"花、风、柳、梅、莺、树"等传统诗歌意象词,出现也较多,6 个词出现 45 次,构成传统田园风物诗的意境。表现物候特征的词如"寒、阴、晴、暖、红、绿"6 个词共出现 24 次,自然山水词"天、山、水、地、烟、村"6 个词共出现 18 次,表示时间的"年、日"合计 12 次;活动在其中的"人"出现 7 次,表示女性动作的词"拾翠"出现 3 次,此词用曹植《洛神赋》"或采明珠,或拾翠羽"和唐代诗人吴融的"踏青堤上烟多绿,拾翠江边月更明"(《闲居有作》)的典故,描写出女性踏青时的多姿多彩特点。这些词语的大量使用,既描绘出春天的景色,也使诗歌在语言表达上呈现出纤巧、清丽的特征。如《暮春》中的"红酣花乱落,绿战草生香",《春阴》中的"弥天云淡淡,大地雾沉沉",《早春》中的"新柳舒眉候,寒梅破蕊时",《花朝》中的"拾翠邀裙屐,踏青过石桥"等诗句,对偶精彩,诗句纤巧,有清丽灵动的气韵,有生动的表现力。可看出李培莲有较高的语言驾驭能力。

李培莲作为生活在现代的女诗人,诗歌创作只是其生活中的余暇之事,重要之事乃是相夫教子,成为丈夫得力的贤内助,正如龙云所言:"于诗于书,犹其余事……或从侧以相参助,内佐之资,其力居多。"(龙云《〈红藕轩遗稿〉弁言》)因此李培莲的诗作多以闲适为主,描绘春景及相应节庆,虽对社会时事有所描写,抒发个人感悟,但更多以儒家温柔敦厚的诗歌风格呈现出来,未表现浓烈的社会意识,在社会上也未产生广泛影响,只是作为上层妇女生活的点缀。其诗作成就是有限的。

第二节　云南大学中的白族女诗人

民国时期的白族女诗人,有四人是在云南大学(建于 1922 年,时为东陆大学,是私立大学,1934 年改为省立云南大学,1938 年改为国立云南大学)求学的学生赵淑筠、章青昔、李若兰、李蕙卿,她们曾于 20 年代末至 30 年代初在云南大学求学。当时云南大学的女大学生较少,赵淑筠于民国二十二年(1933)十二月毕业,在 113 名学生中女生仅 21 人,章青昔等三人于民国二十六年（1937）一月、六月毕业，在 75 名学生中女生仅 15 名。[1] 四人都是当时女性中的佼佼者，都有诗歌发表于由著名学者、东陆大学教授袁嘉谷为学生编选的诗集《东陆诗选》（又名《东陆大学诗选》）和《云南大学诗选》[2] 中。她们的诗歌与传统的诗歌有相同的地方，但也有了新时代的特点。

本节简要介绍她们并评介其诗作。

一　赵淑筠

赵淑筠，女，云南省大理白族自治州剑川县人，在云南大学政治经济系就读，民国二十二年（1933）十二月毕业，毕业时 23 岁。[3] 赵淑筠在云南大学求学期间，创作有《送别慈亲回里》（二首）、《月夜思亲》和《咏古》三个诗题四首诗，刊登于《东陆诗选》第四集第八卷。[4]

第一组诗是《送别慈亲回里》（二首）：

> 暮春天气日悠悠，千里路遥慈母忧。小女更挥离别泪，心随明月到西州。
>
> 长夏思亲泪眼空，故乡山水系心中。遥知七月秋晴候，舆幌西来喜再逢。

此二诗是七绝，母亲从遥远的云南西部白族聚居区的剑川县送女儿到省城求学，在母亲返回家乡后，赵淑筠写下这两首小诗，此时的赵淑筠年约 19 岁。第一首写暮春时节在省城送别母亲回乡，赵淑筠想象母亲在回家

---

[1]　刘兴育主编《云南大学史料丛书·学生卷（1922 年～1949 年）》，云南大学出版社，2013，第 452～462 页。

[2]　袁嘉谷年谱载："1925 年，54 岁……编印《东陆诗选》初集、二集。……1929 年，58 岁……编印《东陆诗选》三集。……1933 年，62 岁……编《东陆诗选》四集成。"张维：《袁嘉谷传》，云南教育出版社，2001，第 507～509 页。从年谱记载看，从 1925 年起，袁嘉谷共编辑刊印了《东陆诗选》四集。随后袁嘉谷又编辑了《云南大学诗选》共二十二卷。

[3]　刘兴育主编《云南大学史料丛书·学生卷（1922 年～1949 年）》，云南大学出版社，2013，第 453 页。

[4]　云南省诗词学会编《云南历代女子诗词选》，云南人民出版社，2017，第 175 页。

途中为女儿担忧，女儿挥泪送母时心随母亲回到家乡，表现出母女间相互思念的感情，诗意自然。第二首写赵淑筠想象夏日时思念家乡，故乡山水在心中久久难忘，并设想暑期放假回乡时同母亲家人相逢时的喜悦之情。两首诗都表现出赵淑筠一定的想象力，有念母、思乡的家乡情怀。

第二首是女诗人在校求学期间，月夜下思念亲人而写，题为《月夜思亲》：

> 四更明月上窗栏，万缕新愁写句难。金马夜驰碧鸡晓，邮书日日报平安。

这首七绝简明快捷，前两句写明月下四更深夜无法入睡，各种愁绪涌上心头，难以表达，以直抒胸臆的方式呈现。后两句化用有关昆明的"金马、碧鸡"典故，将金马、碧鸡拟人化，想象它们日夜奔驰，将诗人对父母的思念之情告知亲人，"金马夜驰碧鸡晓"在传统意象中有了新意，"邮书"又有时代特征，表现出赵淑筠对亲人的浓烈思念之情。

赵淑筠在求学期间，熟读历史，写下较有价值的《咏古》诗。全诗如下：

> 背嵬军五百，金人尽胆寒。岂徒跨璘玠，直欲兼范韩。十二金牌召，三千铁甲残。迄今祠宇壮，足以报心丹。

这是首五言律诗，咏叹南宋著名抗金将领岳飞的历史事件。诗歌首联、颔联用高度概括的诗句赞颂岳飞的英雄壮举。首联以岳家军中岳飞统领的精锐骑兵部队"背嵬军"起笔。岳飞早年抗击金兵时因无法组建骑兵部队而在与金兀术对抗中处于劣势，后建立"背嵬军"，战斗力强盛，成为精锐部队，在多次战斗中取得胜利，让金国军队闻风丧胆。此二句起笔气势不凡。颔联将岳飞的功绩与南宋抗金名将吴玠、吴璘兄弟在抗金中的功绩作对比，认为岳飞的功绩远远超过此兄弟二人，再用北宋著名政治家抗击西夏的重要官员范仲淹、韩琦相较，也认为岳飞的功业与此二人在抗击西夏时的功业相当。此二联抓住核心"背嵬军"，以凸显岳飞在抗击金兵中的不朽功勋，并与北宋、南宋著名抗击入侵者的英雄对比，表现出对岳飞功业的景仰之情。颈联则是岳飞在向北进攻金国时突然接到不断发出的十二道金牌召回，不能乘胜追击，岳飞和强大的岳家军由此瓦解，岳飞被冠有"莫须有"的罪名而被杀害。尾联回到现实，通过对岳飞庙宇雄壮气势的直陈，表现后人对岳飞的崇敬之情。此诗在咏叹历史时，其实也是让诗人不忘历史真相，崇敬像岳飞一样的爱国英雄。在那一时代，表现出女大学生赵淑筠的豪壮情怀。

赵淑筠的四首诗，前三首描写出对母亲、家乡的思念之情，语言清新生动，富有情感；第四首《咏古》诗借对岳飞英雄事迹和不幸结局及后人对岳飞的景仰之情，抒发富有豪情的历史感，是首有豪壮之感的咏史诗，大有巾帼不让须眉之气概，在语言上表现出慷慨激昂之气。

二　章青昔

章青昔，女，云南省大理白族自治州大理县人，民国二十六年（1937）毕业于云南大学法律系，时年23岁。[1] 入学时或许为文科师范生，后改学法律，为法律系试验生，在云南大学1935年10月2日的校务会议上，因上学期成绩优良，升为正式生。在云南大学求学期间，家境比较困难，学习成绩较好，学校4次核发每月补助费，以资鼓励。[2] 求学期间创作有《山水》、《述怀》、《北山叠韵》（三首）、《五月农人》四个诗题六首诗，皆刊登于《云南大学诗选》第四集第八卷。[3]

第一首是《山水》：

> 春涨双流碧，残霞几缕红。纵观水云外，隐隐两三峰。

此诗为五绝，从诗歌描写的景色看，是女诗人在傍晚时从滇池边远望滇池、西山而写下的作品。春天流经昆明的盘龙江、篆塘的河水流入滇

---

① 刘兴育主编《云南大学史料丛书·学生卷（1922年～1949年）》，云南大学出版社，2013，第461页。

② 刘兴育主编《云南大学史料丛书·会议卷（1924年～1949年）》，云南大学出版社，2010，第44～47页。

③ 云南省诗词学会编《云南历代女子诗词选》，云南人民出版社，2017，第175～176页。

池，写出水流、残霞、山峰傍晚时在霞光笼罩下的朦胧美景，视野开阔，构成一幅绚烂的晚霞之景，表现对昆明山水的热爱。是首写景较为生动的小诗。

在校求学，有时夜不能寐，随思绪而动，写有《述怀》诗：

> 永夜纱窗月上迟，坐吟汉魏六朝诗。意中多少难言事，尽在低声唤母时。

此诗为七绝。深夜时分，月亮从纱窗投进宿舍，无法入眠，"坐吟汉魏六朝诗"写出当时读书的情景，有大学生的生活特点，自然清雅。女学生在深夜的吟诵中勾起许多思绪，表达出对家乡亲人、母亲的怀念。结尾通过对母亲的低声呼唤写出深挚的思亲之情，自然生动而有感染力。

女诗人在城里行走，观察到不同的社会情态，写有《北山叠韵》（三首）：

> 北山野妇向城行，手执藤筐卖韭菁。芳草黏天花贴地，雅宜歌咏是春耕。
>
> 南亩中分铁路行，火车站上艺肥菁。驰驱热带缘何事，不及田家稳坐耕。
>
> 东寺归来自在行，新秧发秀藏菁菁。拙鸠各择枝头立，落日微醺陇上耕。

这一组诗写出 20 世纪 30 年代昆明的城市景观，当时的昆明还是个不大的城市，周边都有许多农田、村落，城区也较小。诗篇以北、南、东三个方位来写，别有情趣。第一首是写从北边蛇山入城的村妇到城里卖菜，行走在路上而背后是芳草、花朵与天地相接，映衬出村妇的美好品格。昆明这城市既有雅致的一面，又有适宜春耕的特点，有诗意而又充满生活气息。第二首是写进入昆明市区的铁路将田野一分为二，火车站就设在田边，当时昆明火车未与内地连通，连接云南南部的红河通达越南，乘坐火车只能到达炎热的红河州蒙自、越南河内，人们还习惯于在家乡耕种庄稼，不愿坐火车到边远而炎热的热带地区。第三首是从昆明东寺归来的情景，途中有刚栽种的秧苗，斑鸠鸟儿栖息枝头，落日余晖洒在耕种的农人身上，富有晚归意象。这三首小诗从不同侧面描画出 20 世纪 30 年代昆明城区的特点：农村的田园风光与现代城市交融，不是高楼林立的城市，有朴素之感。

章青昔所写诗歌成就较高的是五言古诗《五月农人》，这是首较长的叙事抒情诗，内容丰富。全诗如下：

> 远足大观楼，万顷小麦秋。镰刀新月白，获至载黄骝。别有赤贫妇，逡巡出翠畴。手中拾短穗，背上挂圆篓。听语声吞吐，有如鲠在喉。云居草海畔，水淹稻难收。破产租田种，前生苦不修。地方捐纳重，无计饱粮糇。掇此充饥腹，见君忘惭羞。

> 我入师范班，舌耕等锄耰。痴望书中禄，终悲命不犹。南风翻罢亚，西郭载沉浮。雌雉宁甘伏，龙飞待借樛（注：音 jiū，树木向下弯曲）。佣耕嗟燕雀，陈涉寡鸿俦。法女罗兰氏，平权倡自由。农人虽下级，对待理宜优。竟使历山上，招虞嗣冕旒。娥皇临畎亩，环佩鸣琅璆（注：音 qiú，美玉）。可惜樊迟稼，鄙之逊由求。轻农重鲁论，影响及瓯篓。荒土红涂赭，污菜绿泼油。昨非今觉悟，反感起潮流。英哲忧民食，人亡政息否？列邦驱大犁，诸夏举锄头。阿谁精肥料，涸馀负溺溲。曾闻旱魃虐，不见水龙抽。碾磨拙机械，舂榆杂簸蹂。南城阳雨绘，误谓人神谋。科学栽田世，相悬较美欧。

> 且复从师友，言旋步道周。斯螽频动股，蚱蜢何盈眸？老巢栖倦鸟，小路唤归牛。点点灯来电，昏昏月露钩。翠湖蛙似鼓，恍若溉龙秋。继晷芸窗下，尤怀郭外䅬（注：音 róu，良田）。吟成芒种曲，轻重抵毛辀（注：音 yóu，轻）。

据诗歌内容可分三节，第一节属叙事部分，叙写章青昔与同学在夏收时节到大观楼"远足"（步行游玩）的经过。诗篇开头写沿途所见万顷金黄的小麦、人们收割时的丰收之景，以四句诗简要写出，与下文赤贫妇女的出现形成对比，并为后面抒情部分奠定基础。后重点描写赤贫妇女背着背篓在田间拾取收割后掉落的麦穗，通过对话说明其家境贫困的原因：水灾淹没稻田，破产后租种田地，捐税沉重。由于家中揭不开锅，只能到收割后的田野拾取掉落的麦穗。此节叙事简洁，同时写出贫妇的凄凉神态、迟缓动作、哽咽声音，为女诗人下文的长篇抒情打下基础。

第二节写女诗人听到这位贫困妇女的生活经历，再结合自身所学专业展开思考，思考自己和妇女的地位，同美欧等发达国家的妇女和我国历史上的妇女情况进行对照。是抒情、议论相结合且内容较丰富的章节，是此诗的中心部分。章青昔是女大学生，所学专业是师范，今后将通过教学影响他人并获得生活保障，女诗人由此产生忧思，对古代不重视妇女的发展并就妇女地位低下状况提出批评，"雌雉宁甘伏，龙飞待借橐"——女性只能屈服于男性，而男性却可借助社会势力而走向成功。女诗人还化用陈涉的鸿鹄之志的言论，结合法国圣女贞德的故事，发出"平权倡自由"的关于女性平等、自由的呐喊。再由男女平等联想到农人，强调平等不仅是男女间平等，还必须是社会等级间的平等。女诗人再由此联想到中国古代历史上的女性平等以及轻视农人的儒家传统观点，认为"昨非今觉悟"，对社会中的不平等现象提出批评。这是本节的一个主要方面。女诗人并未就此结束其思考和抒情，而是进一步针对所见贫穷妇女的艰难生活，再联想到西方英国哲人为民众生活艰辛而忧愁之事，并用对比列举的方式，指出欧美发达国家在农业生产上的特点："列邦驱大犁"，用机械化的拖拉机耕田；"阿谁精肥料"，用化肥种田；干旱时"水龙抽"——抽水机抽水灌溉干旱的田地；用"机械"碾米、磨面。总之是"科学栽田世"。于是，农业发展，社会稳定，人们过上了富裕的生活。而国内的生产生活情况则是：耕田时是"诸夏举锄头"；种田时是"涸余负溺溲"——使用农家肥；遇到干旱时"曾闻旱魃虐，不见水龙抽"——只能用传统方式抗旱而无机械化工具；稻谷、小麦收获后还"碾磨拙机械，舂榆杂簸蹂"——用石碾、石磨、舂臼等传统工具碾米、磨面；干旱时遇到下雨则是"南城阳雨绘，误谓人神谋"——认为是人们的虔诚之心感动了神仙，不以科学原理去分析、探究。得出的结论是"相悬较美欧"——国内的农业生产与美欧相比，差距极大。这是从五四开始中国知识分子为寻求国富民强道路时所进行的思考，具有一定的价值。在传统的五言古诗中加入丰富的现代内涵，用对比方式，凸显两者差异，在诗歌上富有表现力，体现出当时女大学生对社会的思考，也是其改变社会的一种理想。第二节是诗歌的中心部分，抒发了女诗人关注民生、关注社会发展的爱国情怀，有一定的现实意义。这部分既是女诗人的内心独白，也是对社会现象带有积极意义的思考。诗句具有跳跃性，符合诗歌表达特点，传达出较为丰富的内容。

第三节回到师生们到大观楼远足这这一事件，师生返回途中所见之景及回到学校的情景，是叙事部分，照应开头。此部分多用传统诗歌意象如"斯螽""蚱蜢""倦鸟""归牛"等描写昆明郊外田野的傍晚之景，有田园牧歌情怀；又用"点点灯来电"点染出现代城市气息，将昆明由传统向现代转型的情况表现出来。女诗人回到学校后依然思考着今日之事，"吟成芒种曲"，结尾化用《诗·大雅·烝民》中的有关诗句"德辅如毛，民鲜克举之。我仪图之，惟仲山甫举之，爱莫助之"，并加入自己的感悟，体现了女诗人对现实现象、社会发展的思考。这些思考或许轻如鸿毛，但所体现出的关注社会、呼吁男女平等、注重社会生产力发展等的思想是有积极意义和深远价值的。

此诗在云南大学生的诗篇中，是成就较高的一首，内容丰富，将我国古代传统典故与现代外国社会发展状况进行对比，表现出较为开阔的视野。在诗歌组织上，也将多种内容有机融合，形成整体，在简要叙事的基础上，展开广泛联想，抒发出女诗人关注社会现实并能有所思考的丰富内涵。作为一名年仅二十来岁的女大学生，有此高远理想，是较好的。

三 李若兰

李若兰，女，云南省大理白族自治州宾川县人，民国二十六年（1937）毕业于云南大学教育系，时年23岁。与李蕙卿是同班同学，与章青昔是同级同学。[1] 因家境困难，学习成绩较好，多次获得学校每月补助费[2]，直至完成学业毕业。写有诗歌《春雨》（二首），刊登于《云南大学诗选》第四集第八卷。[3]

---

① 刘兴育主编《云南大学史料丛书·学生卷（1922 年～1949 年）》，云南大学出版社，2013，第 460 页。

② 刘兴育主编《云南大学史料丛书·会议卷（1924 年～1949 年）》，云南大学出版社，2010，第 45～47 页。

③ 云南省诗词学会编《云南历代女子诗词选》，云南人民出版社，2017，第 177 页。

《春雨》（二首）：

> 独卧西楼上，如闻战马声。天龙珠万斛，阡陌动春耕。
>
> 昨夜风兼雨，落花满院飞。莺啼三月暮，又报送春归。

这是两首短小轻盈描写春雨的五绝诗，写得富有诗意。第一首描写卧听春雨潇潇而下的情景，女诗人发挥想象，由滴滴答答的雨声想到战马之声，又如天龙吐出的万颗珠子撒向人间，结句由春雨而自然想到大自然中阡陌纵横的田野上的春耕情景。此诗由听到春雨而下，写春雨有声有色且富有动感，同时展开丰富想象，逐层推进，结构自然巧妙。第二首紧接第一首所写内容展开，描写第二天起床后所见院落中的情景，由落花满院而到莺啼之声，报告人们已是暮春时节，送春归去。这两首五绝短小清新，在语言上自然洒脱，富有青春的灵动之气，表现出女大学生的美好情怀。

四　李蕙卿

李蕙卿，女，云南省大理白族自治州祥云县人，民国二十六年（1937）毕业于云南大学教育系，时年 22 岁。与李若兰为同班同学，与章青昔为同级同学。① 求学期间因家境困难多次获得学校每月补助费，是对其学习成绩的肯定。② 曾任昆华女中教员兼图书馆主任及昆华女师舍监等职，后为云南大学训导员。③ 在云南大学求学期间创作有诗歌《忆乡》，刊登于《云南大学诗选》第四集第九卷。

《忆乡》全诗如下：

> 桃溪柳陌湾复湾，芦花流水声潺潺。龙泉波静鱼往还，千仞龙山入云端。我家深住云山前，松竹十亩诗一篇。诗境乡境劳梦想，卜归

---

① 刘兴育主编《云南大学史料丛书·学生卷（1922 年～1949 年）》，云南大学出版社，2013，第 460 页。

② 刘兴育主编《云南大学史料丛书·会议卷（1924 年～1949 年）》，云南大学出版社，2010，第 45～47 页。

③ 刘兴育、王晓珠主编《云南大学史料丛书·教职员卷（1922 年～1949 年）》，云南大学出版社，2013，第 289、195 页。

何日重相访。

李蕙卿的《忆乡》诗是首七言古诗，是在外地求学者的回忆家乡之作。诗人的家乡在祥云县富有诗意的山区村落，在回忆家乡时较好地描写出家乡的自然风景。首二句即描写景物，桃溪、柳树、水湾、芦花、流水，将以上景物有机组合，融为一体，充满画意。三、四句写龙泉的安静，鱼儿自由往还，后再写周围的龙山高耸入云。前四句对景物的描写生动形象，远景、近景、水景、山景相互映衬，有自然之美。五、六句转入对家乡周围环境的具体描写：在隐藏深处的云山之前，松竹掩映，有世外桃源之景。如此优美的家乡美景，自然是女诗人魂牵梦萦的诗境之乡，女诗人希望能再回故乡感受其中韵味。结尾的抒情自然而发，表现出李蕙卿对家乡的深厚感情。

通过对民国时期四位白族女大学生在云南大学求学期间所写诗歌的分析，发现她们具有以下几个共同特征。

第一，她们都在人生最美好的青春时期告别父母亲人，第一次从遥远的边远县城或山区走向省会城市，开始自己的大学生活，诗作中有对父母的思念，如赵淑筠的《送别慈亲回里》（二首）、《月夜思亲》，章青昔的《述怀》；有对家乡美好环境的怀想，如李蕙卿的《忆乡》。这些诗篇写得情真意切，表现出女大学生的思乡情怀。

第二，这些女大学生有对社会的关注和思考，视野有了大的拓展，不再局限于自己生活的小圈子。如章青昔的《北山叠韵》（三首），通过对当时昆明北、南、东等不同方位中的人物、景象的描写，表现出对社会的观察，有独特视角。特别是五言古诗《五月农人》，从一位普通贫苦妇女拾取麦穗的片段，展开询问并做较全面的思考，抒发情感，将古代与现代对比、国外与中国对比，强化其差异，又突出其共性，并以"平等"观念入诗，是首成就较高的叙事抒情诗，体现出当时大学生的开阔视野。深入思考，这也是当时女大学生接受全面教育的结果。又如赵淑筠的《咏古》诗，看似咏古，但在那个时代，又寄予了女诗人对社会变革的期待。

第三，这些女大学生的诗作有对周围景物、环境的描写，她们用优美的诗句来表现内心的美好，寄托对生活的感受。如赵淑筠《月夜思亲》中的"四更明月上窗栏……金马夜驰碧鸡晓",章青昔《山水》中的"春涨双流碧,残霞几缕红。纵观水云外,隐隐两三峰",李若兰《春雨》(二首)中的"独卧西楼上,如闻战马声。天龙珠万斛,阡陌动春耕",都是较好的诗句,有想象力,写景清丽、生动,有青春气息。

第四,这四位女诗人的诗歌所用语言青春灵动,即使在《五月农人》中面对赤贫的农妇,有思考,有追问,但也没有让人无法承受的沉重感,而是从积极的社会思考入手,表现出对社会发展的期望。

第五,这四位女大学生诗人与清代其他白族女诗人相比,有了明显的差异,这些在大学求学的女大学生,她们是幸福的,她们没有了清代妇女身上沉重的负担,没有必须依靠他人才能生存的重压,因此,她们的诗作中呈现出积极奋进、有所向往的豪情。她们的诗歌虽然采用传统体裁中的近体诗或古体诗,但都表现出新时代的风貌和特点,这是社会进步发展的直接体现。

这些白族女大学生在高等学校接受新的教育,在诗歌上也表现出她们对社会发展、进步的肯定;她们的诗歌虽然没有直接写大理的风物、历史,但她们的诗歌依然让人感受到白族女性对家庭、对父母的挚爱,对家乡的思念,对社会发展的期盼。这是白族女性的美好品德,一直延续至今。遗憾的是这四位女大学生的诗歌创作随着大学毕业而戛然终止,其后的诗歌创作未见流传。

第七章　白族女诗人的构成、诗歌特征及评价

以上六章，通过对白族女诗人所生活的地域环境、社会文化环境的介绍，全面细致地梳理了从元代末年至民国年间的所有白族女诗人，对她们的诗作进行了详细评析。本章将分三节，从不同历史时期白族女诗人的构成情况及形成原因、白族女诗人的诗歌特征、白族女诗人的诗歌创作在白族文学史及中国女性文学史上的地位等展开分析，在此基础上总结出白族女诗人诗歌创作贯穿始终的主要内涵。

第一节　白族女诗人构成及形成原因

历史上的二十多位白族女诗人，她们分别生活在不同的朝代，有自己的生活环境。本节从两个方面做总结性讨论。

一　白族女诗人的构成情况

元朝末年以大理都元帅府总管段功为核心形成的白族女诗人高夫人、阿盖公主、段羌娜是最早的三位白族女诗人，她们是当时治理大理白族地区的最高行政长官大理都元帅的家人，是贵族阶层。这是这一时期女诗人的总体情况，在她们的诗作中可明显看出其与其他女诗人的差异。但作为女诗人，她们又同后来的女诗人有相同之处。

明清时期，随着大理都元帅府治理的结束，大理地区的贵族阶层从此消失，女诗人的构成情况发生了变化，她们绝大多数都是科举之家或读书

人家的女性。明朝末年的赵尔秀，其祖父曾参加过明朝的乡试，后到京城参加会试，未考中进士，其后参加南明王朝的社会治理，隐居后回到有诗书礼仪传统的剑川老家，教导孙女读书、填词等。在清代，有诗集存世的周馥、袁漱芳及其他女诗人，她们中的绝大多数，其丈夫是参加科举考试之人，也都出自诗礼之家，有的出自教育世家。她们从小生长在读书人家，受家庭环境影响，在其祖父、父亲的熏陶下，闲暇之余，走上诗歌创作之路，如周馥、苏竹窗、袁漱芳、陆嘉年、王藻湄等。这些女诗人，她们的社会生活更多地局限于家庭这一生活环境，她们只需做好家庭中的各项琐碎之事，好让夫君在外参加科举考试或从事教育工作，以让这一白族之家在激烈竞争中脱颖而出，让家庭的科举之路发扬光大，继续保持诗礼传家的传统。因此，这些女诗人的生活更多围绕家庭展开，闲暇之余，吟诗作词，抒写情怀。

到民国时期，女诗人都从女学生中发展而来，这与社会的发展密切相关。民国年间，云南大理地区的学校教育得到较好发展，成立有女子师范学校等，女性到学校接受新知识教育，如大理州宾川县的李培莲，先在宾川读了小学、初中，1918年二十岁时考取省立第一女子师范学校，到省城昆明求学，后嫁给当时在军界奋斗的龙云。李培莲由于受过良好的教育，有开阔的视野，辅佐龙云，使龙云在军阀混战的云南发展壮大，最后成为云南省省长。成为省长夫人后，李培莲闲暇之余吟诵诗歌。她去世后，龙云将其诗歌结集刊印，从诗集中可看出当时云南的一些历史情况。另外四位云南大学的女大学生诗人，其诗歌创作虽然只是在短暂的学生时代，成就不是很高，从中也可看出学校教育对女性的深刻影响，她们有开阔的视野，并从对世界的观察入手，创作出有一定特色的诗作，与古代女诗人的诗作已有明显不同。这四位云南大学的女学生诗人，虽在后来的人生历程中未有其他诗歌存留下来，但这些留存的诗作就已经表现出新时代女性的特点。

就女诗人的构成情况看，由早期的贵族家庭到科举之家，再到普通人家的现代学校中的学生，这与社会的发展变化密切相关。另外也可看出，女诗人的构成是多元的，这也是社会发展的必然结果。

二　白族女诗人的形成原因

白族女诗人的形成有外在的社会发展因素，大理地区有丰厚的历史文化和和谐的自然环境，也有内部的家庭文化动因以及女诗人个人的人生经历，它们相互激荡，形成大理地区白族女诗人的繁盛之景。本部分将对外在社会因素和内在家庭及其个人因素展开讨论。

（一）外在社会因素

大理白族地区，很早就与汉文化有广泛、深入的接触，并积极吸收汉文化中的优秀成分，以促进社会、经济、文化的发展。其在南诏大理国时期与中原王朝建立密切的关系，并开办学校，学习相应的汉文化制度及传统的儒家文化。

1. 南诏大理国时期白族文化与汉文化的关系

南诏国时期，大理地区的教育全面发展，罗晟死，"子晟罗皮嗣。晟罗皮之立，当玄宗先天元年（注：712 年），立孔子庙于国中"①。晟罗皮被立为蒙舍诏诏主，当时洱海区域尚未统一，但已建孔子庙于蒙舍诏国中（今巍山县境内）。南诏立国后不久与唐朝发生了天宝战争，其后所立《南诏德化碑》（唐代宗大历元年立，766 年）记，阁罗凤等人自幼"不读非圣之书"，"圣"指孔、孟，说明其时已大量接受中原儒家文化，儒家学说已在洱海区域得到传播。贞元十五年（799），唐剑南节度使韦皋在成都办学，供南诏子弟入学，教以"四书五经"、天文历算，历时数十载，南诏子弟到成都入学者达数千人。南诏中期以后，上至王室，下至平民，知晓汉文的人已相当多，汉文已作为官方的通行文字流行。②"每有征发，但下文书与村邑理人处，克往来月日而已。"③ 可见当时南诏境内知晓汉文（《蛮书》作者樊绰为内地人，所说南诏文书使用文字当指汉文）的人已经不少。

---

① （明）杨慎：《滇载记》，载陆楫编《古今说海》卷十六，《钦定四库全书》影印本，第
　　2b 页；《丛书集成初编：大理行记 滇南新语 南中杂说 滇游记 维西见闻纪 滇载记》（全
　　一册），中华书局，1985，第 10 页。
② 大理白族自治州地方志编纂委员会编纂《大理白族自治州志》卷八，云南人民出版社，
　　2000，第 123 页。
③ （唐）樊绰撰《云南志补注》，向达原校，云南人民出版社，1995，第 120 页。

到大理国时期，大理地区的社会、经济、文化进一步发展。元初郭松年进入大理地区，看到大理的实际情况，写有《大理行记》，对当时大理地区的社会经济状况、社会风俗、科学文化等皆有描述："大理之民，数百年之间五姓守固。值唐末五季衰乱之世，尝与中国抗衡。宋兴，北有大敌，不暇远略，相与使传往来，通于中国。故其宫室、楼观、言语、书数，以至冠昏丧祭之礼，干戈战陈之法，虽不能尽善尽美，其规模、服色、动作、云为，略本于汉。自今观之，犹有故国之遗风焉。"① 指出大理国时期与宋朝和平相处，在宫殿房屋建筑、语言运用、汉字书写、数学运算乃至加冠礼、婚丧葬祭祀等礼仪和军队布阵之法等方面虽有不足，但已同中原非常相近，指出当时大理地区的繁盛情景，并说明当时白族知识分子已能纯熟使用汉文。

2. 元代大理总管时期的白族文化与汉文化间的关系

公元 1253 年，元世祖忽必烈率领蒙古军队进攻大理，大理国灭亡。此后大理地区的教育、文化得到较大发展。蒙古至元六年（1269），在北京设立"国子学"，各地分设"路学""府学""州学""县学"，并在中央及地方分设"国子监""儒学提举司"，推行以儒学为主的文化教育。云南平章政事赛典赤首先在云南推行尊孔读经的教育制度，在大理地区率先建立学宫，至元八年（1271）"在鹤庆府治东南 2 里始设学庙，并有学生就读其间"②。大理府学宫建于至元二十二年（1285），邓川州学宫也随后建立。随后各地在学宫外也建立了相应的社学等。如在弥渡县建有社学，"始于元朝，元皇庆二年（1313）规定'每五十家为一社，每社设学一所，择通晓经学者为师，农隙使子弟入学'，此后渐办社学，按《赵州志》载，当时办有弥渡、白岩、小邑、大庄、甸中（新街）、密祉等 6 所社学，明、清渐次消亡"③。由上可知，大理州的其他地区也当建有多所社学。包括大理地区的云南诸路各县普遍设立小学，开展儒家文化教育。元代大理地区的科举制度已和全国一致，元朝从元仁宗皇庆二年（1313）以行科举诏颁天下，规定每三

① （元）郭松年、李京撰《大理行记校注　云南志略辑校》，王叔武校注，云南民族出版社，1986，第 20 页。
② 鹤庆县志编纂委员会编纂《鹤庆县志》，云南人民出版社，1991，第 579 页。
③ 弥渡县志编纂委员会编《弥渡县志》，四川辞书出版社，1993，第 577 页。

年举行一次，分为乡试、会试、殿试三道。《新纂云南通志·元文进士表》载有中统科赵州（今凤仪、弥渡一带）进士苏隆之名。《大理府志》："苏隆，字子昌，宋景定年间（1260~1264）进士，所射策大为主司称赏。同榜蜀人杨庭，特过龙关访之，赠以诗。子仁寿有敏才，能通诸方语。"① 元代科举，除进行统一考试外，还规定学额。"元代云南有六人中进士"，其中昆明5人，大理1人。② 以上情况说明，元代的近百年间，大理地区的文化教育已较为发达，与中原地区基本一致。

3. 明清时期受汉文化的全面影响，大理白族地区文化繁盛

1368年（明太祖洪武元年），朱元璋建立明王朝。明军攻入大理后，废除大理国后裔元朝所封的世袭大理总管段氏的土职，改设流官知府。明代以后，以儒学为中心的学校教育得到广泛发展，大理地区是云南省境内教育水平较高的地区之一。完备的学校教育体制，促进了整个云南以及白族地区教育、文化的发展，读书求学在云南乃至大理地区蔚然成风。有明一代，云南共有267名进士，大理地区82人，占云南省进士数近1/3；云南共有举人2783人（含永历驻跸云南所取54人）③，大理地区有810人④，占云南举人数也近1/3。大理地区的教育处于整个云南省前列。"明清时期的白族知识分子与南诏国、大理国时期的知识分子已经不同，大都在民间产生，通过系统的私塾、官学的汉文化学习，接受了儒家的基本道德体系，都能较好地运用汉语进行写作，这充分体现汉文化在民族地区的社会发展过程中所起到的巨大作用。白族学子通过多年学习，参加科举考试，进入相应的统治阶层。"⑤ 他们的身上体现得更多的是儒家的道德体系和规范。

清朝沿袭明朝的科举考试体例，依然推行"尊孔读经"、开科取士的政策。清朝，云南共考中进士704人，其中大理地区进士134人，占云南省总数的近1/5；云南省共考中举人5101人⑥，其中大理地区举人共

---

① 大理白族自治州地方志编纂委员会编纂《大理白族自治州志》卷八，云南人民出版社，2000，第123页。
② 党乐群：《云南古代举士》，云南人民出版社，2008，第53页。
③ 党乐群：《云南古代举士》，云南人民出版社，2008，第59、58页。
④ 大理白族自治州地方志编纂委员会编纂《大理白族自治州志》卷八，云南人民出版社，2000，第124页。
⑤ 周锦国：《明清时期大理白族诗人汉语写作的修辞探究》，《毕节学院学报》2009年第9期。
⑥ 党乐群：《云南古代举士》，云南人民出版社，2008，第59、58页。

1014 人①，占云南省近 1/5。云南的教育水平得到全面提升，大理地区依然名列前茅。清康熙四十年（1701），云南提督偏图题写"文献名邦"匾额，书赠大理府，是对大理文化繁盛的褒奖。民国初年，杨楷等编《大理县志稿》，写道："吾邑之有学校，肇自汉元和二年，至蒙氏立庙，段氏求经，下逮有明……学风日盛，人才蔚起。"② 勾勒出大理地区从汉朝到民国时期学校教育的发展历程，及大理学风兴盛、人才兴旺的情景。

通过以上对大理地区社会文化状况的分析，可看出白族人民受汉文化影响极为深远，在这一渐进过程中，女诗人的诗歌更多地体现出中华传统文化的各种因素，体现极为重视教育的优秀传统。同时，大理地区有苍山、洱海的佑护，勤劳的白族人民生于此、长于此，有丰厚的社会历史文化以及和谐自然的生活环境。

明清时期，由于有浓郁的文化氛围、丰富的文化积淀，大理白族地区出现了数百位诗人、作家，创作有数百部诗集、文集等，文学创作繁盛，同时有了数十位白族女诗人，她们的出现为白族文化的繁荣添上了浓墨重彩的一笔。

4. 民国时期的新式学校教育促进白族地区文化的进一步繁荣

民国时期，大理州各县开办有小学、初级中学，有省立第二中学，大理成为滇西的教育文化中心、交通枢纽。人们积极向学，在民国年间有多名女性考取大学，到外地求学，促进了地方文化的发展。大理在进入民国时期，作为文献名邦依然在滇西享有较高声誉，与大理地区的社会、经济、文化发展密不可分。

（二）内在家庭文化的影响及白族女性特点

在女诗人的形成中，家族、家庭的影响十分重要，也与女诗人对诗歌的崇尚密切相关。

1. 白族家族文化对女性的深刻影响

大理白族是个崇尚汉文化的民族，有着浓厚的汉文化氛围，形成了较为发达的家族文化传统。这在元朝末年段氏都元帅府中即可看出。在段氏

---

① 大理白族自治州地方志编纂委员会编纂《大理白族自治州志》卷八，云南人民出版社，2000，第 123 页。

② （民国）杨楷等编《大理县志稿》卷七《学校部》，民国五年刊印，第 1a 页。

都元帅府中，段功能用汉文创作诗文，其大臣也都能创作出符合韵律格式且有个性的诗作。生活在其中的段功夫人高氏创作出富有个性的词作，其女儿羌娜在家中也接受较为全面的汉文化及其诗歌创作训练，在出嫁之时写下两首感人的诗作。段氏都元帅府时期的白族段氏，有浓厚的诗歌文化传统，虽处于贵族阶层，但其汉文化内涵是深厚、丰富的。

到明清时期，虽然没有了贵族阶层，文化中心下移到普通百姓家，但这些普通百姓家也有读书科考的良好家风传承，有的是教育世家。如明代的赵尔秀就出生在剑川赵氏教育世家，这个教育世家延续数百年。又如清代太和县（今大理市）的周馥，其父亲是训导，出嫁到赵家后，赵家是教育世家；清代赵州（今弥渡县）的苏竹窗出身书香世家，其家庭从祖父辈到父辈都有多人考中进士、举人，嫁到龚家后，龚家是仕宦之家，有多人考中进士、举人等，有着浓厚的家族文化传统。周馥、苏竹窗等人还与丈夫、儿子等写唱和诗作，抒写情怀。

在前面的社会背景分析中，可看出白族地区参加科举考试取得的巨大成功，而这需要丰富的家庭教育文化资源，正是有这些丰富的家庭文化资源，才能在这样的家庭中孕育出女诗人。

2. 白族妇女在家庭或家族中处于核心地位，而非从属地位

在这些女诗人中，如果是以正妻身份出现的女诗人，她们往往是家中的栋梁之人，而不是从属于丈夫的，她们起到相夫教子的重要作用，为家族的繁盛做出重要贡献。如元代末年的高氏，总管段功在外征战多年，高氏在都元帅府起到总领作用，段功被梁王谋害后，其子女尚在幼年，高氏对儿子、女儿进行教育，并使段宝顺利接班且牢记父仇，教育女儿羌娜，体现出高氏在家庭中的重要地位。

明清时期，有丰富文化传统的家庭，丈夫青年时期大都参加科举考试，或在外地担任幕僚，或从事教职，而家中对孩子的教育、对公婆的孝养、对子女的培养这些重担都落在了这些有知识的女性身上，她们承担着家庭重任。这在周馥、苏竹窗、袁潄芳、陆嘉年等女诗人的诗作中得到全面反映。如周馥的《紫笈夫子就馆中甸话别》："唐破吐蕃地，夫君又远征。铁桥江潋荡，石鼓雪峥嵘。翁殁新阡表，姑衰宿疾萦。家贫无一可，辛苦砚田耕。"从丈夫远行就馆任教所经途程的描写到家庭具体情况的叙

述，逐一展开，没有哀叹和凄楚，表现出女性的坚强。又如苏竹窗的《接外昆明寄书作》是首叙写夫妻情爱的诗："谋养君应出，家庭我自谙。亲欢一念拂，妇识几分惭。防疾先调药，称觞或典簪。前程知努力，早慰桂枝探。"某年秋天，丈夫龚锡瑞到昆明参加乡试，写信向夫人报告在昆明的生活情况，女诗人收信后有感而发，写下此诗。对丈夫参加科举考试的理解，虔心在家中孝养长辈、料理家务，表明作为妻子、儿媳的谦恭心情。可知女诗人乃识大体、顾大节之人。再如袁漱芳的《送夫子出外读书》："好把芸香世泽延，寻师访友自年年。读书岂为登高第，立品应须法大贤。君慰母心书早寄，妾兼子职任弥专。瀛洲待步先人迹，仔细青灯手一篇。"丈夫谷暄求学读书是将谷氏家族诗书传家的传统传承下去，将祖父谷际岐的读书功业进一步发扬光大，即使丈夫年复一年外出求学，袁漱芳也无怨言，而是在节操上对夫君提出要求，"读书岂为登高第，立品应须法大贤"，强调读书不是为光耀门第，而是要形成高尚品格，重在提升品质，效法古今大贤之人，表现女诗人正确的科举读书观。时人评论道："所见盖卓然，有非世俗男子所能及者。"（曹星焕题跋）① 其见解高远，非一般男子所能达到，很有道理。

从以上几位女诗人的诗作可看出其在家庭中的地位、作用是极为重要的。

3. 白族妇女的诗歌创作是表现其内在心性的有效方式

白族女诗人的诗歌创作是在忙碌的家庭生活中抒发情怀、表达心性的有意义的个性活动。与普通妇女有所差异，她们饱读诗书，或在夫君的影响下学习古典文化、了解地方历史文献，对历史上所发生的事件有自己的思考，对生活中的瞬间感受有较好体悟，对家庭中的各种事件也有自信能把握。传统文化要求女性阅读《女诫》《孝经》等著作并随之实行以形成品德，而大理的白族女诗人在阅读中形成良好品德，即使丈夫多年在外奔忙，她们仍在家虔心孝养公婆、教育子女，将诗书之家的优秀传统发扬光大。她们闲暇之时写作诗歌，诗歌多数是随写随存，并非有意识留存，晚年时，家人或孩子整理物品时方才发现这些诗作，将其编辑而成，成为女

---

① （清）袁漱芳：《袁漱芳诗草》，清光绪三年刻本，"题跋"第4b页。

诗人的诗集。如清代女诗人周馥，其丈夫赵廷玉在《〈绣余吟草〉原序》中记述道：周馥"于归后，以鄙性耽吟咏，往往于课子女之余，间作唱酬。四十年来，咏古述怀，摅写性灵，无风云月露之词。脱稿或遂弃掷，存诸箧笥者颇少，秘不以示外人。懿儿自晋归，与弟载彤请为母酌定百十余首。今年六十有七，忽于闰六月廿日长逝"①。周馥出嫁到赵家后，其诗歌创作时间较长，有四十多年，持续不断，抒写的是个人的性灵；其所写诗作丰富，晚年时由两个儿子赵懿和杨载彤整理而成，后周馥突然病逝。女诗人袁漱芳晚年时，其子谷涵荣将其从云南弥渡接到任所河南后，整理袁漱芳物品时发现其所写诗作，汇编成《漱芳亭诗草》。有的诗篇则是女诗人临终的决绝之诗，抒发其刚烈情怀，如袁王氏为殉丈夫袁惟清在自缢前写有组诗"绝命诗"十首，是其慷慨刚烈性格的集中展现。"相携万里最婆娑，九载恩情感佩多。欲待寻君天上去，还愁牛女隔银河。"有对丈夫知遇之恩的感谢，有对美好生活的描写，也有对自己即将走向另一世界的想象：追随夫君到天上，两人又能共同生活。

这些诗作都是女诗人心性的直接表露，纯为抒写性情之作，其诗歌创作没有明显的功利性，这些作品有的虽关乎社会、历史，但都从女性视角来观察这个世界，有其独特价值。

总之，白族女诗人从古至今延续不断的原因，既有外在的社会因素，如丰富的社会历史文化、汉文化的广泛影响；也有其内在的家庭动因，如重视文化的传承。女诗人将诗歌创作作为生活的一部分，抒发性灵，记录瞬间感受，或表达其决绝心态。她们的身上展现出中华优秀传统文化中白族女性的独有魅力。

第二节　白族女诗人诗歌创作特征及其评价

本节在前面各章细致分析、评价的基础上，将白族女诗人的诗歌创作纳入我国古代女性文学和古代白族文学中加以观照，对白族女诗人诗歌创作在题材内容、艺术审美上的共性特征和个性特征做出总结归纳，并进一

---

① （清）赵廷玉：《〈绣余吟草〉原序》，载周馥《绣余吟草》，道光三年木刻本，"原序"第1a页。

步指出其在我国古代女性文学史和古代白族文学史上的价值和地位。

一　我国古代女性文学、白族文学概览

本部分将对我国古代女性文学和白族文学的基本情况、特征等在前人研究成果的基础上进行总结，为深入分析、评价白族女诗人诗歌创作的特征、价值和地位等奠定基础。

（一）我国古代女性文学概览

对我国古代女诗人诗词创作进行全面总结的是《中国女性的文学世界》和《女性文学教程》两部著作，《性别诗学》《多彩的旋律——中国女性文学主题研究》《清代女性诗学思想研究》等几部著作的部分章节对这一主题展开分析研究。现结合以上几部著作中的主要观点，说明我国古代女性生活及文学创作的背景和古代女性文学的创作特点。

《女性文学教程》第二章"中国古代女性的文学创作"中，分析总结了"古代女性的生活背景和传统命运"。

第一，我国古代女性的生活背景是以男性为中心的现实社会。"对绝大多数女性来说，家庭是她们生命的全部。封闭的环境、低下的地位，把妇女牢牢捆绑在各自依附的男人身上——即使他远走天涯，即使他早已死去。这种绝对而永久的屈从，使女人很自然地产生了格外注重家庭的心理。她们唯一可以希求的，是在相夫教子方面作出贡献。……男尊女卑、夫为妻纲、三从四德、贞节观念等，构成了中国宗法社会所特有的压迫和禁锢女子的完备的思想体系。……从事文学创作的女性虽然有机会掌握一定的文化知识，可是她们的人生角色实际上同普通妇女并无根本区别。"①

第二，在以男性为中心的社会文化背景下，女性的地位是低下的，命运是悲惨的，因此，明代汉族女诗人梁孟昭在《寄弟》一文中深有感慨地写道："我辈闺阁诗，较风人墨客为难。诗人肆意山水，阅历既多，指斥事情，诵言无忌，故其发之声歌，多奇杰浩博之气；至闺阁则不然，足不逾阃阈，见不出乡邦，纵有所得，亦须有体，辞章放达，则伤大雅。朱淑真未免以此蒙讥，况下此者乎？即讽咏性情，亦不得恣意直言，必以绵缓

---

① 乔以钢、林丹娅主编《女性文学教程》，河北教育出版社，2007，第16~17页。

蕴藉出之，然此又易流于弱。诗家以李、杜为极，李之轻脱奔放，杜之奇郁悲壮，是岂闺阁所宜耶？"① 从女诗人的深切体会中可看到古代汉族发达区域的女诗人受到极大限制，这与她们所处的社会环境、家庭环境、教育等密切相关，她们只能吟咏自身情怀且不能直言放达，没有李白、杜甫诗篇的轻脱奔放，也没有杜甫的奇绝沉郁的悲壮情怀，只能在柔弱中表现自身情怀。

在这样的社会背景下，古代女诗人也坚持诗词创作，从遥远的先秦时期到清末乃至民国初期，有数千位女诗人用她们的诗笔记录了她们的生活、情感、思想等。《中国女性的文学世界》从四个主要方面对她们的特点进行了全面的总结，这些总结富有价值，现综述如下。

第一，女诗人的诗词创作注重对人生现世性的描写，注重对个人情怀的抒写，少有社会现实等方面的抒情表现。女诗人们"观照人生的现世性。……从汉至清，出自才女之手的宣扬妇道闺范的文字屡见不鲜，班昭、宋若华等都是其中颇有名气的作者……她们写诗填词主要是抒发比较狭隘的个人情怀，而无政治方面的考虑……对现实人伦情感的重视。……浏览古代女性的作品，很容易发现这样一些跨时代的共同主题：闺中相思、弃妇忧愁、感物伤怀等等"②。

第二，女诗人的诗词创作在情感表现上显得压抑迂回，低沉哀怨，较少有敞怀高歌的情绪表现。女诗人们的诗词在情感表现上"压抑迂回"，"从她们口中，很少听到畅怀的高歌，而多是委婉低回的吟唱。……生活上的重压，心理上的重负，使她们曲折道出的通常是个人心头的抑郁愁思。逝去的欢爱，朦胧的恋情，凄然的离别，孤苦的心境，她们的迂回所通向的常常不是未来而只是过去和现在"③。

第三，女诗人们的诗词创作在审美情趣上多表现为柔美凄婉，有阴柔之美，较少豪放之音。女诗人们在审美情趣上的倾向趋同。"从古代女作家的作品来看，一般而言，她们在审美情趣上多倾向于柔美凄婉，笔下绝少气势雄浑、壮怀激烈之作。无论感物咏怀还是写人记事，字里行间回荡

---

① 转引自乔以钢、林丹娅主编《女性文学教程》，河北教育出版社，2007，第18页。

② 乔以钢：《中国女性的文学世界》，湖北教育出版社，1993，第7～8页。

③ 乔以钢：《中国女性的文学世界》，湖北教育出版社，1993，第10～11页。

着的几乎总是一缕阴柔之气，极少有作品出乎其外。铿锵之声、豪放之音也是有的，但在整个古代女性文学创作中所占比重极小。"①

第四，女诗人们的诗词创作充满了忧郁感伤之情，自怜自抑，显得较为柔弱。由于"历史限制了她们的生存空间，也约束了她们的精神世界。随便翻开一部妇女作品集，便有许多诉愁之作映入目中"。"女作家们用笔有一共同特点：写'瘦'多，写'病'多。她们的作品中常可见到这样的句子：'憔悴卫佳人，年年愁独归。'（张玉娘《双燕雏》）'叹无端心绪，台城柳色，难禁许多消瘦。'（沈宜修《水龙吟》）'愁病相仍，剔尽寒灯梦不成。'（朱淑贞《减字木兰花》）……可以说，她们笔下极少出现丰腴康健的女子形象，被加以突出描画的往往是清癯消瘦的身影、玉减容衰的病姿。这种外部形象的描写，包含着相当丰富的心理内容，就其进入作品的情感脉络来说，显然是与愁苦之情联系在一起的。"② 可看出女诗人们如此创作的原因。在《女性文学教程》中，还对近人华振达所辑清代妇女作品集《销魂词》进行统计分析，指出"该集共收 95 位女子的 234 首作品，其中涉及人物消极意绪的字和词出现频率极高。举其有代表性者如下：'愁'112 次，'销魂'，'断肠'，'痛'，'伤'78 次，'泣'，'哭'，'啼'，'唤'，'咽'，'潸潸'58 次，'瘦'，'病'，'憔悴'66 次，'萧条'，'寂寞'，'寂'，'寥'，'岑寂'47 次，'凄切'，'凄清'，'凄凉'27 次。也就是说，平均大约每两首作品中即含一'愁'字，每三首即有一'断肠'之类的词，每四首即出现一个'啼''哭'之类的字。整部作品集中出现与消极情绪有关的词汇总数达 1600 多个（次）。与作品中女子形象心灵与体态的柔弱相适应，更与现实生活中被压迫的处境相关联，女作者在情感表现方式上很自然地倾向于蕴藉委婉、压抑低回。她们多以细腻温润之笔写忧郁哀伤之情，回环吞吐，自怜自抑"③。从以上的细致统计分析，可看出女诗人们浓烈的忧郁感伤情怀。美国学者孙康宜在其《走向"男女双性"的理想——女性诗人在明清文人中的地位》一文中也注意到了这一现象，"读书太用功就会导致生病。有趣的是，这些才女在诗中却

---

① 乔以钢：《中国女性的文学世界》，湖北教育出版社，1993，第 12 页。
② 乔以钢：《中国女性的文学世界》，湖北教育出版社，1993，第 27、33 页。
③ 乔以钢、林丹娅主编《女性文学教程》，河北教育出版社，2007，第 20～21 页。

把生病视为莫大的福气；因为处处感到自己的虚弱，于是便找到放弃各种家务的借口。病帮助她们退回到自我的世界中，也给她们带来了大量的自吟自赏的机会及时间。例如，有一位叫李丽媄的才女常常因为生病而感到庆幸，她曾在诗中写道：'不为读书耽雅趣，那能与病结清欢'（《晚晴簃诗汇》四：六九五）。把病中读书之乐看成一种'清欢'，实是明清才女的一大发明"[1]。

在古代女诗人的创作中，以上四点是主要特征，占突出地位，但在特定的历史情况下，女诗人们的创作有时也涉及家国时事，抒发女性的家国情怀。如汉末蔡琰五言《悲愤诗》沉痛诉说现世的苦难和不幸；唐代薛涛写有《筹边楼》《罚赴边有怀上韦令公》等诗，笔墨触及边关战事；宋南渡淮后，李清照写有"木兰横戈好女子，老矣不复志千里，但愿相将渡淮水"（《打马图赋》）这样壮怀激烈的高唱，还写有《上枢密韩肖胄诗》《上胡尚书诗》《浯溪中兴颂诗和张文潜》等诗大胆咏史论政、表达政治见解等。"明清交替之际，更是涌现了一批具有民族意识和爱国情感的女子之作。她们或在易代之际叹吟自己的忧生患世和故国之思，或通过自身不幸遭遇控诉朝政的无能和腐败，或以同情、哀怜的笔调反映庶民百姓的穷苦生活，或在咏史怀古、吊古伤今中抨击时政、讽喻现世。与此同时，还出现了直抒胸臆表达渴望与男儿一样建功立业之心志的作品……"[2]

以上女诗人的诗词创作情况和特征，其实就是汉文化中心区域女诗人的诗词创作特征，这些创作特征都与她们所处的社会文化背景、生活经历、个人志趣等密切相关。

（二）古代白族文学概览

对古代白族文学进行全面系统研究的是张文勋主编的《白族文学史》和李缵绪所著《白族文学史略》，对白族古代诗人做全面评价的还有《中国诗歌通史·少数民族卷》中关于白族文学的部分节次。现根据以上研究成果简要说明历代白族文学概况。

关于白族文学的发展历程，《白族文学史》和《白族文学史略》两部

---

① 转引自叶舒宪主编《性别诗学》，社会科学文献出版社，1999，第 7 页。

② 乔以钢、林丹娅主编《女性文学教程》，河北教育出版社，2007，第 36 页。

著作主要根据社会性质，同时结合白族文学在不同历史时期中的实际发展状况，分为四个时期：南诏以前（约公元748年以前）的白族文学，南诏大理国时代（748—1253年）的白族文学，元明清及国民党统治时期（1254—1949年）的白族文学，新中国成立后（1949—1980年）的白族文学。① 这样划分是合理的，符合白族文学的发展历程。

前三个阶段是白族文学从古代到近现代的发展历程，这三个阶段的白族文学体现出如下几方面的特点。

第一，在内容上，"白族文学主要反映了本民族的生活，与本民族的社会环境、自然条件、风俗习惯、心理素质，与宗教信仰等都有密切的关系"。白族关于山川风物的传说很多，有人说，白族地区的一山一水、一草一木、一村一桥、一泉一石都有传说，都有诗，是很有道理的，如《大理石的传说》《蝴蝶泉》《此碧湖的传说》《鸟吊山》《杜鹃花》等，不仅诗化了白族人民的生活环境，而且与当时的社会生活、自然环境紧密联系。白族文学与白族的"本主"信仰有密切关系，在白族地区，差不多村村都信奉"本主"，每个"本主"都有故事。这些"本主"富于人间性，反映了白族人民特定历史条件下的社会生活、思想感情、风俗习惯、心理素质，给白族文学带来鲜明的民族特色。在古代，白族地区佛教盛行，有关佛教的神话、传说故事也很多，佛教大神已被白族人民加以改造，赋予了自己的理想与愿望。白族民间故事和民歌、长诗、大本曲中，表现婚姻爱情或与爱情有关的作品也特别多，如《望夫云》《辘角庄》《美人石》《青姑娘》《鸿雁带书》等重要作品，是对严酷封建统治势力的反抗，对美好爱情的追求等，充分反映了白族人民社会生活的真实面貌。②

第二，白族文学的特点还表现在丰富的形式上。不仅主要的文学体裁样样俱全，而且每一文学体裁中，又有许多类别。就诗歌来说，仅白族调就有不同的句式、腔调和唱法，各有特色。白族文学形式上的特点，主要还在于每一形式都具有鲜明的民族特色，如戏曲中的大本曲、吹吹腔都是白族所特有的。在格律上严谨的白族调有一定的句数，诗行排列有一定的规定，句子有一定的字数，最基本的格式是"三、七、七、五，七、七、

---

① 张文勋主编《白族文学史》（修订版），云南人民出版社，1983，第13页。
② 张文勋主编《白族文学史》（修订版），云南人民出版社，1983，第13~15页。

"七、五",即使有变化,也是在这一基本格式范围内。如明代初年著名白族诗人杨黼用白文创作的《山花碑》,就采用了这一格式,共20首,所用格式为"七、七、七、五",后人遂将此种富有白族特色的诗歌格式称为"山花体"。①

第三,白族文学在发展过程中,因各民族经济文化交流的频繁,吸收其他民族特别是汉族的文化因素,或给其他民族以影响。白族是接受和吸收汉族文化较早也较多的西南民族之一。白族在形成与发展过程中,大量融合了由中原迁来的汉族,这就决定了白族在经济生活、风俗习惯等方面,以及由此形成的民族心理素质上与汉族存在某些共同点。汉族文学对白族文学的影响在题材和思想内容上都有明显表现,选取汉族地区的历史和民间文学中的故事如《梁山伯与祝英台》《孟姜女哭夫》等,根据白族地区的生活和理想进行再创造,形成富有地方民族特色的故事。如洱源西山打歌《读书歌》里,讲述的虽是梁山伯和祝英台的故事,但梁山伯和祝英台已经变成会砍柴、盖房的农民,人物形象、故事细节、艺术风格已与汉族地区不同,有了白族的风格特征。白族文学在发展过程中,也受到其他民族如彝族、藏族等兄弟民族以及外国如印度、缅甸文学的影响。如白族的审核神话传说《白王的传说》就是吸收哀牢夷(今彝族)的《九隆神话》而创造出来的;《观音服罗刹》和《牟伽陀开辟鹤庆》都与印度的佛教故事有关。白族文学同时也给汉族及其他兄弟民族文学以影响,这在与白族为邻或杂居共处的各民族中都有明显表现,如鹤庆白依人、洱源彝族,说话用本民族语言,但却唱白族调,用白语创作等。②

第四,白族的文人文学,几乎都是学习汉文学的,文学成就较高。南诏国时期的书面文学,首先出现的是散文,成就较高的如《南诏德化碑》,继而是诗歌,诗歌成就最高,出现了杨奇肱、段义宗等有名于当世的诗人,其不少诗作被收入《全唐诗》中,为内地文人叹服的白族诗人。元代的白族书面文学主要是"段氏总管"时期的诗文,有随元世祖忽必烈征行南宋而创作诗集《征行集》的段福,段氏总管时期的总管段光有诗歌创作,元朝末年"孔雀胆"故事中有段功、段宝,以及高夫人、段羌娜、阿

---

① 张文勋主编《白族文学史》(修订版),云南人民出版社,1983,第15~16页。
② 张文勋主编《白族文学史》(修订版),云南人民出版社,1983,第16~18页。

盖等女诗人的创作，有段世的诗文等。① 到明代，白族文学的汉文诗文创作形成了第一个高峰，出现了数十位诗人，有百部诗文集。主要作家有杨南金、杨士云、李元阳、何邦渐、高桂枝、赵炳龙、何蔚文等，其他还有樊相、梁佐、董难、赵汝濂、吴懋、李嗣善、苏必达、杨京、杨应科、张宗载、孙桐、张相度等。在明代中后期还形成了两个白族家族式作家群：浪穹（今洱源县）"何氏"作家群（五代6人：何思明、何邦渐、何鸣凤、何星文、何蔚文、何素珩，有诗文集10部、传奇剧本5部、诗话1部、史学著作2部、传注著作1部）、剑川"赵氏"作家群（五代5人：赵必登、赵完璧、赵炳龙、女词人赵尔秀、赵鼇，有诗、词、文集4部）。这两个作家群作品丰富，体裁多样，极大地丰富了白族的文学创作。明代白族书面文学较为发达，作者众多，而每个作者因时代、地位、处境不同，表现出内容、风格的多样性。许多作者都与人民有一定的联系，明初的隐逸者如杨黼，中后期颇负盛名的学者、诗人和作家如杨南金、杨士云、李元阳等都是关心朝政、刚正不阿、"爱民为本"、同情人民疾苦的，因而他们归隐后仍或深或浅地关心民众。在文艺体裁、艺术风格上都极其丰富多彩，与汉文化发达区域相比也毫不逊色。到了清代，白族地区的文人作家人才辈出，著述丰富，不少人受到国内名流如袁枚、洪亮吉等的赞赏。清代是白族文学的又一高峰期，清初有隐逸诗人杨晖吉、杨师亿、赵盼、龚敏、袁惟寅、张国宪及其子张辅受等，以杨晖吉成就最高；到康熙、雍正年间有李崇阶、时亮功、李根云、杨戴星、赵矿、赵淐、赵淳、李孔惠、陈振齐、段绎祖、朱之炎等人，其中以李崇阶最有诗名，有著作多部，诗集《釜水吟》；清代中期是"乾嘉盛世"，白族地区的师范和王崧名闻全国，诗文创作、理学观念、历史撰述都有极大影响，还有谷际岐、李于阳、杨溥、杨晫等作家；出现了四个白族作家群，赵州（今弥渡县）"龚氏"作家群（四代8人：龚义、龚仁、龚渤、龚亮、龚敏、龚锡瑞、女诗人苏竹窗、龚锡鼎，12部诗文集）和"师氏"作家群（三代4人：师问忠、师范、师篯、师道南，诗集38部、散文集11部，历史著作2部）、太和县（今大理市）"杨氏"作家群（四代6人：杨晖吉、杨师亿、刘文炳、杨文

---

① 张文勋主编《白族文学史》（修订版），云南人民出版社，1983，第159~168页。

嚣、杨履宽、杨履义，诗集 5 部、散文集 4 部）和"赵氏"作家群（四代
6 人：赵允晟、赵廷玉、女诗人周馥、赵廷枢、赵懿、杨载彤，7 部诗集
和 1 部文集）。这四个作家群共有作家、诗人 24 人，诗文集近八十部，在
清代云南文坛上成就卓著。"形成了作家群，甚至出现了赵州龚氏、大理
赵氏等父子、夫妇、兄弟一门都有佳作缳世的盛况。"① 清代中后期，有作
家杨绍霆、董正官、周之烈、赵辉璧、杨景程、段位、杨宝山、周榛、杨
金凯、段履富、赵藩（跨越清代和民国两个时期）等人，都有多部诗文集
刊刻，其中以赵藩成就较高。到民国时期，有周钟岳、赵式铭、张子斋、
马曜等，都有非常丰富的创作，有多部诗文集出版，促进了白族文学的进
一步繁荣。

　　白族文学有丰富多彩的民间文学和人才迭出的文人文学，反映出白族
地区的社会生活、宗教信仰、历史文化。民间文学，更多地体现出民族特
色，有民族特性；白族文人文学，主要运用汉文写作，对民间文学有所吸
收，丰富了文学创作的体裁形式和题材内容，取得了较高成就，在少数民
族文学史上，白族文学的成就是很高的。

二　白族女诗人的诗歌创作特征

　　通过对每位白族女诗人作品的研读分析，结合其生平资料，对重要女
诗人有了相对全面的把握，其他女诗人由于留存资料极少、诗歌作品较少
等的限制，未能展开详尽讨论，但也可从她们的诗作中了解其成长环境、
人生经历以及诗歌创作的基本情况。现从白族女诗人诗歌创作的题材内容
和艺术审美两方面特征做概括性总结。

（一）白族女诗人诗歌创作题材内容上的特征

　　古代白族女诗人的生活空间、活动范围是有限的，她们不可能像其丈
夫或孩子一样走向广阔的世界，绝大多数女诗人主要生活在以故乡为居住
地、家庭为中心的环境中，所创作的诗歌在内容上有许多共性特征和个性
差异，本部分概括总结白族女诗人的诗歌创作在题材内容上的共性特征和
个性特点。

---

① 梁庭望：《中国诗歌通史·少数民族卷》，人民文学出版社，2012，第 460 页。

　　白族女诗人的诗歌创作在题材内容上的共性特征主要体现在如下五个方面。

　　第一，白族女诗人的诗歌创作是多种文化的融合，其中尤以汉文化中的儒家文化为主，其次是佛教文化，再次是白族的本主文化和民间文化等，白族的民族特性表现没有民歌那样浓烈多彩。在周馥的诗歌中有直接表现，如《女诫第七》诗是女诗人阅读东汉班昭《女诫》后所写，对女性所要遵从的品德高度认可，是儒家观念的直接呈现；《报恩经余义》诗，是对佛教《报恩经》所隐含寓意的理解，用镜中花、水中月等佛教典故阐发佛理，破除缚缠，寻找真心；《雨铜观音殿示同游诸娣侄》诗是大理地区佛教本土化后的情景，化用大理地区流传的大士化观音传说，教导兄弟媳妇、侄儿男女要能观得佛经中的心经，使自己跳出苦海，有本主文化的影响；在《圣源寺杨桂楼先生僰语碑诗，诘屈难译。孝廉高立方，老宿也，能读此碑。诗以纪之，和紫笈夫子作》一诗中，可看出周馥对白文诗歌的兴趣，其诗体有所变化的《古蜀山氏女》等五首诗作，就是受本地白族民歌"山花体"的影响而形成的诗歌体式。其他女诗人的诗作几乎都体现出儒家精神文化的全面影响，这在苏竹窗、袁漱芳、李培莲等人的诗作中有较为多样的表现。佛教文化的影响也有所呈现，如袁漱芳的《偶游观音阁，有劝余念佛经者，作短歌谢之》："生小名门娴内则，无缘香火乞神灵。闲将闺训从头读，当诵莲花贝叶经。"当时白族地区虽佛教盛行，但女诗人受儒家正统文化影响深刻，从小读《内则》等闺训之作，将《内则》当作佛经来诵读。其他女诗人的诗作虽没有如以上诗人有直接抒写，但她们的诗作也呈现出儒家积极进取、勤俭持家、吃苦耐劳的精神境界。多位在艰难环境中毅然写下决绝诗篇、走向生命终点的女性，如袁王氏、杨熊氏等都是儒家文化在白族地区影响深刻的结果。

　　第二，白族女诗人的诗歌创作有对家庭生活和孩子教育情况的丰富记录。对家庭生活情况的描写和记录较为丰富多样，如周馥的《移居》诗记述赵家老屋即将倾倒，搬到邻居家暂住的生活情景；袁漱芳的《刺绣》诗描写女诗人绣花时沉浸其中并表达对夫君的思念；王藻湄的《寄外》诗有"缝郎合欢被，裁以同功茧"的场景，表现女诗人用优质丝绵为夫君精心缝合被子的充满温馨浪漫气氛的场景。古代白族家庭有"耕读传家"的传统，读书是最为重要的一项社会投入，能参与社会的发展、促进文明的传承。男性往往在外参加科举考试，成功后在外地为官，不成功者也多年在外担任幕僚、教职等，家庭中的生活重担就由女诗人承担，而对子女的教育是最为重要的事项，整个家族希望"耕读传家"的传统延续不断。如周馥写有多首关于对孩子、家人进行教育的诗篇，《课子》诗中有"君子求诸己，才成远辱耻"，希望孩子严格要求自己，承担社会责任；即使是孙辈，作为祖母的周馥也严格要求，在《训孙仁麟》中要求孙儿们努力向学，不荒废时光。苏竹窗的《窗前竹》虽是首写景抒情诗，但由竹子特征联想到"虚心真似我，直节独师君"和"孙枝生不已，个个气凌云"等，虽与周馥诗的直抒胸臆有差异，但对孩子虚心人格、高尚气节的重视是一致的。袁潄芳的《检书》写的虽是翻阅先辈留下的丰富书籍，也有对孩子认真读书的教导；陆嘉年晚年为儿子张耀曾代写的诗《辛丑代蓉溪儿子作和游东友人感事诗步原韵》也有对孩子的殷切教诲，"自强期复中华土，博采须知外国风"，教育孩子要以广博的胸襟努力学习，为中华民族的繁荣复兴而奋斗等。徐雁平在《清代世家与文学传承》一书专列一章"绘图：'青灯课读图'与回忆中的母教"，指出"青灯课读图"系列，"图像人物亦为家族性质，有世代与家学的传衍……图中主要人物性别已变换，母亲成为描述的焦点。这一图像系统的盛行……似更与清代文士阐扬母教之风密切相关。母教的阐扬，对于世家子弟而言，是树立清白家风、强调家学传承的重要行为"①。此处讨论的虽是江南繁盛的家族文学与母教的关系，但结合白族地区女诗人诗中的记述，何尝不是对白族地区文化的间接评说，体现出白族地区家学传承中母亲的重要地位。王厚庆《〈绣余吟草〉序》记载："余既与巇谷相识，见其所为诗，得力于母氏之教者居多。"②指出杨载彤诗歌创作受母亲周馥影响较大，诗歌成就与其母周馥的教导密切相关。这在谷涵荣对母亲袁潄芳的记述和张耀曾对母亲陆嘉年的评介中都有具体呈现。

第三，白族女诗人的诗歌创作表现出对女性自我身份的确认以及女性

---

① 徐雁平：《清代世家与文学传承》，北京三联书店，2012，第 158 页。

② （清）王厚庆：《〈绣余吟草〉序》，载周馥《绣余吟草》，道光三年木刻本，"序"第 1b～2a 页。

情怀。在古代，社会成员的角色分工是明显的，这样的分工是社会发展到一定阶段的产物，因此从社会历史的演进来看有其合理的一面，可促进社会发展。古代男子以"修、齐、治、平"为人生奋斗目标，到广阔的世界去奋斗拼搏，获取成功；而女子则以家庭为核心，做好家庭内的各项事务性工作，"主内"是其职责，因此"三从四德"成为女性所应遵守的社会规范，是女性所必须遵从的日常道德准则。白族女性从小需阅读"女四书"，以今人的眼光看，这是对妇女的束缚和压迫。从对元、明、清时期白族女诗人所创作的诗篇看，白族妇女对女性的自我身份是认同的，确认女性须以家庭为中心，相夫教子、孝养公婆、持家勤俭、以德化人等。这在不同女诗人的作品中都有体现，如周馥的《课二女迎寿、双岫》，是从母亲的角度教育两个女儿，要"女终伏于人，坐绣平心性。一月四十五，日轮牵得定"，要求两位爱女认可自己的从属地位，做好女性的事情，通过每天的绣花来磨炼心性，认可社会的分工，通过辛勤的工作来消除杂念，以使家庭生活和谐幸福。袁漱芳在幼年时曾读书作诗，但在其祖父外出做官回乡后，她就被要求读"女四书"、做女红等，丈夫多年在外辛勤拼搏，女诗人写诗叮嘱丈夫不要牵挂家中，言自己"生小名门娴内则……闲将闺训从头读……"，在道德上严格以女性规范要求自己。后带着孩子跋山涉水到遥远的中原跟随丈夫，中途得知丈夫去世，未能相见，后所作所为表现出女性坚强的特点。即使是元朝末年有男性气概的段羌娜，在告别弟弟段宝时，也表现出嫁到夫家后将遵从相应规范，也有"珊瑚勾我出香闺，满目潸然泪湿衣"的诗句，在凄楚悲伤中出嫁到遥远的夫家，虽有痛楚，但生活依旧还需前行。这在袁王氏、王藻湄、陆嘉年等人的诗篇中也有流露，即使是陆嘉年，虽有所体悟，但依然遵从社会对女性身份的规定和认同，出嫁到张家后照管家庭而放弃写诗的爱好，只在闲暇时吟诵诗歌。人们看到白族妇女以坚强、勤劳、舍己的品德影响着下一代，这是白族女性诗意人生最有价值的地方。今人常以现代社会的方式去规范古代妇女，谴责其愚昧、不了解世界，没有为自己争取权利，但从社会发展的角度来看，若古代女性争取到与男性相同的工作、社会地位，女性如何去有效工作？对家庭和下一代孩子的培养如何有效实现？白族妇女用她们勤劳、贤惠的品德影响夫君、教育孩子，这就是对社会发展的促进。白族女诗人对女性自我身份、地位的认可在当时是合理的，而不能以今人的眼光和处境要求古代妇女，尤其是少数民族地区的妇女。白族女诗人由于其生活的家庭环境，形成了夫妻、母子等诗人群体，有夫妻唱和、母子唱和的诗篇，这些诗篇也呈现出个性特点。如元代末年高夫人所写的《自度曲》，是劝谏夫君段功从昆明返回大理的词作，段功告别新婚不久的阿盖，踏上回家之路，途中收到儿子出生的消息，也随口吟诗一首，表达其回乡的心情，形成夫妻间的诗歌唱和。周馥与丈夫赵廷玉，儿子赵懿、杨载彤等的唱和诗，也写得生动，表现出其个性特色。苏竹窗与丈夫龚锡瑞的唱和之作，成就较高，对明代杨慎的《垂柳篇》一诗有不同的理解，都有较高价值。王漪保存至今的诗中虽然没有与胡蔚的唱和之作，但在《端阳泣》中有"妾身亦是骚人妇""挑灯独写奠夫文，绣阁沉沉暗闭门"等诗句，可想象夫妻二人相互唱和的生动情景。王藻湄和赵藩的唱和之作也应很多，遗憾的是保留至今的仅有王藻湄的《寄外》以及赵藩的和作《得闺人诗札次韵却寄》，这两组诗都写得极为到位，表现出年轻夫妻对彼此的深切思念，富有浪漫情怀。这些唱和诗作体现出白族女诗人的女性情怀，以及与夫君之间的和谐关系。

第四，白族女诗人的诗歌创作以女性视角记述了所处时代的社会发展变化和对历史的咏叹。白族女诗人从女性视角来观察变化着的社会，富有特点。如周馥在嘉庆年间所写《天末篇，时有维西边警》记述当时云南发生的少数民族起义事件，有自身的观察和思考，有一定意义。咸丰、同治年间云南有杜文秀回民起义和弥渡县李文学彝族农民起义，袁漱芳《丁巳遭乱，避难白土坡偶成》《避难大纪罗》等诗作记述了当时的社会情景。李培莲的《春光》诗，写的是民国期间云南军阀混战带来的社会动荡，表达人们期盼和平的到来。章青昔的《五月农人》则是一位女大学生面对贫苦妇女的思索，在民国时代如何让社会进一步发展，让百姓生活幸福等，用诗的语言表现出个人的思考，有新的视野、开放的眼光。这些记述社会变化的诗作，都是女性对社会观察后的体悟，富有女性意味。女诗人们对发生在大理乃至整个中国历史上的一些历史事件发表感想，从女性视角抒发情感，表达女性看法。较为突出的是周馥的五首咏古诗《古蜀山氏女》《汉阿南夫人》《唐阁罗凤女》《梁阿盖郡主》《段羌娜闺秀》，咏叹的都是女性，这五位女性都与云南和大理的历史相关，赞颂她们在历史上的重要贡献，为云南民族地区融入中华大家庭的贡献表达景仰之情。周馥还咏叹了中原地区历史上的著名女性如钩弋夫人、卓文君、王昭君等，对其命运给予观照。袁漱芳也写有咏叹王昭君的诗篇。苏竹窗在《和外〈苴力铺秋柳吊升庵先生〉》诗中咏叹明代著名诗人杨慎。王漪在《端阳泣》中化用屈原典故寄托情怀，较有特点。民国时期的女大学生诗人赵淑筠写有《咏古》诗，咏叹南宋抗金民族英雄岳飞，有豪壮气概。这些咏叹历史的诗篇让人们看到女诗人的家国意识和英雄情怀。

第五，白族女诗人的诗歌创作有对大理以及其所生活地方的自然环境、风物等的生动展现。对自然风物的描写是历代白族女诗人诗作中较多的，这些诗作表现女诗人对美的发现和描述，体现女诗人对家乡及其生活环境的热爱。如元代末年高夫人、段羌娜的诗作中就有对大理山水景色的描写，特别是段羌娜以诗歌描写自己即将告别家乡大理，远嫁他乡，通过对大理山水的描写，表现对大理的热爱和不舍。明代女词人赵尔秀的两首词作是对剑川家乡剑湖周围秋景的生动描写；女诗人苏竹窗的《登楼望白崖定西岭诸山》是其登上高楼远望山川后所写，"佳气莽无边，横来半壁天"，视野极开阔，富有雄壮气势，将大理地区著名的定西岭生动呈现出来。周馥去喜洲时看到巍峨的苍山、清澈的洱海水，写有诗篇《乙丑四月携懿儿过喜洲，望灵应山一带，怀二女双岫》，"鹳鹏洲望洱波源，指到儿家还有村。……蓝舆尚歉蒲陀嵥，赤渡难通峡石门。何日涤茨流水溢，中溪归汇叙寒温"，大理地区村落星罗棋布，与洱源地区山水相连，将多个地名嵌入其中，体现大理地区山清水秀的特点，有民族特征。即使是在逃难途中，袁漱芳在《避难大纪罗》等诗篇中也写出家乡特有的自然环境、山区景色，有对家乡淳朴民风的记录。民国时期李培莲所写此类诗篇较多，描写春天不同节候的各种景象，有春晴时的喜悦、春阴时的期盼等。章青昔的《山水》诗描写出昆明的山水之景，李蕙卿的《忆乡》诗生动呈现了家乡山区的景色。这些吟咏家乡风物、自然的诗作，表达了女诗人对家乡的热爱之情。

这二十三位白族女诗人在其诗歌创作的题材内容上也有其个性特点，这同她们所生活的社会环境和自身经历密切相关，主要体现在如下三方面。

第一，有的女诗人留存作品较多，诗歌中的题材内容较为丰富、全面，这样的女诗人主要是清代周馥、袁漱芳两人，她们是那个时代留存诗歌较为丰富的女诗人。如周馥的诗歌就包含有教育诗、抒情诗、咏史诗、唱和诗、日常生活情境诗和写景诗等，其中还可再细分出对社会发展变化的关注诗等。袁漱芳的诗也可分出夫妻感怀诗、生活纪事诗、战乱避难诗、写景诗和咏史抒怀诗等。两人的诗集都是晚年结集，由其孩子将其一生诗作进行辑录并有所选择，因此较为全面。

第二，多数女诗人的作品留存至今的比较少，其诗歌内容上可能只是其生活某个侧面的描写。有的侧重于抒写离情别绪，如段羌娜的两首诗、苏竹窗的部分诗作；有的侧重于描写景物环境等，如赵尔秀的词作、苏竹窗的部分诗作、陆嘉年的多数诗作和李培莲的多数诗作，还有王玉如的写景诗等；有的侧重于抒写个人的情感变化，如高夫人的劝谏词哀婉感人，苏竹窗的夫君唱和诗抒发情感，王藻湄和郭凤翔的诗歌表示对夫君的共同关爱；有的重在对生命价值的评价，从而写出悼亡和自悼之作而走向生命的终点，如阿盖的《愁愤》诗、袁王氏的决绝诗以及杨熊氏、杨周氏、蔡吕氏等人的绝命诗，是对自我生命的否定、对现实世界的决绝，在人生终点绽放出凄艳的生命之花——以决绝的态度走向毁灭，实现人生的终极价值。王漪的悼亡诗以另一方式实现了生命的延续，让夫君的诗文能留存后世，这也是对生命负责的精神的写照。周馥、袁漱芳的诗作中也有多首记述了其悼亡孩子的诗作，是那一时代女性悲痛的重要方面。

第三，白族女诗人由于生活经历、年龄、家庭等各方面的差异，其思想情感上也表现出差异。有的女诗人的诗作表现出从容淡定的特征，如周馥、苏竹窗、袁漱芳等人的诗作和陆嘉年后期的诗作；有的女诗人在情感上表现出坚强不屈的斗志，如段羌娜的诗、阿盖的《愁愤》诗、丰姬的决绝诗、袁王氏和杨周氏等人的诗篇；有的表现出清新明快的情绪，如明代赵尔秀的词作、清代陆嘉年的写景之作以及民国期间李培莲的多数作品和云南大学女大学生的诗作。

女诗人在诗歌题材内容方面的差异是多方面的，这种差异是必然的，是每位女诗人成长过程内在心性方面的诗意呈现。

以上总结了白族女诗人在诗歌题材内容上的主要方面，从中可看出白族女诗人在社会发展中所起到的积极作用，她们的诗歌是这方面的生动记录和诠释，从中可更好地了解白族女诗人的生活情状、个人情感和社会价值等。

（二）白族女诗人诗歌创作艺术审美上的特征

通过对历代白族女诗人诗歌的全面研读、分析，白族女诗人的诗歌创作在艺术审美上呈现出共同特征和自身的个性特点。

白族女诗人在诗歌创作艺术审美上的共性特征主要体现在如下四个方面。

第一，白族女诗人诗歌创作的汉文写作方式是其显著特征。通览从元代末年高夫人直到民国时期李培莲等人的诗歌，白族女诗人的所有诗歌形式都采用汉文化中的古体诗、格律诗和词，都用汉文创作。绝大多数女诗人以近体诗为主，也有部分古体诗和词的创作，女诗人们自然娴熟地使用各种诗歌体裁乃至词的格式，符合韵律格式要求。如在律诗中，颔联、颈联对仗，女诗人的作品都做得很好，有的诗句甚至可作为名句来读，如苏竹窗《闻雁》中的"关山千里月，天地一声秋"，全由名词"关山、千里、月、天地、一声、秋"等不同意象组成，对仗工整，隐含主语"大雁"，给人以无限的想象，气势宏大，短短十字有丰富内涵；袁漱芳《春燕》中的"杏花村外双襟雨，杨柳池边一翦风"，以"双襟雨""一翦风"作比，写出燕子在杏花、柳树池塘边飞翔的春天美景，畅快淋漓，可为写燕子飞舞的名句。有的用古体诗表现较为丰富的内容，如周馥根据写作需求选择诗体，长于五言古诗的创作，有多首五言古诗，大多篇幅较长，结构完整，内容丰富，叙事、抒情、写景融合，且有哲理抒发，如《同紫笈夫子过灵会寺忆唐梅》写出游览寻幽到捐出物品请僧人寻梅、种梅的过程，表现其对生活的热爱；《天末篇，时有维西边警》内容丰富，表现出其家国情怀。有的女诗人如高夫人、赵尔秀还选用难度较大的自度曲或词作填写，表现个性特点。这些诗歌体裁为女诗人所娴熟使用，可看出白族地区女诗人有较高的汉文化水平。

第二，白族女诗人善于描写白族地区的社会现实、历史故事和山水风物等，并将汉文化典籍中的各种意象有机融入，形成了多元文化融合的民族特性。白族女诗人从小熟读汉文化经典如《诗经》、唐宋诗词和其他文化经典，用汉文作为文学语言，在运用本民族历史、自然风物作为事件和意象的基础上，熟练运用汉文化中的传统典故，增强诗歌感染力。如元代高夫人词作中的"蜀锦"体现出大理地区同四川的联系，有大理特色，又用汉文化中"龙"的意象，贴切自然；段羌娜"离别诗"中有"点苍""洱河"等大理的山名、水名，表现大理特征，又运用"冰鉴银台""金枝玉叶""乌飞兔走""桂馥梅馨""鸿台燕苑"等传统的汉文诗歌意象，交融形成了多元特色。又如周馥的咏史诗《汉阿南夫人》，在描写阿南夫人为夫殉情跳入烈火中的情景后，用优美抒情的笔调写下"从兹星回节，廿五当六月。天上历历星常回，云南处处薪不灭"诗句，描绘出大理白族地区农历六月二十五"火把节"（彝族火把节为农历六月二十四）的盛况，有大理地区的民族特色。其诗作《种瓜》的"爱此绵绵瓞"，化用《诗经》"绵绵瓜瓞"，以喻子孙昌盛，"黄中通易理，绿蔓顺人情"，从黄花结果将《易经》生生不息的变化之理自然呈现出来，富有哲理。又如苏竹窗的《登楼望白崖定西岭诸山》诗描写的是横亘在赵州和弥渡之间的定西岭（今九鼎山），写有"马背千盘路，林梢百道泉"诗句，只有经过这样的大山，才能有此感受，写出本地山形特色。其《村居》诗的"一箩鼠迹桃花米，满鼎松风谷雨茶"，化用多个汉文化典故，"鼠迹"化用唐代诗人郎士元名句"虫丝粘户网，鼠迹印床尘"，表现农村生活的自然、平和、幽静；再用"桃花米、谷雨茶"的典故写出农村稻米的精美，鼎镬中茶叶、茶水的清香淡远，体现村居生活中人与大自然融为一体的情景。袁王氏、袁漱芳、王藻湄、李培莲等人的诗作都较好地描写了白族地区的山川景物，又能有机运用汉文化典故，自然妥帖。在讲述大理地区的历史故事时，同时使用汉文化典籍中的历史故事，表现出对汉文化的高度认同，将白族历史文化、山川风物等与汉文化词语、典故交相使用，形成富有白族特色而又有浓厚汉文化韵味的诗歌作品，将二者有机融合。

第三，在审美特性上，白族女诗人的诗歌创作生动呈现出女诗人们不为功利写作的特点，是女性人性光华、独抒性灵的体现。有的诗作质朴多样，如周馥《绣余吟草》中的多数诗作；有的哀婉坚韧，如王漪的悼亡诗、袁王氏的"绝命诗"、袁漱芳的苦难诗；有的刚强豪迈，如段羌娜的

"离别诗"、丰姬的"决绝诗"、熊氏的"绝命诗"、周氏的"绝命诗"等；有的温婉清新，如苏竹窗的多首诗作、王玉如的写景诗、李培莲的部分诗作等。女诗人的诗作多数情感真挚动人，是情感的自然流露，是生活瞬间的诗意表达，是女诗人生命真实的自然呈现。白族女诗人流传的诗篇虽不多，但大都是其作品中的精华：有的是对社会现实的思考，如袁漱芳的《绝句》中的"滚滚干戈动地来，轻抛骨肉各逃灾"，直接描写战乱之景，并有所思考；有的是对大自然的歌颂，如周馥的《龙女花》、苏竹窗的《窗前竹》都写出大理地区自然风物的特点；有的是对女性的赞美，如周馥的《唐阁罗凤女》赞扬南诏国国王的女儿对爱情的自由追求；有的是对夫君的深切思念和关爱，如王藻湄《寄外》诗中的"愿郎多寄书，书如见郎面。郎有高堂亲，贱妾何足念"；有的是对死亡的直面表达，如袁王氏的十首"绝命诗"中多首有深刻表达和呈现；有的是对爱情的直接呐喊，如丰姬"决绝诗"中的"君今将北返，不与儿俱回。儿誓从君去，先送双耳来"，直接大胆，铿锵有力，展现出敢爱敢恨的女子形象。这些诗作充分体现出白族女诗人不同于男性诗人的最大特点，体现出诗歌创作上的新颖性，富有白族女性的审美特性。

第四，白族女诗人的诗歌创作在语言上具有诗歌语言特征，典雅自然。如元代段羌娜"离别诗"第二首中有"云旧山高连水远，月新春叠与秋重。泪珠恰似通宵雨，千里关河几处逢？"的诗句，山水、云月、春秋等多种意象自然组合，以"通宵雨"比喻"泪珠"，体现出离别时的悲情等。刚烈、决绝的袁王氏在其"绝命诗"中也用诗的语言呈现其刚烈之情，如第九首"纷纷血泪滴绞绡，渺渺芳魂入绛霄。十九峰头藏雪处，红炉一点不能消"，以写实的笔墨想象自尽时的情景，悲惨而凄婉，化用大理地区苍山十九峰上的皑皑白雪来保护女诗人的芳魂，"红炉一点"又呈现出对生命的珍爱、对命运的感喟，哀怨凄楚。民国时期云南大学女大学生诗人李若兰《春雨》（二首）中的第一首："独卧西楼上，如闻战马声。天龙珠万斛，阡陌动春耕。"卧听春雨潇潇而发挥想象，写春雨有声有色且富有动感，展开丰富想象，逐层推进，结构自然巧妙。白族女诗人的诗作大都记述事件自然完整，描写景物生动形象，抒发情感真切自然，体现白族女性的共有特征。

白族女诗人的诗歌创作在艺术审美上的共性特征是多方面的，仅从主要方面做简要总结归纳，以更好地了解白族女诗人的共有特征。

白族女诗人的诗歌在艺术审美上也因各自所处年代、社会发展、人生经历的不同而显示出个性特点，主要有如下几个方面。

第一，白族女诗人的诗歌创作在语言运用上有差异，有不同特点。有的女诗人的诗歌语言典雅清新，如高夫人、赵尔秀、苏竹窗等人的诗作；有的女诗人的诗歌语言丰富多样，表现出不同特征，如周馥、袁漱芳等人的诗作，根据诗歌体裁的内容而有变化；有的女诗人的诗歌语言哀怨凄楚，如阿盖的《愁愤》诗、王漪的悼亡诗；有的女诗人的诗歌语言刚烈决绝，用生命与世界抗争，如袁王氏的"绝命诗"及其他几位女诗人的绝命诗；有的女诗人的语言富丽而充满色彩，如陆嘉年早年的诗作、李培莲的部分写景诗；有的女诗人的语言直白率真、大胆呈现，如妖巫女、丰姬的诗。这都同女诗人的生活经历密切相关，是女诗人生活经历、诗歌内容在语言上所呈现出的个性差异。

第二，白族女诗人的诗歌创作在风格特征上也表现出一定差异，是女诗人个性和语言不同所带来的。有的婉约自然，如赵尔秀、苏竹窗的诗歌风格；有的自然天成、不事雕琢，如周馥的诗歌风格；有的质朴刚健而富有生机，如段羌娜、陆嘉年后期的诗作；有的哀婉动人、相思远道，如袁漱芳、王藻湄的诗歌风格。这些不同的诗歌风格表现出女诗人不同的生平和经历，女诗人用生命在创作诗歌，在诗歌中呈现出各自的风格特点。

第三，白族女诗人的诗歌创作在体裁运用上也有差异。一般的女诗人大多用五言、七言绝句或律诗，或五言、七言古体诗，较为短小，便于女诗人描写在某个瞬间的生活事项、抒发某个瞬间的情感。只有极少数女诗人如周馥、苏竹窗、袁漱芳、章青昔等可多种诗体交相运用，诗歌内容丰富多样，表现出女诗人的才情和对社会的记录、生活的体验等。这同女诗人的创作经历有关。一般来说，短小的诗篇便于创作，而能用各种体裁创作，需要有更为丰厚的汉文化基础，而有的女诗人从其生平经历来看是难以做到的；有的则由于保存诗作较少，无法了解其诗歌创作全貌。

每位女诗人在诗歌创作上的艺术审美特性都有不同体现，以上三点仅从主要方面归纳，细致的讨论、分析见各章节内容。

三 白族女诗人的诗歌创作在文学史上的价值和地位

前两部分对我国古代女性文学和白族文学做了概括性介绍，指出其形成原因和特征，总结归纳了白族女诗人的诗歌创作在题材内容和艺术审美上的特征。现结合以上内容将白族女诗人的诗歌创作纳入我国古代女性文学、白族文学中加以观照，确定白族女诗人的诗歌创作在文学史上的价值和地位。

（一）白族女诗人的诗歌创作在我国古代女性文学史上的价值和地位

我国古代女诗人众多，取得了较高成就；而少数民族女诗人人数较少，取得了一定成就。杜珣先生（笔名嶙峋）所著《闺海吟》一书，"为了尽量不埋没写有文学作品的古、近代才女，本书共收了8600多人，每人只选取其一首代表作品……举凡中国古代妇女文学所涉及的文体，如诗词、散曲、戏曲、各体散文、辞赋、小说、弹词皆尽录入"①。所收的8600多人从先秦时代到民国初年，其中以明代和清代最多，明代收有1267人，清代则多达6209人，其他朝代合计1124多人。这8600多位才女中绝大多数是汉族女诗人，据统计，有近8000人，而少数民族女诗人所收极少，不足百人，其中白族女诗人仅收高夫人（高氏）、段羌娜（段僧奴）母女二人的诗作。少数民族女诗人仅140多人（详见绪论部分），其中白族女诗人仅23人，在人数上与汉族女诗人相比，是极少的。但从白族女诗人的诗歌创作特征来看，与我国古代女性文学相比，有共性特征，也有个性价值。以下将从白族女诗人的诗歌创作在题材内容和艺术审美上同我国古代女性文学（主要是汉族女性文学）加以观照、比较，进行归纳总结。

从元代起，大理白族已被纳入中华民族这一大家庭，中华民族的核心文化——儒家文化已对大理地区有全面影响，白族女诗人从元代末年到民国时期与我国古代女诗人有较多相同的社会文化背景，因此在诗歌创作的题材内容上与我国古代女性文学有共性特征。主要体现在以下四个方面。

第一，两者的诗歌创作都注重人生现世性的描写。白族女诗人的诗歌

---

① 邓红梅：《〈闺海吟〉序》，载嶙峋《闺海吟》（上册），北京时代弄潮文化发展公司，2011，"前言"第9页。

创作以家庭生活为核心，记述对孩子的教育、对外出丈夫的思念以及家庭生活情景，白族女诗人多是生活型诗人。我国古代女诗人的诗词创作也大都表现出对现实人伦的重视，更多的是表现出"跨时代的共同主题：闺中相思、弃妇忧愁、感物伤怀等等"①。白族女诗人的诗作也有较多体现。

第二，两者的诗歌创作都体现出儒家传统文化对女性的要求。由于白族女诗人大多生活于科举世家或教育世家，受儒家传统文化的影响较大，在诗歌创作上体现出儒家对女性的社会规范，女诗人们遵守古代妇女之道并教育周围亲人等。我国古代女诗人的诗词创作也宣扬妇道闺范等，"从汉至清，出自才女之手的宣扬妇道闺范的文字屡见不鲜，班昭、宋若华等都是其中颇有名气的作者"。可看出古代社会对女性道德规定性的强大社会控制力和影响力。

第三，两者的诗歌创作都注重个人情怀的抒写，在情感表现上体现出女性特征。白族女诗人的诗歌创作与男性不同，没有任何功利性，而从女性视角看待社会、看待历史，记录生活中的瞬间感受和对历史现实的思考等，她们的诗作更多的是个人情怀的真切抒发，显得更自然，更有诗意特征。我国古代女诗人的诗词创作也具有这一重要特征，她们"大多时候主要是面向自己的内心世界求得一种精神上的平衡与安慰，因而其创作自我遣怀的成分较浓。她们的作品完成后，常是藏于闺中，其交流对象通常只限于家人、闺友或个别有所接触的文士，这种状况至明清以后才有所改变"②。我们看到，白族女诗人周馥、袁漱芳、陆嘉年等人所写诗篇也都限于家人阅读，并由其后人整理结集而成，与我国古代汉族地区女诗人的诗词创作是一致的。

第四，两者的诗歌创作都有在特定历史时期书写家国时事、抒发家国情怀的作品。白族女诗人中，元代末年的高夫人、段羌娜的诗作体现了一定的家国情怀；在清代中后期，由于社会动荡，周馥、袁漱芳的诗作表现了当时社会的动荡情状，有家国情怀，陆嘉年的诗通过对孩子的嘱托表现出对社会发展的思考和未来的期望等；民国时期李培莲的作品也有对社会现象的关注。我国古代女诗人的诗词创作也有这方面的表现。"明清交替

---

① 乔以钢：《中国女性的文学世界》，湖北教育出版社，1993，第 8 页。
② 乔以钢、林丹娅主编《女性文学教程》，河北教育出版社，2007，第 19 页。

之际，更是涌现了一批具有民族意识和爱国情感的女子之作。她们或在易代之际叹吟自己的忧生患世和故国之思，或通过自身不幸遭遇控诉朝政的无能和腐败，或以同情、哀怜的笔调反映庶民百姓的穷苦生活，或在咏史怀古、吊古伤今中抨击时政、讽喻现世。与此同时，还出现了直抒胸臆表达渴望与男儿一样建功立业之心志的作品……"① 女诗人们在面对国破家亡时，有自己的呐喊和抗争，呈现出壮怀激烈的一面。

由于白族女诗人所处的社会环境、所有的生活经历等与汉族地区的女诗人有所不同，在诗歌创作的题材内容上与我国古代女性文学体现出不同特性。

第一，白族女诗人的诗歌创作体现出多种文化的融合。白族女诗人在诗歌创作中积极吸收汉文化中儒家文化的优秀成分，并将佛教文化融入其中，记述当地白族人民的生活情景，有大理白族地区的本主文化和社会生活情景，如"火把节"等生活习俗的描写，苍山、洱海等地理环境的生动刻画。到民国时期，白族女子走出大理，积极学习先进文化，在诗歌中呈现出西方文化等，白族女诗人的诗作中体现出题材内容的丰富多样性。在我国古代女诗人的诗词创作中，儒家文化占主导地位，表现出儒家文化深厚的历史底蕴。

第二，白族女诗人的诗歌创作体现出家庭文化传承教育者的责任担当。白族女诗人由于在家庭中处于核心地位，她们的诗作记录了日常生活的各个方面，体现出女诗人为家庭发展而积极担当，有较强的家庭责任意识，在诗歌创作题材上表现出多样性，而较少柔弱表现，有刚强之志。如王漪在其夫去世后强忍悲痛，为亡夫整理诗作和遗作，表现出白族女诗人坚强的一面。周馥、苏竹窗、袁漱芳等的诗歌作品也都有丰富表现。而我国古代女诗人的诗词创作更多体现自我生活经历和情感的抒发，对家庭生活的具体描写相对较少，有的才女主要处于青春时期，较多表现青春期多愁善感的个人情怀。

第三，白族女诗人的诗歌创作表现出对汉文化中儒家传统文化的坚守，而较少反叛性。由于白族女诗人所生活的家庭绝大多数是诗书礼仪之

---

① 乔以钢、林丹娅主编《女性文学教程》，河北教育出版社，2007，第 36 页。

家，从小阅读汉文化典籍中"女四书"之类的著作，受汉文化传统影响较深，同时她们又较少走出家庭到社会上搏击，白族女诗人作品中有浓厚的儒家文化的仁义礼智、"三从四德"等道德规范，且她们自觉践行。这在多数女诗人的作品中有呈现，即使是那些仅存极少作品的"绝命诗""决绝诗"都表现出儒家文化的深刻影响。而在我国古代女诗人的诗词创作中，有的表现出对儒家文化的反叛，如李清照的部分词作、朱淑真对爱情的大胆追求等，而这些在白族女诗人作品极少看到。

以上归纳总结了白族女诗人的诗歌创作在题材内容上同我国古代女诗人的诗词创作的四点共性和三点特性，可看出两者的异同。

下面将总结讨论白族女性的诗歌创作在艺术审美上与我国古代女性文学的共性特征和不同特性。共性特征主要有如下几个方面。

第一，两者的诗歌创作都用汉文诗歌形式进行。纵观白族女诗人的所有诗词创作，采用的都是汉文的古体诗、格律诗和词的形式，这也是少数民族诗人创作的一种普遍情况。"少数民族诗歌从汉语文诗歌引进的是汉语格律诗，在结构上与汉族诗人的诗歌没有什么不同。"[1] 可以看出少数民族诗人无论是男性还是女性，汉语言文化中诗歌体裁形式对其有巨大影响。我国古代女诗人的诗词创作也用汉文诗歌形式，两者是相同的，有时人们就很难看出少数民族诗人诗歌的民族特性。

第二，两者的诗歌创作在审美特性上都体现出女性光华，都是女诗人独抒性灵的体现。由于女诗人生活经历相对单一，以"内"为主，她们大多以抒写内心情感为其宗旨，诗歌多是其情感的寄托，而非外在功利性的追逐，因而在创作中可更多返回内心，在瞬间感受和描写中呈现诗意人生，这是白族女诗人和我国古代女诗人共有的特点，因而她们的诗作有时更能反映出女性的本真意义以及人性的本真价值。

第三，两者的诗歌创作在语言运用上都体现出女性特点。出于女性自身生活原因和阅读范围的局限，无论是中原核心地区的女子还是边疆白族地区的女子，她们在诗歌创作时，语言上都显示出柔婉、典雅的一面，体现出女性特有的语言特征，表现出女性特点。有的虽有豪放之气，但在整

---

① 梁庭望：《中国诗歌通史·少数民族卷》，人民文学出版社，2012，第6页。

个女性文学的语言运用上不占主流。

第四，两者的诗歌创作在情感抒发上都表现出多情特征。女诗人的情体现为家庭亲情、儿女私情、夫妻之情、孝养公婆长辈之情、抚育晚辈之情，还有对自然山水的热爱之情、对历史文化的思考之情、关注社会现实之情等，这些不同的情感又都体现出女诗人对人生价值的思考，回归到女性所应有的生活意义和价值之中，体现出女性特有的生活情态。

白族女性的诗歌创作在艺术审美上与我国古代女性文学的不同特性主要有如下几个方面。

第一，白族女诗人的诗歌创作在审美特性上体现出女性的坚韧，而较少柔弱之气。白族女诗人在家庭内部处于核心地位，在看似从属于男子的社会环境中，白族女性要承担更多的家庭、社会责任。她们必须为生活操劳，为子女的教育操心，因此即使生病，也很少有对外出夫君的抱怨，而是任劳任怨，克勤克俭。女诗人在表达对远行夫君的思念时较少埋怨之词，而是体贴关心夫君，表现出坚韧刚毅的特征。而在我国古代女诗人的诗词创作中，多数才女可能是青春期少女，有较多柔弱之气，"随便翻开一部妇女作品集，便有许多诉愁之作映入目中"。"女作家们用笔有一共同特点：写'瘦'多，写'病'多。她们的作品中常可见到这样的句子：'憔悴卫佳人，年年愁独归。'（张玉娘《双燕雏》）……可以说，她们笔下极少出现丰腴康健的女子形象，被加以突出描画的往往是清癯消瘦的身影、玉减容衰的病姿。"① 这是白族女诗人同内地女诗人的显著差异。

第二，白族女诗人的诗歌创作在体裁运用上主要表现为多格律诗、古体诗，较少有词的创作。在历代白族女诗人中，每个诗人的诗作几乎都有律诗、绝句，使用较广泛；其次是古体诗，便于长篇叙事和抒发情感，部分诗人使用；而词作使用较少，仅有元代末年的高夫人有自创词牌和明代末年赵尔秀的两首词作。词创作不是科举考试的内容，因此在白族地区从事词创作的男性诗人较少，明代仅有大理诗人杨士云、洱源诗人何邦渐、赵尔秀祖父赵炳龙等，清代进行词创作的更少，仅有赵藩一人，说明词创作在白族地区没有丰厚的文化传统。而在我国古代女诗人中，从宋代李清

---

① 乔以钢：《中国女性的文学世界》，湖北教育出版社，1993，第27、33页。

照开始，就有较多的女性用词这一形式进行创作，更好地抒发出女性情感。

通过以上对白族女诗人的诗歌创作在题材内容和艺术审美上同我国古代女性文学的对比总结，发现两者既有共性特征，也有不同特点。以下对白族女诗人的诗歌创作在我国古代女性文学上的价值和地位做出简要评价。

第一，白族女诗人的诗歌创作价值体现出汉文诗歌体式的强大生命力，对少数民族诗人有重大影响。

第二，白族女诗人的诗歌创作价值体现为生动呈现出儒家传统文化在边疆地区的深刻影响，是中华文化多元一体的集中体现。

第三，白族女诗人的诗歌创作价值体现为多元文化的交融互动，形成富有一定白族特性的女性诗歌特征。

第四，白族女诗人的诗歌创作价值体现为审美特性上的坚韧，有女性的执着，丰富了我国古代女性文学。

第五，白族女诗人的诗歌创作在我国古代女性文学史上占有一席之地，虽然人数不多，但能从元代至民国的数百年间延续不断，在西南边陲为中华文化的繁荣发挥了积极作用。

总之，白族女诗人的诗歌创作有其独特价值和一定地位，呈现出少数民族女性诗歌的特点，是对我国古代女性文学的有力补充。

（二）白族女诗人的诗歌创作在白族文学史上的价值和地位

《白族文学史》和《白族文学史略》两部著作录入的白族女诗人有元代末期的高夫人、段羌娜、阿盖，明代末年的赵尔秀，清代的周馥、苏竹窗等人，仅有简要说明评析，未深入展开讨论。这两部著作成书于20世纪80年代，注重对民间文学的研究，对书面文学的研究有所弱化，对白族女诗人的深入研究尚未全面展开。现结合所归纳白族文学的发展历程和基本特点，探讨白族女诗人的诗歌创作在白族文学史上的价值和地位。

第一，白族女诗人的诗歌创作丰富了白族文学的创作题材。白族女诗人的诗歌创作更多关注家庭生活，注重对孩子的教育、对长辈的孝养、对夫君的思念等，而这些题材内容在白族文学以男性为主的文学创作中较少呈现，体现出女性特有的诗化特征。

第二，白族女诗人的诗歌创作拓展了白族文学的创作视角，形成了自己的审美特征。女诗人们以女性视角看待纷繁世界、历史事件、自然山水、人文环境等，在诗歌创作中体现出女性特点，与白族男性的视角所不同，显得内蕴、坚韧，表现出白族女性开放的胸襟以及对中原文化的全面吸收等。

第三，白族女诗人的诗歌创作提升了白族文学的创作高度。在少数民族诗歌中，女性作品较少，能从元代直到民国时期都有女性诗歌创作的民族也较少，白族女诗人的诗歌创作贯穿整个白族书面文学的始终，可看出白族地区繁盛的教育文化、对女性的平等看待，因此有白族女诗人诗歌创作的成就，提升了整个白族文学在少数民族文学史上的地位。

第四，白族女诗人的诗歌创作展现出白族女性的精神风貌。她们以刚强、坚毅之精神，在面对纷繁复杂的世界时，以女性的柔弱之身担负起家庭发展、子女教育的重任，让远游在外的夫君能安心为官、尽心科举考试或安心从教，默默支撑起家庭的繁荣。她们以太多的付出和努力，使每个诗书传家的家庭得以薪火相传，绵延发展，为白族文学的发展奠定了基础。

白族女诗人中有第一位白族女词人赵尔秀，虽仅存两首词作，但以其娟秀、清新的笔触刻画出古代剑川胜似江南的高原水乡特色；第一位有诗集出版的白族女诗人周馥，以其质朴多样的诗歌内容和体裁，丰富了女诗人的成就；有"大家"风范的苏竹窗，诗作虽留存不多，但每首几乎都是精品，其诗作纳入中原汉文化核心区也毫不逊色；处于艰难生活中的袁漱芳，其诗集记录了清朝后期动荡年代边疆生活的艰难，有其重要的历史价值；民国时期的李培莲，其诗作也反映出民国时期一定的社会生活。这些女诗人在白族文学方面的成就虽不能超越男性诗人，但她们以其自身特色和个性，丰富和发展了白族文学，具有特定地位，是男性诗人无法替代的。

通过以上全面分析和归纳总结，白族女诗人的诗歌创作，从元代到民国时期，始终贯穿如下共有的主要内涵。

第一，白族女诗人的诗歌创作始终与中华民族的国家命运紧密相连，女诗人关注社会变化，儒家传统文化在诗作中有较为显著的呈现，她们为夫君、家庭默默奉献，诗歌创作只是生活中的插曲。

第二，白族女诗人的诗歌创作体现出对汉文化的积极运用和吸收，她们以开放的胸襟融入中华文化的大家庭，以先进的汉文化教育孩子及家人，使白族文化在保留自身特性时又有丰富的汉文化内涵，促进了白族社会和家庭的发展。

第三，白族女诗人的诗歌创作体现出对地方、家乡的热爱，对生命的执着，面对灾难时的坚韧和从容，同时也反映出时代的变化。

第四，白族女诗人的诗歌创作在审美特征上表现出柔婉中的刚毅、优美中的多样，充分运用汉文化诗词形式描绘出边疆民族妇女特有的生活，有一定的民族特色。

总之，白族女诗人在平凡的日常生活中，用诗的语言记录和描绘了生活中的瞬间情态、自然景况、历史事件、感悟思索、悲喜之情，是白族女诗人诗意人生的表达和呈现。

【附记】
关于现代女诗人陆晶清是不是白族的问题

　　近二十年有学者认为"五四"时期的女诗人陆晶清是白族人，是著名白族女诗人，有论文、传记展开相关研究、评述。陈思清发表于《云南民族学院学报》（哲学社会科学版）1999 年第 4 期的《中国现代文学史上的白族女作家——陆晶清》是第一篇这方面的论文，文中写道："在二十世纪的五四新文学园地里，活跃着一群年轻的女作家。她们是冰心、陈衡哲、冯沅君、苏雪林（绿漪女士）、黄庐隐、石评梅、陆晶清、谢冰莹等。"同时介绍了陆晶清的生平，即陆晶清是鲁迅在北京女师大的学生，刘和珍的同学，"与刘和珍一同参加了爱国集会和示威游行，并在请愿中负了伤"。陆晶清的作品有散文集《素笺》《流浪集》，诗集《低诉》等。陈思清认为："中国现代文学史上的一批女作家中，陆晶清（白族）也是有影响的一位。其主要文学成就是诗歌和散文。"① 随后有熊辉、刘丹的《论白族女诗人陆晶清诗歌的感伤情结》，认为"陆晶清是'五·四'前后不可多得的少数民族杰出女诗人，但至今却没有人对其新诗进行过专门探讨"②。其后熊辉又发表了《陆晶清：新诗史上不该被忘记的白族女诗人》一文，认为"陆晶清是五四前后杰出的少数民族女诗人"。文章从诗歌情感、时代特质和艺术建构等三个方面综合论述了陆晶清作品的特质，

---

① 陈思清：《中国现代文学史上的白族女作家——陆晶清》，《云南民族学院学报》（哲学社会科学版）1999 年第 4 期。

② 熊辉、刘丹：《论白族女诗人陆晶清诗歌的感伤情结》，《云南师范大学学报》（哲学社会科学版）2007 年第 4 期。

由此突出了诗人在新诗史上的特殊地位。①

王士权、王世欣在其所著的《爱国女作家陆晶清传》一书中，对陆晶清的白族身份做了记述：其祖上是昆明西郊"一个白族与汉族杂居的市镇，市镇上有一座白族陆姓贡生的邸宅。……这位贡生名陆诒翼，字福卿……在昆明邻近的武定、安宁、石屏等县的县衙任僚幕十余年。擅长书法、诗词，爱收藏书籍与古玩。其性耿介，不阿权贵，故虽才华出众，却难以升迁"，说明陆晶清的祖父出身于白族家庭。后来，陆家家道中落，陆晶清的父亲陆欣别无所长，只懂鉴定古玩，"搬到昆明城内，开了家古玩店……与张丽华结婚"，于 1907 年 12 月 17 日（阴历十一月十三日）生下女儿秀珍，即陆晶清。② 此段文字说明了陆晶清出生的白族家庭的情况。

新中国成立后，陆晶清任上海财经学院教授，1965 年退休，1993 年逝世于上海。陆晶清逝世后，《新文学史料》刊登了《陆晶清同志逝世》的悼念文字，其中记述了其生平简历："现代作家、上海财经大学教授、民革中央监察委会委员陆晶清同志，因病医治无效，于 1993 年 3 月 13 日凌晨 2 时在上海大华医院不幸逝世，享年 86 岁。……陆晶清同志，1907 年生于云南昆明。1928 年毕业于北京女师大。……从 1923 年至 1932 年，先后选编出版了诗集《低诉》，散文集《素笺》、《流浪集》及物观（按：似为古代）文学史稿之一《唐代女诗人》。……"③ 以上文字有陆晶清的出生地，但没有关于陆晶清的民族身份。

21 世纪初，由大理白族自治州白族文化研究所组织编辑《当代中国少数民族著名作家经典》中的《历代白族作家丛书》④，该丛书收录了与陆晶清同时代的罗铁鹰、徐嘉瑞或稍晚的晓雪、张长、那家伦、张文勋等十四位现当代著名白族作家，未将陆晶清收录其中。可看出当时白族学者对陆晶清的白族身份持保留意见。查阅有关资料，没有陆晶清本人为白族的直接记录和说明。结合以上分析，本研究未将民国时期的著名女作家、诗人陆晶清作为白族女诗人列入研究对象。

---

① 熊辉：《陆晶清：新诗史上不该被忘记的白族女诗人》，《民族文学研究》2009 年第 2 期。
② 王士权、王世欣：《爱国女作家陆晶清传》，江西人民出版社，2002，第 1~2 页。
③ 绍发：《陆晶清同志逝世》，《新文学史料》1993 年第 3 期。
④ 赵寅松主编《当代中国少数民族著名作家经典·历代白族作家丛书·情系大理》（一至十八卷），民族出版社，2006。

参考文献

著作

1. （晋）常璩撰《华阳国志》，齐鲁书社，2010。

2. （元）郭松年、李京撰《大理行记校注　云南志略辑校》，王叔武校注，云南民族出版社，1986。

3. （明）曹学佺撰《蜀中广记》，《钦定四库全书》本。

4. （明）阮元声：《南诏野史》，载《云南备征志》卷八，转引自《丛书集成续编》第56册，上海书店出版社，1994。

5. 《南诏野史》（下）（影印本），巴蜀书社，1998。

6. （明）杨慎编《风雅逸篇·古今风谣·古今谚》，古典文学出版社，1958。

7. （清）《云南通志稿》卷一百九十八，道光年间影印本。

8. （清）陆楫编《古今说海》卷十六，《钦定四库全书》影印本。

9. （清）袁枚：《随园诗话》（上、下），顾学颉校点，人民文学出版社，1982。

10. （清）檀萃编撰《滇南草堂诗话》（十二卷），嘉庆庚申新镌。

11. （清）赵廷玉：《紫笈诗集》（一卷），道光乙巳秋镌（刻本）。

12. （清）周馥：《绣余吟草》，道光三年木刻本。

13. （清）赵廷枢撰《所园诗集》（四卷），道光七年刊印（刻本）。

14. （清）杨载彤：《嶰谷诗草》（六卷），清咸丰年间刊印（刻本）。

15. （清）沙琛：《点苍山人诗钞》，云南丛书处刻印。

16. （清）师范：《滇系》第十四册《典故》六，嘉庆庚午年（1810）刻本。

17. （清）师范：《滇系》第八册《人物》，嘉庆庚午年（1810）刻本。

18. （清）师范撰《师荔扉先生诗集》，云南丛书处刻印。

19. （清）师范：《荫椿书屋诗话》，写本。

20. （清）袁澍芳：《澍芳亭诗草》，光绪三年刻本。

21. （清）谷际岐：《西阿诗草》，刻本。

22. 《明史·四川土司》，中华书局，1974。

23. （清）袁文典、袁文揆辑《滇南诗略》四十七卷，云南丛书处刻。

24. （清）袁文揆辑《滇南文略》四十七卷，云南丛书处刻。

25. （清）黄琮辑《滇诗嗣音集》二十卷补遗一卷，云南丛书处刻。

26. （民国）陈荣昌辑《滇诗拾遗》六卷，清宣统元年昆明刻本。

27. （民国）云南丛书处辑《滇文丛录》一百卷。

28. （民国）云南丛书处辑《滇诗丛录》卷一零零（手抄本）。

29. （民国）云南丛书处辑《滇词丛录》卷一。

30. （民国）赵藩《剑川赵氏宗支草图》（写本）。

31. （民国）赵藩辑《滇词丛录》，云南丛书处刻。

32. （民国）杨楷等编《大理县志稿》，民国五年刊印。

33. （民国）张耀曾辑录《大理张氏诗文存遗》，民国二十四年刊行。

34. 《新纂云南通志》（十册），云南人民出版社，2007。

35. （民国）李培莲：《红藕轩遗稿》，民国二十一年石印本。

36. （民国）谢无量：《中国妇女文学史》，中华书局，1916。

37. （民国）梁乙真编《清代妇女文学史》，中华书局，1927。

38. （民国）辉群女士编《女性与文学》，启智书局，1928。

39. （民国）谭正璧：《中国女性的文学生活》，光明书局，1930。

40. （民国）陶秋英：《中国妇女与文学》，北新书局，1933。

41. （民国）胡云翼编《中国妇女与文学》，沪江书屋，1946。

42. （民国）丁英：《妇女与文学》，沪江书屋，1946。

43. （民国）张耀曾：《宪政救国之梦：张耀曾先生文存》，法律出版社，2004。

44. 赵藩:《向湖村社诗初集》卷十二。

45. 赵藩:《向湖村社诗二集》卷七。

46. 赵藩:《向湖村舍杂著》卷一。

47. 赵藩:《桐花馆梦缘集》,1925年刻于上海。

48. 〔美〕曼素恩:《缀珍录——十八世纪及其前后的中国妇女》,江苏人民出版社,2005。

49. 〔美〕曼素恩:《张门才女》,罗晓翔译,北京大学出版社,2015。

50. 〔美〕高彦颐:《闺塾师——明末清初江南的才女文化》,李志生译,江苏人民出版社,2005。

51. 胡文楷:《历代妇女著作考》,商务印书馆,1957。

52. 张文勋主编《白族文学史》(修订版),云南人民出版社,1983。

53. 云南省诗词学会、云南大学中文系选注《云南历代诗词选》,云南人民出版社,2002。

54. 李缵绪:《白族文学史略》,中国民间文艺出版社,1984。

55. 《丛书集成初编:大理行记 滇南新语 南中杂说 滇游记 维西见闻纪 滇载记》(全一册),中华书局,1985。

56. 《白族简史》编写组:《白族简史》,云南人民出版社,1988。

57. 《云南辞典》编辑委员会编《云南辞典》,云南人民出版社,1993。

58. 中国人民政治协商会议云南省昭通市委员会文史资料编辑室编《昭通文史资料选辑》(第三辑),1988。

59. 杜芳琴:《女性观念的衍变》,河南人民出版社,1988。

60. 李小江:《女性审美意识探微》,河南人民出版社,1989。

61. 康正果:《风骚与艳情——中国古典诗词的女性研究》,河南人民出版社,1988。

62. 孟悦、戴锦华:《浮出历史地表——现代妇女文学研究》,河南人民出版社,1989。

63. (明)倪辂辑《南诏野史会证》,云南人民出版社,(清)王崧校理,云南人民出版社,1990。

64. 尤中编著《云南地方沿革史》,云南人民出版社,1990。

65. 苏者聪:《闺帏的探视——唐代女诗人》,湖南文艺出版社,1991。

66. 苏者聪：《宋代女性文学》，武汉大学出版社，1997。

67. 鹤庆县志编纂委员会编纂《鹤庆县志》，云南人民出版社，1991。

68. 大理白族自治州地方志编纂委员会编纂《大理白族自治州志》卷八，云南人民出版社，2000。

69. 张明叶：《中国古代妇女文学简史》，辽宁教育出版社，1993。

70. 叶舒宪主编《性别诗学》，社会科学文献出版社，1999。

71. 乔以钢：《中国女性的文学世界》，湖北教育出版社，1993。

72. 乔以钢：《多彩的旋律——中国女性文学主题研究》，南开大学出版社，2003。

73. 乔以钢、林丹娅主编《女性文学教程》，河北教育出版社，2007。

74. 梁庭望：《中国诗歌通史·少数民族卷》，人民文学出版社，2012。

75. 王晓燕：《清代女性诗学思想研究》，四川大学出版社，2014。

76. 弥渡县志编纂委员会编《弥渡县志》，四川辞书出版社，1993。

77. 李惠铨：《滇史求索录》，云南人民出版社，2011。

78. 王运生：《学文知见录》，云南教育出版社，1994。

79. 中国人民政治协商会议云南省昆明市委员会文史资料委员会编《昆明文史资料选辑》（第二十二辑），云南省新闻出版局内部报刊，1994。

80. 中国人民政治协商会议云南省昆明市委员会编《昆明文史资料集萃》（第七卷），云南科技出版社，2009。

81. 杨政业：《白族本主文化》，云南人民出版社，1994。

82. 陶应昌编著《云南历代各族作家》，云南民族出版社，1996。

83. 宾川县志编纂委员会编纂《宾川县志》，云南人民出版社，1997。

84. 万揆一：《滇云旧闻录》，云南教育出版社，1998。

85. 段伶：《白族曲词格律通论》，云南民族出版社，1998。

86. 云南省地方志编纂委员会总纂《云南省志》卷五十九《少数民族语言文字志》，云南人民出版社，1998。

87. 邓红梅：《女性词史》，山东教育出版社，2000。

88. 钟慧玲：《清代女诗人研究》，里仁书局，2000。

89. 钟慧玲：《清代女作家专题——吴藻及其相关文学活动研究》，乐学书局有限公司，2001。

90. 中国现代文学馆编《郭沫若文集》（上卷），华夏出版社，2000。

91. 方国瑜主编《云南史料丛刊》（第二卷、第八卷），云南大学出版社，2001。

92. 马曜：《大理文化论》，云南教育出版社，2001。

93. 马曜：《云南简史》（新增订本），云南人民出版社，2010。

94. 沈海梅：《明清云南妇女生活研究》，云南教育出版社，2001。

95. 张维：《袁嘉谷传》，云南教育出版社，2001。

96. 张宏生、张雁编《古代女诗人研究》，湖北教育出版社，2002。

97. 中华人民共和国民政部编《中华著名烈士》（第七卷），中央文献出版社，2001。

98. 侯冲：《白族心史：〈白古通记〉研究》，云南民族出版社，2002。

99. 鲍震培：《清代女作家弹词小说论稿》，天津社会科学院出版社，2002。

100. 王士权、王世欣：《爱国女作家陆晶清传》，江西人民出版社，2002。

101. 方树梅纂辑《滇南碑传集》，云南民族出版社，2003。

102. 赵寅松主编《当代中国少数民族著名作家经典·白族作家丛书·情系大理》（一至十四卷），民族出版社，2003。

103. 王明达：《剑湖风流——文化奇才赵藩传》，云南民族出版社，2003。

104. 王明达选注《历代白族作家丛书·赵藩卷》，民族出版社，2006。

105. 张勇主编《赵藩纪念文集》，云南美术出版社，2004。

106. 薛海燕：《近代女性文学研究》，中国社会科学出版社，2004。

107. 舒红霞：《女性·审美·文化——宋代女性文学研究》，人民出版社，2004。

108. 陈玉兰：《清代嘉道时期江南寒士诗群与闺阁诗侣研究》，人民文学出版社，2004。

109. 王绯：《空前之迹——1851—1930：中国妇女思想与文学发展史论》，商务印书馆，2004。

110. 徐嘉瑞：《大理古代文化史》，云南人民出版社，2005。

111. 《喜洲镇志》编纂委员会编《喜洲镇志》，云南大学出版社，2005。

112. 大理白族自治州地方志编纂委员会办公室：《大理州年鉴（2005）》，云南民族出版社，2005。

113. 王力坚：《清代才媛文学之文化考察》，文津出版社有限公司，2006。

114. 王元辅：《白族女人》，云南大学出版社，2006。

115. 张锡禄：《元代大理段氏总管史》，云南民族出版社，2006。

116. 李建国、李泰来选注《历代白族作家丛书·李燮羲卷》，民族出版社，2006。

117. 徐华：《赤裸的性灵——中国古代民歌民谣》，天地出版社，2006。

118. 王力坚：《清代才媛文学之文化考察》，文津出版社有限公司，2006。

119. 张宽寿主编《昭通旧志汇编》（一），云南人民出版社，2006。

120. 段继红：《清代闺阁文学研究》，南开大学出版社，2007。

121. 杨世钰、赵寅松主编《大理丛书·方志篇》（卷四），民族出版社，2007。

122. 何宣主编《钱南园研究文集》，云南民族出版社，2007。

123. 杨镜编著《大理古今诗人要事录》（上、下卷），云南民族出版社，2007。

124. 党乐群：《云南古代举士》，云南人民出版社，2008。

125. 康妈：《满目梨花词：历代女诗人的诗生活》，广西人民出版社，2008。

126. 杨明主编《白族著名历史人物及其哲学思想》，云南民族出版社，2008。

127. 瘦丁编著《南曲小令格律》，教育科学出版社，2008。

128. 赵雪沛：《明末清初女词人研究》，首都师范大学出版社，2008。

129. 李绍先、李殿元：《古代巴蜀妇女的文学生活》，巴蜀书社，2009。

130. 封越健、孙卫国编《郑天挺先生学行录》，中华书局，2009。

131. 王萍编著《国民党高级将领的子女们》，台海出版社，2009。

132. 云南省档案馆：《建国前后的云南社会》，云南人民出版社，2009。

133. 王英志主编《清代闺秀诗话丛刊》（全三册），凤凰出版社，2010。

134. 陶鸿飞：《越女天下秀——两浙女性文学史话》，大众文艺出版社，2010。

135. 刘兴育主编《云南大学史料丛书·会议卷（1924年~1949年）》，云南大学出版社，2010。

136. 刘兴育主编《云南大学史料丛书·学生卷（1922年~1949年）》，云南大学出版社，2013。

137. 刘兴育、王晓珠主编《云南大学史料丛书·教职员卷（1922年~1949年）》，云南大学出版社，2013。

138. 嶙峋：《闺海吟》，北京时代弄潮文化发展公司，2011。

139. 沈乾芳：《社会变革时期的彝族婚姻形态研究（1368~1949年）》，民族出版社，2011。

140. 杨帆：《民国军阀档案Ⅱ》，人民日报出版社，2012。

141. 云峰：《民族文化交融与元代诗歌研究》，内蒙古大学出版社，2013。

142. 董彦斌：《追寻稳健宪政：民国法律家张耀曾的法政世界》，清华大学出版社，2013。

143. 李孝友：《滇海联吟诗笺》，生活·读书·新知三联书店，2014。

144. 程杰、范晓婧、张石川编著《宋辽金元歌谣谚语集》，南京师范大学出版社，2014。

145. 王文光、尤伟琼、张媚玲编著《云南民族的历史与文化概要》（修订版），云南大学出版社，2014。

146. 吴喜编著《民国时期云南彝族上层家族口述史》，社会科学文献出版社，2014。

147. 施立卓：《中国少数民族人口丛书·白族卷》，中国人口出版社，2014。

148. 云南省诗词学会编《云南历代女子诗词选》，云南人民出版社，2017。

149. 周锦国、张建雄选注《历代白族作家丛书·综合卷》，民族出版社，2006。

150. 周锦国：《清代白族赵氏作家群作品评注》，云南大学出版社，2007。

151. 赵寅松主编《白族文化研究（2001）》，民族出版社，2002。

152. 云南大理学院民族文化研究所编《大理民族文化研究论丛》（第二辑），民族出版社，2006。

153. 云南大理学院民族文化研究所编《大理民族文化研究论丛》（第三辑），民族出版社，2009。

154. 赵寅松主编《白族研究百年》（第四卷），民族出版社，2008。

期刊

1. 方龄贵：《阿盖公主诗中夷语非蒙古语说》，《思想战线》1980年第

4 期。

2. 万揆一：《剑川白族学者赵炳龙及其作品》，《云南文史丛刊》1988 年第
   3 期。

3. 高万湖：《清代湖州女诗人概观》，《湖州师专学报》1991 年第 2 期。

4. 甘霖：《清代贵州的女诗人》，《贵州文史丛刊》1993 年第 6 期。

5. 绍发：《陆晶清同志逝世》，《新文学史料》1993 年第 3 期。

6. 祝注先：《历代少数民族妇女诗词概说》，《西南民族学院学报》（哲学
   社会科学版）1995 年第 3 期。

7. 祝注先：《清代白族、壮族、土家族的妇女诗歌》，《中南民族学院学
   报》（人文社会科学版）2001 年第 1 期。

8. 陶应昌：《论云南古代女作家》，《云南师范大学学报》（哲学社会科学
   版）1999 年第 2 期。

9. 陈思清：《中国现代文学史上的白族女作家——陆晶清》，《云南民族学
   院学报》（哲学社会科学版）1999 年第 4 期。

10. 陈文：《中国古代妇女诗词艺术情感初探》，《中央民族大学学报》
    2000 年第 1 期。

11. 段继红：《太清诗中的女性生存本相——清代女诗人顾春诗歌论》，
    《民族文学研究》2004 年第 2 期。

12. 贺利：《契丹族女诗人萧观音诗词中少数民族女性的文化审美品质探
    源》，《民族文学研究》2007 年第 2 期。

13. 熊辉、刘丹：《论白族女诗人陆晶清诗歌的感伤情结》，《云南师范大
    学学报》（哲学社会科学版）2007 年第 4 期。

14. 熊辉：《陆晶清：新诗史上不该被忘记的白族女诗人》，《民族文学研
    究》2009 年第 2 期。

15. 付琼、曾献飞：《论清代女诗人的地域分布——以〈国朝闺秀诗柳絮
    集〉所收诗人为例》，《海南大学学报》（人文社会科学版）2008 年第
    1 期。

16. 郭蓁：《清代女诗人的成长与家庭教育》，《东岳论丛》2008 年第 5 期。

17. 高静：《布依族女诗人罗莲诗歌中的意象》，《世界文学评论》2009 年
    第 1 期。

18. 赵淑琴：《清代大理白族女诗人周馥诗歌的艺术魅力》，《名作欣赏》 2009 年第 17 期。

19. 花宏艳：《晚清女诗人地域分布的近代化》，《海南大学学报》（人文社 会科学版）2010 年第 2 期。

20. 包晓华：《蒙古族女诗人那逊兰保与李清照之比较》，《大连民族学院 学报》2011 年第 2 期。

21. 贺闱：《真切文字蕴情性——晚清女诗人刁素云及其创作简论》，《常 州大学学报》（社会科学版）2011 年第 3 期。

22. 程君：《论清代女诗人的佛道之风及其文学影响》，《北京理工大学学 报》（社会科学版）2011 年第 3 期。

23. 周兴陆：《女性批评与批评女性——清代闺秀的诗论》，《学术月刊》 2011 年第 6 期。

24. 王宝琴：《论土族女诗人李宜晴的诗词艺术》，《民族文学研究》2012 年第 3 期。

25. 王攸欣、贝京：《略论湖湘诗歌史上的近现代女诗人——〈湖南女士诗 钞〉导言》，《中国文学研究》2012 年第 4 期。

26. 唐海宏：《回族女诗人李舜弦及其诗歌创作简论》，《楚雄师范学院学 报》2012 年第 4 期。

27. 郑珊珊：《"记取愁人闽海边"——清代女诗人许琛论》，《南昌大学学 报》（人文社会科学版）2016 年第 4 期。

28. 付建舟：《清代江南女诗人群体及其主要特征》，《江汉论坛》2016 年 第 8 期。

29. 胡倩、胡旭：《清代女诗人的"悼夫诗"现象及其成因述考——以钱 守璞、方韵仙、顾春为中心》，《学术论坛》2016 年第 11 期。

30. 周锦国：《赵廷枢及其〈所园诗集〉》，《大理学院学报》2008 年第 3 期。

31. 周锦国：《明清时期大理白族诗人汉语写作的修辞探究》，《毕节学院 学报》2009 年第 9 期。

32. 周锦国：《一门四代六诗人——清代大理"赵氏诗人之家"》，《大理文 化》2010 年第 10 期。

33. 周锦国：《吟咏苍洱大地的清代白族诗人之家》，《民族文学研究》2012 年第 1 期。

34. 周锦国：《温婉清新的清代白族著名女诗人苏竹窗》，《大理大学学报》2017 年第 5 期。

后　记

对白族女诗人的关注始于《历代白族作家丛书·情系大理·综合卷》和《清代白族赵氏作家群作品评注》的编写中，在云南省图书馆古籍部查阅资料时，搜集了部分资料。后于 2008 年 8 月获云南省高校古籍整理工作委员会科研项目"历代白族女诗人作品赏析"，同时开展国家社科基金项目"明清时期白族家族式作家群研究"，全面系统检索了清代嘉庆庚申年间檀萃编撰的《滇南草堂诗话》（十二卷），袁文典、袁文揆辑《滇南诗略》以及民国时期由云南丛书处纂辑的《滇诗丛录》（手抄本）和《滇词丛录》等，这些总集中都专门列出妇女的诗词作品，其中多位女诗人都与大理地区相关：元代末年的高夫人、阿盖和段羌娜，明代剑川女词人赵尔秀，清代弥渡著名女诗人苏竹窗、大理著名女诗人周馥等。于 2012 年 9 月完成古委会项目，2014 年 7 月第一个国家社科基金项目"明清时期白族家族式作家群研究"顺利结项。根据学校要求，遂于年底认真修改已撰写好的申报书，着手申报国家社科基金项目，申报书得到华中师范大学有关专家的肯定及建设性补充意见，修改后于次年三月初提交国家社科规划办。

此时还承担着国家语委"十二五"重大科研项目"民族地区中小学教师使用普通话教学状况研究"，到各少数民族地区开展科研课题调研，2015 年 6 月中旬调研途中得知项目立项公示的消息，有欣喜，也有担心，因须同时开展国家语委课题的研究工作，还须兼顾"历代白族女诗人研究"，心中忐忑。遂合理安排时间，利用学校教学时间到各地中小学开展深度调研，假期则查阅资料，组织课题组成员分析数据，撰写调研报告。我们调研了云南省 8 个少数民族自治州，后又到内蒙古自治区、贵州省、广西壮族自治区的少数民族地区开展调研，获得了第一手研究资料，完成数十个调研报告和咨询报告，于 2017 年 12 月顺利通过国家语委重大项目的会议结项验收，得到与会专家的高度肯定，顺利完成此项目。

为更好地开展白族女诗人研究工作，积极参加学术会议，2015—2018年分别到宁夏银川、云南昆明、湖南长沙、广西桂林等地参加中国少数民族文学学会的学术年会，交流研究成果，得到与会专家、学者的肯定。同时吸收会议上学者们的科研成果和研究方法，开阔学术视野，研究方法有所调整，项目研究按计划如期进行。由于白族女诗人资料留存至今的不多，须从浩繁文献中搜集有价值的白族女诗人作品，于是展开全面搜集；有时还需对诗文作品辨伪，如 21 世纪初 "好事者" 杜撰的流传于大理的所谓元代末年的女诗人作品就是赝品，剔除后不作为研究对象。

其间到云南省图书馆、国家图书馆查阅资料，丰富了研究内容，特别是看到清朝晚期大理喜洲进士张士鏽夫人陆嘉年的有关资料，遂向我校著名白族文化学者张锡禄教授请教，得知其是张氏家族先人、民国年间著名法学专家张耀曾的母亲。于是继续查阅资料，在省图书馆检索到张耀曾辑录的《大理张氏诗文存遗》，对此书全面细致研读，对张氏家族情况、陆嘉年诗歌有了全面掌握，再结合相关资料，研究卓有成效。

研究中还全面研读有关古代女诗人的研究成果，并运用新的研究方法如新史学研究方法，通过女诗人作品、同时代相关资料以及文献记述，尽量还原女诗人所生活的场景，以体现大理白族地区的文化传统。早期白族女诗人是段氏总管府中的贵族之人，元代后段氏总管府消亡，文化下移至普通百姓之家，大量的白族女诗人主要出自科举之家或仕宦之家，民国时期，有了新式教育，女诗人是普通人家的女性，由此可看出白族地区的文化演进情况，也可知道白族女性受教育程度的变化。通过对这些女诗人作品的深入研读和分析，梳理出一些白族元素，第七章有全面阐述。

成果完成后，提交结项材料，得到国家社科基金评审专家的肯定，专家同时也提出修改意见，后根据修改意见对成果全面修改，补充内容，形成此部书稿。衷心感谢评审专家！研究中得到张锡禄教授、文学院院长纳张元教授、副院长张如梅教授等的关心。谢谢你们！云南大学硕士研究生马碧媛同学与老师到省图书馆查阅、抄写有关资料并拍摄电脑中有关著作。谢谢碧媛同学！

该成果经我校民族文化研究院寸云激院长、赵敏教授审读，列入"大理大学民族学重点学科建设丛书"，由社会科学文献出版社出版；编辑过程中，出版社编辑王玉霞老师细致校对，提出了很多建议。感谢你们的鼎力支持！

成果即将出版之际，国家有突出贡献专家、教授、博士生导师、国家汉办特聘终身专家、泰国坎查纳布里皇家大学名誉校长、云南师范大学原校长骆小所先生为此部书稿拨冗作序，深感荣幸。骆老师是我的研究生导师，一直以来，对我的学术成长给予莫大的支持、鼓励，让我终身受益。老师，谢谢您！

对历代白族女诗人的研究虽暂时画上了句号，但还有许多新的领域等待人们去探索、挖掘。我相信，在女诗人研究领域，还将有更多的新成果面世。

周锦国

2019 年 9 月 20 日于大理澹远斋

图书在版编目（CIP）数据

诗意人生：历代白族女诗人研究／周锦国著. --
北京：社会科学文献出版社，2021.5
（大理大学民族学重点学科建设丛书）
ISBN 978 - 7 - 5201 - 8316 - 1

Ⅰ.①诗… Ⅱ.①周… Ⅲ.①白族 - 女性 - 诗人 - 人
物研究 - 中国 Ⅳ.①K825.6

中国版本图书馆 CIP 数据核字（2021）第 080584 号

大理大学民族学重点学科建设丛书
诗意人生
　　——历代白族女诗人研究

著　　者／周锦国

出 版 人／王利民
责任编辑／王玉霞
文稿编辑／陈美玲

出　　版／社会科学文献出版社 · 城市和绿色发展分社（010）59367143
　　　　　　地址：北京市北三环中路甲29号院华龙大厦　邮编：100029
　　　　　　网址：www.ssap.com.cn
发　　行／市场营销中心（010）59367081　59367083
印　　装／三河市尚艺印装有限公司

规　　格／开 本：787mm × 1092mm　1/16
　　　　　　印 张：20.25　字 数：319 千字
版　　次／2021 年 5 月第 1 版　2021 年 5 月第 1 次印刷
书　　号／ISBN 978 - 7 - 5201 - 8316 - 1
定　　价／88.00 元

本书如有印装质量问题，请与读者服务中心（010 - 59367028）联系